Dhá Leagan Déag

LÉARGAIS NUA AR AN SEAN-NÓS

[redacted]

Dhá Leagan Déag

LÉARGAIS NUA AR AN SEAN-NÓS

Philip Fogarty, Tiber Falzett
& Lillis Ó Laoire

A CHUIR IN EAGAR

Cló Iar-Chonnacht

An chéad chló 2022

ISBN 978-1-78444-237-8

Dearadh: Clifford Hayes & Deirdre Ní Thuathail
Dearadh clúdaigh: Clifford Hayes
Ealaín an chlúdaigh: Meadhbh Ní Eidhin

Tá Cló Iar-Chonnacht buíoch de Fhoras na Gaeilge as tacaíocht airgeadais a chur ar fáil.

Faigheann Cló Iar-Chonnacht cabhair airgid ón gComhairle Ealaíon.

Tá Cló Iar-Chonnacht buíoch de Colmcille as maoiniú a chur ar fáil don togra seo.

Tá na heagarthóirí buíoch as tacaíocht An Chomhairle um Thaighde in Éirinn, Ealaín na Gaeltachta agus Coiste Pleanála Teanga Chloich Cheannfhaola.

Cló Iar-Chonnacht, an Cheardlann, an Spidéal, Co. na Gaillimhe.
Teil: 091-593307 r-phost: eolas@cic.ie www.cic.ie

Priontáil: W&G Baird

do

Liam Mac Con Iomaire (1938–2019)

Clár

Buíochas

Níorbh fhéidir tabhairt faoin obair seo gan an tacaíocht a fuaireamar ó na hinstitiúidí éagsúla a leanas: Coláiste na nDán, na nEolaíochtaí Sóisialta agus an Léinn Cheiltigh, foireann Leabharlann Uí Argadáin, Institiúid de Móra (Ollscoil na hÉireann, Gaillimh); an Chomhairle um Thaighde in Éirinn (IRC); Community Knowledge Initiative; Cló Iar-Chonnacht; an Gaelacadamh. Ní mór dúinn buíochas a ghabháil le Louis de Paor, stiurthóir Ionad Léann na hÉireann, OÉ Gaillimh, agus le cathaoirligh na seisiún éagsúil, le Fiona de Paor, riarthóir Roinn na Gaeilge, leis na rannpháirtithe uile agus leis an lucht éisteachta, agus lenár gcéilí Roy agus Anna agus Giulia as a gcuid tacaíochta uile. Buíochas chomh maith le Coiste Pleanála Teanga Chloich Cheannfhaola, le hEalaín na Gaeltachta agus le Colmcille. Táimid buíoch den Chomhairle um Thaighde in Éirinn (IRC), a thacaigh leis an gComhdháil sa bhliain 2015. Is ar na páipéir a tugadh ag an ócáid sin atá formhór na n-aistí sa chnuasach seo bunaithe.

Réamhrá

Is é atá sa leabhar seo cnuasach aistí ar chúrsaí amhránaíochta, toradh ar chomhdháil a ritheadh sa bhliain 2015 in Ollscoil na hÉireann, Gaillimh, le tacaíocht ón gComhairle um Thaighde in Éirinn agus ó Chló Iar-Chonnacht. Ní miste cuimhneamh ar Sheumas Watson, fear de rannpháirtithe na comhdhála, a bhásaigh sa bhliain 2018 agus nach bhfaca a shaothar sa leabhar seo i gcló. Chaith Seumas formhór a shaoil i gCeap Breatainn, ag bailiú agus ag caomhnú an dúchais Ghaelaigh sa bhall sin. Cuireann a alt sa chnuasach seo cloch ar a charnán. D'imigh laoch eile de chuid na n-amhrán, agus rannpháirtí de chuid na comhdhála, Josie Sheáin Jeaic, uainn chomh maith ó shin agus airímid go géar an bhearna a d'fhág sé. Agus duine de laochra móra na n-amhrán, Liam Mac Con Iomaire, imithe uainn sa bhliain 2019, tiomnaímid an cnuasach seo dó mar mhéaróg ar a leacht. Sa bheatha a chaith seisean, bhí na hamhráin agus a ngabháil i gcomhluadar gnaíúil i gcroílár a shaoil. Thug sé cead isteach d'aon duine ar mhaith leo a bheith rannpháirteach sa saol diamhair, míorúilteach a bhaineann le comhluadar geanúil ina mbíonn amhráin á rá le croí agus le paisean. Ba mhaith linne inár mbealach féin, trí na haistí seo, an cead sin a thabhairt do phobal eile.

Ní miste taithí Éireannach nach bhfuil an Ghaeilge lárnach dóibh, ach atá sáite i gcultúr ceoil ar amhráin na Gaeilge, a chur san áireamh agus muid ag machnamh ar ionad na n-amhrán. Chuige sin tugann duine d'eagarthóirí an leabhair pictiúr dúinn dá óige féin agus dá thaithí ar an gceol Gaelach:

> Bhí an ceol gach pioc chomh tábhachtach leis an iománaíocht i m'áit dúchais is mé ag fás aníos i gContae an Chláir i gceathrú deiridh an fichiú haois: camáin nó uirlisí i nglaca na ndaoine óga ag brath ar an oíche a bhí ann. Ó thaobh sheinm an cheoil de, bhí an dá rud ann – ríleanna, poirt agus pé rud eile a bhain leis an rince, agus ansin na foinn mhalla amach leo féin. Bhí an-tóir againn mar fhoghlaimeoirí ar an bhfonn 'Ar Éirinn ní neosfainn cé hí', agus sin a tugadh air: fonn. Níor smaoiníomar air mar amhrán. Maidir liom féin, níor thuig mé an teideal, fiú amháin, agus bhí blianta fada ann go dtí gur rith sé liom faoi dheireadh gur amhrán a bhí ann, agus go raibh focail ag gabháil leis. I mo shaol féin, mar sin, agus mé óg, mhair rian an tsean-nóis i réimse na n-uirlisí amháin. Cé go rabhamar 'báite i dtraidisiún an cheoil' sa Chlár, mar a chloisfeá sa reitric, bhí an pobal inár gcearn féin fós scartha amach ó fhoirmeacha áirithe den traidisiún ar bhealach, nó d'fhéadfá a rá go raibh snáitheanna ar leith den traidisiún á n-iompar acu seachas snáitheanna eile; an bhéim ar na huirlisí, seachas ar na hamhráin ina lánfhoirm – gné thairseachúil ag rith trínár bplé leis an gceol.
>
> Ní hé go raibh aon rud in easnamh sa fhráma tagartha a bhí againn, inár n-aigne féin, maidir leis an gceol: ba rud cruthanta é an fráma sin, ba Chláirínigh muid, agus ba é an Clár lárionad na cruinne, dar linn: ba muidne lucht an cheoil. Ach is cuma cén áit nó cén pobal a bhíonn ann: seas san áit cheart, an t-ionad féachana oiriúnach bainte amach agat, agus is féidir breathnú ar an gcultúr sin mar chultúr tairseachúil.

Is léiriú maith é an cur síos thuas ar ghnéithe áirithe den scéal maidir leis an amhránaíocht ar an sean-nós go náisiúnta agus ar stáitse an domhain; ceangal nó nasc éigin ag na mílte daoine ar fud na cruinne leis, agus fós bearna ann, nó díog. Bíonn go leor rudaí i gceist leis an mbearna sin, ach gan dabht tá ceist na teanga i measc na bpointí is tábhachtaí. Ní gá a rá nach ionann scéal na Gaeilge agus scéal cheol na hÉireann thar thréimhse trí chéad bliain. Ar an leibhéal is simplí a bhféadfaí cur síos a dhéanamh air, sna mílte cásanna, d'imigh an Ghaeilge as saol an duine, nach mór, agus tháinig an Béarla isteach ina háit. Mar sin féin, níor éag an ceol ar an mbealach céanna. Mhair cuid mhaith den eilimint sin ar ais nó ar éigean, i nglórtha na ndaoine sin agus i nglórtha a sleachta, agus ar a n-uirlisí ceoil. Nuair a bhreathnaítear ar an nGaeilge agus ar an gceol, mar dhá ghné den chóras comharthaíochta a bhíonn ag daoine, feictear gur ghlac an dá ghné seo bóithre glandifriúla lena chéile le himeacht ama sna cásanna atá pléite thuas. Ní foláir nó gur tháinig athruithe móra ar na luachanna éagsúla a ghabh leis na comharthaí sin in aigne na ndaoine, agus nárbh ionann na hathruithe sin sa dá chás.

Blaiseadh eile ó Chontae an Chláir:

> I gcomhthéacs na táirseachúlachta seo, bhíodh amhráin as cairteacha na n-ochtóidí ar an raidió ar bharr ár ngob againn – ach uaireanta de réir 'stíl an tsean-nóis' mar a shamhlaíomar dúinn féin í. D'oibríodh mo dheartháir in oifig an phoist i Sionainn, tráth. Thagadh comhghleacaí leis isteach san oifig ar maidin, fear as Inis Díomáin, agus leagan 'sean-nós' d'amhrán le Eurythmics lá amháin aige, an lá eile Pete Wiley. Ba í an tsabaitéireacht chultúrtha agus an íoróin bun agus barr an ghrinn seo, ar ndóigh, ach is fiú súil thapa a chaitheamh

> arís ar an bpointe teagmhála imeallach seo idir comharthaí sóirt an tsean-nóis agus iad siúd a bhaineann le cultúr domhanda na ré seo.
>
> Ba i dtéarmaí na dtraidisiún sin amháin a bhí an greann le fáil, magadh faoi chultúr an domhain mhóir – an *Gesellschaft* más maith linn – trí leas a bhaint as tréithe an tsean-nóis mar chomhartha sóirt den *Gemeinschaft* Gaelach chun ár leaganacha féin de 'Sweet dreams are made of this' agus 'Sinful' a fhí (na hochtóidí a bhí ann, mar a dúradh); ní leanfadh sé go dtuigfeadh duine as tír eile, cuir i gcás, céard a bhí i gceist. Bheadh tuiscintí ar leith ag teastáil, cur amach ar ghnéithe de thraidisiúin chultúrtha na hÉireann, sula mbeadh craic le baint as a leithéid de scige.
>
> Rian de thraidisiún an tsean-nóis, mar sin, ag feidhmiú mar nasc tuisceana idir daoine nár Ghaeilgeoirí iad, ach a raibh ceangal cultúrtha acu fós leis an amhránaíocht sin; eilimintí as cultúr an domhain mhóir á bpróiseáil acu, á láimhseáil acu, agus leas á mbaint acu as scáth an tsean-nóis chun teacht ar an bpróiseáil sin.

Ní mó ná sásta a bheadh roinnt daoine lena leithéid d'úsáid is d'athshaothrú ar stíl an tsean-nóis, fiú amháin más i spás tairseachsúil an Chláir a tharla sé, seachas sa Ghaeltacht (ní mó ná sásta a bheadh díograiseoirí áirithe de lucht leanúna Eurythmics ach oiread is dócha); ina dhiaidh sin féin is iomaí rud a chuirfeadh isteach ar dhaoine i bpróiseas athshamhlaithe ar bith ar ghnéithe de thraidisiún. Ní raibh i gceist anseo, áfach, ach réimse an ghrinn, agus é sin taobh amuigh de na foirmeacha traidisiúnta, leis; cad faoi athshaothrú i bhfeidhmeanna níos íogaire den amhránaíocht seo, i gcomhthéacs na bhfoirmeacha a mbíonn gradam agus dlisteanacht ag gabháil leo sa traidisiún féin?

Má sheasann duine san áit cheart, mar a luadh cheana, is féidir breathnú ar chultúr ar bith mar chultúr tairseachúil.

Leanann sé, pé áit a seasann tú, go mbíonn tú ar thairseach, fiú amháin más 'croílár' traidisiúin atá i gceist. Is ealaín í an amhránaíocht ar an sean-nós a bhfuil ionad tábhachtach aici i gcultúr comhaimseartha ceoil agus teanga na Gaeilge. Faoi láthair tá béim faoi leith ar an gcomórtas mar ionad láithrithe di, cé go bhfaigheann sí ardán chomh maith ag mórán féilte nach mbíonn comórtais i gceist iontu. Craoltar an sean-nós ar Raidió na Gaeltachta agus ar TG4 le linn Fhéile an Oireachtais go háirithe. Tá bunachar luachmhar curtha le chéile ag TG4 ar féidir teacht ar stór mór de na hamhráin á ngabháil agus tá sé sin ar fáil don phobal. Tá brí agus beatha san amhránaíocht, ach fiú amháin i 'gcroílár' sin thraidisiún an tsean-nóis, tá coimhlintí le ceisteanna ann; streachailt chun fód ar leith a sheasamh, streachailt an tseanmhínithe, ceisteanna faoin mbarántúlacht, faoin íonghlaineacht, faoin gcaomhnú, faoin nuálaíocht.

Níor tugadh go dtí seo aon fhóram poiblí do lucht leanúna an tsean-nóis chun teacht le chéile agus chun plé a dhéanamh ar na ceisteanna a bhaineann leis an ealaín seo. Ba é aidhm na comhdhála seo a leithéid d'fhóram a chur ar fáil. Tháinig grúpa daoine le chéile le tacaíocht ón gComhairle um Thaighde in Éirinn i mí an Mheithimh 2015 ar champas Ollscoil na hÉireann, Gaillimh. Ar feadh dhá lá, rinne siad a gcuid measúnaithe, a gcuid dtuairimí is a gcuid moltaí a roinnt agus a phlé maidir leis an amhránaíocht dhúchasach mar a bhí agus mar atá anois. Cíoradh a bhfuil i ndán di amach anseo, agus na slite inar féidir dul i ngleic le dúshláin éagsúla na ré nua-aimseartha. Cuireadh béim faoi leith ar nuáil smaointe faoin sean-nós ó thaobh na staire agus na comhaimsire san aonú haois is fiche, agus ar an gcomhthéacs seachas ar théacsanna na n-amhrán féin. Bhí cainteoirí ann as Éirinn, as Albain, as Alba Nuadh go California, idir amhránaithe, fhilí is scoláirí, chraoltóirí agus stiúrthóirí féilte. Rogha de na páipéir a tugadh ag an gcomhdháil atá sa leabhar seo, agus aiste nó dhó eile a fuarthas ó shin.

Ó thaobh na bpíosaí anseo, tá ann idir mhachnamh ar fhréamhacha stairiúla an tsean-nóis sa chomhthéacs nua-aimseartha agus anailís ghéar ar a stádas ar na haerthonnta; ó chíoradh ar cheisteanna féiniúlachta is feiniméaneolaíochta a ghabhann leis go measúnú ar thionchar na gcomórtas foirimiúil. Faightear chomh maith forbhreathnú ar léiriú na hamhránaíochta i litríocht na Gaeilge agus cuntas aistir phearsanta ar bhóthar an tsean-nóis. Ní bhíonn na húdair seo ar aon intinn i gcónaí; ní léamh amháin ar an scéal atá sa chnuasach seo, mar sin, ach plé ar na tuairimí éagsúla a ghabhann leis, mar is gá dó bheith.

I dtírdhreach cultúrtha domhanda an aonú haois is fiche, ní bóthar díreach atá roimh an amhránaíocht ar an sean-nós mar fhoirm. Ní chuireann Síle Denvir fiacail ann: 'Iarann ré an nua-aoiseachais agus an domhandaithe orainn athshamhlú a dhéanamh ar choincheapa an traidisiúin, an chultúir agus na heitneagrafaíochta agus ar an mbrí a bhaintear as traidisiún amhránaíochta na Gaeilge dá réir.' Tá ceist Thríona Ní Shíocháin gach pioc chomh lom: 'Agus na seana-ghréasáin a chothaíodh an amhránaíocht tráth anois ag imeacht, cad é an ról a bheidh ag an amhránaíocht feasta?'

'Ag lorg áit don amhránaíocht dhúchasach' an teideal atá ar alt Antaine Uí Fharacháin anseo, agus níl sé ina aonar ar an tóraíocht sin. Cuireann sé cruth díreach ar an gceist, in *Gedanken-Experiment* ar leith ina samhlaítear Raifteararaí mar iomaitheoir i gCorn Uí Riada sa lá atá inniu ann: 'Cén chiall agus cén spreac atá ag amhrán atá b'fhéidir 150 bliain d'aois sa gcomhthéacs reatha don amhránaí, do phobal éisteachta an amhránaí agus don phobal mór comhaimseartha nach bhfuil a oiread sin taithí acu a bheith ag éisteacht leis an amhránaíocht dhúchasach?'

Is fiú an cheist a chur. I gcomhthéacs shaol nua-aimseartha an Iarthair ón ochtú haois déag ar aghaidh anuas go dtí an t-aonú haois is fiche, imíodh ó chóras an ghaoil, ón bpobal is ón gcreideamh mar shlite le dul i ngleic leis na rudaí seo. Tháinig roghanna fós eile faoi bhráid an ghnáthdhuine le forbairt an leighis nua-aimseartha, agus leis an ngealladh a bhí faoin daonlathas. Dar ndóigh, is leis an gcothromaíochas is faoi scáth an chaipitleachais a tháinig na roghanna sin chun tosaigh. Bhí dogma ina bhunús do na roghanna seo uile: an gnás eolaíochta is an staidéar eimpíreach; tháinig sochaí nua ar an bhfód a bhí tiomanta d'fhírinneacht na heolaíochta, agus don réasún is don loighic, mar bhunchlocha dá luachanna is dá cur chuige i leith an tsaoil.

Ag an am céanna tá díláithriú agus díshóisialú déanta ar an gceol amach ón bpobal 'traidisiúnta', rud a ríomhann Róisín Nic Dhonncha, agus céim chinniúnach a bheidh sa chéad chaibidil eile de scéal ina bhfuil an traidisiún, an pobal agus ceist na féiniúlachta fite fuaite le chéile, mar a léiríonn sí féin.

Ní hí Nic Dhonncha amháin a dhéanann trácht ar an díláithriú. Tá rian den téama seo fite tríd an bplé i mbeagnach gach cás anseo, agus ní nach ionadh: is díreach as an bhfeiniméan seo a eascraíonn an cheist maidir le háit na hamhránaíochta ar an gcéad dul síos.

Déanann Máirín Nic Eoin cur síos, mar shampla, ar an

taifead luachmhar atá le fáil i litríocht na Gaeilge maidir le tábhacht chultúrtha na hamhránaíochta do phobal na Gaeilge ar gach leibhéal agus i ngach cearn den domhan, agus guthanna san áireamh aici ó cheann ceann na ré nua-aimseartha, ó Mhicí Mac Gabhann agus Séamus Ó Grianna go Micheál Ó Conghailc agus Michael Davitt. Le linn a plé ar 'athbheatha' seo na n-amhrán i réimse na litríochta, feictear scáth an díláithrithe go soiléir i gcúlra na gcuntas a chuireann sí faoinár mbráid, an cheist a phléigh sí chomh paiteanta sin in *Trén bhFearann Breac* (2005). Acmhainn lárnach don insint ar an díláithriú, arís, atá san fhorléargas a chuireann Seumas Watson ar fáil ar scéal amhránaíocht na hAlban Nua ón ochtú haois déag anuas go dtí an lá atá inniu ann; dearcadh ar leith ar thionchar na deoraíochta agus a thábhacht i gcultúr an phobail sin. Oibríonn Tiber Falzett laistigh den chomhthéacs chéanna lena thrácht ar an gceangal idir an amhránaíocht agus ceisteanna na féiniúlachta is na hoidhreachta ar Oileán Cheap Bhreatainn. Déanann Virginia Stevens Blankenhorn taiscéaladh ar an tírdhreach céanna ar bhealach uathúil, ina haistear rípheasanta comhfhiosach mar amhránaí Meiriceánach ar an sean-nós. Cuirtear, dá réir, léargas ar fáil ar a díláithriú toilteanach féin i measc lucht na Gaeilge, agus í ag dul i ngleic droim ar ais le spásanna sin an dícheangail ar leis na deoraithe stairiúla iad de ghnáth.

Ach is deoraithe muid uile ar bhealach, fiú amháin mura mbogaimid riamh ón áit inar rugadh muid: is díbeartaigh muid ón am atá thart, agus ní féidir linn filleadh air. Is tír iasachta í an todhchaí, chun ráiteas L. P. Hartley a chur bunoscionn, fráma tagartha ina mbíonn cultúr eile ann: beidh síorathrú ag teacht ar eilimintí éagsúla thar am – sochaí, polaitíocht, reiligiún, bia, teanga, ceol. Nuair a dhéantar machnamh ar an bhfocal 'suíomh', is fiú an smaoineamh a chaitheamh isteach go bhfuil ceist an ama, agus díláithriú cróineolaíoch an chroí, gach pioc chomh tábhachtach le ceist na háite. Tá tuairimí den chineál seo, a bhaineann le cúrsaí an mhargaidh, na féiniúlachta, na barántúlachta agus na nua-aoiseachta le fáil in áiteanna eile, mar shampla Bohlman agus Stokes (2003), ach dar linn gurb é seo an chéad uair a gcíortar ceisteanna dá leithéid go cuimsitheach i nGaeilge.

Caitheann Pádraig Ó Cearbhaill súil ghéar ar éifeachtaí an chineáil díláithrithe seo thar am agus gnéithe stíle ar leith den amhránaíocht faoi chaibidil aige. Tarraingíonn sé ar 'foshraith d'amhránaíocht dhúchasach na Mumhan', agus leis sin faightear tomhas sonrach ar an gcaoi a dtagann athruithe ar chleachtadh an traidisiúin fiú amháin taobh istigh d'achar céad bliain nó níos lú. Tá cuntas ar an díláithriú céanna le léamh in alt Nic Dhonncha, agus arís i bhfoirm an teannais chultúrtha idir 'sean' agus 'nua' sa rianú a dhéanann Griogair Labhruidh ar athnuachan thraidisiún cheoil na nGael Albanach thar thréimhse trí chéad bliain. Cuirtear an teannas céanna faoi chaibidil in alt Éadaoin Ní Mhuircheartaigh, ina cur síos ar an teagmháil idir sean agus nua agus idir pobail éagsúla, i gcomhthéacs na gcomórtas amhránaíochta i mblianta tosaigh na hAthbheochana. 'An easpa traenála "sa mhodh ceart" a d'fhág tréithe ar leith ag amhránaithe traidisiúnta?' ceann de na ceisteanna a cuireadh an tráth sin, mar a thuairiscíonn sí, 'nó an raibh "rialacha" dá gcuid féin á leanúint ag amhránaithe traidisiúnta?' Bhí dhá phobal éisteachta anois ag na hamhráin, ó 'thaobh amuigh' den traidisiún, agus ón 'taobh istigh' .i. an pobal ar leo, agus a chleacht, na healaíona seo go traidisiúnta.

Ní gá a rá nár imigh a leithéid de cheistiú as leis na blianta sin, ach a mhalairt – tá sé fós ag dó na geirbe ag na pobail éagsúla. Caitheann Lillis Ó Laoire súil ar leith ar an gcineál teannais seo: úsáideann sé miotaseolaíocht an tsean-nóis, agus brí dhomhain an fhocail 'miotas', mar thúsphointe chun dul i ngleic leis i gcomhthéacs réaltacht na gcomórtas thuasluaite.

Bíonn teas go minic ina leithéid de dhíospóireacht. Cad chuige an phráinn? Is léir go dtéann an cheist go bun an angair i bpobal na hamhránaíochta, agus is cinnte go bhfuil cuid mhaith den teas fréamhaithe sa chaoi a mbreathnaítear ar an amhrán mar fheithicil d'fhéiniúlacht an ghrúpa, idir amhránaí agus lucht éisteachta. Tá na ceisteanna a ndéanann Éamonn Costello cíoradh orthu fréamhaithe arís i bhfíseanna éagsúla ar an bhféiniúlacht – an teannas idir an réigiúnachas agus an náisiúnachas, agus na paradacsaí a fheiceann sé sna hidé-eolaíochtaí a ghabhann le lucht an Oireachtais i leith na hamhránaíochta.

Ní thagann an phráinn seo salach ar an trácht a dhéanann an sochtheangeolaí Penelope Eckert (2012: 94) ar an gcóras comharthaíochta a bhíonn in úsáid ag pobal ar leith, córas a chuimsíonn réimse leathan d'eilimintí, an ceol ina measc, lena gcuireann daoine rudaí in iúl don saol fúthu féin. Faighimid léargas maith ar an gcur in iúl seo i gcuntas Tiber Falzett ar mhuintir Oileán Cheap Bhreatainn, agus é ag tarraingt ar a theagmháil féin le hiompróirí an traidisiúin. Caitheann sé súil ar mheon na ndaoine i leith na hamhránaíochta, mar a théitear i ngleic ann le ceisteanna i dtaobh na hoidhreachta agus na féiniúlachta, agus mar a théann siad i ngleic le hiarmhairtí an díláithrithe agus lena gcuid nasc leis an seansaol.

Agus í ag scríobh faoin díláithriú atá déanta ar an gceol amach ón bpobal 'traidisiúnta' sa lá atá inniu ann, ní hiad na taifeadtaí amháin ná na meáin shóisialta a bhíonn i gceist ag Róisín Nic Dhonncha. Is é an focal clóite féin go deimhin a cheadaigh teagmháil aonair, príobháideach leis an gceol don chéad uair, teagmháil fhrithshóisialta ar bhealach. Ba sa naoú haois déag a tháinig borradh ceart ar fhoilsiú na n-amhrán in Éirinn is as Éirinn; idir Thomas Moore, James Hardiman, Edward Walsh, John O'Daly, George Petrie agus daoine nach iad, cuireadh go leor ábhar i gcló. Má ba é an sprioc a bhí acu déantúis den traidisiún a thabhairt slán, áfach, tharla rud éigin eile leis. Sa phróiseas tarrthála sin, rinneadh tráchtearrú ar an gceol nuair a cuireadh i gcló é, agus an claochlú úd a luann Nic Dhonncha. Bhí margadh don chultúr féin tagtha ar an bhfód faoin uair seo, agus rinneadh athshainmhíniú, i gcomhthéacs an mhargaidh ar a laghad, ar luach na n-amhrán féin agus ar luach an cheoil féin. Bhí ceangal anois ag na rudaí seo leis an airgead, agus cuireadh luach saolta coincréiteach ar leith orthu dá bharr, beag beann ar na luachanna sóisialta spioradálta a ghabhadh leo roimhe sin. Cuireadh craiceann is cruth nua ar amhráin agus ar an gceol in Éirinn roimh thús an fichiú haois, iad gléasta agus athmhúnlaithe i dtéarmaí an mhargaidh do bhearta sa ré nua, múnla nár éag, mar is eol dúinn, i ré na dtaifeadtaí, na gceirníní is na ndlúthdhioscaí.

Ach más ann do chruth na tráchtála ar an gceol, sonraíonn Síle Denvir i gcuntas O'Flynn gurb ann fós chomh maith dá mhalairt mar choincheap i ndearcadh daoine áirithe – an rud 'barantúil', seachas an ceol 'tráchtála', déscaradh suimiúil a eascraíonn go díreach as athshamhlú sin an naoú haois déag, agus téama a luafar arís ar ball.

Brúnn teannas na teagmhála cultúrtha anuas ar an gcleachtadh níos mó ná riamh in aimsirí na teicneolaíochta, agus RTÉ Raidió na Gaeltachta, daingean an tsean-nóis, ag iarraidh an fód a sheasamh in aghaidh na meán craolta áitiúil, náisiúnta agus idirnáisiúnta. Cén tionchar atá acu seo, a fhiafraíonn Odí Ní Chéilleachair, ar sholáthar na hamhránaíochta ar an sean-nós? Déanann Ní Chéilleachair measúnú grinn géarchúiseach ar an scéal i gcomhthéacs na meán nua-aimseartha, forbhreathnú agus anailís luachmhar á gcur ar fáil aici maidir le stádas an tsean-nóis ar an stáisiún, agus an rabhadh aici '[nach bhfuil] sé de fhreagracht dhíreach air an sean-nós a shlánú.' Is amhlaidh gur comhartha ceiste atá ag Ní Chéilleachair ar lorg theideal a phíosa féin, 'Slánaitheoir an tSean-nóis', rud a chaitheann an cheist ar ais chuig an bpobal féin.

Le hais an teannais seo, agus go minic mar chuid de, nó mar thoradh air, tá ceist na nuálaíochta ina cnámh spairne, mar a bhí ó thús na hAthbheochana agus í á plé i bhfoilseacháin na linne. Agus arís in alt Sheosaimh Mhic Dhonnacha, is díol spéise an timpeallacht ilghnéitheach, ilchultúrtha cheoil a bhí thart air agus é ag teacht i méadaíocht i gConamara na seascaidí. Is fiú aird a dhíriú chomh maith ar an righneas, is dóigh leis, a bhaineann le foirmlí an Oireachtais agus na moltaí a dhéantar chun comhréiteach a sholáthar eatarthu. Bhí an líne chatha ann riamh idir lucht an chaomhnaithe agus lucht an turgnaimh. Úsáidtear focail ar nós 'teannas' agus 'brú' nuair a thagann mianta daoine salach ar a chéile. Ar an taobh amháin bíonn trácht ar an leagan 'ceart' d'amhrán, an leagan a nglactar leis i bpobal ar leith. Dearbhaítear leis an leagan seo nasc an amhráin don phobal agus oiriúnacht an amhráin, oiriúnacht an amhránaí is na hócáide, mar fheithicil is mar spás chun bheith ag plé le ceisteanna íogaire an phobail sin, agus mar fheithicil d'fhéiniúlacht an ghrúpa sin chomh maith mar a luadh. Ar an taobh eile tá guth an duine aonair, an t-athrú a thagann ar an bpobal ó ghlúin go glúin, agus imeachtaí nua i saol an phobail sin atá le próiseáil, mar gheall ar fhórsaí na himirce, na teicneolaíochta, is na n-athruithe sóisialta ar bhonn náisiúnta is domhanda. An féidir an dá thrá seo a fhreastal?

Ach is amhlaidh chomh maith gur tairseach gach líne chatha dá sórt. Agus pé áit a seasaimid, mar a dúradh cheana, i dtéarmaí an chultúir, i dtéarmaí na díospóireachta ar an gcultúr, i dtéarmaí tíreolaíocha nó croineolaíocha, bíonn tairseach ann, fiú amháin i gcroílár thraidisiúin an tsean-nóis. Is díol spéise é gur ar an amhrán mar spás tairseachúil ann féin a dhíríonn Tríona Ní Shíocháin, mar limistéar ina dtagann nuálacha machnaimh agus dioscúrsaí dúshlánacha chun cinn, agus an dearbhú aici gur 'inneall smaointe-oireachta' é an t-amhrán.

Déanann Ní Shíocháin cur síos ar na coinníollacha a shainíonn an spás tairseachúil sin. 'Frithstruchtúr is ea an t-amhrán', a scríobhann sí, 'ina mbíonn cead cainte agus cead aighnis, a chruthaíonn fírinne an tsaoil as an nua ar feadh scaithimh'.

> Nuair a thagann clabhsúr leis an amhrán agus deireadh leis an bhfrithstruchtúr nuair bhíonn gnáth-am i réim arís, tá athnuachaint agus athmhúnlú déanta ar ár dtuiscint ar an saol. Múnlaíonn na hamhráin seo meon an duine agus meon na sochaí le himeacht aimsire.

Cineál staid chandamach, chun téarma a sciobadh as réimse na fisice – an *quantum state*, *bête noire* an réasúin – atá sa 'fhrithstruchtúr' seo, sa chaoi go bhféadfadh rud ar bith a bheith fíor – agus go mbíonn gach rud, gach fírinne, fíor –

go dtí go ndéantar an tomhas agus fágtar muid le haon fhírinne amháin. Téann mistéir is diamhracht le gabháil an amhráin agus lena thaibhléiriú. Is ionann sin agus brat cosanta ar an spás tairseachúil in aghaidh an ghnáthshaoil. Tar éis na gabhála agus an tsealbhaithe, tuirlingímid agus tuiscint bhreise againn a fhágann athrú éigin orainn féin.

Más ann don líne chatha, don choimhlint is don díospóireacht sa spás sin, is leor an méid sin mar fhianaise, dar linn, gur rud beo beathach atá sa traidisiún agus gurb ann don todhchaí.

Anuas ar cheist na nuála, caithfear a admháil gur dheacair riamh rud a sheachadadh gan athrú de shaghas éigin a chur air. I gcás an taifeadta fuaime, fiú amháin, mar a fheictear i gcuntas Mhichíl Uí Chonghaile i réamhrá *Leabhar Mór na nAmhrán*, is iomaí rud a mbíonn tionchar aige ar an bpróiseas. Tiocfaidh dath nó claonadh ar leith ar charachtar an ábhair de réir pharaiméadair an taifeadta sin beag beann ar na hiarrachtaí a dhéanfar ina choinne: rogha an stiúideo féin thar stiúideo eile, mar shampla, nó an t-innealtóir fuaime atá ar an deasc ag an am, meascadh, próiseáil, an aimsir atá ann, gan trácht ar chruth an amhránaí ar an lá sin.

Is amhlaidh an scéal leo siúd a iompraíonn an traidisiún chomh maith – fágfaidh siadsan rian éigin díobh féin ar na hamhráin a deir siad. Díreach mar a chuireann an bairille le mianach an uisce beatha, fágaimid féin ár rian ar an ábhar atá á sheachadadh againn. An maithfear don iompróir na rianta sin i spás tairseachúil an amhráin is na hamhránaíochta? Ní bhíonn sé ina ábhar conspóide dar le Micheál Ó Conghaile, á dhearbhú aige go mbíonn

> an pobal ag súil le hamhráin áirithe ó amhránaithe áirithe [...] Tá amhránaithe ann atá tar éis a gcuid féin a dhéanamh d'amhráin áirithe. Is beag nach bhféadfá a rá gur 'leo' iad. Bheadh an-díoma ar a lucht leanúna mura mbeidís ar dhlúthdhioscaí dá gcuid (2012: 30).

Ach más fíor go dtagann athrú ar an ábhar sa seachadadh, céard faoi cheist na barántúlachta, mar sin, in amhránaíocht dhúchasach na Gaeilge? Cuireann Síle Denvir fócas eile ar an gceist seo lena trácht ar an spás tráchtála agus an spás 'traidisiúnta' – an déscaradh réamhluaite a ghabhann go mór mór leis an ré nua-aimseartha – á rá gur 'idir an dá spás dhéscartha seo a fheidhmíonn an traidisiún i ndáiríre'. Maidir leis an mbarántúlacht, tá an cheist seo aici: 'An gá dúinn, mar sin, cuimhniú arís ar an sainiú a dhéanann muid ar amhránaíocht dhúchasach na Gaeilge?'

Meabhraíonn cuntas Lillis Uí Laoire dúinn, idir an dá linn, gur rud dinimiciúil atá sa traidisiún, agus nach inniu ná inné is túisce a bhí an nuáil i gceist, go mór mór nuair a dhéantar machnamh ar athruithe thírdhreacha an cheoil is na hamhránaíochta ón ochtú haois déag ar aghaidh. Is amhlaidh fiú, mar a dhearbhaíonn sé, a chroch iomaitheoir ar leith an chéad duais leis ní ba mhó ná uair amháin ag báil damhsa Ghránaird (1784–6) mar gheall ar an gcur chuige nua a bhí aige i leith na bpíosaí a sheinn sé. Claochlaíonn an dúchas, mar sin, agus ní hionann ciall dó ó aois go haois, mar a shonraíonn McQuillan ina phlé fairsing ar an ábhar sin (2004). B'fhiú breathnú arís, a mholann Ó Laoire, ar an bhfírinne a mhaireann i 'miotas' an tsean-nóis chun nod a bhaint amach maidir leis an mbealach chun tosaigh.

Cuid de phróiseas cruthaitheach atá sna díospóireachtaí fuinniúla seo ar thréithe an tsean-nóis, ar cheisteanna na dlisteanachta is na barántúlachta; beag an baol gurbh fhéidir allait mhór mhonailiteach a thabhairt ar an allagar go léir. Bíonn ionchur i gceist ó na rannpháirtithe uile, cibé cé hiad féin: amhránaithe, moltóirí, craoltóirí, daoine den lucht éisteachta. Ní féidir a mhaíomh gur rud é seo atá ag titim amach i ngan fhios dóibh siúd lena mbaineann. Próiseas gníomhach atá ann, a thagann le dearcadh Judith Butler ar an rud is *performative identity* ann, nuair a áitíonn sí gur fírinne atá san fhéiniúlacht a chruthaítear thar am 'through a series of acts which are renewed, revised, and consolidated through time' (1988: 523). Ní féidir a bhaint as seo ach gur leis an bpobal féin a bhféiniúlacht féin ar an mbealach is litriúla ar fad: is iad féin atá *ag cruthú* thraidisiún an tsean-nóis ar bhonn leanúnach.

Mairfidh an teannas cultúrtha idir sean agus nua, idir *milieu* agus *milieu*, ina údar conspóide go deo. Is amhlaidh, áfach, nár eascair aon rud déanta sa saol seo riamh as folús; bíodh amhrán chomh sean leis na cnoic, bíodh sé thart ó bhí an saol ina ghasúr, tharla an t-amhrán sin mar thoradh ar phróiseas cultúrtha, agus mar shintéis ar na comhábhair a bhí ann an tráth sin. Bíonn fréamhacha ag gach uile dhéantús i ndéantúis eile, gan trácht ar phróiseas an tseachadta agus na hathruithe a thagann ar amhrán dá bharr. Sa teagmháil chultúrtha a bhíonn ina údar leis an teannas, tá an tsintéis i gcónaí ina féidearthacht. Níl ann ach an cheist: an nglacfaí le rud nó nach nglacfaí leis.

An bhfuil áit don sean-nós san aonú haois is fiche?

I ré seo an réasúin agus an eimpíreachais, is cosúil fós, dá mhéid dá dtagann athrú ar chúrsaí, is ea is mó a fhanann siad mar an gcéanna. Is daonnaithe fós muid d'ainneoin an dul chun cinn atá déanta i réimsí na heolaíochta is an leighis – tá ann fós don ghrá, don áthas, don ionadh, don chraic; níl an bás curtha againn dínn go fóill, ná an tinneas, ná an ganntanas, an t-uaigneas, an brón, an t-éadóchas. Is ar na straitéisí a úsáidtear chun na rudaí seo a phróiseáil a thagann an t-athrú, seachas ar na rudaí féin.

Tá an mhistéir fós ina steillbheatha. An chuma a bhí ar an scéal i dtús an fichiú haois ná go raibh an bua faoi dheireadh ag an réasúntacht is an loighic. Ach níorbh fhada ina dhiaidh go ndearna eachtraí an chéid ionsaí ar na tuiscintí sin – tubaistí eacnamaíocha, cogaí domhanda, cinedhíothú, úsáid an bhuama adamhaigh mar dhlaoi mhullaigh ar phróiseas eolaíochta. Achrann in eaglais an Réasúin – teoiric an chandaim, an *bête noire* réamhluaite, geall le bheith ina shiombail de sin – agus comhartha, b'fhéidir, nár chóir don ghnáthdhuine fós a ghlacadh leis an mistéir is leis an rud domhínithe a íobairt ar altóir sin an Réasúin, ná é a chur i leataobh mar ghné a bhaineann le ré atá thart.

Is speiceas rúndiamhair spioradálta muid. Is deacair féachaint ar íomhánna na gcapall is na bhfianna ar bhallaí na bpluaiseanna in Lascaux sa Fhrainc, pictiúir thart ar 17,000 bliain d'aois, meastar, agus é sin a shéanadh. Agus b'fhéidir go bhfuilimid níos fearr as dá thoradh, agus gur acmhainn riachtanach dúinn í ag an bpointe seo dár stair, beag beann ar a bhfuil i ndán dúinn. Ba mhian linn riamh teagmháil a dhéanamh le mistéirí an tsaoil, nasc a chuardach eadrainn féin agus an chruinne thart orainn, agus eadrainn féin agus ár mistéirí inmheánacha féin. Tá rud éigin sa dúchas againn nár lig dúinn riamh éirí as an gceistiú sin; tá an próiseas chomh tábhachtach sin go bhféadfaí a áitiú nach mairfeadh sláinte an duine i bhfad gan é.

Ar ghá, fiú amháin, mar sin, áit an tsean-nóis a cheistiú sa lá atá inniu ann? Ní bhaineann an lárcheist, dar linn, le riachtanas na chéad chéime eile, ach amháin leis an mbealach is fearr chun an chéim sin a thabhairt; don phlé sin, cuirfimid an léitheoir faoi choimirce na n-údar anseo.

Foinsí

Butler, J. 1988. 'Performative acts and gender constitution: an essay in phenomenology and feminist theory', *Theatre Journal* 40 (4), 51–31. http://www.jstor.org /stable/3207893 (léite 6 Deireadh Fómhair 2013).

Clark, R. W. 2011. *Einstein: the life and times*. London: Bloomsbury Reader.

Eckert, P. 2012. 'Three waves of variation study: the emergence of meaning in the study of sociolinguistic variation', *Annual Review of Anthropology* 41, 87–100.

Hartley, L. P. 1953. *The Go-Between*. London: Hamish Hamilton.

McQuillan, P. 2004. *Native and Natural: Aspects of the Concepts of 'Right' and 'Freedom' in Irish*. Cork: Cork University Press.

Nic Eoin, M. 2005. *Trén bhFearann Breac: an Díláithriú Cultúir agus Nualitríocht na Gaeilge*. Baile Átha Cliath: Cois Life.

Ó Conghaile, M. *et al.* 2013. *Leabhar Mór na nAmhrán*. Indreabhán: Cló Iar-Chonnachta.

Stokes, M. agus Bohlman, P. V. 2003. *Celtic Modern: Music at the Global Fringe*. Lanham: Scarecrow Press.

Fíor nó fiar?
Ceist na barántúlachta in amhránaíocht dhúchasach na Gaeilge

Síle Denvir

> Music 'is' what any social group considers it to be (Stokes, 1994: 5)

Tugann staidéar ar an amhránaíocht deis dúinn spléachadh a fháil ar theanga, ar cheol agus ar chultúr in éineacht. Tá amhránaíocht na Gaeilge ina cuid bhunúsach d'oidhreacht na Gaeilge agus tá aitheantas domhanda faighte ag an traidisiún seo mar gheall ar bhannaí ceoil éagsúla atá ag taisteal an domhain agus ag gabháil amhráin Ghaeilge ó na 1960í i leith. Sa bhfichiú haois tháinig athruithe thar cuimse ar an domhan agus tá próiseas an domhandaithe níos láidre inniu ná mar a bhí riamh. Fágann an 'domhan nua' seo go bhfuil daoine ag maireachtáil idir cúpla saol. Tá an saol traidisiúnta, cúlráideach, feirmeoireachta ag streachailt le saol ina bhfuil an teicneolaíocht, tráchtearrú, domhandú agus na meáin ina n-eiliminti lárnacha. Fágann sé sin go bhfuil tuiscintí nua againn ar na focail 'traidisiún' agus 'nua-aimsearthacht', tuiscintí atá níos caolchúisí agus níos casta ná mar a míníodh na coincheapa seo san am atá caite. Tá an traidisiúnachas agus an nua-aimsearthacht ag maireachtáil in éineacht, agus d'fhéadfaí an téarma 'traidisiúnachas nua-aimseartha' (Lewellen, 2002: 101) a úsáid le cur síos a dhéanamh ar an saol ina bhfeidhmíonn traidisiún amhránaíochta na Gaeilge sa 21ú aois.

Tá an traidisiún seo ag dul i ngleic leis an athrú suntasach agus sciobtha atá tagtha ar an saol agus sa gcomhthéacs seo bíonn idir lucht cleachtaithe agus lucht acadúil ag iarraidh iniúchadh agus scagadh a dhéanamh ar an gceist achrannach sin 'céard é sean-nós'? Tá athrú tagtha le roinnt blianta anuas ar an gcur chuige a bhíonn ag lucht acadúil agus iad i mbun staidéir ar chultúr. Chomh maith le díriú ar bhailiú agus ar chaomhnú, tá béim faoi leith ar phróiseas agus ar chomhthéacs, agus go deimhin ar thuairimí na n-amhránaithe iad féin faoin traidisiún amhránaíochta. Tá sé léirithe ag Rice (1980) agus ag eithneacheoleolaithe eile go mbíonn ann do chórais choincheapúla ilchasta sa tuiscint a bhíonn ag pobail éagsúla ar an gceol. Is cinnte go bhfuil sé seo fíor faoi phobal na hamhránaíochta Gaeilge a bhíonn de shíor ag déanamh iniúchadh ar bhrí thraidisiún na hamhránaíochta, a chruthúnas sin sa gcaint a bhíonn le cloisteáil ag seisiúin amhránaíochta, ceolchoirmeacha agus go háirithe comórtais amhránaíochta faoi na hamhráin féin agus faoi stíl agus chumas na n-amhránaithe. Barr air sin, tá modh faoi leith cainte ag amhránaithe agus ag ceoltóirí faoin traidisiún agus is minic a bhíonn tóraíocht na barántúlachta ar chúl an iniúchta seo.

Is téarma débhríoch, achrannach é 'barántúlacht' (nó

'authenticity' leis an téarma Béarla a úsáid) agus is é ba mhaith liom a dhéanamh anseo an téarma féin agus an chiall a bhain agus bhaineann lucht cleachtaithe agus léirmheastóirí an tsean-nóis araon as a iniúchadh. Iarrann ré an nua-aoiseachais agus an domhandaithe orainn athshamhlú a dhéanamh ar choincheapa an traidisiúin, an chultúir agus na heitneagrafaíochta agus ar an mbrí a bhaintear as traidisiún amhránaíochta na Gaeilge dá réir. Ní mór aitheantas a thabhairt do phróiseas athmhúnlaithe an chultúir agus do thábhacht chruthú na féiniúlachta sna tuiscintí atá againn ar chultúr, mar a a áitíonn Lewellen:

> The values of postmodernism, especially for studies of globalization, lie in its critique of the unwarranted reality claims of traditional ethnographies, in making anthropologists aware of the processes by which cultures negotiate reality, in revealing how cultures once thought of as static or primal are constantly in a state of self-creation, in exposing the subtleties of power as it is suffused through language and institutions, and in steering anthropology in directions of research that we might otherwise have missed, such as the importance of identity construction in understanding ethnicity and nationalism (2002: 8).

Ag croílár theoiricí Lewellen tá ceist na cumhachta: caithfear tuiscint a fháil ar chaolchúis na cumhachta atá múnlaithe ag an teanga a úsáidtear in institiúidí agus sa bpobal fré chéile. Tá bealaí againn ar fad le labhairt ar an bpobal, ar an gcultúr, ar an gceol, ar na hamhráin. Cár fhoghlaim muid an teanga seo? Carb as a dtagann an foclóir atá againn chun cur síos a dhéanamh ar thraidisiún amhránaíochta na hÉireann?

Tagann an téarma 'sean-nós' chun cuimhne sa gcomhthéacs seo. Tá scagadh cuimsitheach déanta ag Ó Laoire (2000a) agus ag Nic Dhonncha (2004) ar an téarma féin, chomh maith leis an dearcadh a bhí ag lucht na hAthbheochana ar an amhránaíocht ar an sean-nós. Bhí impleachtaí ag an dearcadh seo don traidisiún amhránaíochta é féin agus don litríocht a cuireadh i gcló faoin sean-nós, litríocht a bhfuil muid go mór faoina comaoin, ach ag an am céanna, litríocht a gcaithfear athnuachan a dhéanamh uirthi an t-am ar fad ionas go mbeidh sí ábharach don saol ina maireann muid. Téamaí coitianta sa litríocht seo is ea 'glaineacht an traidisiúin', 'truailliú an cheoil' agus 'barántúlacht' chomh maith le cur síos ar thréithe agus ar chomharthaí sóirt an tsean-nóis (Bodley, 1972; O'Boyle, 1976; Ó Canainn, 1993). Seo, mar shampla an méid a bhí le rá ag Liam de Noraidh agus é ag trácht ar 'thruailliú an cheoil':

> Chun an traidisiún a choinneáil glan, is é sin, saor ó thruailliú, ní mór do na hamhránaithe, do na fidileoirí agus do na píobairí nach bhfuil an ceol Gaelach ó dhúchas acu, agus atá i dtaobh leis an gcló chun poirt a fhoghlaim, ní mór dóibh bunphrionsabail an cheoil a thuiscint, ionas go mbeidh ar a gcumas an rud fíor a aithint ón rud truaillithe (1965: 10).

Ag teacht leis an tuairim chéanna, míníonn Seán Ó Riada a dhearcadh féin ar an bhfocal 'traidisiúnta': 'By "traditional" I mean the untouched, unWesternised, orally-transmitted music which is still, to the best of my knowledge, the most popular type of music in this country' (Ó Riada, 1982, 19).

Tá blas na hAthbheochana le fáil go tréan ar choincheapa seo na barántúlachta agus an traidisiúin ghlain neamh-thruaillithe. Tá an dearcadh seo, atá fréamhaithe in idé-eolaíocht aimsir thosaithe an Oireachtais agus Chonradh na Gaeilge, á cheistiú le blianta beaga anuas ag léirmheastóirí faoi leith (Carson, 1986; Ó Cearbhaill, 1995; Ó Laoire, 2000) agus ar an ábhar sin ní gá dul i bhfad scéil leis anseo. Tháinig claochlú áirithe ar thraidisiún amhánaíochta na Gaeilge ó na 1960í i leith nuair a tháinig múnla an *ensemble* de cheoltóirí traidisiúnta chun cinn. Bhí Seán Ó Riada ina cheannródaí nuair a chuir sé leithéidí Dharach Uí Chatháin agus Sheáin Uí Shé ag casadh amhráin sean-nóis ar stáitse náisiúnta in éineacht le Ceoltóirí Chualann, scaití le tionlacan, agus scaití eile dhá uireasa. Cé go bhfuil na hathruithe seo ag tarlú ó lár an chéid seo caite, tuigtear go coitianta fós gurb í an amhránaíocht gan tionlacan an cineál amhránaíochta 'is dúchasaí' agus 'is barántúla' agus bíonn suíomhanna áirithe cur i láthair ann nach nglacfaí le tionlacan ceoil le hamhrán sean-nóis iontu.

Tá taighde á dhéanamh agam féin le roinnt blianta anuas ar fhorbairtí éagsúla atá tagtha ar amhránaíocht dhúchasach na Gaeilge, idir fhorbairtí a bhaineann le suíomh agus le comhthéacs na hamhránaíochta agus fhorbairtí atá tagtha ar chur i láthair na n-amhrán féin. Tá sé soiléir dom ó a bheith ag cur agallamh ar amhránaithe agus ó a bheith ag caint ar an ábhar seo ag comhdhálacha go bhfuil coincheap na barántúlachta ag croílár aon anailís, nó go deimhin, aon chaint nó trácht a déantar ar amhránaíocht na Gaeilge. Tá amhránaithe sean-nóis ag feidhmiú ag leibhéil éagsúla le roinnt blianta anuas. Tá dúshlán á thabhairt don chomhthéacs traidisiúnta as ar eascair na hamhráin agus an traidisiún ag feidhmiú anois san aonú haois is fiche. Tá amhránaí sean-nóis in ann a bheith ag casadh amhrán ar leac an teaghlaigh lá amháin, ag casadh ar stáitse an Oireachtais ag iomaíocht do Chorn Uí Riada lá eile, ag cur siamsaíochta ar fáil trí mhúnla an cheoil tíre Tigh Phlunkett i gcroílár Chonamara oíche eile agus ag casadh ar stáitse ag féile ceoil áit ar bith ar domhan, ó Chontae an Chláir go dtí an tSeapáin, lá eile fós. Tá dúshlán faoi leith ag baint leis na hathruithe seo do na hamhránaithe agus iad ag aimsiú spásanna nua cur i láthair dóibh féin. Baintear úsáid as coincheap na barántúlachta, ag leibhéal pobail agus ag leibhéal pearsanta, le dul i ngleic leis na hathruithe seo ach ní mór don phobal amhránaíochta dul i ngleic freisin leis na deacrachtaí a bhaineann leis an gcoincheap.

Tógann an t-eitneacheoleolaí Martin Stokes ceisteanna tábhachtacha agus é ag trácht ar fhéiniúlacht, eitneacht, áit agus teorainneacha, agus an caidreamh a bhíonn ag ceol leis an méid sin. Tá an méid seo ar fad fite fuaite leis an mbarántúlacht, dar leis:

> Clearly, notions of authenticity and identity are closely interlinked. What one is (or wants to be) cannot be 'inauthentic', whatever else it is. Authenticity is definitely not a property of music, musicians and their relations to an audience [...] We are inclined to make the mistake of hearing a word and assuming that the various things it points to are similar, if not the same. Instead, we should see 'authenticity' as a discursive trope of great persuasive power. It focuses a way of talking about music, a way of saying to outsiders and insiders alike 'this is what is really significant about this music', 'this is the music that makes us different from other people' (1994: 7).

Cé nach tréith den ealaín féin í an bharántúlacht mar a léiríonn Stokes, bíonn tionchar ag reitric na barántúlachta ar an ealaín. Bíonn tionchar dá réir ag an méid a chreideann muid ar an méid a chloiseann muid (O'Flynn, 2009: 194). Baintear úsáid as an bhfocal 'authenticity' an-mhinic i ngnáthchaint faoi cheol agus amhránaíocht thraidisiúnta i mBéarla, ach tá doiléireacht thar cuimse ag baint leis an bhfocal. Cíorann Regina Bendix stair an fhocail:

> Authentic derives from the Greek 'authentes', which carries the dual meaning of 'one who acts with authority' and 'made by one's own hand'. Lionel Trilling's recollection of 'the violent meanings which are explicit in the Greek ancestry of the word' deepens the meaning and contrasts it with that commodification that the term has undergone in a Western-driven marketplace: 'Authenteo: to have full power over; also, to commit a murder. Authentes: not only a master and a doer, but also a perpetrator, a murderer, even a self-murderer, a suicide' (Trilling 1972: 131). Such etymological layers need not reverberate fully in the present usage of the term, although the violence caused in the name of, say, ethnic or religious authenticity are painful present-day realizations of such old Greek meanings (1997: 14).

Léiríonn sé seo go mbraitheann úsáid an fhocail ar chomhthéacs an ama agus na háite, ach díol spéise go raibh an téarma ceangailte le cumhacht riamh anall. (Déanann Colin Graham (1999) nasc idir an coilíneachas agus tóraíocht na barántúlachta in Éirinn, mar shampla). Taispeánann Bendix go bhfuil castacht ag baint leis an bhfocal 'authenticity' ag leibhéal sanasaíochta, agus má fhéachtar leis an gcoincheap a shainiú i nGaeilge, éiríonn an scéal níos casta fós. Is é an chéad fhocal a tháinig chugam féin ná 'glaineacht' (mar a thuigtear 'purity' i mBéarla), agus ansin tháinig an focal 'íonghlaineacht'. Is é 'barántúlacht' an téarma a nglactar leis sa dioscúrsa acadúil anois, ach díol suntais gurb é an t-aistriúchán ar an bhfocal 'authenticity' i bhfoclóir de Bhaldraithe ná 'fíre, fírinne, dearfacht, údaracht', rud a thugann diminsean eile don fhocal. Focal eile ar 'authenticity' is ea 'fíordheimhneacht'. Má ghlacann muid leis an bhfocal Gaeilge 'fírinne' mar shainiú ar 'authentic', céard é fritéis an téarma mar sin? Bréag? An féidir le ceol nó le hamhrán ar bith a bheith 'bréagach'?

Dearbhaíonn Bendix gur fadhb ag croílár choincheap seo na barántúlachta é an nóisean gur ann do mhalairt na barántúlachta, agus gurb í 'an bhréag' an mhalairt seo. Tá tábhacht faoi leith, mar sin, ag baint leis an gcaoi a sainmhínítear coincheap na barántúlachta. Lochtaíonn Bendix cleachtadh disciplíní éagsúla mar gur dearnadh samhailt idéalach den aonchineálachas agus as sin d'fhás an tuairim gur fearr an 'ghlaineacht' chultúrtha ná an cros-síolrú. Is léir gur focal polaitiúil é barántúlacht, agus is léir gur baineadh úsáid as an gcoincheap cumhachtach seo sa múnlú a rinneadh ar thuiscintí maidir le hamhránaíocht na Gaeilge. Áitíonn Bendix gur dlisteanú de shórt éigin é seo:

> Declaring something authentic legitimated the subject that was declared authentic, and the declaration in turn can legitimate the authenticator, though here such concerns as social standing, education, and the ability to promote one's views also play a role. Processes of authentication bring about material representations by elevating the authenticated into the category of the noteworthy (1997: 7).

Tá dealú an-tábhachtach le déanamh anseo idir tóraíocht na barántúlachta ag an duine féin agus cur ina luí ar dhaoine eile céard atá barántúil agus céard nach bhfuil agus, dar le Bendix: 'A very thin line separates the desire for individual authenticity and the calling to convince others of the correctness of a particular rendering or localization of the authentic' (1997: 7).

Más tóraíocht mhothúchánach agus mhorálta atá taobh thiar de bhunús na barántúlachta, is léir ón stair gur baineadh mí-úsáid as an gcoincheap mar uirlis pholaitíochta. Samhlaítear an focal freisin le frith-nua-aoiseachas, agus le saol idéalach na cosmhuintire:

> Folklore has long served as a vehicle in the search for the authentic, satisfying a longing for an escape from modernity. The ideal folk community, envisioned as pure and free from civilization's evils, was a metaphor for everything that was not modern. Equally relevant is folklore's linkage to politics, where authenticity bestows a legitimating sheen, with political change linked to modernity, affirmatively in resolutions, negatively in counter-revolutions. The most powerful modern political movement, nationalism, builds on the essentialist notions inherent in authenticity, and folklore in the guise of native cultural discovery and rediscovery has continually served nationalist movements since the Romantic era (Bendix, 1997: 7).

Cé gur ar an mbéaloideas a tógadh an tuairim seo, tá an patrún céanna le haimsiú sna tuiscintí náisiúnacha a cuireadh chun cinn i dtraidisiún amhránaíochta na Gaeilge.

Áitíonn Allan Moore go gcruthaítear tuairimí faoi bharántúlacht i ngníomh na héisteachta mar go mbraitheann sé ar an gciall a bhaineann duine nó pobal as an gcoincheap seachas ar ghníomh an cheoil nó na hamhránaíochta é féin (2002: 210). Dar leis: 'Academic consideration of authenticity should thus, I believe, shift from consideration of the intention of various originators towards the activities of various perceivers, and should focus on the reasons they might have for finding, or failing to find, a particular performance authentic' (2002: 221).

Ní féidir an traidisiún amhránaíochta a mheas gan breathnú ar an bpobal a bhíonn rannpháirteach sa traidisiún mar éisteoirí. Cé hiad pobal an tsean-nóis, mar sin? Ní gá gur grúpa traidisiúnta é an pobal atá ceangailte le háit níos mó, mar go sainíonn agus go gcothaíonn pobail iad féin ar bhealaí difriúla anois. Cé go bhfuil áit lárnach ag an bpobal bitheolaíoch logánta seo san amhránaíocht Ghaelach go fóill go pointe, mar is léir i gceantair ina bhfuil an amhránaíocht fós mar chuid de shiamsaíocht an phobail, tá 'pobail' eile i gceist anois chomh maith, mar atá léirithe agam cheana (Denvir, 2011). Ní hí an tuiscint chéanna a bheadh ag lucht éisteachta Chorn Uí Riada ar eispéireas ghníomh na hamhránaíochta agus a bheadh ag lucht éisteachta a bheadh ag freastal ar cheolchoirm. Ní hé an t-eispéireas céanna a bheadh ag an amhránaí ach an oiread. Léirítear tuairimí láidre an phobail i leith chur i láthair an amhráin, nó an *performance*, ag nach mór chuile ócáid ag a mbíonn amhráin sean-nóis á gcasadh. Barr air sin, ní gá gur i bpobal a fheidhmíonn an t-amhránaí sean-nóis níos mó agus áitím go bhfuil spás nua á chruthú ag an amhránaí dó nó di féin, spás cruthaitheach, aonarach, inmheánach nach mbraitheann ar dhlisteanú ón bpobal i gcónaí. Fágann sé sin go bhfuil dhá leibhéal den bharántúlacht i gceist .i. barántúlacht inmheánach agus barántúlacht sheachtrach (Moore, 2002: 215). Áitím freisin go mbíonn tuairimí an phobail agus an duine aonair ag athrú de shíor agus i gcónaí. Athraíonn tuairimí an phobail de réir riachtanais an phobail sin, chomh maith le bheith ag brath ar chúinsí stairiúla agus polaitiúla, agus athraíonn tuairimí an duine aonair de réir an taithí saoil a bhíonn aige/aici.

Is léir ó agallaimh atá déanta agam le hamhránaithe éagsúla go mbaineann an pobal amhránaíochta (agus bainim an úsáid is leithne as an bhfrása sin) úsáid as fráma tagartha na barántúlachta sa bplé a déantar ar an sean-nós. In agallamh a rinne mé le Mairéad Ní Mhaonaigh, amhránaí leis an ngrúpa Altan, thug mé faoi deara gur labhair sí go minic ar 'fhírinne an cheoil'. Seo mar a thrácht Ní Mhaonaigh ar an tuiscint a bhí aici féin ar 'fhírinne an cheoil':

> Caithfidh muide a bheith *fíor dúinn fhéin.* Go speisialta nuair atá tú ar shiúl ó bhaile. Tá tú ag tabhairt sícé na hÉireann leat. Tá léar mhór rudaí i gceist. Thiocfadh linn go léir a bheith ag dul thart *flamboyantly* agus cineál mar *Riverdances* agus rudaí mar sin. Ach, tá áit daofa sin do cheoltóirí traidisiúnta atá ag iarraidh é a dhéanamh rud beag níos *commercial*, margadh a dhéanamh agus airgead a dhéanamh as. Caithfidh muid a bheith fíor dúinn fhéin fós. Níl tú ag iarraidh a bheith ag déanamh rud pléascach … *caithfidh tú a bheith fírinneach duit fhéin fosta.* Agus go dtig leat seasamh ar stáitse i lár Chonamara agus an rud céanna a dhéanamh, nó i lár Ghaoth Dobhair agus *gan náire a bheith ort.* (2006. Is liomsa an bhéim.)

Ní raibh ceist na barántúlachta ar intinn agam ag an am agus níor cheistigh mé í maidir le brí an nath____ 'fírinne an cheoil'. Níor shainigh sí céard is brí le 'fírinne an cheoil', agus b'fhiú an scéal sin a fhiosrú. Tá bealaí faoi leith ann le labhairt faoi choincheap na barántúlachta agus is léir go bhfuil cleachtadh ag go leor amhránaithe ar a bheith ag plé cúrsaí ceoil agus amhránaíochta. Cothaíonn sé seo tróp dioscúrsach le cumhacht ollmhór áititheach, mar a deir Stokes (1994: 21), agus tógtar tuiscintí agus teorainneacha timpeall air seo. Rud an-phearsanta is ea an ceol agus an amhránaíocht don duine féin agus don phobal ina bhfeidhmíonn sé/sí. Sainíonn 'an chaint' a déantar faoi cheol agus faoi amhránaíocht an bhrí atá leo i gcroílár an phobail, bíodh sé sin ina phobal traidisiúnta tuaithe nó ina phobal náisiúnta agus idirnáisiúnta ceoil. Laistigh de phobal na hamhránaíochta Gaeilge, tá 'fírinní' difriúla le haimsiú, rud a chruthaíonn sruthanna difriúla smaointe-oireachta agus cleachtais éagsúla amhránaíochta, iad ar fad ag teacht ó aon traidisiún amháin. Ar thaobh amháin den speictream tá an 'traidisiúnaí' nó an 't-íonaíoch' agus ar an taobh eile tá an, 'cros-síolróir' nó an 'nuálaí'. Ní féidir le ceachtar acu a bheith míbharántúil dar le Stokes.

Cíorann Richard A. Peterson coincheap na barántúlachta san alt 'In Search of Authenticity', ag díriú ar 'fhírinne' an cheoil tíre i Meiriceá. Táirge is ea an bharántúlacht a chruthaítear go sóisialta, dar leis, agus tá próiseas faoi leith ag baint leis an bhfíordheimhniú seo. Díol spéise gurb iad lucht leanúna an cheoil tíre a dheimhníonn barántúlacht an cheoil agus ní na saineolaithe ceoil. Ní duine ná aon ghrúpa amháin a dhéanann an fíordheimhniú mar go bhfuil ciorcal fíordheimhnithe ann a bhaineann le chuile dhuine atá páirteach i saol an cheoil tíre (Peterson, 2005: 1083).[1] Ní hiad pobal an tsean-nóis in Éirinn amháin a bhíonn ag dul i ngleic le ceisteanna maidir le traidisiún agus barántúlacht. Sna 1950í

[1] I gcomhrá neamhfhoirmeálta a bhí agam le bainisteoir ceoil atá lárnach i saol an cheoil thraidisiúnta in Éirinn, léirigh sé an tuairim go raibh 'opinion makers' ann ar an talamh a dhéanann an cinneadh faoi na gnéithe den cheol agus den amhránaíocht atá fiúntach. Ní raibh a fhios aige go baileach cé hiad na 'opinion makers' ach bhí sé cinnte dearfa go raibh siad ann.

bhí conspóid ollmhór ann i measc phobal an cheoil tíre i Meiriceá nuair a tháinig glúin nua 'rockabillies' ar an bhfód, Elvis Presley, Jerry Lee Lewis agus Johnny Cash san áireamh. Bhí daoine áirithe den tuairim gurbh iad slánú an cheoil tíre iad, agus daoine eile den tuairim gurbh iad a scriosfadh é (Peterson, 2005: 1083). Lean conspóidí mar seo sna 1960í chomh maith mar a bhí le feiceáil ag an Newport Folk Festival nuair a thug Bob Dylan faoin gceol leictreach seachas faoin gceol acústaice. Tá an teannas céanna seo le haimsiú i dtuairimíocht faoin amhránaíocht thraidisiúnta in Éirinn. In agallamh a rinne mé le hamhránaí sean-nóis a bhfuil an-mheas uirthi, thug sí le tuiscint go raibh sí míshásta faoi thionchar an cheoil tíre ar amhránaithe Chonamara, gan ach sampla beag amháin a lua. Ar an gcaoi chéanna, tá daoine ann a cheapann gurb iad leithéidí Altan agus Danú todhchaí na hamhránaíochta Gaeilge, agus tá daoine eile ann a cheapann go bhfuil siad á scrios.

Léiríonn John O'Flynn sa taighde páirce a rinne sé ar cheol traidisiúnta na hÉireann go mbreathnaíonn pobal an cheoil thraidisiúnta ar thráchtearrú an cheoil agus ar cheol 'barántúil' i dtéarmaí déscartha (2009: 178). Deir sé: 'Without exception, music described as commercial was also deemed to be less authentic and less Irish' (2009: 189) .i. ní bhíonn an ceol a fheidhmíonn i saol na tráchtála chomh barántúil leis an gceol a fheidhmíonn go 'nádúrtha'. Má tá sruthanna éagsúla den traidisiún amhránaíochta ag feidhmiú ag aon am amháin, is cinnte go bhfuil leibhéil éagsúla phroifisiúntachta á mbaint amach ag amhránaithe. Tugann an phroifisiúntacht seo ceisteanna éagsúla chun cinn maidir leis an amhránaíocht sean-nóis mar gur suíomh iomlán difriúil atá i gceist le suíomh tráchtála an mhargaidh.[2] Is iomaí bealach atá ann anois le luach saothair a bhaint amach ar na hamhráin Ghaeilge – ceolchoirmeacha agus camchuairteanna timpeall na tíre agus an domhain; múineadh na n-amhrán; craoltóireacht raidió agus teilifíse; moltóireacht ar chomórtais; comórtais a bhuachan; dlúthdhioscaí a dhíol; leabhair a fhoilsiú. Tá caipiteal cultúrtha i gceist freisin don té a bhaineann amach gradaim faoi leith, Corn Uí Riada, Gradam TG4, Gradam Sean-nós Cois Life, gan ach cúpla ceann a lua. Is léir mar sin, go bhfuil spás náisiúnta agus domhanda aimsithe ag na hamhráin Ghaeilge, ach go bhfuil ceangal áite fós i gceist dóibh siúd a mbaineann sin leo, agus láidríonn sé seo dúil i leanúnachas sa traidisiún agus mian a bheith athcheangailte leis an dúchas. Áitíonn Stokes go bhfuil dhá argóint ann: ar thaobh amháin tá ceiliúradh dromchlach tar éis áit na barántúlachta a thógáil, ach ag an am céanna, mar gheall ar an dícheantrú a dtagraíonn Stokes dó, cuartaítear brí áitiúil na barántúlachta:

> This insistence on locality and authenticity contradicts a post-modernist argument in which history has disappeared in the pursuit of the instantaneous, and authenticity has been supplanted with a celebration of surfaces. This disintegration of history and authenticity has been promoted by, and is in turn a product of, the media industries who, after all, have to sell their product to as many people as possible. The disintegration is frequently held to effect a significant 'delocalisation' of the experience of listening. Cohen argues that on the contrary we should see a dialectical opposition of the global to the local, in which the local languages of authenticity retain their significance (Stokes, 1994: 21).

[2] Ag an am céanna, ní mór a mheabhrú nach inniu ná inné a thosaigh daoine ag baint amach slí bheatha ar na hamhráin Ghaeilge. Chum agus chan cláirseoirí agus filí móra na tíre seo a gcuid amhrán do thaoisigh na linne ag dul siar chomh fada le haimsir Uí Chearbhalláin, agus níos faide, agus bhaineadar luach saothair amach ar an tseirbhís seo.

De réir na tuairisce seo, má tá tábhacht na staire agus na barántúlachta imithe i léig, is é táirgiú agus díchomhthéacsú an cheoil is cúis leis seo. Tagann ceist na barántúlachta go mór chun cinn nuair a bhíonn luach saothair i gceist agus is dúshlán é seo don té a bhíonn ag brath ar an traidisiún amhránaíochta agus ceoil le slí bheatha a bhaint amach. Arís, bíonn an claonadh ann an méid seo a mheas i dtéarmaí déscartha. Ach má fhorbraíonn traidisiún ceoil agus amhránaíochta go horgánach taobh istigh de théarmaí tagartha an tsaoil mórthimpeall orainn, ní gá gur táirge 'próiseáilte' a bhíonn i gceist leis an gceol a shaothraíonn an t-airgead. Má theastaíonn ó amhránaithe agus ó ghrúpaí áirithe a gcuid ceoil agus amhrán a chasadh ar stáitsí domhanda, ní chiallaíonn sé sin go bhfuil an ceol sin míbharántúil. Is leo féin an ceol agus na hamhráin a athmhúnlaíonn siad, agus tá próiséas cruthaitheach ar siúl acu an t-am ar fad. Ach áit éigin idir an ceol 'fíorthraidisiúnta' agus an ceol 'nuálaíoch', aimsítear spás míchompordach an 'staged Irish show' agus mar a thráchtann Stokes:

> … staged 'folklore' has little in common with what it purports to represent, music and dances become alienated from their real settings, their currency worthless out of context (Blacking 1987: 133–4). These events are hardly 'popular', and seldom make any claims to high artistic value, but they are however events which account for a great deal of musical experience. Contexts are constructed by musicians, audiences and media in these events, in which meanings are generated, controlled and negotiated (1994: 21).

Ní hionann an comhthéacs seo agus an comhthéacs ina mbíonn grúpaí mar Altan nó amhránaithe mar Iarla Ó Lionáird ag feidhmiú. Ach cá bhfuil an líne neamhráite idir ‘tráchtearrú’ agus ‘dúthshaothrú’? Cé a roghnaíonn na haeistéitéicí mar sin? An pobal nó an duine féin? Má tá ‘an chaint’ a dhéantar faoi cheol ‘tógálach’, cá seasann an guth aonair? Cé hiad na ‘opinion makers’ (ar thagair an bainisteoir ceoil dóibh)? Níl sé éasca freagra a thabhairt ar na ceisteanna sin ach tá rud amháin soiléir – tá teannas ann idir a bheith páirteach sa tionscal cumarsáide agus a bheith dílis don dúchas logánta, áitiúil, leanúnach, agus tá an teannas seo neadaithe i gcultúr ina dtarlaíonn teagmháil chumarsáide go domhanda agus go laethúil.

Ceann de na bunfhadhbanna a bhaineann leis an mbarántúlacht ná go dtuigtear i dtéarmaí déscartha é (Bendix 7, O’Flynn 173). Más ann don bharántúlacht is ann dá mhalairt; más ann don fhírinne, is ann don bhréag. Feictear é seo sa gcodarsnacht a déantar idir traidisiún agus nuálaíocht, idir an stáitse agus an teaghlach, idir an tuath agus an chathair. Feictear dom go ndéantar sainiú ar an traidisiún amhránaíochta i dtéarmaí déscartha nó ‘dubh agus bán’ go minic. Tá sé seo an-soiléir nuair a scrúdaítear na comórtais amhránaíochta a bhíonn ar siúl ag Oireachtas na Gaeilge chuile bhliain – caithfidh amhrán sean-nóis a bheith ‘mall’ nó ‘sciobtha’; caithfidh amhrán a bheith ‘sean’ nó ‘nuachumtha’; caithfidh iomaitheoir cur isteach ar chomórtas ‘amhránaíocht ar an sean-nós’ nó ‘amhránaíocht nach sean-nós í’!

Ach is idir an dá spás dhéscartha seo a fheidhmíonn an traidisiún i ndáiríre. I measc na mbunrudaí atá ag teastáil ionas go mbeidh brí ag baint le traidisiún amhránaíochta tá an téacs, an cur i láthair, comhthéacs an chur i láthair agus an pobal éisteachta. Baintear úsáid as coincheap na barántúlachta le breithiúnas atá bunaithe ar luachanna an duine aonair agus an phobail in éineacht a thabhairt ar na gnéithe thuasluaite mar gheall go bhfuil an reitric a bhaineann le híonghlaineacht an traidisiúin sa mbunfhoclóir a úsáidtear sa bplé ar amhránaíocht dhúchasach na nGael. An gá dúinn, mar sin, cuimhniú arís ar an sainiú a dhéanann muid ar amhránaíocht dhúchasach na Gaeilge? Má ghlacann muid leis go fóill, mar shampla, gurb é an cur i láthair gan tionlacan ar amhrán sean-nóis an leagan is 'cirte', is 'glaine', is 'traidisiúnta', is 'barántúlaí', cén áit ar an speictream a gcuirfidh muid leagan Iarla Uí Lionáird de 'Samhradh Samhradh' le The Gloaming (2013), nó leagan Shaileog Ní Cheannabháin de 'Seachrán Sí' le Ensemble Ériu (2013)? Tá traidisiún na hamhránaíochta Gaeilge beo laistigh de phobal mionteanga atá faoi bhrú mór ag cultúr an Bhéarla. Mar gheall ar an mbrú seo tá meon an chaomhnaithe fíorthábhachtach do chleachtóirí agus do phobal éisteachta an traidisiúin. Tá géarghá leis an gcaomhnú seo, ach ag an am céanna, tá gá le cothromaíocht idir caomhnú an traidisiúin agus cothú an traidisiúin ionas go mbeidh deis anála agus forbartha ag amhránaíocht dhúchasach na nGael.

Foinsí

Bendix, R. 1997. *In Search of Authenticity: the Formation of Folklore Studies*. Madison: University of Wisconsin Press.

Bodley, S. 1972–3. 'Technique and structure in 'Sean-nós' Singing', *Éigse Cheol Tíre* 1, 43–53.

de Noraidh, L. 1965. *Ceol ón Mumhain*. Baile Átha Cliath: An Clóchomhar.

Denvir, S. 2011. 'Pobal na nAmhrán: Ó Thinteán go Stáitse', *Bliainiris 10*, 169–84.

Ensemble Ériu, 2013. *Ensemble Ériu* [CD]. Raelach Records.

Graham, C. 1999. "…maybe that's just Blarney': Irish Culture and the Insistence of Authenticity', in C. Graham agus R. Kirkland (eag.), *Ireland and Cultural Theory: the Mechanics of Authenticity*. Basingstoke: Macmillan

Lewellen, T. C. 2002. *The Anthropology of Globalization: Cultural Anthropology Enters the 21st Century*. Westport, Connecticut: Bergin and Garvey.

Moore, A. 2002. 'Authenticity as Authentication', *Popular Music* 21 (2), Cambridge University Press, 209–23.

Nic Dhonncha, R. 2004. 'An tOireachtas agus an Amhránaíocht ar an Sean-nós: Cruthú agus Sealbhú Traidisiúin', *Bliainiris 4*, 28–84.

O'Boyle, S. 1976. *The Irish Song Tradition*. Dublin: Gilbert Dalton.

Ó Canainn, T. 1993. *Traditional Music in Ireland*. Cork: Ossian Publications.

Ó Cearbhaill, P. 1995. 'An amhránaíocht ar an sean-nós: conas is ceart í a mheas', *Oghma* 7, 44–52.

Ó Laoire, L. 2000a. 'Local ethnicity and national identity: the case of the Gaelic League's Oireachtas Sean-nós competitions', in B. A. Roberts agus A. B. Rose (eag.), *The Phenomenon of Singing 2: Proceedings of the International Symposium*. St. John's, Newfoundland: Memorial University Press, 160–79.

Ó Laoire, L. 2000b. "Up Scraitheachaí!': Aitheantas Áitiúil agus Náisiúnta ag Comórtais an tSean-Nóis ag an Oireachtas', in M. Ó Cearúil (eag.), *Aimsir Óg 2000: Cuid a Dó*. Baile Átha Cliath: Coiscéim, 66–78.

O'Flynn, J. 2009. *The Irishness of Irish Music*. University of Michigan: Ashgate.

Peterson, R. A. 2005. 'In search of authenticity', *Journal of Management Studies* 42 (5), 1083–98.

Rice, T. 1980. 'Aspects of Bulgarian musical thought', *Yearbook of the International Folk Music Council*,12, 43–66.

Stokes, M. 1994. 'Music, ethnicity and identity', in *Ethnicity, Identity and Music: the Musical Construction of Place*. Oxford: Berg Books.

Thrilling, Lionel. 1972. *Sincerity and Authenticity*. Cambridge, MA: Harvard University Press.

The Gloaming, 2013. *The Gloaming* [CD]. Real World Productions.

Eispéireas, brí agus machnamh: an smaointeoireacht agus an amhránaíocht

Tríona Ní Shíocháin

Réamhrá

Agus breithiúntas á thabhairt ag scoláirí ar stair na smaointeoireachta, is nós leo coitianta féachaint i dtreo na leabhar, agus i dtreo foinsí liteartha na smaointeoireachta, a chruthaíonn insint ar leith ar fhorbairt an mhachnaimh i measc scoláirí. Níor chóir, áfach, neamhshuim a dhéanamh den ról tábhachtach a bhíonn ag na healaíona béil i bhforbairtí smaointeoireachta a thagann chun cinn sa tsochaí, i gcomhthéacsanna 'traidisiúnta' agus 'nua-aimseartha' araon. Insa pháipéar so, áiteofar gur próiseas cultúrtha agus sóisialta is ea an amhránaíocht atá ceangailte go dlúth le forbairt an mhachnaimh i bhfad siar agus ná tuigfear tábhacht ná éifeacht smaointeoireacht na n-amhrán i gceart gan comhthéacs an láithrithe dar de an amhránaíocht a chur san mheá. Mar is iad cleachtais agus eispéireas an láithrithe féin a fhágann gur meán cumhachtach smaointeoireachta is ea an amhránaíocht a ghlac ionad lárnach i gcultúr an duine le sinsearacht, agus a fhágann go bhfuil luach thar meon ag baint le hamhráin agus le hamhránaíocht sa tsaol comhaimseartha féin maidir le hathnuachaint a dhéanamh ar na smaointe a threoraíonn an saol a chaithimid.

Is minic a shamhlaítear 'fuaire' oibiachtúil agus teibíocht údarásach le traidisiún na smaointeoireachta in Iarthar na hEorpa, agus cuid lárnach den bhféiníomhá a chruthaíonn na scoláirí agus na hintleachtóirí liteartha is ea an tsollúntacht thomhaiste chéanna so a chuirtear inár láthair, an 'performativity' léannta so atá á chleachtadh leis na glúinte laistigh den gcultúr liteartha. Mar a dúirt Clifford Geertz tráth: 'Man is an animal suspended in webs of significance that he himself has spun,' agus ní haon eisceacht é cló fuar údarásach na hoibiachtúlachta a chruthaíonn an scoláire liteartha léannta ón dtaobh san de (Geertz, 1973: 5). Cé go bhfuil seilbh idé-eolaíochtúil glactha ag an dtraidisiún liteartha ar stair na smaointeoireachta, níor chóir neamhshuim a dhéanamh den ionad tábhachtach a bhí ag an mbéalaireacht i bhforbairt an mhachnaimh chomh maith. Anuas air seo, ba chóir a aithint nách í an fhuaire thomhaiste i gcónaí a bhíonn laistiar d'fhorbairt na smaointeoireachta, ach go mbaineann machnamh go dlúth le heispéireas, le teas agus le heacstais na daonnachta fé mar a gheibhtear i measc daoine fola agus feola é, agus a bhaineann go sonrach, dar liom, le láithriú na n-amhrán. Múnlaíonn an t-eispéireas an machnamh, rud a fhágann go mbíonn tionchar nach beag ag cleachtais agus ag eispéireas an láithrithe ar bhrí agus ar fhorbairt na gcoincheap a nochtar san amhránaíocht, agus ar na tuiscintí a théann i bhfeidhm ar an saol dá réir. Rud 'beo' is ea an bhrí a bhaintear as amhrán, agus rudaí 'beo' is ea coincheapa agus smaointe, a bhíonn á múnlú, á n-athchruthú agus á n-athmhúscailt i measc an phobail. In ionad amhráin a thuiscint díreach mar mhacalla de shórt ar fhorbairtí stairiúla, sóisialta, nó comhaimseartha, mar sin, ba chirte, dar liom, foirm an amhráin a thuiscint mar spás imearthach tairseachúil ina dtagann nuálachtaí machnaimh agus dioscúrsaí dúshlánacha chun cinn. Is é sin le rá, go raibh agus go bhfuil ionad ar leith ag an amhránaíocht i gcultúr intleachtúil an phobail agus gur 'inneall smaointeoireachta' (Turner, 1986: 42) is ea an t-amhrán ina ndeintear dioscúrsaí nuatha a nochtadh ach ina ndeintear féiniúlachtaí agus féininsintí a mhúnlú agus a chur i láthair ag an am gcéanna. Insa pháipéar so, caithfear súil ar ionad lárnach na hamhránaíochta i ngineas na smaointe-oireachta san am atá thart, ar mhaithe le solas a chaitheamh ar ról na hamhránaíochta i sochaí an lae inniu. Agus an 'comhthéacs traidisiúnta' amhránaíochta agus na seana-ghréasáin shóisialta a chothaíodh an ealaín bhéil tráth ag athrú anois, féachfar ar na himpleachtaí a d'fhéadfadh a bheith ag cleachtais chomhaimseartha agus ról comhaimseartha na hamhránaíochta don sochaí agus don suibiacht nua-aoiseach amach anso.

An amhránaíocht mar fhrithstruchtúr cruthaitheach

Áitím go gcruthaíonn an véarsaíocht agus an ceol spás imearthach tairseachúil i saol an duine. Go deimhin, agus sinn ag féachaint ar thréithe na tairseachúlachta a bhaineann go sonrach leis an dtraidisiún Gaelach, is léir gur saintréith ann féin de chuid na tairseachúlachta is ea an fhilíocht féin

(Ní Shíocháin, 2012: 54–6). Má fhéachaimid ar phearsa iomráiteach idir eatarthu an traidisiúin, Suibhne Geilt, mar shampla, i measc na dtréithe a shiomblaigh gur i staid thairseachúil a bhí sé – é ag maireachtaint sna crainn agus amuigh sa bhfiantas gan stádas, feisteas speisialta air, aiste bídh ar leith á leanúint aige – gur tháinig bua na filíochta chuige agus é lasmuigh den ngnáth-shochaí, ach chomh luath is a thagann deireadh leis an idirthréimhse agus go mbronntar stádas sa tsochaí ar Shuibhne an athuair, go n-imíonn bua na filíochta uaidh arís, rud a cheanglaíonn an fhilíocht féin go soiléir leis an dtairseachúlacht (Ó Riain, 1972). Tá Angela Bourke tar éis cleachtais na mban caointe a mhíniú i dtéarmaí na tairseachúlachta chomh maith mar gheall ar thréithe áirithe a bheith ag baint leo atá cosúil le tréithe na ngealt: ól na fola, léimeanna móra, cuma fhiáin agus gluaiseacht chorraithe gan stad, mar shampla (Partridge, 1980). Ach ar ndóin, toisc an fhilíocht a bheith ina croí-lár de dheasghnáth tairseachúil an bháis, nasctar arís an fhilíocht féin leis an idirthréimhse sa traidisiún, agus le cleachtais 'eacstaiseacha' na tairseachúlachta. Go deimhin, baineann filíocht leis an aicme feasa sa traidisiún, 'draoithe, fáithe, filí agus naoimh' (Ó Buachalla, 1983: 75), a bhaineann go dlúth le limistéar idir eatarthu na fáistine. Chíonn Lillis Ó Laoire go bhfuil tréithe seo na tairseachúlachta agus an fhrithstruchtúir le léamh ar ócáidí amhránaíochta agus damhsa i dToraigh lenár linn féin chomh maith, agus go gcruthaíonn na hócáidí sin 'frith-struchtúr' i saol na ndaoine (2002: 208). Anuas ar an ócáid féin a thuiscint mar 'idirthréimhse' i saol an phobail, áitím gur siombailí tábhachtacha seana-bhunaithe a chruthaíonn an tairseachúlacht iad an ceol agus an véarsaíocht féin, a shiomblaíonn agus a chruthaíonn am lasmuigh den ngnáth-am, cur ar ceal sealadach an oird, spás agus am atá bun os cionn leis an ngnáthshaol. Is siombailí iad an fhilíocht agus an ceol, dáltha na dtréithe eile thuas, a chuireann an tairseachúlacht i láthair. Le linn na hamhránaíochta, mar sin, cruthaítear rud go dtugann an t-antraipeolaí Victor Turner 'frith-struchtúr' nó 'anti-structure' air. Seo hé an spás speisialta san go dtabharfadh Huizinga 'the play-sphere' air (1955). Spás siombalach idir eatarthu i saol an duine is ea an t-amhrán. Is as an bhfrithstruchtúr so a thagann nuálachtaí sa tsochaí, sa chultúr agus sa mhachnamh féin: spás athnuachana is ea an tairseachúlacht. Mar a dúirt Turner:

> Liminality can perhaps be described as a fructile chaos, a storehouse of possibilities, not a random assemblage but a striving after new forms and structures, a gestation process, a fetation of modes appropriate to post-liminal existence (Turner, 1986: 41).

Ach baineann taobh eile leis an dtairseachúlacht so, leis an bhfrith-struchtúr so, i saol an duine. Nuair a leátar na struchtúir shóisialta ar feadh scaithimh, nuair a théann splanc agus eacstais na tairseachúlachta i bhfeidhm ar an bpobal, cruthaítear nasc thar meon idir iad súd a bhíonn i láthair, agus tugann Victor Turner 'communitas' ar an gcomh-nascadh láidir daonna san (1969, 1982, cf. Ó Laoire 2002: 208). Insa spás idir eatarthu so, le linn an ama so atá lasmuigh den ngnáth-am, ní hamháin go dtugtar dúshláin, agus go nochtar dánaíocht agus nuálacht, ach daingníonn *communitas* na tairseachúlachta féiníomhá agus féintuiscint agus comh-bháidh an phobail chomh maith. Sa tslí seo, is eispéireas thar a bheith pearsanta agus thar a bheith doimhin í an tairseachúlacht go mbíonn idir athnuachaint mhothúchánach agus intleachtúil ag baint leis. Ní 'fuaire' na smaointeoireachta a fhaightear i gcás na hamhránaíochta, más ea, ach 'teas' agus eacstais na brí agus an mhachnaimh mar is dual do láithriú tairseachúil claochlaitheach na n-amhrán.

Cumhacht mhacallach na n-amhrán agus forbairt an mhachnaimh

Áitím go mbaineann cumhacht ar leith leis an amhrán maidir le forbairt smaointe mar go ngintear coincheapa laistigh de spás cruthaitheach imearthach idir eatartha na hamhránaíochta, rud a phléifead níos mine ar ball. Ach tá ceist eile leis ann: rud amháin is ea é go dtiocfadh coincheap nua chun cinn; rud eile is ea é go raghadh an coincheap san i bhfeidhm go forleathan agus go fadtéarmach ar mhodhanna machnaimh an duine agus an phobail. Meán thar a bheith éifeachtach ón dtaobh san de is ea cumadóireacht amhrán maidir le leathadh na gcoincheap a thagann chun cinn, agus maidir le coincheapa nuatha a dhaingniú i measc daoine.

Tá gné ar leith d'aeistéitic na béalaireachta a chuireann le neart na hamhránaíochta mar 'inneall smaointeoireachta', gur fiú é a lua anso, measaim: tréith aitheanta de chuid na filíochta béil is ea an 'mhacallacht' (Foley 1991, 1995, 2002), agus tá rian na cumadóireachta foirmlí agus an tseachadta chruthaithigh le sonrú ar amhráin thraidisiúnta na hÉireann go láidir, measaim (Ní Shíocháin, 2012, 2014). Níor chóir na seana-théamaí agus na sean-fhoirmlí a thuiscint mar rudaí seana-chaite, áfach: ba nós leis an bhfile béil nuálacht a fháisceadh as an seanathraidisiún agus é/í i mbun ceapadóireachta. Labhraidís na sean-fhilí ón dtraidisiún amach, ach ní hamhlaidh a bhídís teanntaithe ag an dtraidisiún. Ceard shofaisticiúil ab ea an fhilíocht bhéil a thug cead cainte dóibh. Mar gheall air seo, ins gach amhrán traidisiúnta, beidh macalla an traidisiúin laistiar den amhrán ana-láidir, agus is féidir an aeistéitic mhacallach so a nascadh le féiniúlacht an phobail agus an duine, sa tslí is go ndeineann an pobal a gcuid féin des na smaointe nuatha, agus go nasctar an nuálaíocht go daingean le féininsint agus féintuiscint an phobail. Agus coincheapa nuatha á nochtadh sa véarsaíocht thraidisiúnta, mar sin, bíonn tionchar nach beag ag macallacht na véarsaíochta ar éifeacht na gcoincheap a bhíonn á nochtadh.

Chímid a leithéid seo go soiléir i saothar Mháire Bhuí Ní Laeire, banfhile mór na Mumhan, mar shampla, a chum amhráin raidiceacha foiréigneacha le linn ghluaiseacht mhíleannach na 1820í. Léiríonn a saothar go beacht dúinn, nach cóir féachaint ar chumadóireacht amhrán mar ghné leataobhach d'fhorbairt na smaointeoireachta ach mar inneall smaointeoireachta a raghadh i bhfeidhm go mór ar shochaí na linne. Áitím go raibh ionad lárnach ag an gcumadóir neamhliteartha baineann so i bhforbairt na smaointeoireachta frithchoilíní in Éirinn (Ní Shíocháin, 2014). Do mhúnlaigh sí fís mhíleannach na gluaiseachta ina cuid amhrán, inar nasc sí peirspictíocht Sheacóibíneach a hóige le gluaiseacht na Rockites sna 1820í. Do bhí macallaí na staire agus an traidisiúin mar chuid bhunúil den bhfís raidiceach pholaitiúil a nochtfadh Máire Bhuí fén am a bhí le teacht agus fén éirí amach a shaorfadh an gnáth-Ghael ó laincisí an bhochtanais, an chéasta agus na hainnise. Díol suntais is ea an fuinneamh géar atá le brath ar amhráin Mháire Bhuí go dtí an lá inniu féin, an fhírinne ghéar eacstaiseach san a nochtann sí ina cuid amhrán ina leagann sí béim go speisialta ar an gcodarsnacht ghéar idir na bochtáin agus 'lucht bolg mór', mar a déarfadh sí féin. Ina cuid amhrán, fíonn sí coincheapa raidiceacha Seacóibíneacha ar an dteannas so idir bochtanas agus rachmas agus sa tslí sin nascann sí smaointe nuatha polaitiúla le heispéireas an phobail. Is ansan a dhein Máire Bhuí éacht i stair na smaointeoireachta: coincheapa raidiceacha míleannacha a nascadh go dlúth le féineispéireas agus féininsint an phobail, síolta an daonlathais a nascadh le heispéireas na héagóra sóisialta.

Tá gnéithe áirithe d'amhráin Mháire Bhuí a léiríonn an pósadh so idir smaointe, féiniúlacht agus eispéireas an tsaoil. File ab ea í a chleacht foirm na haislinge, lena mbaineann siombailí láidre macallacha dáltha na spéirmhná atá i gcruachás agus dáltha an rí chóir atá le filleadh, gan trácht ar an liosta de mhnáibh iomráiteacha ón miotaseolaíocht dhúchasach agus chlasaiceach araon: Cuileann, Deirdre, Céarnait, Hélen, Véineas. Tugann Máire Bhuí an aisling uaithi mar a deineadh le sinsearacht, ach nasctar coincheapa raidiceacha comhaimseartha le háilleacht mhacallach an traidisiúin, mar a chímid sna línte seo ó 'Ar Leacain na Gréine' a cumadh thart ar a 1796:

> Ar leacain na gréine inné is me ag múscailt mo bhó
> 'sea ' dhearcas-sa lem thaobh an spéirbhean mhodhail
> mhúinte dheas óg;
> do bhí lasa na gcaor 'na gné agus a gnúis mar an rós,
> agus a cúl carnfholt péarlach léi go dúnaibh a bróg.
>
> [...]

> Go deimhin más fíor do laoithe, a stáidbhruinneall shéimh,
> *beig talamh gan chíos gan íoc gan cháin is gan phlé* [...]
> (Ní Shíocháin, 2012: 176)

Égalité Réabhlóid na Fraince á chur ina steille-bheathaidh in aisling thraidisiúnta ag an bhfile béil anso i riocht oidhreachtúil na filíochta (cf. Ó Buachalla, 2003). Tá athchruthú so na haislinge le sonrú arís ar an véarsa so a leanas ó 'Maidean Álainn Ghréine' ina bhfaightear tuin láidir Sheacóibíneach ar ráiteas na spéirmhná agus í ag tuar na tairngreachta go dtiocfadh deireadh leis an aicme cheannais, ina mbraitear an teannas idir uasal agus íseal, agus drochmheas na Seacóibíneach ar aicme agus stádas:

> 'Beig Sasanaig á thnátha 'us ní cás liom a gcruatan,
> A dtithe geala bána go láidir á gcuardach,
> A leathaireacha geárrtha 'na gcr'áistíochaibh uaisle
> 'us go siúlóig Gaeil go rábach ar a lán-chorpaibh muara' –
> 'us gheóm arís a' crúiscín is bíodh sé lán
> (Ní Shíocháin, 2012: 198)

Ar ndóin, is foirmle sheana-bhunaithe ón dtraidisiún a chuireann clabhsúr leis na línte seo ina ndeintear ionsaí fíochmhar ar shiombailí na huaisleachta agus an rachmais. Sa tslí seo fitear an nua-smaointeoireacht pholaitiúil ar aeistéitic na filíochta, á nascadh le hinsintí macallacha na filíochta a chruthaíonn an fhéiniúlacht féin. Mar a dúirt Buchan i dtaobh aeistéitic na filíochta béil, tráth:

> Through generations of use traditional language accrues a contextual force; it acquires connotative reverberations unrecognized to the ear untuned to the tradition and becomes the 'right' and 'fitting' language of verbal art (1972: 171).

Baineann féiniúlacht, chomh maith le háilleacht, le haeistéitic na filíochta, dá réir. Ach níorbh iad macallaí na filíochta amháin a d'fhorbair Máire Bhuí ina saothar, ach macallaí na staire chomh maith. San amhrán is cáiliúla dá cuid, 'Cath Chéim an Fhia' (1822), ina múnlaíonn an file fís raidiceach mhíleannach na linne, cuireann macalla éirí amach na nÉireannach Aontaithe le teannas eacstaiseach na véarsaíochta. Buaileann an file buille láidir obann nuair a luann sí 'an Franncach' ag buaicphointe an cheoil sa véarsa thíos. Ag cumadh di sna 1820í, deineann an file rosc catha de chuimhne an phobail ar an éirí amach os cionn fiche blian roimis sin:

> Beig na sluaite fear a' teacht gan chiach,
> ar longa mear' is fada é a dtriall,
> *'s a' Franncach theas nár mheathlaig riamh*
> i bhfaor agus i gcóir.
> Beig catharacha á stríoca agus tínteacha a lasa leó –
> tá 'n cáirde fada díoltha 's a' líonrith 'na gcôir.
>
> (Ní Shíocháin, 2012: 213–14)

Taobh eile den máistreacht so a bhí ag an mbanfhile ar mhacallaí na cuimhne ná fonn an amhráin féin: fonn a bhain ar dtúis de réir dealraimh leis an amhrán 'Cath Bhéal an Mhuighe Shalaigh' a cumadh nuair a briseadh ar na hÉireannaigh Aontaithe in éirí amach cóngarach do Chloich na Coillte, Co. Chorcaí, in 1798 (Dickson, 2003, Ó hAnnracháin, 1944: 289). Ábhar tine is ea cuimhne an turnaimh úd don éirí amach san am atá i láthair. Mar seo a dhaingníonn an file béil an smaointeoireacht raidiceach fhrith-choilíneach tríd an amhránaíocht féin. Measaim gurb é seo a bhí i gceist ag John Miles Foley nuair a dúirt sé fén dtraidisiún béil: 'This idiom is liberating rather than imprisoning, centrifugal rather than centripetal, explosively connotative rather than claustrophobically clichéd' (1991: 7). Is féidir an tréith sin 'explosively connotative' a bhrath go láidir ar amhráin Mháire Bhuí go dtí an lá inniu féin.

Ach is cumhachtaí fós na dioscúrsaí polaitiúla a chuireann an file chun cinn anso, nuair a chuirimid *eispéireas an láithrithe* féin san áireamh: an t-am lasmuigh den ngnáth-am, limistéar na fírinne agus na fáistine agus na heacstaise. Mar a déarfadh Turner fúthu súd a bhlaiseann eispéireas na tairseachúlachta: 'what they seek is a transformative experience that goes to the root of each person's being and finds in that root something profoundly communal and shared' (1969: 138). Is é cleachtas na hamhránaíochta féin, agus an bhrí a ghintear sa bhfrithstruchtúr so i saol an duine, a chruthaíonn an domhan as an nua. Mar a dúirt Gadamer fén duine a bhíonn *i láthair* agus a ghlacann páirt san ealaín: 'What rends him from himself at the same time gives him back the whole of his being' (1975: 130). Is é sin le rá, go gcuireann an ealaín ar ár gcumas seasamh lasmuigh den saol, dínn féin, agus teacht ar bhrí nua ar an saol agus orainn féin. B'fhéidir go bhféadfaí 'athbhrí' a thabhairt ar an mbrí nua so. Tugann Gadamer 'parousia' ar an eispéireas so, a chiallaíonn 'absolute presence' (1975: 130). Tuigtear dom go mbaineann *parousia* ar leith le heispéireas na hamhránaíochta – is é sin le rá go dtéann an amhránaíocht go smior na gcnámh ionainn. Luann Gadamer rud eile mar gheall ar eispéireas na healaíne a bhaineann le habhar anso: 'that which presents itself to the spectator [abraimís 'éisteoir' anso i gcomhthéacs na hamhránaíochta] as the play of art does not simply exhaust itself in momentary transport, but has a claim to permanence and the permanence of a claim' (Gadamer, 1975: 128). Is é sin le rá, go bhfágann eispéireas na heacstaise, eispéireas an fhrithstruchtúir, a rian ar an duine féin i bhfad na haimsire mar gheall ar dhoimhneas an eispéiris féin, agus is féidir le heachtraí agus smaointe a eascraíonn as an bhfrithstruchtúr dul i bhfeidhm ar ord an tsaoil agus ar ghnáthstruchtúr an tsaoil ina dhiaidh sin. Creidim mar sin gur chuid lárnach d'éifeacht Mháire Bhuí mar fháidh i ngluaiseacht mhíleannach na 1820í ab ea eispéireas na hamhránaíochta féin trínar fhorbair sí an smaointeoireacht pholaitiúil, trínar deineadh rud doimhin corraitheach práinneach den smaointeoireacht fhrithchoilíneach fhrithúdarásach a bhí á nochtadh aici.

An ghéarchéim agus an amhránaíocht: *parrhesia* agus *parousia*

Soláthraíonn imirt na hamhránaíochta brí i lár na géarchéime. Chímid é seo i gcás Mháire Bhuí a bhí ag cumadh agus droch-ghorta ann sna 1820í, agus an pobal agus na húdaráis in adharca a chéile de shíor. D'éirigh léi fís a mhúnlú agus a nochtadh a bhain ciall as an staid dhainséarach leochaileach ina raibh an pobal, fís a cruthaíodh as gréasáin de thuiscintí raidiceacha a raghadh i bhfeidhm ar leibhéal ana-dhoimhin agus ana-phearsanta ar an nduine féin. File eile ná fuil neamhchosúil léi ón dtaobh san de ná Máire Ní Dhroma ós na Déise a chum an t-amhrán coscrach 'Na Prátaí Dubha' le linn an Ghorta Mhóir (cf. Ó Gealbháin, 2015). Tréith a bhaineann leo beirt ná *parrhesia* na hamhránaíochta

(Foucault, 2001), nó nochtadh na fírinne i bhfoirm véarsaíochta; baineann ana-ghéire leis an bhfírinne a nochtar ina gcuid amhrán:

> Ní hé Dia a cheap riamh an obair seo
> Daoine bochta a chur le fuacht is le fán …
> Máire Ní Dhroma (Tóibín, 1978: 20)

> Is acu thá an tslat is olc í a riail
> Máire Bhuí Ní Laeire (Ní Shíocháin, 2012: 213)

Samhlaítear *parrhesia* le cleachtais na fáidheadóireachta go coitianta, nó le fios feasa, an fios osnádúrtha san a bhaineann le leibhéal níos aoirde comhfheasa (Ó Buachalla, 1983, Szakolzcai, 2001). Áitím gur cuid lárnach de chumadh na n-amhrán in am an ghátair is ea an fhírinne eacstaiseach so a nochtadh, dáltha Mháire Bhuí agus Mháire Ní Dhroma araon. Mar a dúirt Breandán Ó Madagáin, an ceol a ligeann an racht (1992):

> Mo thrua móruaisle a bhfuil mórán coda acu,
> Gan tabhairt sásaimh san obair seo do Rí na nGrás,
> Ag feall ar bhochta Dé nach bhfuair riamh aon saibhreas
> Ach ag síorobair dóibh ó aois go bás.
> Máire Ní Dhroma (Tóibín, 1978: 20)

> 'Tá Gaeil bhocht' cráite go céasta cásmhar
> agus cúirt gach lá orthu mar dhúbailt bróin,
> clanna sáirfhear dá gcrocha i n-áirde
> 's dá gcur síos láithreach sa chroppy-hole' …
> Máire Bhuí Ní Laeire (Ní Shíocháin, 2012: 226)

Baineann an *parrhesia* so go dlúth le nádúr eacstaiseach na filíochta béil sa traidisiún Gaelach, rud a bhíonn le sonrú ar shaothair fileata a thagann chun cinn le linn tréimhsí míshocrachta sa stair. Ach nuair a nasctar *parrhesia* na ráitisí leis an *parousia* go dtráchtann Gadamer air, nó láithreacht chríochnúil ('absolute presence') na hamhránaíochta, tá eispéireas machnaimh agus beithe againn gur deacair a shárú. Agus is sa chiall so a chaithfear féachaint i dtreo eispéireas san an láithrithe chun gineas na gcoincheap a théann i bhfeidhm ar an smaointeoireacht sa tsochaí i bhfad na haimsire a thuiscint. Na dioscúrsaí a chruthaigh an bheirt Mháire, do bhíodar ag tarrac go tréan ar eispéireas an phobail féin, agus cuireadh i láthair iad trí mheán corraitheach tairseachúil na hamhránaíochta, san am san lasmuigh den ngnáth-am go ndeir Victor Turner ina thaobh: 'where everything, as it were, trembles in the balance' (1982: 44), an neomat san inar féidir an saol a thuiscint nó a dhéanamh as a nua. Cruthaíonn an t-eispéireas an machnamh agus múnlaíonn an saol na smaointe; ach chomh maith leis seo, múnlaíonn eispéireas eacstaiseach na hamhránaíochta féin brí agus éifeacht na smaointeoireachta.

'Cúirt na dtrua, na mbua agus na mbéithe': claonaíocht na himeartha agus dioscúrsaí dúshlánacha na hamhránaíochta

Laistigh den spás idir eatarthu so, atá bun os cionn leis an ngnáth-am, is féidir leis an gclaonaíocht agus leis an dánaíocht teacht chun cinn. Léirítear é seo go beacht in amhráin thraidisiúnta áirithe, is dóigh liom, ina mbíonn ceistiú ar chleachtais chultúrtha na sochaí i leith an phósta, dioscúrsaí dúshlánacha suimiúla inscne, agus dánaíocht thar meon go minic le fáil iontu. Is rudaí iad so ná féadfaí a nochtadh sa ghnáth-chaint ná sa ghnáth-shaol, b'fhéidir, ach bíonn cead dánaíochta mar chuid lárnach d'imeartas na filíochta (Huizinga, 1955). Mar gheall air seo, bíonn ról ana-lárnach ag amhráin maidir leis an machnamh a dhéanfar ar an sochaí féin agus ar chleachtais chultúrtha na ndaoine. Spás machnaimh is ea amhrán. Spás athnuachana is ea amhrán, a mhúnlaíonn an tuiscint a bhíonn againn ar an saol mórthimpeall orainn. Mar a dúirt Lillis Ó Laoire agus é ag trácht ar bhrí na n-amhrán sa traidisiún comhaimseartha: 'go raibh nós ag fonnadóirí amhráin a chur in oiriúint dá bpeirspictíochtaí féin ar an saol. Is dóigh liom gur thuig daoine gur bhain an chruinneshamhail a nochtar sna hamhráin do chúinsí a saoil' (Ó Laoire, 2012: 27).

Creidim gur coincheap thar a bheith tábhachtach is ea 'cruinneshamhail' an amhráin a chuireann an Laoireach chun cinn – an bhrí, agus an insint agus go deimhin an 'fhírinne' mar a tuigtear don duine é a chruthaítear in amhrán ar leith. Díol suime go háirithe is ea an bhrí a fháisctear as an 'gcimilt' a dheineann cruinneshamhail an amhráin agus cruinneshamhail an duine le chéile – go ngeiteann an t-amhrán an saol, i dtéarmaí Sheáin Uí Ríordáin (2011 [1952]: 31). B'fhéidir gurb é seo an rud a bhí i gceist aige nuair a dúirt sé nach 'insint dán ach bheith' (2011 [1952]: 30).

Creidim go léiríonn téamaí airithe dinimic dhúshlánach chlaonaíoch chlaochlaitheach na hamránaíochta go paiteanta, mar atá an *chanson de la malmariée* agus an *chanson de jeune fille* (Ó Tuama, 1960). Baineann dánaíocht de shaghas magúil suáilceach leis an *chanson de la malmariée*, san amhrán 'an Seanduine Dóite', mar shampla: go bhfuil an bhean óg atá pósta leis an seanduine breán bailithe teanntaithe, agus gurbh fhearr léi ná aon ní é bheith marbh. Amhrán ana-ghreannmhar is ea é a léiríonn claonaíocht na himeartha go soiléir agus an gearradh a bhaineann leis na dioscúrsaí féin más fé chló an mhagaidh féin iad:

> Dá bhfaighinnse mo sheanduine báite i bpoll móna,
> A chosa a bheith briste, is a chnámha a bheith leonta,
> Thabharfainn abhaile é is do dhéanfainn é a thórramh,
> Is do shiúlóinnse amach leis na buachaillí óga.
> 'an Seanduine Dóite' (Máiréad Nic Dhonncha, 2003)

> Dá bhfaighinnse mo sheanduine báite i bpoll móna,
> thabharfainn abhaile é is do dhéanfainn é a thórramh,
> bhainfinn an craiceann dó is dhéanfadh sé bróga,
> is chaithfinn amach go dtí na buachaillí óga é.
> Leagan ó Scoil an Bhlascaoid (Ó Cathasaigh, 2009: 106–7)

Ní bhaineann an greann de ghéire na smaointe san amhrán ná den éirí amach a nochtar ann agus díol suime is ea an chruinneshamhail a chuirtear i láthair: cruinneshamhail ina gcuireann an bhean laincisí an phósta di agus ina roghnaíonn sí saoirse phearsanta agus chollaí. Go deimhin, bíonn idir shúgradh agus dháiríre le léamh ar an amhrán céanna, mar go bhfaighimid éachtaint ar chás truamhéalach na mná óige agus an fhulaingt phearsanta a bhaineann leis an gcleamhnas a deineadh di i leagan Amhlaoibh Í Luínse ó Ghaeltacht Mhúscraí:

> Triúr a bhí agamsa am cheangal le hiarlis
> Mo mhatháir is m'athair 's an sagart chó dian leo
> Téid siad abhaile nuair a chaithid an féasta
> Is is anamh a thagaid am theagasc ná am fhéachaint
> (Ó Cróinín, 1980: 333)

Sa tslí seo, cruthaítear gur éagóir é an cleamhnas fé leith seo, rud a chuireann leis an sásamh a bhaineann leis an íobairt (mhagúil) a deintear ar phearsa an tseanduine san amhrán. Tugann an t-amhrán dúshlán na sochaí, agus nochtann léamh eile ar chleachtais an chleamhnais agus an phósta. Eascraíonn diancheistiú ar nósanna na sochaí as an *chanson de jeune fille* chomh maith, cé ná baineann greann d'aon tsaghas leis. Díol suntais is ea é gur spás ab ea an t-amhrán chun taobh dorcha de chleachtais na ndaoine a léiriú, mar atá le fáil san amhrán so ó Bhess Cronin:

> Is dóigh lem mhuíntir gur maighdean acu me,
> Nuair a bhím-se féinig am' chladhaire banarthlan;
> Bíonn mo laogh agam i bpluais na carraige
> Agus istoíche thriallaim leis an ngealaigh air.
>
> (Ó Cróinín, 2000: 104)

Creidim go bhfuil an véarsa thuas ar cheann des na cinn is coscraí dá bhfuil le fáil sa *genre* so, ina bhfaightear fírinne dhorcha shearbh á chur i láthair an phobail trí mheán na hamhránaíochta, go sileann cruinneshamhail an amhráin isteach sa ghnáthshaol ar feadh tamaill. Ní lú ná an léiriú so ar chruachás na mná an scóladh a tugtar don bhfear a thréig an bhean óg san amhrán, ar ndóin:

> A ógánaigh óig, más a d'iarraidh mná thú
> Go seólaidh Dia i gcuan í fháil tu;
> Úrlár lom fé mhórán gárlach –
> A n-athair dall agus iad gan mháthair!
>
> (Ó Cróinín, 2000: 104)

Mar sin, i sochaí gurb ann don imeallú agus don gcos ar bolg ar an máthair ná fuil pósta, is i limistéar cruthaitheach na hamhránaíochta a bheidh cead aighnis, agus bainfidh an chruinneshamhail a chruthaíonn an t-amhrán macalla as fírinne an tsaoil. Más fíor don Ríordánach nach insint dán ach bheith, raghaidh an chruinneshamhail seo i bhfeidhm ar an éisteoir ar leibhéal ana-dhoimhin. Is minic a chruthaíonn an amhránaíocht cruinneshamhail a bhíonn bun os cionn leis an *status quo* mar a chonaiceamair sna samplaí thuas. Samhlaím an dinimic idir frithstruchtúr na hamhránaíochta agus an tsochaí féin a bheith cosúil go maith le 'Cúirt na dtrua, na mbua is na mbéithe' a cheap Brian Merriman in *Cúirt an Mheon-Oíche* i gcomórtas le 'cúirt gan acht gan reacht gan riail' na sochaí (Ó Murchú, 1982: 20). Áitím go dtugadh agus go dtugann fós na dioscúrsaí seo dúshlán na sochaí, caitheann siad súil eile ar an eispéireas baineann, agus nochtann siad fírinne a bhíonn go minic fé cheilt sa tsochaí. Frithstruchtúr is ea an t-amhrán ina mbíonn cead cainte agus cead aighnis, a chruthaíonn fírinne an tsaoil as an nua ar feadh scaithimh. Nuair a thagann clabhsúr leis an amhrán agus deireadh leis an bhfrithstruchtúr nuair bhíonn gnáth-am i réim arís, tá athnuachaint agus athmhúnlú déanta ar ár dtuiscint ar an saol. Múnlaíonn na hamhráin seo meon an duine agus meon na sochaí le himeacht aimsire. Smaointeoireacht is ea í seo a ghintear i bhfrithstruchtúr na hamhránaíochta, fé anáil eacstais na himeartha. Próiseas beo te daonna is ea é. B'fhéidir ná baineann sé le fear na féasóige léithe san acadamh, ach ní bhaineann san dá tábhacht i ngineas agus i bhforbairt na smaointeoireachta sa tsochaí, agus i bhforbairt na gcoincheap agus na modhanna machnaimh a smachtaíonn agus a rialaíonn an saol a chaithimid.

Ag suirí le seana-dhán: comhaimsearthacht na béalaireachta agus cumhacht mhacallach na hamhránaíochta sa Nua-aimsir

Tá sé feicthe againn, thuas, gur cuid lárnach d'aeistéitic na béalaireachta is ea na seana-mhacallaí. Ní hiad téamaí agus foirmlí amháin a bhíonn á n-athchruthú, áfach, ach brí na n-amhrán agus na ndioscúrsaí atá le fáil iontu chomh maith. D'fhéadfaí a rá, cé gur paradacsa é, dá seanda iad na hamhráin, go mbíd i gcónaí comhaimseartha ag an am gcéanna, mar go mbraitheann an bhrí a bhaintear astu ar an am i láthair. Phléamair roinnt samplaí, thuas, ina léirítear dinimic 'chomhaimseartha' so an tseana-thraidisiúin agus creidim ná fuil aon mhaolú tagtha ar bheocht na ndioscúrsaí sna hamhráin don saol Nua-aimseartha. I gcás amhrán na mná tréigthe a phléamair thuas, mar shampla, creidim gur geall le rosc catha feimineach é i measc na mban lenár linn féin. Dob fhuirist, mar shampla, dioscúrsaí an amhráin a nascadh leis an éagóir shóisialta a deineadh sa bhfichiú haois ar mháithreacha aonair fé chúram an stáit agus na heaglaise, agus ar an imeallú éagórach a dheintear ar an máthair aonair sa tsochaí fós, nó fiú amháin a thuiscint mar bhuille ar son na mban atá ag streachailt laistigh de shaol ina bhfuil an lámh in uachtar ag fearaibh. Tá fós i gcumas na n-amhrán so ár bpeirsictíocht ar cheisteanna móra sóisialta ár linne féin a threorú, a athchruthú agus a mhúnlú. Meafar is ea amhrán a chothaíonn an machnamh a dheinimid ar an saol (Lakoff agus Johnson, 1979, cf. Ó Laoire, 2000).

Chonaiceamair níos luaithe an t-athchruthú a dhein Máire Bhuí ar an aisling, agus ba mhaith liom féachaint anois ar shampla d'athchruthú na haislinge lenár linn féin, rud a léiríonn dinimic spleodrach chlaochlaitheach na hamhránaíochta sa chomhaimsir. Nuair a toghadh Liadh Ní Riada mar chuid de thoghchán na hEorpa 2014, thug muintir Chúil Aodha an t-amhrán 'Mo Ghille Mear' uathu d'aon ghuth i Halla na Cathrach i gCorcaigh nuair a léadh na torthaí (English agus O'Sullivan, 2014). Sa naoú haois déag do bhí an aisling á cur in oiriúint ag Máire Bhuí do chúrsaí polaitiúla a linne féin – agus san aonú aois is fiche cloistear an aisling 'Mo Ghille Mear' á cur in oiriúint age muintir Chúil Aodha d'fheachtas comhaimseartha Liadh Ní Riada. Chímid comhaimsearthacht na béalaireachta anso go soiléir. Ba chuid lárnach d'fheachtas Ní Riada ceist an bhochtanais agus na héagóra sóisialta, ar fuaid na hÉireann, ach isna ceantair thuaithe go háirithe. Do bhí drochshaol ár linne féin go mór i mbéal an phobail i gCorcaigh ó Bhaile Uí Aodha go dtí an Sciobairín ag an am. Do thug láithriú 'Mo Ghille Mear' brí nua don líne: 'is Éire go léir fé chlócaí dubha' mar gheall ar an bhfulaingt agus an éagóir a bhraith muintir na dúthaí. Chomh maith leis seo, creidim gur deineadh baineannú ar shlánaitheoir na haislinge don gcéad uair sa traidisiún, más féidir linn a bhaint ón amhrán gurb í Liadh Ní Riada féin an slánaitheoir, an laoch atá á cheiliúradh ag a muintir. Mar a dúirt Gadamer fén dinimic áirithe a bhaineann le heispéireas na healaíne: 'Contemporaneity … means that in its presentation this particular thing that presents itself to us achieves full presence, however remote its origin may be' (1975: 129). Ag an neomat san nochtann seana-dhioscúrsaí polaitiúla brí eacstaiseach nua i gcomhthéacs comhaimseartha. Sileann brí an tsaoil isteach i mbrí an amhráin agus *vice versa*. Deineann 'Mo Ghille Mear' athnuachaint ar bhrí an tsaoil.

Cé go bhfuil traidisiún na bhfilí geall leis imithe i léig ar fad, léiríonn an t-amhrán so an 'chomhaimsearthacht' agus an tsolúbthacht a bhaineann leis an amhrán, ó thaobh brí de, don saol ina mairimid fé láthair, agus ar an tslí ina múnlaíonn macallaí an traidisiúin brí an tsaoil fós mar a tharlaíodh ariamh anall.

Frithstruchtúr na hamhránaíochta mar fhrith-chultúr' sa Nua-aimsir

Is é an file Máirtín Ó Direáin ar dtúis a chuir an crá pearsanta suibiachtúil a bhaineann leis an aistriú cultúir i bhfoclaibh fileata nuair a chruthaigh sé codarsnacht ghéar idir easpa brí agus folús na Nua-aoise agus brí agus iomláine an tseana-shaoil ina shaothar, agus faightear insint ar eispéireas smidiríneach san na Nua-aoise ó fhilí eile Gaelainne chomh maith, ó Sheán Ó Ríordáin agus ó Nuala Ní Dhomhnaill go háirithe. Is féidir le gnáthshaol na Nua-aoise a bheith dúshlánach go maith, agus is minic a bhraitheann daoine teanntaithe agus fé léigear, agus go mbraitheann an duine féin easpa cumhachta agus smachta laistigh den gcóras caiptleach nua-liobrálach atá tagtha chun cinn diaidh ar ndiaidh. Is minic a bhraitheann an duine féin scoite amach ó dhaoinibh eile agus go bhfuil an tseana-chuileachta agus an seana-chomhluadar a bhíodh ann tráth titithe ar lár. Tá gréasáin shóisialta an tseana-shaoil de réir a chéile á leá, nó leáite cheana féin, agus ina n-áit tá cúinsí an mhargaidh idirnáisiúnta ag treorú an bhealaigh. Go deimhin, chíonn socheolaithe fadhbanna go leor leis an saol nua-aoiseach, ina measc súd an tOllamh Arpad Szakolczai, a d'áiteodh gur géarchéim leanúnach gan teorainn is ea an Nua-aois (2003, 2013). Cé go samhlaítear 'dul chun cinn' leis an Nua-aimsir, bíonn fadhbanna sóisialta agus pearsanta, gan trácht ar fhadhbanna tromchúiseacha sláinte, go leor ag baint léi. Anuas air seo tá dúshláin mhóra pholaitiúla roim shochaí an lae inniu maidir le forlámhas an mhargaidh idirnáisiúnta airgeadais. Is rudaí iad so go léir a théann i bhfeidhm go mór ar ghnáthshaol an duine. Sa tsaol traidisiúnta, do bhí an saol go hiomlán breac le hamhráin agus le portaireacht, ón gcliabhán go dtí an uaigh, mar chaitheamh aimsire, sa chomhthéacs oibre, cois an tinteáin age baile, amuigh i measc an phobail, ins gach aon bhall. Mar atá feicthe againn, do bhí ionad thar a bheith tábhachtach ag na cleachtais seo maidir le modhanna machnaimh a fhorbairt, agus maidir le smaointe polaitiúla a chur chun cinn. Agus na seana-ghréasáin a chothaíodh an amhránaíocht tráth anois ag imeacht, cad é an ról a bheidh ag an amhránaíocht feasta?

Measaim go mbeidh gá níos mó ná riamh le saíocht agus eacstais na hamhránaíochta don suibiacht Nua-aoiseach. Riamh anall, mar atá ráite agam, do thug láithriú na n-amhrán agus seana-dhioscúrsaí na sean-amhrán slí do dhaoinibh brí an tsaoil a athnuachaint, dul i ngleic leis an ngéarchéim, cur i gcoinnibh an *status quo*, féiníomhánna a chruthú agus a dhaingniú, agus ídéil agus coincheapa nuatha a mhúnlú agus a nochtadh. Sholáthraigh an amhránaíocht dearcadh eile ar an saol, dearcadh a bhíodh bun os cionn le tuiscintí an ghnáthshaoil go minic. Foinse saíochta ab ea an amhránaíocht a chuirtí i láthair mar spás imearthach tairseachúil deasghnáthach a sholáthraigh brí agus beocht agus athnuachaint don bpobal. Mar gheall air seo, creidim go bhféadfadh an amhránaíocht a fheidhmiú mar 'fhrithchultúr' laistigh den saol nua-aimsearthach, a nochtfaidh 'fírinní' a thabharfaidh dúshlán na sochaí. Seo mar a dhein Turner cur síos ar dhinimic an fhrithstruchtúir sa chultúr:

> 'Anti-structure', in fact, can generate and store a plurality of alternative models for living, from utopias to programs, which are capable of influencing the behaviour of those in mainstream social and political roles (whether authoritative or dependent, in control or rebelling against it) in the direction of radical change, just as much as they serve as instruments of political control (1982: 33).

Creidim go láidir go mbaineann an dinimic chéanna so le hamhráin agus le heispéireas na hamhránaíochta. Seochas féachaint ar an amhránaíocht mar rud leataobhach sa chultúr, mar sin, tuigtear dom go dtéann an amhránaíocht ceangailte go hiomlán i bpróisis chultúrtha an mhachnaimh agus i bhforbairt na sochaí dá réir.

An amhránaíocht, an Nua-aimsir agus an athnuachaint

Nuair a luaim athnuachaint, níl sé i gceist agam go ndéanfaidh an nua-aimsir athnuachaint ar na hamhráin, ach a mhalairt: go ndéanfaidh na hamhráin athnuachaint ar an nua-aimsir, mar is dual don dtraidisiún leis na cianta. Dúirt W. J. Ong uair go raibh an litearthacht de dhíth ar an mbéalaireacht, mar gur tuigeadh do go dtugann an litearthacht cumas áirithe machnaimh ná fuil le fáil sa traidisiún béil don duine. Seo mar a dúirt sé:

> Oral cultures indeed produce powerful and beautiful verbal performances of high artistic human worth, which are no longer even possible once writing has taken possession of the human psyche. Nevertheless, without writing, human consciousness cannot achieve its fuller potentials, cannot produce other beautiful and powerful creations. In this sense, *orality needs to produce writing* (1982: 14–15 [liom féin an cló iodálach]).

Ní ghéillim don dtuairim seo, cé go nglacaim leis gur féidir le modhanna machnaimh na béalaireachta agus na litearthachta a bheith neamhchosúil go maith óna chéile, agus creidim chomh maith go bhféadfaí an litearthacht a thuiscint mar 'technique of self' i dtéarmaí Foucault (1988) a mhúnlaigh an tsuibiachtúlacht Nua-aoiseach. Cé gur seasamh láidir idé-eolaíochtúil seana-bhunaithe forleathan is ea é stádas níos aoirde a bhronnadh ar an litearthacht sa tsaol ina mairimid, ní ghéillim do go raibh easnamh ar bith ar an mbéalaireacht. Go deimhin, laistigh de chomhthéacs na nua-aoiseachta ina mairimid, d'iompóinn argóint Ong tóin thar ceann ar fad: is amhlaidh atá an bhéalaireacht go mór de dhíth ar an saol liteartha agus ar chleachtais na Nua-aoise trí chéile, mar le daonnacht chorraitheach na smaointeoireachta a choimeád ina beathaidh, agus chun nascanna daonna a chothú idir baill éagsúla den bpobal. Cé gurb ait an rud le rá é ar shlí toisc traidisiún na n-amhrán agus na filíochta béil in Éirinn a bheith tar éis cúngú le blianta anuas, creidim ná rabhamair riamh i ngátar na n-amhrán chomh mór is atáimid anois, agus go bhfuil ról lárnach ann dos na hamhráin i saol coimpléacsach ár linne féin sa todhchaí. Ba mhinic a tháinig traidisiún na n-amhrán i gcabhair ar an bpobal sa tréimhse choilíneach agus an pobal i gcruachás mar a phléamair cheana, agus ní lú ná san an tábhacht a bhain le dinimic athnuachana na n-amhrán i saol an duine aonair maidir le dul i ngleic le tubaistí pearsanta agus le gnáthchruatan an tsaoil (Ó Madagáin, 1992, 1985). Ní hamháin gur acmhainn shaibhir shaíochta atá sna hamhráin a chuirfidh ar ár gcumas brí nua a bhaint as an saol, agus dúshlán na sochaí a thabhairt de réir mar is gá, lena mbainfidh an comhaimsearthachas nó an *contemporaneity* san a luaigh Gadamer, ach tá rud ar leith ag baint le heispéireas an láithrithe atá in easnamh agus de dhíth ar chuid mhaith den saol comhaimseartha, is baolach: is é sin le rá go gcothaítear nascanna daonna sa phobal, idir daoine agus a sinsir agus a n-oidhreacht, idir daoine agus pearsain shamhailteacha na n-amhrán, sa tslí go ndeinimid áit dúinn féin sa tsaol tríd an amhránaíocht, go mblaisimid idir áilleacht agus iomláine an tsaoil – seochas bheith inár 'gcime mar chách' mar a luaigh an Direánach linn fadó, fé chois ag fórsaí 'seachtracha' na Nua-aoise. Na sean-amhráin sa Nua-aimsir a ligfidh an racht agus agus a sholáthróidh brí in am na géarchéime. Ach is iad na hamhránaithe, is dóichí, seochas lucht cumadóireachta anois feasta a chothóidh spás eacstaiseach na smaointeoireachta sa traidisiún.

Foinsí

Buchan, D. 1972. *The Ballad and the Folk*. London: Routledge and Kegan Paul.

Dickson, D. 2003. 'Munster and the 1798 Rebellion', in T. Bartlett *et al.* (eag.), *1798: A Bicentenary Perspective*. Dublin: Four Courts.

English, E. agus O'Sullivan, C. 2014. 'Sinn Féin make Song and Dance about it as Ní Riada elected', *Irish Examiner*, 27 Bealtaine. https://www.irishexaminer.com/news/arid-20270031.html

Foley, J. M. 2002. *How to Read an Oral Poem*. Illinois: University of Illinois Press.

Foley, J. M. 1995. *The Singer of Tales in Performance*. Indiana: Indiana University Press.

Foley, J. M. 1991. *Immanent Art: From Structure to Meaning*. Indiana: Indiana University Press.

Foucault, M. 2001. *Fearless Speech*. San Fransisco: Semiotext(e).

Foucault, M. 1988. *Technologies of the Self*. Massachusetts: University of Massachusetts Press.

Gadamer, H. 1979. *Truth and Method*. London: Sheed and Ward.

Huizinga, J. 1955. *Homo Ludens: a Study of the Play Element in Culture*. Boston: Beacon Press.

Lakoff, G, agus Johnson, M. 1979. *Metaphors We Live By*. Chicago: University of Chicago Press.

Ní Shíocháin, T. 2014. 'Memory, Liminality and Song Performance: Understanding the History of Thought through Song', *International Political Anthropology* 7 (1), 73–88.

Ní Shíocháin, T. 2012. *Bláth 's Craobh na nÚdar: Amhráin Mháire Bhuí*. Baile Átha Cliath: Coiscéim.

Nic Dhonncha, M. 2003. *Bun an Bhaile*. [CD] Baile an Fheirtéaraigh: Oidhreacht Chorca Dhuibhne.

Ó Buachalla, B. 2003. 'From Jacobite to Jacobin', in T. Bartlett *et al.* (eag.), *1798: A Bicentenary Perspective*. Baile Átha Cliath: Four Courts, 75–96.

Ó Buachalla, B. 1996. *Aisling Ghéar: na Stíobhartaigh agus an tAos Léinn 1603–1788*. Baile Átha Cliath: An Clóchomhar.

Ó Buachalla, B. 1983. 'An Mheisiasacht agus an Aisling', in P. de Brún *et al.* (eag.), *Folia Gadelica*. Corcaigh: Cló Ollscoile Chorcaí, 72–87

Ó Cathasaigh, R. 2009. *Tídil Eidil Éró: Amhránaíocht Thraidisiúnta don Aos Óg*. Baile an Fheirtéaraigh: Oidhreacht Chorca Dhuibhne.

Ó Cróinín, D. 2000. *The Songs of Elizabeth Cronin*. Dublin: Four Courts.

Ó Cróinín, D. (eag.). 1980. *Seanachas Amhlaoibh Í Luínse*. Baile Átha Cliath: Comhairle Bhéaloideas Éireann.

Ó Gealbháin, C. 2015. ' "Na Prátaí Dubha" agus Déantúis Eile a Leagtar ar Mholly na Páirce', *An Linn Bhuí* 19, 41–62.

Ó hAnnracháin, P. 1944. *Fé Bhrat an Chonartha*. Baile Átha Cliath: Oifig an tSoláthair.

Ó Laoire, L. 2012. 'Críocha an Chirt: Téacsúlacht, Taibhléiriú agus Tuiscint san Amhránaíocht', in S. Ó Cadhla agus D. Ó Giolláin (eag.), *Léann an Dúchais: Aistí in Ómós do Ghearóid Ó Crualaoich*. Corcaigh: Cló Ollscoile Chorcaí, 19–35.

Ó Laoire, L. 2002. *Ar Chreag i Lár na Farraige*. Indreabhán: Cló Iar-Chonnachta.

Ó Laoire, L. 2000. 'Metaphors We Live By: Some Examples from Donegal Irish.' *Western Folklore: Journal of the California Folklore Society* 59, 33–48.

Ó Madagáin, B. 1992. 'An Ceol a Ligeann an Racht', *Léachtaí Cholm Cille 22*, 164–84.

Ó Madagáin, B. 1985. 'Functions of Irish Song in the Nineteenth Century', *Béaloideas* 53, 130–216.

Ó Murchú, L. P. 1982. *Cúirt an Mheon-Oíche le Brian Merriman*. Baile Átha Cliath: An Clóchomhar.

Ong, W. J. 1982. *Orality and Literacy: the Technologizing of the Word*. London agus New York: Methuen.

Ó Riain, P. 1972. 'A Study of the Legend of the Wild Man', *Éigse* XIV, 179–206.

Ó Tuama, S. 1960. *An Grá in Amhráin na nDaoine: Léiriú Téamúil*. Baile Átha Cliath: An Clóchomhar.

Ó Ríordáin, S. 2011. *Na Dánta*. Indreabhán: Cló Iar-Chonnacht.

Partridge A. 1980. 'Wild Men and Wailing Women', *Éigse* XVII, 25–37.
Szakolczai, A. 2003. *The Genesis of Modernity*. London: Routledge.
Szakolczai, A. 2001. 'Civilisation and its Sources', *International Sociology* 16 (3), 371–88.
Tóibín, N. 1978. *Duanaire Déiseach*. Baile Átha Cliath: Sáirséal agus Dill.
Turner, V. 1982. *From Ritual to Theatre: the Human Seriousness of Play*. New York: Performing Arts Journal Publications.
Turner, V. 1969. *The Ritual Process: Structure and Anti-structure*. London: Routledge agus Kegan Paul.

Ag Lorg Áit don Amhránaíocht Dhúchasach

Antaine Ó Faracháin

Is iomaí ceist a thógtar i dtaobh na hamhránaíochta dúchais sa lá inniu. Tá borradh faoin amhránaíocht ag an Oireachtas. Bíonn líon mór iomaitheoirí as gach cearn den tír i gceist i bhformhór mór na gcomórtas. Comhartha sláinte ar bhealach is ea é sin, ach is féidir a fheiceáil go múnlaíonn an comórtas féin dreach agus cuma na hamhránaíochta idir fhocail, cheol agus stíl taibhléirithe. Is rud nádúrtha go leor é go bhfreagródh aon chineál ealaín bhéil do na tosca agus na cúinsí ina mbíonn sí lonnaithe. Ina dhiaidh sin féin, tá claonadh ann inár measc glacadh leis an suíomh agus leis an gcomhthéacs iomaíochta seo mar thús, lár agus deireadh an scéil. Ní gá gur mar sin a bheadh. Mar bhealach amháin le héalú ó mheon atá dírithe go sonrach ar an gcomórtas, b'fhéidir nár mhiste dul siar de bheagán i stair na hamhránaíochta. Nuair a dhéantar é sin, tá seans againn bealaí eile a aithint a chabhrós linn dearcadh níos leithne ná comhthéacs na gcomórtas a fhorbairt i leith na hamhránaíochta. Siar linn mar sin. Ar dhuine de na filí is minice a gcloistear a shaothar ag na comórtais Oireachtais, tá an file

Antaine Ó Raiftearaí (1789–1835). B'as Contae Mhaigh Eo dó, ach chaith sé formhór a shaoil i gContae na Gaillimhe. Chuaigh a chuid amhrán go mór i bhfeidhm ar na pobail sna ceantair sin agus scaipeadh cuid acu chomh fada le Déise Phort Láirge. Is mithid, mar sin, an cheist a thógáil: cén bharúil a bheadh aige siúd den suíomh comhaimseartha?

Cuid thábhachtach den aiste seo iad sleachta a scríobhadh maidir leis an amhránaíocht dhúchasach a théann siar roimh ár linn féin. Tá roinnt mhaith de na sleachta seo ar eolas go coitianta ag scoláirí ach má tá féin, is iomaí gnáthléitheoir nach bhfuil teacht acu orthu agus nach bhfuil cur amach acu orthu dá réir sin. Mar sin, tá nuacht i gcónaí iontu agus deis againn machnamh a dhéanamh ar an amhránaíocht mar a fheictear dúinn í sa lá inniu agus sinn á cur i gcomparáid leis na sleachta. Ní hé go deimhin go bhfuil cuid de na píosaí seo foirfe ná saor ó locht. Tá siad easnamach go minic de bharr gur daoine ó aicme an cheannais, daoine gan Ghaeilge, daoine gan bá leis an gcultúr dúchais a scríobh iad. Caithfimid, mar sin, a bheith cúramach leo. Ach ar an lámh eile, tá sliocht nó dhó againn a scríobh daoine a raibh tuiscint bháúil acu ar an gcultúr dúchais. Mar sin, tá tuairimí iontu a osclaíonn amach an léargas atá againn ar an amhránaíocht agus a chuireann ag smaoineamh sinn i dtaobh an tsuímh chomhaimseartha. Dá bharr sin, cé gur fada iad, tá siad curtha isteach san aiste seo chun an smaointeoireacht atá riachtanach againn a bhrostú.

Dá mbeadh Raifttearaí beo anois

Ba mhaith liom tosú le ceist agus is í an cheist atá agam oraibh ná: dá mbeadh Raiftearaí beo anois agus dá gcasfadh sé i gCorn Uí Riada, an nglacfaí leis? An fáth go gcuirim an cheist sin ná gur tharla sé bliain amháin gur bhuaigh fear as Baile Átha Cliath (Éamon Ó Donnchadha) Corn Uí Riada agus mura bhfuil mé ag dul amú, gur chas sé dhá amhrán a chum Raiftearaí an oíche áirithe sin. Bhuaigh Éamon Corn Uí Riada trí huaire ar fad, 1997, 2003, 2005. Ach d'fhéadfadh muid a rá an oíche áirithe sin gur bhuaigh Raiftearaí féin Corn Uí Riada freisin.

Ach dá gcasfadh Raiftearaí féin ar an ardán an oíche sin, an nglacfaí leis? Dá mbeadh sé beo anois, ní duine a rugadh sa nGaeltacht a bheadh ann, óir nach bhfuil Cill Liadáin ná Coillte Mach in aon chatagóir Ghaeltachta níos mó. Ní bheadh sé ina chónaí ná ag fámaireacht thart i gceantar Gaeltachta den chuid is mó ach oiread. Agus chuile sheans gur amhráin nuachumtha a bheadh á gcasadh aige, amhráin a chum sé féin, na hamhráin a chas Éamon an oíche sin b'fhéidir. Mar sin an mbeadh na hamhráin 'sean' go leor le go nglacfaí leo mar amhráin '*sean*-nóis'?

Agus b'fhéidir fiú amháin go mbeadh sé ag tabhairt tionlacan dó féin ar a fhidil. Tá sé sa mbéaloideas faoi go raibh sé de nós aige sin a dhéanamh scaití. Samhlaígí anois é agus é ag teacht amach ar an ardán, a fhidil faona ascaill aige, chun 'Eanach Dhúin' a chasadh ar an gcéad amhrán. Amhrán a bhí cumtha aige le mí nó sé seachtainí roimh an gcomórtas. An bhfaigheadh sé glaoch ar ais don dara hamhrán? An mbeadh sé tar éis cáiliú fiú amháin le dul chomh fada le Corn Uí Riada?

Ar ndóigh tá an saol difriúil anois leis an am a raibh Raifthearaí ag cumadh agus ag casadh a chuid amhrán. Mar sin teastaíonn uaim breathnú ar ócáidí agus ar an timpeallacht ar cumadh agus ar casadh amhráin san am a caitheadh agus ar na comhthéacsanna ina gcastar amhráin dhúchasacha sa lá atá inniu ann, chun áit a lorg don amhránaíocht dhúchasach.

An comhthéacs agus lucht éisteachta

Tá an comhthéacs ina raibh Raifthearaí ag feidhmiú mar amhránaí agus mar chumadóir amhrán an-difriúil leis an gcomhthéacs ina mbíonn amhránaí/cumadóir ag feidhmiú anois. Is liosta gan deireadh é an liosta de cheisteanna agus de smaointe a spreagann an focal seo 'comhthéacs': Cén áit a gcastar amhráin dhúchasacha? Céard iad na comhthéacsanna a dtagann siad i láthair? Céard iad na tréithe a bhaineann leis an gcaidreamh atá idir an t-amhránaí agus an pobal? Cé hiad an pobal? An duine *den* phobal é an t-amhránaí nó an gcasann sé/sí *don* phobal? Cén áit is compordaí don amhránaí casadh? Céard é feidhm an amhránaí sa bpobal? An bhfuil an pobal ag laghdú, ag méadú, nó ag athrú ar bhealaí eile? An bhfuil níos mó ná pobal amháin ann? Cén tábhacht atá ag an amhránaí dúchasach sa lá atá inniu ann, sa gcomhthéacs comhaimseartha? Cén chiall agus cén spreac atá ag amhrán atá b'fhéidir 150 bliain d'aois sa gcomhthéacs reatha don amhranaí, do phobal éisteachta an amhránaí agus don phobal mór comhaimseartha nach bhfuil a oiread sin taithí acu a bheith ag éisteacht leis an amhránaíocht dhúchasach?

Maidir le comhthéacs agus lucht éisteachta, is fiú roinnt

tuairimí le Ruth Finnegan óna leabhar *Oral Poetry: its Nature, Significance and Social Context* a lua ag an tús leis an ábhar seo a thabhairt i bhfócas:

> According to the context in which it is delivered (and the prime elements in this are the performer and the audience) oral poetry can be used to reconcile, divide, maintain established authority or undermine it, propagandise, innovate, conserve, cajole, entrance, scandalise, attack, soothe – or a hundred other things. To judge which, if any, of these are in play it is essential not to begin from an abstract analysis of first principles, but from a consideration of the occasion and, above all, of the audience and of its reception and understanding of the performance (1977: 243).
>
> […] the nature of the audience is surely an important factor in the creation and transmission of literature. This is noticeably so in *oral* literature, for here the typical context is delivery direct to an audience. The audience even as listeners and spectators – but sometimes in a more active role – are directly involved in the realisation of the poem as literature in the moment of its performance (1977: 214).
>
> Of course, the nature of the likely audience influences all literature, but with oral literature there is the additional factor that members of the audience can take a *direct* part in the performance (1977: 231).

An t-ochtú haois déag

Ina leabhar *Filidhe na Máighe, nó Amhráin Sheáin Uí Thuama agus Aindriais Mhic Craith*, déanann Pádraig Ua Duinnín cur síos ar fhilí an ochtú haois déag. Tugann an cur síos seo léargas dúinn ar fhilí na linne sin agus ar chuid de na feidhmeanna a bhain lena gcuid filíochta. Lonnaíonn sé na filí seo i measc a bpobal féin agus léiríonn sé gnéithe den chomhthéacs ina raibh siad ag cumadh.

Maíonn Ua Duinnín go léiríonn filíocht na linne gnéithe tábhachtacha den phobal arbh as do na filí seo, den tsochaí a bhí timpeall orthu, den chomhthéacs inar mhair siad:

> These poets did not trouble themselves about the psychology of nations, about the philosophy of history, about the manner in which a writer of genius reflects his surroundings, his age, his race; but they spoke from the heart, and gave unerring expression to the thoughts and feelings of their contemporaries. They were not without affectations and weaknesses. They had a mistaken idea of the importance of classical names and allusions, they carried the adjectival method of description to the point of serious blemish; but these and a hundred such defects did not take away from the fidelity with which they expressed in their verse the mind and heart of their contemporaries and their race. The sense of national life crushed under the yoke of oppression, the hankering after national freedom and religious equality, the love of the true, the imaginative, the beautiful; the brooding melancholy which often formed a back-ground for mirth and frolic, the patience, the calm resignation under the stroke of adversity, the emotional spirit over which flashes of merriment burst like a tornado, only to be succeeded by wild gusts of fury and indignation, the deep tones of pathos, the heart ever melting at others' woe, the fierce, personal satire, the shrewd commonsense which refuses to be led away by religious or social fanaticism, or lured by the flicker of a false philosophy, all these characteristics of the Gael in the measure in which they existed in eighteenth-century society are reflected in the writings of the chief bards of that period, as distinctly as one's face and expression of countenance may be reflected in a polished mirror.
>
> In these poems the Gael laughs aloud, he quivers all over

> with merriment, his eyes twinkle with droll humour, he shakes his fist at his opponent, he calls him abusive names, his soul warms with religious fervour, he curses the foreign tyrants who, not content with robbing the natives of their goods and lands, endeavoured to pollute the wells of faith and rob them of their immortal souls. He boasts of his noble ancestry stretching back to the twilight of post-diluvian legend; he reveals his weaknesses and all his tenderness of spirit. He weeps in the bitterness of his soul at the wrongs, the insults his country has been subjected to. We hear his plaintive sigh, we listen to his heavy breathing, we become familiar with the vernacular language of his love-sick heart.
>
> The poems in question, though barren as regards formal fact, tell us the history of the inner life of the people as no other documents can. State papers, photographs, paintings, wills, deeds, private letters of public personages, such records as these have their value in interpreting for us the character of a people at a given period of their historical development, but they have not the power of introducing us to the inner sanctum of the people's life where their emotions well forth in all their native vigour (Ua Duinnín, 1906: xv-xviii).

Aontaím féin leis sin. Ceapaim go léiríonn amhráin cuid den stair nach féidir a fháil ar pháipéar go díreach. Cuid den phobal iad mar sin, ag úsáid teanga an phobail, ag plé ábhar atá tábhachtach don phobal, na filí ins an am sin.

An naoú haois déag

Ag scríobh i lár an naoú haois déag, tugann William Allingham an léargas glé seo a leanas dúinn ar chomhthéacs áirithe ina mbíodh amhráin dhúchasacha le cloisteáil go poiblí ag an am, i.e. aonach. Creidim go bhfuil an cur síos seo a thugann sé dúinn, i gcáilíocht finné agus a foilsíodh ar an Satharn 10 Eanáir 1852, díreach i ndiaidh an Ghorta Mhóir, creidim go bhfuil sé thar a bheith luachmhar ar fad dúinn ar chúpla cúis. Ní amháin go ndéanann sé tagairt don chomhthéacs poiblí (a bhí lasmuigh dála an scéil) inar chuala sé amhránaithe ag casadh, ach tugann sé an-chur síos go deo dúinn ar an mbealach ar chas na hamhránaithe, ar ghnéithe den stíl a bhí acu agus ar théarmaí a bhí in úsáid ag an am chun cur síos a dhéanamh ar an ornáidíocht a bhí in úsáid acu. Déanann sé cur síos ar chuid de na hamhráin a bhí á gcasadh ar an ócáid seo agus ar ócáidí eile chomh maith, rud a thugann léargas dúinn ar stór amhrán poiblí aicmí éagsúla na linne. Luann sé tionlacan a bheith in úsáid le haghaidh amhrán áirithe, rud atá spéisiúil ós rud é go leagtar béim go minic sa lá atá inniu ann ar an amhránaíocht dhúchasach a bheith gan tionlacan. Luann sé teanga. Agus tugann sé léargas iontach dúinn ar na pobail éisteachta éagsúla a bhain le haicmí éagsúla, a bhí ann lena linn, go speisialta an pobal siúd ar chuid díobh na hamhránaithe:

> At our elbow, a ballad-singer, a young woman in old plaid cloak and very old straw bonnet, strikes up, with a sweet Connaught lisp, and slightly nasal twang, 'The Sorrowful Lamentation of Patrick Donohue' – with the words 'Come all you tender Christians!' - and soon summons around her a ring of listeners. She will sing *da capo* as long as the ballad appears to draw attention and custom, and then she will change it or move off to another part of the fair.
>
> The hour of melody seems to have struck; for, not far away we discover a second circle united by Orphean attraction. And here our curiosity is raised by the comment of a man who seems to be tearing himself away from the

influence. The best ballad-singer this, he declares, that he has heard these twenty years! To which another, assenting, says, 'In troth, it's worth a ha'penny to hear him go over it, let alone the paper.' The minstrel is found to be a tall, sad, stooping man about thirty-five; his song, to the very favourite tune of 'Youghal Harbour,' is about two faithful lovers; his vocal excellence consists in that he twirls every word several times round his tongue, wrapt in the notes of a soft, husky, tremulous voice. In this style of gracing - which is considered highly artistic, and for which, I believe, 'humouring' is the country phrase – the words are delivered somewhat as follows:

This pay-air discoo-ooeryoor-ercèd with sich foo-oocy-
  oorce o' ray-ayizin,
Ther may-aynin they ay-apee-ayx-esprayss'd so-ho-o-o
  cleerrrr,
That fau-hor to lae-ssen too-oo ther caw-aw-he-on-vairsay-
  ay-ashin,
My ehe-ee-in-clinay-aheeay-ashin was for too-oo-hoo-hoo
  draw-aw-haw-ee-aww-a neerrrrr.

That is to say:
  This pair discoursèd with such force of raysoning,
  Their meaning they expressed so clear,
  That for to listen to their conversation,
  My inclination was for to draw near.

Urging our slow way through the crowd, we come within earshot of a shriller strain, which proceeds from two female vocalists, standing face to face, and yelling down one another's throats. Agrarian politics, this time, and not of the most wholesome sort! That country lout – who tenders his copper with swaggering bashfulness, and, for careful preservation of the ballad, rolls it up into a wisp between his hands, and so thrusts it into his pocket – lout as he is, has, not improbably, enough of musical ear and voice to enable him to revive the symphony and song of these strange damsels, by his winter fireside, and at subsequent wakes and gatherings; sprinkling into wild hearts the ignorance and foolishness – if it be no worse – of some poor conceited creature who perhaps bribed the printer with a few pence to exalt his trash into type …

Does that fine *gendarmerie* of ours, the constabulary, never intermeddle with crime in its rarefied or gaseous form of song? Seldom; scarcely ever, beyond desiring the offender to 'move on,' which the offender does – as far as round the corner of the next lane. Notwithstanding all we hear about penal laws, the liberty of the subject is sacredly, almost superstitiously, respected in Ireland …

The muster of ballad-singers today, is above the average; for, see, here is another! A little elderly man, wearing a very large and extremely elderly hat – his warehouse. He accompanies his comic song with a fiddle, upon which he leans one of his red weazen cheeks, watching with twinkling black eyes the movements of his left hand on the strings. His fiddle is cheap-looking and cracked, and his bow is mended with packthread. When the harsh chords cease, and he lowers the instrument slowly from his chin, you observe that what seemed to be a continuous self-satisfied smile is, in reality, the effect of a dint or muscular contraction near his mouth; and that his expression of countenance is most doleful. He stands helplessly with the fiddle under one arm, and the sheaf of papers in his hands. Let us buy one of him; and then go home, and look over a certain sheaf of our own gathering, of publications in the same humble, but not all unimportant, department of literature […] They are, of course, 'printed on gray paper with coarse type,' headed with most incompatible woodcuts, and filled with instances of almost every kind of typographical error; from mis-stopping and mis-spelling to omissions of words, lines, and half-stanzas; so that, while intended for the perusal of the humblest, they often require (as I once heard a girl complain) ' a very good scholar to make thim out.'

Nearly one-half of the whole number owe their inspiration to Cupid – a personage not unfrequently mentioned therein by name, and conducting about eighty per cent of his followers to the happiest conclusion (1852: 362).

Cé gur ríléir go mbaineann Allingham le haicme eile seachas pobal éisteachta na n-amhrán a bhí i láthair ag an aonach seo, is féidir linn mar sin féin blaiseadh a fháil ar a ndearcadh siúd ón méid a scríobhann sé agus ón gcur síos a dhéanann sé ar a gcuid ráiteas. Tá dearcadh 'ón taobh amuigh' agus 'ón taobh istigh' araon le brath ar an gcur síos a thugann sé dúinn mar sin. Cé go bhfuil sé á lonnú féin ar an 'taobh amuigh', fós féin tugann sé léargas glé dúinn ar chúrsaí mar a fheiceann sé féin iad óna sheasamh siúd.

Críochnaíonn sé a chuntas leis an méid seo a leanas gur fiú suntas ar leith a thabhairt dó:

The humble dwellings of the land are pervaded by the national melodies; many of which have become the darlings of the world and of fame, whilst many others, perhaps some as beautiful, have never been noted down, and are perishing yearly, by twos and threes, or lingering only with an old nurse, and an old piper, here and there. Moore's words flew high above these humble dwellings; nor have any of the Young-Ireland lyrics in the least succeeded in becoming, in the true sense, popular. The sphere of Moore's songs was the drawing-room; of Young-Ireland's, the Repeal Meeting-room and the Club-room. Songs for a people must find their natural element beside the cottage hearth. Such simple and pathetic ditties, in the old Irish tongue, are still sometimes heard. In the English tongue, the national songs of Ireland – perhaps comprising three-fourths of the national literature – are such

> as are sung about the streets and country towns, and sold by wandering pedlars; just such ballads, in short, as we have quoted and described (1852: 367–8).

Is fiú an méid seo a deir sé a chíoradh beagán. Deir sé gur cois teallaigh an áit nádúrtha d'amhráin an phobail agus déanann sé dealú idir an comhthéacs seo agus an comhthéacs inar casadh amhráin le Thomas Moore agus na Young Irelanders mar shampla. Is léir go bhfuil amhráin de shaghsanna éagsúla á gcasadh sna comhthéacsanna difriúla seo agus lucht éisteachta difriúil i gceist dá réir chomh maith. Dhá chomhthéacs laistigh iad seo, agus mar sin beagán níos príobháidí b'fhéidir ná comhthéacs poiblí an aonaigh a bhí amuigh faoin aer.

Rud eile atá spéisiúil ná an focal 'pathetic' a úsáideann sé nuair a dhéanann sé tagairt do na hamhráin i nGaeilge. An í an chiall atá i gceist aige anseo go raibh truamhéala ('pathos') ag baint leo, go raibh siad mothaitheach? Más é sin atá i gceist aige tá sé spéisiúil go gceanglaíonn sé an tréith sin leis na hamhráin i nGaeilge. Is cosúil freisin go raibh seans níos mó na hamhráin i mBéarla, na bailéid, a chloisteáil ar na sráideanna agus go raibh na hamhráin i nGaeilge le cloisteáil níos minicí cois teallaigh. Is ábhar spéise é freisin dar liom an roghnú a rinne an pobal ar na hamhráin a thaitin leo agus a theastaigh uathu a chloisteáil ina measc féin, ina dtimpeallacht féin. Má bhí an pobal sásta amhráin áirithe a chasadh cois teallaigh, is é sin ina dtimpeallacht phríobháideach féin, is léir gur bhreathnaigh siad ar na hamhráin sin mar amhráin a bhain leo féin.

Caithimid cuimhneamh ag an am céanna nach raibh leic an teallaigh chomh príobháideach sin sa gcaoi chéanna is a bheadh sí sa lá atá inniu ann, b'fhéidir. Tá cuntais go leor ann a insíonn dúinn gur cois teallaigh a chruinníodh comhluadar agus comharsana agus gur ansin a d'insítí scéalta agus a chastaí amhráin go minic. Mar sin féin, pobal níos lú a bheadh i gceist ansin agus aithne phearsanta acu ar a chéile den chuid is mó, i gcodarsnacht le láthair mhór phoiblí ar nós aonaigh, áit nach mbeadh an aithne chéanna ag daoine ar a chéile. Nuair a dhéanann sé cur síos ar an gcábóg tuaithe a bheith ag tógáil amhráin abhaile leis, le casadh arís cois teallaigh, ag tórraimh nó ag cruinnithe eile, léiríonn sé an bealach ar scaipeadh agus ar glacadh le hamhráin áirithe, an comhthéacs ar tógadh iad agus comhthéacsanna eile ar thaistil siad agus ar casadh iad ina dhiaidh sin.

Tá an cur síos a thugann sé ar na hamhránaithe éagsúla a bhí ag gabháil fhoinn ag an aonach fíorspéisiúil chomh maith. Fear réasúnta óg, mar shampla, a luann sé ar an dara hamhránaí a chuala sé, ach is léir ón tionchar a bhí aige ar an lucht éisteachta agus óna gcuid ráiteas siúd faoi, go raibh cumas suntasach ann mar amhránaí, de réir aeistéitic na ndaoine sin a bhí ag éisteacht leis. Agus tá cuid den aeistéitic sin le sonrú sa gcur síos a thugann Allingham dúinn. Sin cuntas glan againn ó lár an naoú haois déag anseo, a léiríonn cuid mhaith dúinn. Tá dhá chuntas againn anseo mar sin, ceann amháin ón bhfichiú haois ar fhilí an ochtú haois déag a chuireann na filí i gcomhthéacs agus ceann eile ón naoú haois déag a chuireann na hamhránaithe i gcomhthéacs.

Léiríonn na cuntais seo gnéithe áirithe den chaidreamh a bhí ag na filí agus ag na hamhránaithe leith ar leith leis an bpobal a bhí timpeall orthu. Ach céard faoin bhfichiú haois agus faoin mílaois nua seo a bhfuil muid inti le scaitheamh?

An fichiú haois

Scríobh Róisín Nic Dhonncha tráchtas sa bhliain 2002 ina ndearna sí staidéar ar bheirt dheartháireacha as Cill Chiaráin i gContae na Gaillimhe ar amhránaithe iad agus filí pobail. Tá bailiúchán de chuid de na hamhráin a chum an bheirt mar chuid den tráchtas seo, chomh maith le réamhaiste ina dtugann sí cur síos ar an gcomhthéacs as ar eascair siad dar léi. Bhí cuid d'amhráin na beirte i mo stór amhrán féin le roinnt blianta sular fhoilsigh Róisín a tráchtas. Ba iad na foinsí a bhí agam féin do na hamhráin seo: bailiúcháin Roinn Bhéaloideas Éireann, an Coláiste Ollscoile, Baile Átha Cliath agus taifeadtaí a rinne mé féin thart ar 1993 ar Pheaitricín Phádhraic Liam de Búrca, in Aill na Brón (ceantar dúchais na bhfilí), fear a raibh aithne aige féin orthu. Is féidir linn léargas áirithe a fháil mar sin ar na hamhránaithe agus na filí pobail seo a mhair sa bhfichiú haois. Luann Róisín Nic Dhonncha Raiftearaí agus deir sí gur tharraing sé ina chuid filíochta ar choincheapa a bhain go dlúth le saol reatha na ndaoine, gur chuir sé i láthair iad ar bhealach a thuigfeadh a phobal, gur thug sé aitheantas do mhothúcháin an duine. Deir sí freisin nach ó thaobh na tuisceana ná na haeistéitice amháin a bhí tionchar ag saothar leithéid Raiftearaí ar na filí a tháinig ina dhiaidh ach gur fheidhmigh saothar na seanfhilí pobail mar eiseamláir do stíl chumadóireachta na nglúnta a lean (2002: 7). Luann sí samplaí as cuid d'amhráin Chlann Dhonnchú leis sin a léiriú.

Maíonn sí freisin gur urlabhraí é an file pobail do lucht éisteachta áitiúil:

> Glór údarásach, atá dírithe ar lucht éisteachta áitiúil, is ea glór na bhfilí pobail. Tá an lucht éisteachta ag brath ar urlabhraí feiliúnach chun a gcuid seintimintí agus tuiscintí sainiúla féin a chur in iúl. Comhlíonann na filí pobail an dualgas seo. Cuireann siad múnla cruthaitheach ar smaointe an phobail trí mheán an fhocail bheo. Mar is dual, is baill sho-aitheanta dá sochaí iad, arae is beag muinín a chuirfeadh an pobal i nduine as baile isteach chun a n-ealaín a shaothrú dóibh (2002: 8).

Creidim féin gur minic go labhraíonn an file pobail áitiúil ar son a phobail áitiúil féin, ceart go leor, ach gur féidir le duine nach duine áitiúil é an rud céanna a dhéanamh freisin uaireanta. Tarlaíonn sin go speisialta nuair a bhíonn ceisteanna nó fírinní nó téamaí uilíocha an tsaoil á gcíoradh, an grá cuir i gcás. Mar sin féin, is pointe suntasach é gur bhreathnaigh Vail agus Mícheál Ó Donnchú orthu féin mar urlabhraithe don phobal timpeall orthu. Ghlac siad freagracht nó dualgas orthu féin ar bhealach. Luann Róisín Nic Dhonncha an chomhfhiosacht seo chomh maith:

> Glacann na filí féin go comhfhiosach lena ról mar ealaíontóirí sa tsochaí, mar a léiríonn caint Vail Uí Dhonnchú thíos dúinn.
>
>> Tá mé ag cumadh amhráin ó bhí mé dhá bhliain déag. Tá an togha acu cumtha agam ar chuile chineál - amhráin grá (*sic*), amhráin staire, amhráin mholta agus amhráin cháinte … níl aon amhrán dhár chum mise riamh – bhínn in ann é a chumadh i m'intinn agus é a rá ansin ina fhocla aríst agus an guth a chur leis agus chaon tsórt (2002: 9).

Tá sé spéisiúil go luann Vail amhráin 'ar chuile chineál' a bheith cumtha aige, amhail is go raibh sé ag cumadh de réir na riachtanas a bhí aige féin agus ag an bpobal ag an am. Is díol suntais é chomh maith go ndéanann sé trácht ar 'ghuth a chur leis'. Is léir go raibh filíocht bhéil i gceist, nach raibh an bhéim ar an scríobh, gur chum sé na hamhráin ina intinn, mar a deir sé féin. Bhí an bhéim ar na focail go príomha agus cuireadh an guth leo.

An t-aonú haois is fiche

Sa réamhrá lena leabhar *A Hidden Ulster* míníonn Padraigín Ní Uallacháin an chaoi a dtéann sí féin i ngleic mar amhranaí le meadaracht, rím, frású agus ceol na n-amhrán. Is i gcomhthéacs a bheith ag athbheochan amhrán ó lámhscríbhinní lena gcur ar ais sa traidisiún béil den chuid is mó atá sí ag caint. Deir sí:

> Resurrecting songs in Irish from different manuscript and printed sources involves much more than the ability to read music notation alone. It calls for experience of the song tradition together with an understanding of the metric and sound system of Irish poetry; a feel for what is natural to a singer and why certain airs were selected for specific songs; and probably most fundamental of all, it is subject to the manner in which the performer first acquired his or her singing from the oral tradition. When singing these songs I do not always adhere note for note to what has been transcribed but frequently allow the words and metre to dictate the pulse, phrasing and melodic ornamentation of the piece [...] As these songs are being returned again to the living tradition, and are part of my own repertoire as an Irish traditional singer, I sing them in my own natural dialect, but with due recognition to the unique features of local dialect [...] I have adapted some of my pronunciation to the demands of assonantal rhyme, intended by the poets, in some of the songs (2003: 37–8).

Mar sin, bhí Vail agus Mícheál Ó Donnchú, a mhair sa bhfichiú haois, ag cumadh agus ag casadh amhrán agus iad fós faoi thionchar an naoú haois déag. Agus tá Pádraigín Ní Uallacháin ag tús an aonú aois is fiche ag obair go comhfhiosach faoin tionchar céanna.

Baineann an tionchar seo le foirm na n-amhrán féin. Ach ní hin é an t-aon tionchar amháin atá ar leithéid Phádraigín Ní Uallacháin ná ar amhránaithe eile cosúil léi atá ag casadh na n-amhrán seo sa lá atá inniu ann.

Ní hionann saol an naoú haois déag agus saol an aonú haois is fiche. Bíonn na comhthéacsanna ina gcumtar agus ina gcastar amhráin go síoraí ag athrú. Is de réir an chomhthéacs ina bhfuil siad ag an am a chasann amhránaithe. Bíonn tionchar ag an saol go ginearálta agus ag an bpobal ar céard a chasann amhránaithe, agus ar cén bealach a gcasann siad, ar a stór amhrán, ar a stíl agus ar go leor rudaí eile. Ní féidir an t-amhrán, ná an t-amhránaí a stoitheadh ón gcomhthéacs ina bhfuil siad. De réir mar a athraíonn an saol, athraíonn an cultúr agus de réir mar a athraíonn an cultúr athraíonn tuiscintí agus luachanna an phobail.

Dá mbeadh Raiftearaí beo anois

Mar sin le filleadh ar mo cheist: dá mbeadh Raiftearaí beo anois agus dá gcasfadh sé i gCorn Uí Riada an oíche sin, an nglacfaí leis? Bhuel má tá i ndán is go leanfar de chasadh na n-amhrán seo, is faoin amhránaí dúchasach é an bhaint atá acu le cultúr an lae inniu a léiriú. Níl mise cinnte an nglacfaí le Raiftearaí i gCorn Uí Riada ach b'fhéidir nach bhfuil sé chomh sláintiúil sin dúinn mar amhránaithe nó mar lucht éisteachta a bheith ag brath an iomarca ar chomhthéacs na gcomórtas ar aon chuma. Nach bhfuil comhthéacsanna eile, atá níos nádúrtha agus níos sláintiúla b'fhéidir, ar fiú dúinn a lorg, a fhorbairt agus a úsáid don amhránaíocht dhúchasach?

Foinsí

Allingham, W. 1852. 'Irish Ballad Singers and Irish Street Ballads', *Household Words: a Weekly Journal Conducted by Charles Dickens*, IV (94), 361–8.

Finnegan, R. 1977. *Oral Poetry: its Nature, Significance and Social Context*. Cambridge: Cambridge University Press.

Mac Donncha, Máirtín Tom Sheáinín. Agallamh a rinne Máirtín Tom Sheáinín le Bríd agus Dara Ó Flaithearta ar an gclár *Ardtráthnóna* ar Raidió na Gaeltachta, 12 Márta 2000.

Ní Uallacháin, P. 2003. *A Hidden Ulster*. Dublin: Four Courts Press.

Nic Dhonncha, R. 2002. 'Amhráin Val agus Mhíchíl Bheairtle Uí Dhonnchú', tráchtas neamhfhoilsithe MA, Ollscoil na hÉireann, Gaillimh.

Ua Duinnín, P. (eag.). 1906. *Filidhe na Máighe, nó Amhráin Sheáin Uí Thuama agus Aindriais Mhic Craith*. Baile Átha Cliath: M. H. Gill.

An sean-nós: báite ag an traidisiún?

Seosamh Mac Donnacha

Cúlra

Sa pháipéar seo ba mhaith liom cíoradh a dhéanamh ar shuíomh comhaimseartha an tsean-nóis agus a fhiafraí an bhfuil todhchaí aici mar stíl amhránaíochta a bhaineann leis an saol comhaimseartha, nó an amhlaidh nach bhfuil inti ag an bpointe ama seo ach iarsma de ghné chultúrtha de shaol nach ann dó a thuilleadh.

Sa chomhthéacs sin déanfaidh mé an argóint gur bac ar thodhchaí aon chuid de na taibhealaíona iad a bheith brandáilte mar chuid den 'traidisiún' nó mar chuid 'dár n-oidhreacht' de bharr go gcothaíonn na lipéid sin dioscúrsa acadúil agus sóisialta ina gcuirtear an bhéim ar fad, nach mór, ar thréithe den ealaín a bhaineann leis an traidisiún nó atá 'traidisiúnta' – beag beann ar a bhfuil ag teastáil chun an ealaín a choinneáil beo beathaíoch. Is é sin, í a choinneáil beo chun freagairt do riachtanais an tsaoil chomhaimseartha, ní mar léiriú ar an traidisiún agus mar iarsma den tseanaimsir, ach mar go mbeadh an deis ag gach glúin nua í a athshamhlú agus a athchruthú de réir a mianta féin.

Críochnóidh mé le roinnt smaointe faoi chuid de na hathruithe atá de dhíth, dar liom, chun stíl amhránaíochta an tsean-nóis a shaoradh ó laincisí dhaoirse an traidisiúin agus í a athchruthú don saol comhaimseartha.

Mo chúlra féin

Tá mo thuiscintse ar an sean-nós bunaithe ar mo cheangal féin leis an sean-nós agus ceangailte le m'eispéireas féin mar amhránaí.

Ar an gCeathrú Rua a tógadh mé le linn seascaidí agus seachtóidí an chéid seo caite. Ní raibh aon cháil mhór ar an mbaile fearainn inar tógadh mé mar áit a raibh amhráin agus amhránaithe le fáil ann cé go raibh roinnt amhránaithe ón gCeathrú Rua a raibh a n-ainm i mbéal na ndaoine ag an am – Tomás Mac Eoin, Máire Nic Dhonnchadha agus Peadar Tommy Mac Donncha, go háirithe. Bhíodh amhráin sa teach againn féin – chasadh m'athair corramhrán, bhíodh spéis ag mo mháthair sna hamhráin agus bhíodh an teach lán le leabhair amhrán: bhí na cnuasaigh bailéad de chuid Waltons againn agus na bailiúcháin de chuid James N. Healy. Lena n-ais seo, bhí bailiúchán amháin de dhánta agus d'amhráin Ghaeilge againn, an leabhar *Fíon na Filidheachta*, a d'fhoilsigh Comhlucht Oideachais na hÉireann (Breathnach agus Mac Cana 1931). Ba sa leabhar sin a casadh orm den chéad uair cuid d'amhráin mhóra na Gaeilge ar nós 'Cath Chéim an Fhia,' 'an Bonnán Buí' agus 'Úirchill an Chreagáin' cé nár thuigeas ag an am gur amhráin a bhí iontu agus gur á léamh mar dhánta a bhínn, go díreach mar a shamhlaigh teideal an leabhair.

Is sa bhunscoil ar an gCeathrú Rua a chas mé mo chéad amhráin go poiblí, a bhuíochas sin don mhúinteoir ceoil a bhí sa scoil sin ag an am, Beryl Cunningham. Ní amhrán Gaeilge a bhí i gceist ach an t-amhrán 'The Road by the River that Flows through Raheen,' a bhíodh le cloisteáil go rímhinic ar an raidió ag an am, á chasadh ag Margo (1968). Ina dhiaidh sin, is cuimhin liom go mbínn ag casadh 'Amhrán an Tae' le Colm de Bhailís agus amhráin eile a d'fhoghlaim mé as na leabhair bhailéad atá luaite roimhe seo agam. Ní dhearna mé idirdhealú idir amhráin Ghaeilge agus amhráin Bhéarla, ach de bharr a raibh d'amhráin Bhéarla le cloisteáil ar an raidió agus a raibh de chnuasaigh d'amhráin Bhéarla sa teach againn, b'éasca teacht ar na hamhráin Bhéarla agus ba mhó líon na n-amhrán Béarla a bhí ar eolas agam dá réir sin. Ní dhearna mé idirdhealú idir amhráin sean-nóis agus amhráin de chineál eile ach oiread; go deimhin ní raibh a fhios agam ag an am sin go raibh a leithéid de rud agus 'sean-nós' ann – ní raibh an téarma sin cloiste agam fiú. Chas mé na hamhráin mar a d'fhoghlaim mé iad agus d'fhoghlaim mé iad mar a chuala mé iad.

Ón am a raibh mé ceithre bliana déag d'aois chaith mé tréimhsí, sa samhradh agus eile, ag obair i dtábhairne Réalt na Maidne ar an gCeathrú Rua, áit a bhfaca mé airneán nádúrtha orgánach ag tarlú ar bhonn rialta – maidin Dé Máirt agus maidin Dé hAoine, go háirithe, nuair a bhailíodh na fir isteach tar éis na beairice nó tar éis an dól agus an pinsean a bhailiú. Bhí beirt amhránaithe a chuala mé san am sin a chuaigh go mór i bhfeidhm orm, b'in iad Máirtín Tommy Mac Donncha agus Micilín Thomáis Saile Ó Flatharta. Ba as an gCeathrú Rua é Máirtín, agus ba iad an dá amhrán ba rialta a chasadh sé, 'an Bonnán Buí' agus 'My

Own Lovely Mary on the Banks of the Lee.' Ba as an Trá Bháin é Micilín Thomáis Saile ach bhí cónaí air ar an gCeathrú Rua sna blianta sin. Mar ba dual d'fhear de bhunadh na Trá Báine chasadh sé 'Ócam an Phríosúin' le Tomás Ó Lochlainn go paiteanta agus chumadh sé agus chasadh sé a chuid amhrán féin, leis.

Sa tréimhse chéanna, chuaigh Oireachtas na Gaeilge i gCois Fharraige i 1974 i gcion go mór orm. Is cuimhin liom fós a bheith i mo sheasamh sa gcisteanach sa mbaile ag éisteacht le Comórtas na bhFear agus mo chosa greamaithe den urlár ag an rabharta sean-nóis a bhí á chraoladh ar an raidió. Agus, ar ndóigh, chuir Raidió na Gaeltachta go mór le mo spéis sa sean-nós sa tréimhse sin, mar den chéad uair bhí rochtain rialta agus éasca agam ar raon leathan amhrán agus amhránaithe, idir amhránaithe as Conamara agus amhránaithe as Gaeltachtaí eile.

Ón am a raibh mé féin i lár na ndéaga, is beag baint a bhí agam le sean-nós ná le hamhránaíocht ar bith eile ach oiread, leis. Ní hé nach raibh spéis agam ann, ach ní mórán deis a bhí ar fáil dhom ag an am, agus, ar ndóigh, bhí gnaithí eile agus cúrsaí saoil go ginearálta ag tarraingt m'aird i dtreonna eile. Bhí mé i lár na bhfichidí sular fhill mé ar an sean-nós arís agus sular thosaigh mé 'ag saothrú an tsean-nóis'. Ní hiad na hamhráin, ná na foinn, ná an traidisiún, ná an dúchas, ná aon rud a bhain le hoidhreacht, a spreag mé chun é sin a dhéanamh, áfach. Níorbh iad, go deimhin, ach an fonn a bhí orm féin amhrán a chasadh. Sin é a spreag mé le dhul ar thóir amhrán agus leaganacha d'amhráin nach raibh ar eolas agam roimhe sin – agus ní raibh de shlat tomhais agam ach amhráin a aimsiú a bhí oiriúnach dom féin le casadh agus amhráin a mbainfinn féin sult as a gcasadh.

Ar thóir an tsean-nóis

Ar ndóigh ní raibh sé sin chomh héasca a dhéanamh tríocha bliain ó shin agus atá anois. Sa lá inniu ann tá leaganacha éagsúla d'fhormhór na n-amhrán ar fáil go réidh ar an idirlíon, i bhfoirm téacs agus taifead. Tá an iliomad suíomh ann ar féidir teacht ar thaifeadtaí comhaimseartha de na hamhráin – agus tá go leor de na seantaifeadtaí ar fáil ar shuímh chartlainne ar nós Taisce Cheol Dúchais na hÉireann, Cartlann Ceoil Tradisiúnta an Chomhaltais, Tobar an Dualchais, Cartlanna Joe Éinniú agus ar go leor eile de chineálacha éagsúla cosúil leo. Don té a bhí ag iarraidh cur lena c(h)uid eolais ar an sean-nós tríocha bliain ó shin, bhí air/uirthi dul ar thóir ceirníní, caiséid agus leabhair a bhí foilsithe roimhe sin, ach a raibh a bhformhór as cló nó nach raibh teacht go héasca orthu. Ach tháinig mé ar bhailiúcháin bhreátha de réir a chéile: *Amhráin Chlainne Gaedheal* le Micheál agus Tómás Ó Máille (1905), *Amhráin Mhuigh Seóla* le hEibhlín Bean Mhic Choisdealbha (1918), imleabhair de chuid an *Journal of the Irish Folksong Society*, *Cas Amhrán* le Micheál Ó hEidhin (1975) agus ceirníní Ghael-Linn. Agus, ar ndóigh, nuair a thosaigh Cló Iar-Chonnachta ag foilsiú ceirníní, caiséad agus cnuasach d'amhráin sean-nóis agus nuachumtha ó lár na n-ochtóidí ar aghaidh, b'ionann é agus rabhartha eile amhrán a spreag mé chun tuilleadh iarrachta. Thosaigh mé ag cur isteach ar chomórtais an Oireachtais agus ar chomórtais eile agus chuir na comórtais sin ardán ar fáil dhom agus thug siad múinín dhom as mo chumas féin amhrán a chasadh agus lucht éisteachta a bhíogadh.

As an eispéireas seo ar fad shealbhaigh mé go leor eolais

faoi chúlra agus faoi chomhthéacs na n-amhrán sean-nóis agus ní iontas ar bith, mar sin, go mothaím go bhfuil mo luí agus mo thuiscint féin ar an sean-nós báite sa traidisiún.

Báite ag an traidisiún

Ach mothaím freisin, in amanna, go bhfuil stíl amhránaíochta an tsean-nóis báite *ag* an traidisiún, de bharr go bhfuil an dioscúrsa a bhaineann léi teoranta cuid mhaith le fráma tagartha 'an traidisiúin' agus dó sin amháin. Is i dtéarmaí céard atá 'ceart' agus 'inghlactha' de réir an traidisiúin a phléann muid an sean-nós go rímhinic, plé atá teoranta de bharr nach bhfuil fágtha againn ach tuiscint agus eolas teoranta ar an stíl amhránaíochta dhúchasach a bhí i gceist agus nach bpléitear ach cuid bheag de chomhdhamhnaí na stíle amhránaíochta sin laistigh den fhráma tagartha a chuireann an traidisiún ar fáil.

Tá na tuiscintí atá againn ar an stíl amhránaíochta faoi chaibidil bunaithe cuid mhaith ar obair na mbailitheoirí – ó chúlraí éagsúla, le peirspictíochtaí éagsúla agus le raon scileanna éagsúla – a bhí i mbun oibre sa chéad seo caite agus roimhe sin, ar dtús le peann agus pár, agus ina dhiaidh sin le gléasanna taifeadta éagsúla. Agus tá mórbhuíochas ag dul do na bailitheoirí seo, go háirithe iad siúd go raibh sé de thuiscint agus de chumas acu foinn agus focail na n-amhrán a thaifead, agus a thuig gur stíl amhránaíochta faoi leith a bhí i gceist agus nár fheil an córas nodaireachta ceoil a bhí in úsáid go coitianta sa naoú haois déag go huile agus go hiomlán dó. De bharr a gcuid oibre tá léargas tábhachtach ach teoranta againn ar an ngné seo de thaibhealaíona dúchasacha na hÉireann.

Tá sé teoranta de bharr nach raibh, dá fheabhas iad, ach líon beag bailitheoirí i gceist agus, dá réir sin, go bhfuil go leor amhrán agus stíleanna amhránaíochta imithe le sruth agus go bhfuil go leor ceantar ar fud na tíre nár shroich na bailitheoirí in aon chor.

Ina theannta sin, d'eascair formhór na hoibre seo as an tuiscint go raibh sé tábhachtach na hamhráin seo agus an comhthéacs traidisiúnta a bhain leo a chaomhnú. Fágann sin gur bailíodh téacs na n-amhrán agus cuid de na foinn. Bailíodh buneolas faoi chuid de na hamhránaithe: a n-ainm, a n-aois agus a n-inscne, an áit a raibh cónaí orthu nuair a bailíodh an t-amhrán agus, ó am go chéile, roinnt eolas beathaisnéise eile. Agus faigheann muid cur síos in amanna ar an gcomhthéacs inar bailíodh nó a ndearnadh an t-amhrán a thaifeadadh. Ach is ionann a bheith ag cíoradh an ábhair seo ar fad anois agus a bheith ag breathnú ar sheanghrianghraf dubh agus bán a tógadh ag tús an chéid seo caite. Is éard atá i gceist agam leis seo nach bhfuil de léargas againn ón ábhar seo ar fad ar stíl amhránaíochta dhúchasach na nGael ach pictiúr ina bhfuil an dath in easnamh, is é sin, gurb annamh a fhaigheann muid aon chur síos ná léargas ó na bailiúcháin ar an taibhléiriú a bhaineann leis an stíl amhránaíochta dúchasach – agus gan an t-eolas sin níl againn ach cuid den scéal a bhaineann le stíl amhránaíochta agus taibhealaíne an tsean-nóis.

Sa gcur síos atá againn ó na bailitheoirí, cuirtear amhránaithe áirithe inár láthair mar amhránaithe a raibh tábhacht faoi leith leo, de bharr an stór amhrán a bhí acu, de bharr go raibh siad molta ag muintir an cheantair máguaird, nó go raibh siad ar dhuine de na hamhránaithe deireanacha le Gaeilge ina ndúiche féin. Tugtar le fios, i gcás cuid de na hamhránaithe, go raibh cáil faoi leith mar amhránaithe orthu ina ndúiche féin, ach i gcás a bhformhóir, ní phléitear cén fáth a bhí leis an gcáil sin. An de bharr go raibh stór amhrán faoi leith acu a bhí cáil orthu, nó an raibh cúiseanna eile leis – cúiseanna a bhain lena stíl amhránaíochta agus a gcumas a lucht éisteachta a bhíogadh? Is éard atá i gceist agam, cé na cúiseanna a bhain lena gcumas ceoil, le binneas nó easpa binnis a nglór, lena gcumas mothúcháin an amhráin a chur i láthair nó a cheilt? An raibh teacht i láthair faoi leith acu nó buanna pearsanta éigin eile a d'ardaigh a n-ainm thar an gcoitiantacht i measc an phobail? Tá na gnéithe seo d'fhoirm thaibhealaín an tsean-nóis chomh tábhachtach céanna, agus níos tábhachtaí b'fhéidir, ná focail agus cúlra na n-amhrán agus an 'traidisiún' a ghabhann leo.

Is liosta le háireamh na rudaí a chothaíonn ceangal idir lucht éisteachta agus amhránaí atá ag cleachtadh a chuid taibhealaíne mar amhránaí sean-nóis. Sna ceithre nó cúig nóiméad ina bhfuil an t-amhránaí ag cur a amhráin i láthair tá an iliomad rud ag tarlú sa spás idir é féin agus a lucht éisteachta. Déantar ionramháil sa spás seo ar chomhdhamhnaí fhoirm na taibhealaíne agus as an ionramháil seo eascraíonn an ceangal idir an t-amhránaí, an t-amhrán agus an lucht éisteachta. Is féidir linn na nithe seo a leanas a áireamh, *inter alia*, mar shainghnéithe den fhoirm thaibhealaíne ar a dtugann muid 'amhránaíocht ar an sean-nós':

An t-amhrán agus gach a mbaineann leis: scéal an amhráin; brí an amhráin; an fhilíocht, an rím, an mheadaracht agus an rithim; na véarsaí a chantar agus nach gcantar; an fonn nó na foinn a ghabhann leis an amhrán; an tuiscint a bhí ag an lucht éisteachta ar an amhrán roimhe seo; an léargas atá siad a fháil ar an amhrán agus iad á chloisteáil uair amháin eile.

An t-amhránaí agus a mbaineann léi/leis: cúlra, aois agus inscne; láithreacht agus pearsantacht; cumas an fhonnadóra amhráin seachas a chéile a iompar; análú, raon, binneas, fuaimniú nó foghraíocht, agus sondas a g(h)lóir; a stíl amhránaíochta agus a c(h)umas amhrán a chur i láthair le hornáidiú nó gan ornáidiú; an tuiscint atá aici/aige ar an amhrán, ar chúlra an amhráin agus ar an leagan den amhrán atá á chasadh; an réigiún agus ceantar arb as í/é; an chaoi agus an comhthéacs inar shealbhaigh sí/sé na hamhráin; an cumas amhránaíochta agus a stíl amhránaíochta; an gcasann sí/sé go minic nó go hannamh?; cé na háiteanna ina gcasann sí/sé?; an bhfuil seanaithne ag an lucht éisteachta uirthi/air nó an é seo an chéad uair acu í/é a chloisteáil ag casadh?

An áit agus an comhthéacs ina bhfuil an t-amhrán á chasadh: ag seisiúin, ag oíche airneáin, ag comórtas áitiúil nó náisiúnta, ag coirm cheoil, ar stáitse nó i dteach tábhairne, ar an raidió nó ar an teilifís, sa stiúideo, ar an bportach, sa ngarraí, nó ag siúl an bhóthair; an bhfuil an t-amhránaí leis/éi féin nó an bhfuil sí/sé ag roinnt na hócáide le hamhránaithe agus ceoltóirí eile?

An lucht éisteachta: beag nó mór?; daoine áitiúla nó cuairteoirí?; an bhfuil cluas acu don sean-nós?; an é seo an chéad uair acu á chloisteáil?; an bhfuil Gaeilge acu?; an gá cúlra an amhráin a mhíniú dóibh?; an bhfuil siad ag súil le hamhrán amháin nó le rabharta amhrán?

An traidisiún agus na miotais a théann leis an sean-nós: an bhaint atá aige lenár sinsear agus lenár ndúchas; an áit arb as an t-amhrán agus an té a chum; an seanchas a bhaineann leis na hamhráin agus na daoine a chum iad; na leaganacha éagsúla den amhrán agus cé acu leagan 'an leagan ceart'; athruithe a tháinig ar théacs agus ar theanga na n-amhrán de réir mar a thaistil siad ó áit go háit, ó réigiún go réigiún, ó bhéal go béal agus ó ghlúin go glúin; tionchar na mbailitheoirí ar ár dtuiscint faoi chúlra na n-amhrán, na n-amhránaithe agus ar an sean-nós mar stíl amhránaíochta; ár dtuiscint reatha ar an sean-nós agus a áit sa tsochaí chomhaimseartha.

Is iad seo buntréithe an tsean-nóis, dar liomsa, agus is tríd an imoibriú agus an ionramháil idir na gnéithe éagsúla seo – sa spás idir an t-amhránaí agus a lucht éiseachta – a ghintear an fhoirm thaibhealaíne sin agus is ann a mhaireann sí go fírinneach. Agus is sa spás sin agus sa spás sin amháin a chlaochlóidh nó a bhláthóidh an fhoirm thaibhealaíne atá i gceist. Agus is cóir dúinn a bheith ag déanamh iniúchadh ar an sean-nós ins na téarmaí sin, eadhon, mar stíl amhránaíochta agus mar thaibhealaín, agus gan a bheith teoranta leis an bplé a bhaineann lena háit mar chuid de thraidisiún amhránaíochta a bhaineann leis an am atá caite.

Léiríonn cuid mhaith den dioscúrsa i measc amhránaithe agus i measc phobal éisteachta an tsean-nóis gurb é an tuiscint choiteann ar céard is sean-nós ann go príomhdha ná duine nó daoine ag casadh 'seanamhráin', agus gur beag machnamh ná plé eile a déantar faoi. Agus is fadhb bhunúsach í seo, dar liom, do thodhchaí an tsean-nóis mar, mura bhfuil i gceist le 'sean-nós' ach 'seanamhráin', ciallaíonn sé nach mbeidh sa sean-nós amach anseo ach iarsma de shaol nach bhfuil ann níos mó, agus dá fhaide a bhogann an tsochaí ón saol sin, is ea is lú an spéis a bheidh ag an tsochaí san iarsma sin.

Ar an láimh eile, más féidir linn an sean-nós a athshamhlú mar thaibhealaín agus mar stíl amhránaíochta, tabharfaidh sé deis dúinn todhchaí de chineál eile a shamhlú dó – todhchaí ina mbeadh tráchtaireacht le fáil inti ar shaol na linne agus ar spéiseanna agus ar fhadhbanna shochaí na linne comhaimseartha, todhchaí ina mbeadh amhráin agus foinn nua sean-nóis á gcumadh agus á gcur i láthair ar bhealaí nua, agus todhchaí ina mbreathnófaí ar shaoirse chruthaitheach agus ar chruthaitheacht na n-oirfideach sean-nóis mar bhua seachas mar bhagairt, agus todhchaí ina spreagfaí amhránaithe óga lena nglór féin a aimsiú.

Céard iad na rudaí a chuireann bac orainn a leithéid de thodhchaí a shamhlú?

An téarma 'sean-nós': Cruthaíonn sé an íomhá go gcaithfidh gach rud atá bainteach leis an sean-nós a bheith sean: caithfidh an t-amhrán a bheith sean, caithfidh an fonn a bheith sean, caithfidh an t-amhránaí a bheith sean, agus mura bhfuil tú sean, cabhraíonn sé má tá tú seanfhaiseanta. Is pointí iad seo a tharraing aird luath go leor i ré an Oireachtais, mar atá léirithe ag Róisín Nic Dhonncha (2004). Agus caithfidh an cur i láthair a bheith seanfhaiseanta – go bhfóire Dia ort dá dteastódh uait micreafón a úsáid istigh ag seisiún, agus má tá tú ar stáitse caithfidh tú seasamh caol díreach, agus go bhfóire Dia ort dá dteastódh uait breith ar an micreafón i do láimh agus luascadh leis an amhrán atá á chasadh agat mar a dhéanfadh Elvis Presley, nó damhsa bríomhar a dhéanamh ar an ardán mar a dhéanfadh Madonna, nó dul síos agus láichín a dhéanamh le daoine sa lucht éisteachta, mar a dhéanfadh Joe Dolan.

An bhéim ar na 'seanamhráin': Tá tuiscint choiteann i measc amhránaithe agus tráchtairí an tsean-nóis gurb ionann na hamhráin sean-nóis agus 'seanamhráin', agus dá réir sin is annamh a chloistear amhráin nuachumtha ar ardáin an tsean-nóis agus is beag duine atá anois ag cumadh amhráin nua i stíl an tsean-nóis. Fágann sé sin nach bhfuil aon chur síos le fáil sa sean-nós ar cheisteanna reatha na linne seo, rud a chiallaíonn nach bhfuil aon ról tráchtaireachta aici sa tsochaí reatha, eadhon, níl inti ach iarsma cultúrtha. Samhlaím féin saineolaithe acadúla an tsean-nóis san aois seo chugainn, ag cur na ceiste 'cén fáth gur stopadh ag cumadh amhrán agus foinn nua i stíl an tsean-nóis sa dara leath den fhichiú haois?'

An líon teoranta fonn atá á gcasadh: Dá theoranta é raon agus líon na n-amhrán sean-nóis a chloistear go rialta, is teoranta fós líon na bhfonn. B'fheithicil an fonn riamh do na focail i dtraidisún na Gaeilge, ach tá cúiseanna eile leis an nganntanas freisin. Bhí, agus tá go fóill, claonadh ag foilsitheoirí focail na amhrán a chur i gcló gan na foinn a bheith leo, agus lena chois sin, is fíor gur beag amhránaí sean-nóis atá ábalta nótaí ceoil a léamh. Is laincis é freisin an claonadh atá i measc an bheagáin daoine atá ag cumadh amhráin nua, liricí nua a chur leis na seanfhoinn chéanna – agus iad ag cloí leis 'an traidisiún.' Seans maith nach síneann a gcumas cumadóireachta chomh fada le cúrsaí ceoil. Is bac é seo ar theacht chun cinn foirmeacha agus stíleanna nua sa sean-nós agus ar fhás agus ar fhorbairt an tsean-nóis mar fhoirm thaibhealaíne.

An bhéim ar an 'mbarántúlacht' agus ar 'sean-nós ceart': Cuireann sé seo bac ar fhorbairtí nua sa stíl amhránaíochta: ní bhíonn fonn ar fhonnadóirí ná ar chumadóirí triail a bhaint as rudaí nua mar go bhfuil eagla orthu go gcáinfí iad. As seo go léir, caithfear a admháil gur beag nuáil atá le cloisteáil sa sean-nós le tríocha bliain anuas – agus gur beag nach mar a chéile gach amhrán agus amhránaí sa deireadh.

An bhéim ar áitiúlacht na n-amhránaithe agus na n-amhrán: Tá an t-amhránaí ceaptha amhráin as a c(h)eantar dúchais féin a chasadh – go bhfóire Dia ort má theastaíonn uait amhrán a chasadh as ceantar Gaeltachta eile in Éirinn, nó in Albain, nó as traidisiún Oileán Mhanainn, Thalamh an Éisc nó Cheap Breatainn, cuirim i gcás. Dá bharr seo, cailltear an deis leaganacha nua agus léamha nua ar amhráin a chloisteáil. Ceiltear an dúchas iomlán Gaelach orainn mar atá sé le fáil in Albain agus i gceantair eile.

An bhéim ar an 'amhrán nó dhó': Níl deiseanna rólíonmhara ar fáil chun an t-ábhar a chur i láthair. Is annamh a fhaigheann amhránaí sean-nóis cuireadh a dhul ar stáitse agus taispeántas a mhaireann níos faide ná cúpla amhrán a chur ar fáil. Ina theannta sin, níl ach fíorbheagán samplaí againn de dhaoine ar éirigh leo an sean-nós a shaothrú go gairmiúil nó go leathghairmiúil. Dá thoradh sin, is beag deis a bhíonn ag formhór na n-amhránaithe sean-nóis a gcumas taibhithe a fhorbairt agus cur leis an stór amhrán atá ar a dtoil acu.

An pobal éisteachta: Cé mhéad de phobal éisteachta atá ag an sean-nós i ndáiríre agus cé mhéad éisteachta atá siad sásta a thabhairt dó?

Easpa tuisceana an lucht éisteachta ar a ról mar rannpháirtithe: Is gné lárnach de thaibhiú an tsean-nóis go nglacann an lucht éisteachta páirt ghníomhach sa taibhiú: an ghné chorpartha nuair a bheireann duine lámh ar an amhránaí, an *winde*áil, mar a thugtar air, ag bualadh cos agus ag bualadh an bhoird, comhchasadh an churfá nó an líne dheiridh den véarsa agus línte faoi leith san amhrán a bhfuil tábhacht faoi leith leo, ag tráchtaireacht de réir mar a théann an t-amhrán ar aghaidh. Cé gur foirm thaibhealaíne *a capella* é an sean-nós, ní amhránaíocht gan tionlacan é – is iad an lucht éisteachta an tionlacan – ach tá an tuiscint sin caillte ag formhór lucht éisteachta an lae inniu.

Todhchaí nua don amhránaíocht dúchais

Chun aon fhoirm thaibhealaíne dhúchasach a chaomhnú, ní leor aithris a dhéanamh ar an rud a dhéantaí leathchéad, céad nó céad go leith bliain ó shin; ní ann d'fhoirm thaibhealaíne mura bhfuil sí beo beathaíoch, eadhon, mura bhfuil sí ag freagairt do riachtanais na sochaí lena mbaineann sí. Tá sé seo chomh fíor céanna faoi stíl amhránaíochta dhúchasach na nGael agus atá sé faoi gach foirm thaibhealaíne eile. Agus má tá muid le háit a dheimhniú don amhránaíocht ar an sean-nós i sochaí chomhaimseartha na hÉireann, ní mór dúinn athmhachnamh a dhéanamh ar an gcaoi is fearr í a chumasú chun éalú ó laincisí na dtuiscintí atá againn ar an traidisiún lena bhfuil sí ceangailte.

Chuige seo is cóir dúinn a bheith ag beartú straitéisí chun amhráin agus foinn nua a spreagadh agus a chur i lár an aonaigh. Ní mór dúinn amhránaithe agus ceoltóirí a spreagadh chun cóiriú nua-aimseartha a dhéanamh ar amhráin sean-nóis (le tionlacan in amanna) – cóiriú atá nua ach atá dílis d'eithne an tsean-nóis. Agus ní mór dúinn amhránaithe a spreagadh chun a bheith ag smaoineamh ar an sean-nós mar fhoirm thaibhealaíne seachas a bheith ag smaoineamh uirthi mar ghné den chultúr traidisiúnta amháin.

Ní mór dúinn saoirse chruthaitheach a spreagadh i measc fonnadóirí agus cumadóirí agus níos mó ardán, de chineálacha éagsúla, a chur ar fáil dóibh – ardáin a spreagfaidh iad agus a thabharfaidh an dúshlán dóibh 'seó iomlán' a chur ar fáil.

Tá oiliúint i dteoiricí, i dteicnící agus i dteicneolaíocht an cheoil, na hamhránaíochta agus an ghlóir riachtanach, go háirithe d'fhonnadóirí agus do chumadóirí óga. Ní mór iad a oiliúint ar conas an lucht éisteachta a spreagadh le bheith rannpháirteach i seachadadh an amhráin. Bheadh sé inmhianaithe fresin go mbeadh seimineáir agus ceardlanna ar fáil chun spás a chur ar fáil dóibh chun a gcuid mianta agus smaointe i dtaca lena gcuid amhránaíochta a phlé agus chun deis a thabhairt do cheardaithe fonn agus do cheardaithe focal bualadh le chéile agus dul ag obair i gcomhar le chéile.

Focal scoir

Má tá todhchaí ar bith i ndán dó, caithfidh amhránaithe an tsean-nóis a bheith muiníneach agus gaisciúil as a gcuid amhránaíochta. Caithfidh siad a nglór féin, a stíl amhránaíochta féin agus a stíl taibhithe féin a aimsiú. Agus, thar aon rud eile, caithfidh siad a bheith ag breathnú chun cinn seachas a bheith ag breathnú ar gcúl.

Foinsí

Bean Mhic Choisdealbha, E. 19990 [1918]. *Amhráin Mhuighe Seóla*. Indreabhán; Cló Iar-Chonnachta.

Breathnach, M. agus Mac Cana, S. 1931. *Fíon na Filidheachta*. Baile Átha Cliath: Comhlucht Oideachais na hÉireann.

Comhaltas Ceoltóirí Éireann. 2019. Cartlann Ceoil Traidisiúnta an Chomhaltais, Baile Átha Cliath: Comhaltas Ceoltóirí Éireann. http://comhaltasarchive.ie/.

Journal of the Irish Folksong Society. (1904–39) London: Dawson & Sons.

Margo and the Keynotes. 1968. *Road By the River* [Ceirnín 7"]. Pye.

Nic Dhonncha, R. 2004. 'An tOireachtas agus an Amhránaíocht ar an Sean-nós: Cruthú agus Sealbhú Traidisiúin', *Bliainiris 4*, 28–84.

Ó hEidhin, M. 1975. *Cas Amhrán*. Indreabhán: Cló Chois Fharraige.

Ó Laoire, L. *et al*. 2010. Cartlanna Sheosaimh Uí Éanaí. Gaillimh: Ollscoil na hÉireann, Gaillimh. http://www.joeheaney.org/

Ó Máille, M. agus Ó Máille, T. 1991 [1905]. *Amhráin Chlainne Gaedheal*. Indreabhán: Cló Iar-Chonanchta.

Oilthigh Dhùn Èideann, BBC Alba agus Urras Nàiseanta na h-Alba, 2019. Tobar an Dualchais. Slèite, An t-Eilean Sgitheanach: Oilthigh Dhùn Èideann, BBC Alba agus Urras Nàiseanta na h-Alba. http://www.tobarandualchais.co.uk/.

Taisce Cheol Dúchais Éireann, 2019. Taisce Cheol Dúchais Éireann, Baile Átha Cliath. http://www.itma.ie/.

Cothú na Féiniúlachta Pobail Fianaise na hAmhránaíochta

Róisín Nic Dhonncha

Is deacair trácht go struchtúrtha i ré ar bith ar cheachtar den dá choincheap 'pobal' ná 'féiniúlacht'. Is téarmaí iad a mbaintear leas astu i léann an chultúir ach ní hionann sin is a rá gurb ann d'aon tuiscint chuimsitheach orthu. Is beag aird a thugtar ar théarmaí áirithe go dtí go dtagann athrú ar an gcoincheap a bhfuil siad ag tagairt dóibh agus b'fhéidir gurb amhlaidh atá leo siúd luaite thuas faoi mar a sheasann siad sa saol comhaimseartha. D'fhéadfaí a rá go bhfuil coincheapa dá leithéid, a ndearnadh talamh slán díobh tráth, curtha as a riocht ag roinnt de na forbairtí a bhaineann leis an saol nua-aoiseach cosúil leis an ilchultúrthacht agus forlámhas na teicneolaíochta. Tá lón smaointeoireachta le baint as an gcaoi a dtagann tuiscintí ar chúrsaí pobail agus féiniúlachta chun cinn trí dhioscúrsa an chultúir, áfach, agus is treise fós an ceangal idir cultúr agus pobal nuair a chuirtear san áireamh cleachtais chultúrtha cosúil leis an amhránaíocht ar an sean-nós a ndéantar láithriú beo, poiblí orthu.

Ní gá a rá gur ealaín an amhránaíocht ar an sean-nós a bhfuil bunús láidir sóisialta aici agus mar a áitíonn Philip Bohlman anseo agus é ag trácht ar cheol na ndaoine sa saol nua-aoiseach, ní thagann an ceol sin slán gan phobal:

> As a performed genre, folk music can live in a community only through repetition or re-creation, both of which characteristically require performer and audience. Folk music is therefore distinct from folklore genres that can survive as artifacts, which may or may not assume new life depending on their relation to a community's social basis over time. In short, folk music requires a vital social basis for its continued practice (1988: 53).

Bíodh is gur féidir caomhnú a dhéanamh ar ghnéithe áirithe den amhránaíocht mar earraí stairiúla, cultúrtha, cuir i gcás taifead meicniúil nó scríofa d'amhrán, is léir an chuideachta dhaonna a bheith de dhíth chun go gcothófaí na healaíona láithrithe trí chéile. Creidim gur fráma tagartha úsáideach coincheap an phobail agus cíoradh á dhéanamh ar an ról atá ag an amhránaíocht i sainiú na féiniúlachta. Is í an tsamhail thraidisiúnta den amhránaíocht ar an sean-nós gur cleachtas é a bhí i mbarr a réime ar ócáidí sóisialta arbh iad an pobal áitiúil faoi ndeara iad cosúil leis na *time*anna agus na hairneáin a bhí chomh coitianta sin i dtithe na Gaeltachta anuas go dtí an dara leath den fhichiú haois. Más lá pátrúin nó lá bainise a bhí ann, nó oíche chuideachta in ómós don té a bhí ag dul ar imirce, baineadh leas as an amhránaíocht chun próiseáil a dhéanamh ar athruithe suntasacha i saol na ndaoine. Is díol suime, mar sin, nach ócáidí ceoil ná amhránaíochta iontu féin amháin ab ea iad seo ach mórimeachtaí eile sa saol ar tharla sé go raibh an amhránaíocht ina cuid díobh. Chomh maith leis an amhránaíocht ar an sean-nós a mheas mar ghné ar leith den chultúr dúchais, mar sin, tá tairbhe le baint as í a áireamh mar chleachtas as a n-eascraíonn cultúr agus saol sóisialta an phobail trí chéile. Is féidir staidéar a dhéanamh ar chultúr agus ar phobal trína gcuid amhránaíochta nó go deimhin is féidir a áiteamh gurb ann do phobal ar an gcéad dul síos mar gheall ar an amhránaíocht sin.[1]

Ceann de na cúinsí is bunúsaí a thagann i gceist agus muid ag cuimhneamh ar phobail agus ar fhéiniúlachtaí go traidisiúnta is ea na spásanna fisiciúla agus na ceantair thíreolaíocha ina gcaitheann daoine a gcuid ama. Tá maíte ag an mbéaloideasóir Henry Glassie gur i spásanna an ghnáthsaoil laethúil cosúil leis an teach cónaithe agus an ceantar áitiúil a ba cheart tosú le staidéar ar bith tuisceanach ar an duine daonna (1982: 86).[2] Is minic, go deimhin, gur i dtéarmaí an bhaile agus an dúchais a thagann smaointe-oireacht maidir le cúrsaí sean-nóis chun cinn i measc amhránaithe agus tá neart fianaise againn ar thábhacht na háite dúchais i measc amhránaithe iad féin agus

---

1 Meabhraíonn an nasc seo idir pobal agus cultúr an téis a chuir Anthony Seeger chun cinn agus é ag déanamh staidéar ar phobal amhránaíochta an *Suyá* sa Bhrasaíl: an cultúr sa cheol: 'Rather than studying music in culture [...] a musical anthropology studies social life as a performance.' (1987: xii). An bhéim sa téacs bunúil.

2 Seo mar a áitíonn Glassie: 'The man who is a learned educator at the fireside, a sparkling wit in the ceili, a bold singer in the pub, becomes, in the gigantic milieu of the nation, silent, nearly nothing, a follower for a politician's doctrine, a statistic for a scientist's scheme, a member of the inarticulate masses. The way to study people is not from top down or bottom up but from inside to out, from the place where people are articulate to the place they are not, from where they're in control of their destinies to where they are not. [...] Decent, serious study begins on the inside, where people are articulate, and powerful and in control. In Ballymenone, that is at the hearth, at home, in the midst of a ceili where history is created. It is at the hearth the family connects to community' (1982: 86).

iad siúd a bhfuil suim acu sna hamhráin. Dúirt an fonnadóir clúiteach Joe Éinniú (1919–84) níos mó ná uair amháin gurbh é 'Amhrán Rinn Mhaoile' an t-amhrán ab ansa leis. Ba as Rinn Mhaoile a tháinig muintir Éinniú sular aistrigh siad ó dheas go Glinsce i gceantar Charna, agus ina dhiaidh sin go dtí an Aird Thoir, san áit ar rugadh Joe. Ba é 'Amhrán Rinn Mhaoile' an chéad amhrán a d'fhoghlaim Joe, a dúirt sé, ba é an chéad cheann é a thug sé don bhailitheoir Séamus Mac Aonghusa (1919–82)[3] agus é i mbun saothair do Choimisiún Béaloideasa Éireann, agus is é an t-amhrán deireanach é a dúirt sé go poiblí, go bhfios dúinn, ar Raidió na Gaeltachta, ar oíche chinn bhliana 1983, cheithre mhí sular bhásaigh sé (Mac Con Iomaire, 2007: 34–5). Is beag an bhaint atá ag an amhrán le Rinn Mhaoile agus níl aon rian den mholadh áite air mar a bhíonn ar bhunáite na n-amhrán a mbíonn logainmneacha ina gcuid teideal. Is amhrán grá é cosúil le cuid mhór amhrán i dtraidisiún an tsean-nóis. Ina dhiaidh sin féin, braitear dílseacht saoil ó amhránaí amháin i leith an amhráin seo, dílseacht, creidim, a bhí faoi réir ag roinnt de na tuiscintí a bhí aige ar a fhéiniúlacht.

Murar amhrán molta áite é 'Amhrán Rinn Mhaoile', d'fhéadfaí a rá go raibh an fheidhm chéanna aige i stór amhrán Joe Éinniú is a bhíonn ag na hamhráin molta áite trí chéile a dhéanann, go minic, ráiteas éigin faoi fhéiniúlacht agus dúchas an amhránaí. Ní féidir gan aitheantas a thabhairt don sciar suntasach d'amhráin Ghaeilge agus Bhéarla na

3 Is faoin teideal 'Béal an Átha Buí' a bhreac Mac Aonghusa an t-amhrán seo ó Sheosamh Ó hÉanaí agus tugtar 'Tá na Coiligh ag Glaoch' freisin air. Bhí scríofa ag an mbailitheoir, áfach, gur 'Amhrán Rinn Mhaoile' a thugadh muintir Éinniú ar an amhrán (CBÉ 1280: 363-4) rud a thabharfadh le fios go mba mhór acusan go bhfaigheadh an logainm féin aitheantas i dteideal an amhráin.

hÉireann arb iad téamaí an bhaile agus na háite dúchais is lárnaí iontu. Ní cúis iontais an méid seo i gcomhthéacs stair choilíneach agus eacnamaíoch na tíre. Is beag amhrán nach bhfuil an t-ómós don áit dúchais fite fuaite le téama na himirce nó an imeachta mar is léir in 'an Deoraí' le Mícheál Breathnach (1881–1908), 'Baile Bhuirne' le Donnchadh Ó Laoghaire (1877–1944), 'Inis Barr an Chuain' le Pádhraic Ó Fátharta as Inis Bearachain nó in 'Amhrán Chamais' gan ach dornán a lua. Cuirtear, in amhráin ar an imirce go háirithe, eispéiris áite agus féiniúlachta in iúl mar bhealach le dul i ngleic le díláithriú an duine agus athruithe eile a d'áireofaí mar bhagairtí ar an bhféiniúlacht. Dóibh siúd atá as baile, tá an ceol ar cheann de na meáin is cumhachtaí trína gcuirtear coincheap an bhaile in iúl, mar a áitíonn Martin Stokes: 'Place, for many migrant communities, is something which is constructed through music with an intensity not found elsewhere in their social lives' (1997: 114). Is féidir a rá go bhfuil luach siombalach ag an gceol trína mothaíonn daoine slán nó ag baile. Feidhmíonn láithriú an cheoil mar nósmhaireacht ina dtagann ann do chomhthionól a bhfuil tuiscint agus bá i measc a bhall agus a chuireann ina luí ar an duine daonna go mbaineann sé le hord a bhfuil brí leis.

Is furasta an ceangal idir ealaín agus pobal a rianú i gcás an tsean-nóis go traidisiúnta i bhfianaise go raibh an amhránaíocht sin fréamhaithe i bpobail agus i gceantair thíreolaíocha faoi leith agus gur tríd an láithriú beo, sóisialta a tháinig ann di. Is féidir a rá go dtagraíonn an cnuasainm 'pobal' go traidisiúnta do ghrúpa réasúnta beag daoine atá ag maireachtáil i bhfochair a chéile i spás teoranta tíreolaíoch agus a bhfuil aithne phearsanta acu ar a chéile. Freagraíonn an cur síos seo go scaoilte don choincheap *Gemeinschaft* a tháinig chun cinn ag deireadh an naoú céad déag sna heolaíochtaí sóisialta agus a luaitear leis an nGearmánach Ferdinand Tönnies (1855–1936). Ní minic a thagann *Gemeinschaft* chun cuimhne d'uireasa a leathbhádóra, *Gesellschaft*, a mheabhraíonn sochaí níos leithne atá neamhphearsanta agus a fheidhmíonn i ndomhan uirbeach, caipitleach den chuid is mó.[4]

Ní gá a rá go bhfuil claochlú tagtha ar an mbrí atá le baint as an téarma 'pobal' sa saol comhaimseartha agus go n-úsáidtear i gcomhthéacsanna anois é nach luafaí go traidisiúnta leis. Is ann do phobail ar líne nó do phobail fhíorúla anois, cuir i gcás, ainneoin gurb í an anaithnideacht a cheadaíonn an t-idirlíon a mheallann cuid mhaith de na daoine sin sa chéad áit. Más féidir a rá go dtagraíonn 'pobal' sa lá atá inniu ann, mar sin, do ghrúpaí daoine a mbíonn ábhair suime i gcoitinne acu ach nach gá go mbeadh aithne phearsanta acu ar a chéile, is ionann é is a rá go bhfuil díláithriú déanta ar an bpobal traidisiúnta arb é a chomhartha sóirt an idirghníomhaíocht shóisialta, phearsanta a tharlaíonn ó lá go lá taobh istigh de theorainneacha spásúla faoi leith. Mheabhródh an claochlú sin an comhthéacs inar tháinig ann do choincheap iomráiteach Benedict Anderson, 'imagined communites' (1991), agus é ag tagairt don tionchar a bhí ag forbairt na clódóireachta ar an bhféiniúlacht chomh-choiteann. Tagann an tsamhlaíocht nó an pobal samhalta seo i gceist freisin agus bailíocht á cur faoi na healaíona láithrithe pobail sa saol comhaimseartha. Cúis amháin atá leis seo ná gur ar bhonn aonair, príobháideach, frithshóisialta an taifid mheicniúil

---

4 Is in 1887 a foilsíodh i nGearmáinis saothar Tönnies, *Gemeinschaft und Gesellschaft*. Glactar go coitianta leis na téarmaí 'community' agus 'society' mar aistriúcháin Bhéarla ar choincheapa Tönnies.

seachas trí shuíomh beo, poiblí is minice a dhéantar teagmháil anois le cleachtais chultúrtha go leor, an amhránaíocht ar an sean-nós ina measc.

Is deacair an caidreamh idir an amhránaíocht agus an pobal sa saol comhaimseartha a mheas toisc go bhfuil an idirghníomhaíocht thraidisiúnta a bhí idir an dá pháirtí sin curtha as a riocht ag forlámhas na teicneolaíochta agus athruithe sóisialta eile. Tá an t-athrú seo idir ealaín agus pobal le brath ó ré an fhocail chlóite anall. D'fhéadfaí a rá, i gcás an tsean-nóis mar shampla, go ndéanann cló agus foilsiú théacsaí na n-amhrán díláithriú amach as an bpobal ar na hamhráin sin agus go scaoiltear isteach i bhfearann anaithnid, díphearsanta na tráchtála iad. Forbairt as cuimse i réimse na cumarsáide ba ea an chlódóireacht, ar ndóigh, agus is ar éigean is gá a lua gur tháinig borradh faoi sheachadadh na n-amhrán de thoradh na foilsitheoireachta. Ábhar suntais ina dhiaidh sin féin an t-athrú a thiocfadh mar thoradh ar réabhlóid na clódóireachta, ar an idirghníomhaíocht idir daoine aonair agus na pobail inar mhair siad: 'Writing and print created the isolated thinker, the man with the book, and downgraded the network of personal loyalties which oral cultures favor as matrices of communication and as principles of social unity' (Ong, 2000: 54). Creidim go bhfuil brí ag an smaointeoireacht sin i gcomhthéacs na n-ealaíon béil freisin, agus i gcás an tsean-nóis go mbriseann an focal scríofa an ceangal a bhíonn ag amhránaithe áirithe le leaganacha d'amhráin faoi leith. Go deimhin tugann an focal clóite céim síos do choincheap na leaganacha trí chéile sa mhéid is go gcaitear go minic leis an leagan clóite mar shampla caighdeánach d'amhrán. Ní thugann an chlódóireacht an deis don té atá ag sealbhú amhráin ó théacs priondáilte aitheantas a thabhairt do dhuine ar bith faoi leith i bpróiseas an tseachadta. Is é an duine aonair agus an ciúnas atá in uachtar sa cheol a shealbhaítear trí mheán an amhairc agus na litearthachta aibítre, áit arb é an pobal bitheolaíoch agus an chluas éisteachta atá i réim sa cheol beo ó bhéal.

Ainneoin gur céim chun cinn é go dtugtar aitheantas i seachadadh comhaimseartha na n-amhrán do chúrsaí fuaime agus físe trí thaifid mheicniúla, sílim go ndéantar beag is fiú fós den fhiúntas sóisialta atá ag na healaíona. Ceann de na bearnaí a bhaineann le taifid fuaime den amhránaíocht ar an sean-nós, cuir i gcás, ná gur ar an táirge nó ar an ábhar is mó a bhíonn an bhéim. Cailltear comhthéacsanna agus cailltear eispéireas beo pobalda na hamhránaíochta agus na héisteachta, agus creidim gur gnéithe den amhránaíocht iad seo a shantaíonn amhránaithe agus éisteoirí araon inniu. D'fhéadfaí a rá go bhfuil normalú déanta ar choincheap an taifid fuaime ag leibhéal a fhágann nach ritheann sé fiú le daoine amanta dealú a dhéanamh idir láithriú agus taifead de láithriú. Tá tráchtearrú an cheoil ar cheann de na forbairtí sna healaíona is lú a bhfuil smaointeoireacht déanta ina leith, rud a dtarraingíonn Linda Dusman ár n-aird air: 'Music's entry into the economy of reproduction has always been heralded, and unquestioned' (1994: 139). Éascaíonn an t-atáirgeadh seachadadh agus aistriú domhanda ar an gceol ar bhealach atá éifeachtach agus simplí agus ar féidir gnó a bhunú air agus buntáiste eacnamaíoch a bhaint as. Is fiú a cheistiú, áfach, an aithnítear fiúntas sóisialta agus daonna na n-ealaíon nuair a bhíonn na healaíona á mbainistiú de réir tuiscintí atá fréamhaithe, cuid mhaith, sa chóras caipitleach.

Gan tráchtearrú an cheoil a chur san áireamh ar chor ar

bith, is fiú sainiú a dhéanamh ar na hathruithe atá tagtha ar chomhthéacsanna agus suíomhanna láithrithe na hamhránaíochta. Is í amhránaíocht fhoirmeálta an chomórtais seachas ócáidí amhránaíochta neamhfhoirmeálta an fóram is túisce ina dtugtar aitheantas don amhránaíocht bheo ar an sean-nós inniu. Is léir an tarraingt a bhíonn ag daoine ar chomórtais agus, gan amhras, is ag Corn Uí Riada, a reáchtáiltear go bliantúil ag an Oireachtas, atá an chraobh chomh fada is a bhaineann le sluaite agus sean-nós. Tá tábhacht leis an gcomórtas ag an leibhéal idé-eolaíoch i bhfianaise na tuairime go gcuidíonn sé an traidisiún a choinneáil beo. Is é an comórtas, go minic, a spreagann daoine tabhairt faoi amhráin ar chor ar bith nó dul i ngleic go gníomhach lena gcuid amhránaíochta féin. Ní feiniméan dúchais an comórtas amhránaíochta ó thaobh an tsean-nóis de sa mhéid is gur faoi anáil na hathbheochana cultúrtha náisiúnta ag deireadh an naoú céad déag a tháinig sé chun cinn. Ba thréimhse í seo ina raibh nósanna cultúrtha na cosmhuintire á mbainistiú agus á gcaighdeánú ag grúpa daoine a raibh na nósanna céanna sin coimhthíoch dóibh den chuid is mó (feic Ní Mhuircheartaigh sa leabhar seo). Is díol suntais mar sin é gur mar thoradh ar an idirghníomhaíocht agus ar an gcumarsáid idir pobail imeallacha tuaithe, mar a d'áireofaí ag an am iad, agus an cultúr coiteann a tháinig forbairt ar an gcomórtas agus, dá réir, a fuair an amhránaíocht ar an sean-nós aitheantas oifigiúil. Ní miste a mheabhrú gur minic gur le leas traidisiún agus pobal a aithnítear a bheith imeallach, gur lena leas a théann sé nuair a bhíonn teagmháil acu leis an domhan mór amuigh, agus ní a mhalairt, mar a cheaptar go coitianta. Feictear gur faoi anáil athruithe agus forbairtí a luafaí leis an nua-aoiseachas agus le meath an tsaoil thraidisiúnta, a d'fhéadfaí a rá, a bhain an amhránaíocht ar an sean-nós aitheantas oifigiúil amach nuair a tugadh chomh fada le stáitsí na cathrach í. Go minic is trí idirghníomhaíochtaí agus teagmhálacha níos leithne a fhoilsítear do phobail bheaga na buanna agus na luachanna faoi leith atá acu féin. Meabhraíonn an caidreamh seo idir an mionphobal agus an cultúr réimeas an coincheap aitheanta i léann an bhéaloidis a dtugann Lauri Honko dara beatha an bhéaloidis nó 'the second life of folklore' (1990: 185–6) air. Is é sin le rá, an tuiscint úr a fhaigheann an pobal dúchais ar a gcuid nósanna cultúrtha féin nuair a chuireann daoine as baile isteach suim iontu.

Más fíor go bhfuil sé ar cheann de bhuntáistí an chomórtais go gcothaíonn sé agus go gcoinníonn sé traidisiún an tsean-nóis beo, is ionann sin is a rá go bhfuil an traidisiún sin leochaileach, agus go bhfuil drogall ann talamh slán a dhéanamh de go mairfidh an sean-nós díreach i gcomhthéacs níos dúchasaí na hamhránaíochta neamhfhoirmeálta, beag beann ar chomórtais. Téann an iomaíocht fhoirmeálta chun tairbhe an tsean-nóis, mar sin, bíodh is gur athrú an comórtas ar an tsraith coinníollacha a luaitear go traidisiúnta le láithriú an tsean-nóis. Ní cleachtas laethúil, tríd is tríd, an amhránaíocht ar an sean-nós inniu agus ní hiondúil go mbaineann sí le spásanna maireachtála laethúla an duine. Tarraingíonn Martin Stokes aird ar an gclaochlú seo freisin ina bhfuil nósanna ceoil trí chéile sa lá atá inniu ann brúite go dtí an t-imeall, isteach i mbearnaí ama atá cruthaithe ag an lá oibre nó ag gníomhaíochtaí eile (1997: 2). Is ar bhonn eagraithe, foirmeálta, den chuid is mó, a chloistear an t-amhrán beo inniu, rud a fhágann gur sa teach ósta nó in institiúid phoiblí eile seachas i dteach príobháideach áitiúil is minice a théitear chun foinn. Tá an amhránaíocht thraidisiúnta á cur in oiriúint, diaidh ar ndiaidh, d'institiúidí a bhaineann le saol an bhaile mhóir in ionaid fhoirmeálta cosúil le hallaí ceolchoirme agus amharclanna, agus iad ina gcuid den tráchtearrú agus den eacnamaíocht uirbeach. Ar ndóigh, ba léargas na tithe tábhairne nuair a thosaigh siad ag éirí fairsing, agus institiúidí poiblí eile, ar shochaí a bhí ag éirí níos casta agus ar na leibhéil speisialtóireachta a bhí ag teacht chun cinn sa tsochaí. Treisítear, trí eisiachas agus foirmeáltacht an chomórtais, an leibhéal speisialtóireachta a bhaineann leis an amhránaíocht féin freisin. Ní hamháin nach i ngnáthamanna ná i ngnáthspásanna a bhíonn an amhránaíocht iomaíoch ar siúl, níl an mhinicíocht chéanna ag na comórtais ná ag ócáidí foirmeálta eile amhránaíochta is a bhíodh go traidisiúnta ag seisiúin tí. Tá iarracht i gceist, mar sin, rochtain a fháil ar an amhránaíocht bheo agus méadaíonn sé seo, dá réir, an bhearna idir ealaín agus pobal.

Is léir ón tarraingt a bhíonn ar chomórtais go dtugann siad, ag an leibhéal is bunúsaí, daoine le chéile agus go gcruthaíonn siad slua níos mó agus níos ilghnéithí don seannós. Ina dhiaidh sin féin, ní hionann slua agus pobal leanúnach éisteachta. Is minic a thugtar pobal ar ghrúpa daoine a thagann le chéile go hócáideach ag féile cheoil nó a leithéid, mar a thugann Burt Feintuch le fios (2001: 149). Ní deacair a leithéid seo a shamhlú i gcás an tsean-nóis. Dar le Feintuch, áfach, go bhfuil an úsáid seo a bhaintear as an téarma 'pobal' nó 'community', mar atá aige féin, róscaoilte mar gur gá go mbeadh i bpobal ar bith, sraith agus gréasán caidreamh a chuimseodh níos mó ná díreach gné chomónta amháin den saol cosúil le suim sa cheol, cuir i gcás. Tá leanúnachas, dualgais agus comhtháthú ina ngnéithe tábhachtacha de phobal ar bith. 'We all seem to want what we do to stand for community' (2001: 149) a áitíonn sé, ag meabhrú dúinn gur coincheap idéalaithe is ea 'pobal' agus go mbítear á shantú dá réir (2001: 150). Tá athrú tagtha ar an dinimic idir an t-amhránaí agus an lucht éisteachta, cuir i gcás, mar thoradh ar na comórtais mhóra, agus d'fhéadfaí a rá fiú go scoilteann láithriú na n-amhrán sa chomhthéacs iomaíoch an comhluadar ar bhealach nach mbíonn amhlaidh san amhránaíocht neamhiomaíoch. Ainneoin gurb ann don amhránaíocht iomaíoch ó thaobh an tsean-nóis de le breis is céad bliain, níl an luach céanna ag an gcomórtas ó thaobh an traidisiúin ná an dúchais de, dar liom, is atá ag ócáidí neamhfhoirmeálta amhránaíochta cosúil leis an seisiún. Is teacht le chéile sealadach, ócáideach slua an chomórtais. Is idirbheartaíocht tráchtála an comórtas agus ní hiondúil gur láthair é ina seachadtar amhráin. Bíonn míchothromaíocht idir iomaitheoirí agus éisteoirí, ní bhaineann spás fisiciúil an chomórtais leis an ngnáthshaol laethúil agus ní thugtar aitheantas sa chomórtas d'aon dúiche ná stíl amhránaíochta faoi leith den chuid is mó.

Más briseadh agus athrú an comórtas ó thaobh an tsean-nóis de ó eispéireas pobalda na hamhránaíochta, is baolach go bpróiseáltar an t-athrú sin mar bhagairt i gcleachtais chultúrtha cosúil leis an amhránaíocht ar an sean-nós atá sainithe go láidir ag a dtraidisiún agus ag a stair féin. Mar a thugann Linda Dusman le fios, is minic a thagann an luach a leagann muid ar ár stair agus ár dtraidisiúin chun cinn agus muid ag dul i ngleic le ceist níos leithne na féiniúlachta:

'Living in a culture identified in a historic tradition makes the new even more problematic, for one's own identity may be threatened by what is not tradition-bound' (1994: 132). Dar le Dusman gur ar bhonn dénártha a dhéanann daoine coincheapú ar an bhféiniúlacht, is é sin le rá, go sainíonn daoine iad féin i dtéarmaí diúltacha nó i gcodarsnacht leis na cúinsí nach mbaineann leo:

> Thus identity begins with an awareness of what one is not rather than what one is, a process of dividing and differentiating that continues with increasing complexity throughout one's life. As a result, our culture has as a primary tenet of its construction of reality a compulsion toward binary labeling, and particularly with regard to the act of identification, we continue to rely heavily on that with which we do not identify to create our perspectives on the world (1994: 131).

Is minic a fheictear an córas dénártha, codarsnach seo i bhfeidhm agus an amhránaíocht ar an sean-nós á meas freisin. Is iad na nósanna nach bhfuil glacadh leo seachas iad siúd atá ar a gcompord sa traidisiún is minice a dtarraingítear aird orthu, agus is cuid d'éabhlóid leanúnach an tsean-nóis an chritic sin. Dar liom gur ar bhonn dénártha a mheastar, amanta, an comórtas freisin toisc go n-áirítear mar chaillteanas cultúrtha an meath atá tagtha ar líon na n-ócáidí amhránaíochta atá neamhspleách ar chomórtais. Is minic gur de réir na gcaighdeán agus na dtéarmaí tagartha a bhíonn i bhfeidhm san amhránaíocht neamhfhoirmeálta, mar shampla, a dhéantar ócáidí iomaíocha amhránaíochta a mheas. Ní dóigh liom, áfach, gurb í an amhránaíocht amháin a thagann i gceist sa tuiscint seo ach an t-eispéireas cultúrtha níos leithne ina gcuirtear an pobal éisteachta agus an t-amhránaí araon san áireamh.

D'fhéadfaí a rá go dtugann an amhránaíocht neamh-fhoirmeálta, cosúil leis an seisiún, deis athchruthú a shamhlaítear a bheith dílis agus barántúil a dhéanamh ar shuíomh bunúil an tsean-nóis. Is é an seisiún sa teach tábhairne atá tagtha i gcomharbacht ar an airneán, agus ar ndóigh ba é an t-airneán an sméar mhullaigh chomh fada is a bhain le *locus* an láithrithe agus an tseachadta sa sean-nós sa tseanaimsir. Tionól nó bailiúchán poiblí ach pobalda ba ea an t-airneán ó thaobh na ndaoine a d'fhreastalaíodh air, agus ní raibh i gceist ach coinníollacha bunúsacha maireachtála an duine le haghaidh é a thabhairt slán mar ócáid – teas, solas agus dea-chomhluadar. Ba i dtithe cónaithe, i gcisteanacha, a bhíodh an t-airneán ar bun, spás lárnach an duine ó lá go lá, an spás ina samhlaíonn daoine smacht agus cumhacht a bheith acu, mar a thugann Glassie le fios (1982: 86). D'áiteoinn fiú go raibh cinnteacht agus muinín an phobail as a ndúchas agus as a gcúlra ceoil le brath ag an airneán agus gur luachanna iad seo a ndéantar ceiliúradh orthu sa seisiún freisin sa lá inniu. Is athrú an comórtas ar an tsraith coinníollacha a luaitear le láithriú dúchais pobalda na hamhránaíochta, mar sin. D'fhéadfaí a rá go stairiúil i gcomhthéacs an chomórtais gurb é an dúshlán a ba mhó a bhí roimh an amhránaíocht ar an sean-nós bá agus tuiscint a ghnóthú ó mholtóirí a raibh cultúr agus aeistéitidil ceoil eile acu. Rinne Pádraig Mac Piarais (1876–1916) ionramháil chruthaitheach i ngearrscéal dá chuid ar an déscaradh seo ó thaobh dhá chultúr ceoil de nuair a léirigh sé an bob, a shílfeá, a bualadh ar Bhríd na nAmhrán, a bhain 'deora as súile an chomhluadair' (1979: 118) lena cuid amhránaíochta ach nár bronnadh príomhdhuais an chomórtais uirthi. Léiriú is ea na himeachtaí a tharlaíonn sa scéal 'Bríd na nAmhrán' ar an easpa aitheantais a fuair tuiscintí dúchais ar an dea-amhránaíocht i suíomh an chomórtais. De réir na dtuiscintí seo, bhí tábhacht ag gnéithe níos teibí den láithriú cosúil le heisprisean an amhránaí agus tionchar an amhráin ar an lucht éisteachta. Is de réir critéar a bhain le cultúr éagsúil ceoil, a thug tús áite do chaighdeán an ghutha, beag beann ar an mbrí a bhainfeadh an pobal éisteachta as an amhrán, a bhí duaiseanna na feise sa scéal áirithe seo á mbronnadh. Ar leibhéal níos polaitiúla, b'fhéidir, i bhfianaise gur ar Bhríd a bronnadh an chéad duais ag an gcomórtas i mBaile Átha Cliath níos deireanaí sa scéal, d'fhéadfaí a rá nár éirigh léi aitheantas oifigiúil a fháil nó gur fhág sí an baile (féach alt Lillis Uí Laoire sa leabhar seo).

D'áireoinn an *rapport* sin idir amhránaithe agus éisteoirí ar cheann de na difríochtaí is follasaí idir láithriú an chomórtais agus láithriú an tseisiúin. Luaigh mé roimhe seo go ndéanann an comórtas speisialtóireacht den amhránaíocht ar an sean-nós sa mhéid is go bhfuil sé scoite amach ón ngnáthshaol laethúil. Ní miste a lua, áfach, chomh fada is atá a fhios againn, go raibh speisialtóireacht áirithe luaite riamh leis an amhránaíocht ar an sean-nós, is é sin le rá, ba 'ról' an t-amhránaí sa phobal. Bhí daoine áirithe aitheanta ina bhfonnadóirí agus daoine eile nach raibh, ach is é an pobal, seachas duais comórtais, a ba bhonn leis an idirdhealú seo, agus bhí bunús níos sóisialta aige dá réir. Braitear speisialtóireacht na hamhránaíochta ag leibhéal níos bunúsaí fós i láithriú an chomórtais ar bhealach a thagann idir an t-amhránaí agus an t-éisteoir. Tá tionchar ag an timpeallacht spásúil, mar a fheictear don tsúil í, ar an mbreith a thugtar ar láithriú an tsean-nóis. Tarraingíonn leagan amach fisiciúil ionad an chomórtais, is é sin an stáitse, aird ar speisialtóireacht an amhránaí agus, ar an dul céanna, tugann céim síos don lucht éisteachta agus cuireann srian lena rannpháirtíocht sa láithriú, ar gné de ról an lucht éisteachta í go traidisiúnta. Cruthaítear spás idir an t-amhránaí agus an lucht éisteachta ag leibhéal físiúil agus meafarach. Tagann sé seo salach ar leagan amach an tseisiúin sa mhéid is nach mbíonn ardán i gceist sa seisiún agus gur suite i measc a chéile a bhíonn amhránaithe agus éisteoirí araon. Díol suime agus íoróine is ea an droim láimhe a bhí tugtha ag Joe Éinniú do stáitsiú an tsean-nóis i bhfianaise go raibh sé féin ar dhuine de na chéad amhránaithe a thug na hamhráin chomh fada le hardáin na gcathracha: 'Na seanamhráin, níl siad ceaptha le hiad a chasadh ar stáitse. Tá siad ceaptha le hiad a chasadh i dteach tíre nó ar an leibhéal céanna leis na daoine atá ag éisteacht' (Mac Con Iomaire, 2007: 110). Creidim go bhfuil imní le brath sa chaint sin freisin, áfach, go bhfágfadh stáitsiú an tsean-nóis go gcuirfí i mbaol an t-eispéireas pobalda níos leithne arbh é croílár na hamhránaíochta é sa chomhthéacs níos orgánaí a raibh tábhacht mhór leis i saol Joe Éinniú féin.

Más léir don tsúil an tionchar a bhíonn ag láithriú iomaíoch na n-amhrán, ní théann an t-iompar ná na nósanna a mbítear ag súil leo ag an gcomórtas amú ar an gcluais ach an oiread. Ní miste aird a tharraingt ar cheist na héisteachta agus an chiúnais agus suíomhanna láithrithe an tsean-nóis á meas. Is minic a dhéantar dealú idir dianchiúnas an chomórtais agus ciúnas níos briste, báúla na hamhránaíochta neamhfhoirmeálta. Is deacair d'amhránaí ar bith a mheas an bhfuil greim faighte acu ar an lucht éisteachta lena gcuid amhránaíochta nuair a bhíonn idirghníomhaíocht inchloiste an dá pháirtí curtha ar ceal, nach mór, mar a tharlaíonn sa láithriú foirmeálta. Tá tacaíocht an lucht éisteachta ar cheann de ghnéithe an láithrithe a shantaíonn amhránaithe. Tugann focail spreagtha na n-éisteoirí ardú croí d'amhránaithe agus laghdaíonn an bhearna idir an lucht éisteachta agus iadsan (feic Ní Mhuircheartaigh sa leabhar seo). Is minic, i gcás an tseisiúin, go ndéanann fonnadóirí iad féin beag is fiú dá gcumas mar amhránaithe nó tá mar a bheadh diúltú ann do 'ról' an fhonnadóra nó don chéad iarratas ar amhrán a rá. Is cuid de *etiquette* an láithrithe an mhionchaint seo agus is minic gur umhlaíocht an amhránaí in éineacht le gríosadh ón lucht éisteachta a thugann thar teorainn isteach go dtí an láithriú muid.

Éiríonn rannpháirtíocht an lucht éisteachta níos soiléire fós nuair a thagann ann don chomhamhránaíocht a tharlaíonn amanta nuair a chasann an lucht éisteachta an líne dheireanach nó na focail dheireanacha den amhrán leis an amhranaí. Tugann sé seo daoine le chéile ag leibhéal bunúsach céadfach. As an nósmhaireacht cheoil seo, tagann fréamhú agus aontacht an phobail chun cinn, a mheabhródh an coincheap *communitas* dúinn a ndearna Victor Turner forbairt air i gcomhthéacs na hantraipeolaíochta cultúrtha. Tráchtann sé ar an *communitas* eisiach nó spontáineach (1974: 169) a thagann chun cinn in allagar agus i ngaol an phobail leis féin agus ar ceann de bhunriachtanais an duine dhaonna é: 'exposure to or immersion in communitas seems to be an indispensible human social requirement' (1974: 243). Tá an amhránaíocht ar cheann de na bealaí ina dtagann ann don *communitas* seo, creidim, ach níl an deis chéanna ann a theacht i dtír ar an mbuntáiste seo gan amhránaí agus pobal agus ról ag an dá pháirtí araon. Más fíor gurb í an chuideachta dhaonna a thugann slán an láithriú, mar a luadh ag tús an pháipéir seo, is soiléire fós, anuas air sin, na cúiseanna a bhfuil luach ag an gceol sa tsochaí dhaonna sa chéad áit.

Ceann de na dúshláin atá tagtha chun cinn sa saol comhaimseartha ná gur deacair cultúr ceoil an duine a shainiú toisc nach le haon chineál amháin ceoil a thógtar formhór na ndaoine inniu. Is féidir a rá go gcuirtear cultúr ceoil an duine as a riocht nuair a thagann teagmháil le roghanna agus cineálacha eile ceoil i gceist. Ní laghdaíonn sé sin, áfach, an leas is féidir a bhaint as an gceol mar chleachtas a bhfuil tionchar aige ar na tuiscintí a bhíonn ag daoine ar an bhféiniúlacht: 'Human psychology is expressed through acculturation to cultural models with which one directly identifies and shapes one's identity. Music is a product of such acculturation' (Deschênes, 1988: 150). Is gréasán leathan, éiginnte, inathraithe pobal an tsean-nóis anois mar gheall ar fhorbairtí atá tagtha chun cinn de thoradh na teicneolaíochta, an taistil agus athruithe sochtheangeolaíocha agus tá an sean-nós in ann a leas féin a bhaint as na forbairtí sin.

Ina dhiaidh sin féin, is fiú a bheith airdeallach ar an ngá atá ann teacht roimh dhíshóisialú an cheoil agus a aithint go bhfuil tionchar ag féidearthachtaí cumarsáide an lae inniu ar chleachtais láithrithe na n-amhrán agus ar phróiseas na héisteachta. Mar ealaín a bhfuil bunús sóisialta aici, tá an amhránaíocht ag brath ar phobal éisteachta téagartha, gníomhach, agus ag an am céanna, tá ar chumas na hamhránaíochta samhail den fhéiniúlacht chomhchoiteann a chur ar fáil don phobal sin. Is saibhriú ar an traidisiún an dinimic idir an t-amhránaí agus an pobal éisteachta beo, agus d'áiteoinn lena chois sin, agus mar fhocal scoir, gur cuid de bharántúlacht an tsean-nóis freisin an caidreamh sin.

Foinsí

Anderson, B. 1991. *Imagined Communities: Reflections on the Origin and Spread of Nationalism.* London: Verso.

Bohlman, P. 1988. *The Study of Folk Music in the Modern World.* Bloomington and Indianapolis: Indiana University Press.

Deschênes, B. 1998. 'Toward an Anthropology of Music Listening', *International Review of the Aesthetics and Sociology of Music* 29 (2), 135–53.

Dusman, L. 1994. 'Unheard-of: Music as Performance and the Reception of the New', *Perspectives of New Music* 32 (2), 130–46.

Feintuch, B. 2001. 'Longing for Community', *Western Folklore* 60 (2/3) 149–61.

Glassie, H. 1982. *Passing the Time in Ballymenone: Culture and History of an Ulster Community.* Philadelphia: University of Pennsylvania Press.

Honko, L. 1990. 'The Kalevala: The Processual View', in L. Honko (eag.), *Religion, Myth, and Folklore in the World's Epics: the Kalevala and its Predecessors.* Berlin: Walter de Gruyter & Co., 181–230.

Mac Con Iomaire, L. 2007. *Seosamh Ó hÉanaí: Nár Fhágha Mé Bás Choíche.* Indreabhán: Cló Iar-Chonnachta.

Mac Piarais, P. 1979. 'Bríd na nAmhrán', in C. Ó Háinle (eag.), *Gearrscéalta an Phiarsaigh.* Baile Átha Cliath: Cló Thalbóid, 116–20.

Ong, W. 2000. *The Presence of the Word: Some Prolegomena for Cultural and Religious History.* Binghamton University: Global Publications.

Seeger, A. 1987. *Why Suyá Sing: a Musical Anthropology of an Amazonian People.* Cambridge: Cambridge University Press.

Stokes, M. 1987. *Ethnicity, Identity and Music: the Musical Construction of Place.* Oxford: Berg Publishers.

Turner, V. 1974. *Dramas, Fields, and Metaphors: Symbolic Action in Human Society.* Ithaca agus London: Cornell University Press.

Athbheatha na n-amhrán: an amhránaíocht thraidisiúnta i nuaphrós na Gaeltachta[1]

MÁIRÍN NIC EOIN

Le blianta beaga anuas tá scoláirí éagsúla tar éis aird a tharraingt ar an ngaol idir an béaloideas agus nualitríocht na Gaeilge. Is féidir snáitheanna éagsúla a aithint sa taighde seo, agus ar an réimse is bisiúla tá an plé ar théacsanna béaloidis mar fhoinse tinfidh agus mar acmhainn shamhlaíoch ag scríbhneoirí comhaimseartha (mar shampla: O'Leary, 1994: 91–162; 2004: 104–122; 2010: 107–56; Mac Mathúna, 2011; Ní Dhonnchadha, 1981: 128–210; Nic Eoin, 2009). Athshaothrú na bhfinscéalta faoin osnádúr i saothar scríbhneoirí cruthaitheacha a bhí mar théama ag an Siompóisiam faoi Fhinscéalta na Lochlannach agus na gCeilteach a tionóladh i nGaillimh sa bhliain 1991. Pléadh sna páipéir a léadh ag an ócáid sin, agus a foilsíodh mar eagrán speisialta d'iris an Chumainn le Béaloideas Éireann

1 Foilsíodh leagan Béarla den alt seo faoin teideal 'Athbheatha na nAmhrán [The Second Life of Song]: Traditional Song in Modern Gaeltacht Prose Writing' in A. Markey agus A. O'Connor (eag.), *Folklore and Modern Irish Writing* (Dublin: Irish Academic Press, 2014) 151–72.

Béaloideas sa bhliain 1993, feidhmeanna ilghnéitheacha an ábhair bhéaloidis seo i saothair liteartha le húdair éagsúla (Mac Congáil, 1993; Denvir, 1993; Ó Dochartaigh, 1993; Ó Fiannachta, 1993). Is i gcomhthéacs na díospóireachta faoi chúrsaí leanúnachais a phléitear ceisteanna athshaothraithe agus idirthéacsúlachta go minic (Ó Crualaoich, 1986; Mac Giolla Léith, 1996; Ní Annracháin, 2000; Nic Eoin, 2002; 2012). Is féidir úsáid an bhéaloidis ag scríbhneoirí comhaimseartha a aithint mar mhórchomhartha leanúnachais, mar shampla (Denvir, 1988; 2002). Ar an taobh eile den scéal, díríonn cuid mhaith den chritic ar shaothar Nuala Ní Dhomhnaill – file a tharraingíonn ar fhoinsí béaloidis níos mó ná aon údar comhaimseartha eile Gaeilge – ar an gcaoi a ndéantar inbhéartú ar an ábhar traidisiúnta agus ar an gcaoi a n-úsáidtear móitífeanna agus gnéithe reacaireachta áirithe mar fheithiclí le diancheisteanna pearsanta agus le seasaimh láidre pholaitiúla a nochtadh agus a phlé (Bourke, 1992; 1993; Nic Dhiarmada, 2005; Ní Fhrighil, 2008). Is féidir coincheap 'athbheatha an bhéaloidis', mar atá sé léirmhínithe ag an scoláire béaloidis Fionlannach Lauri Honko agus mar atá sé pléite ag Diarmuid Ó Giolláin i gcomhthéacs bhéaloideas na hÉireann (2000: 166–83; 2005: 121–3), a chur i bhfeidhm ar an ábhar liteartha agus a áiteamh gur athrú feidhme atá i gceist nuair a bhaintear earraíocht liteartha as ábhar traidisiúnta. Is amhlaidh, sa chás sin, go bhfuil an t-ábhar traidisiúnta á bhogadh ar bhealach comhfhiosach ón gcomhthéacs sóisialta agus cultúrtha as ar eascair sé agus inar fheidhmigh sé mar ealaín bhéil. Samplaí den athbheatha théacsúil seo ina n-athraíonn feidhm shéimeolaíoch an ábhair bhéaloidis is ea an úsáid a bhaintear as finscéalta sí agus as finscéalta faoi mhurúcha i bhfilíocht Nuala Ní Dhomhnaill. Tá an próiseas trína ndéantar pearsanú, indibhidiú agus athchomhthéacsú ar an ábhar traidisiúnta cíortha go mion ag Angela Bourke i gcás na ndánta sa tsraith 'Bean an Leasa' (1992) agus ag Bo Almqvist i gcás an dáin 'an Mhaighdean Mhara' (1990). Sna dánta seo, tá an file ag tarraingt go comhfhiosach ar chorpas finscéalaíochta chun fadhbanna sóisialta agus géarchéimeanna síceolaíocha comhaimseartha a scrúdú.

Bhí an bhéim i gcúrsaí critice go dtí seo ar an athshaothrú téacsúil agus ar an gcaoi a ndearnadh eiliminti ar leith ón traidisiún béil (línte nó focail aonair as amhráin, mar shampla, íomhánna nó gnéithe stíle nó reacaireachta nó pearsana ar leith ón traidisiún scéalaíochta) a shní isteach i dtéacsanna liteartha. Is lú i bhfad an aird a tarraingíodh ar an léiriú liteartha ar *chleachtais* thraidisiúnta ná ar cheisteanna leanúnachais agus easpa leanúnachais i bhfeidhm na gcleachtas sin. Díreofar sa pháipéar seo ar an ngné seo den ábhar trí aird a dhíriú ar léiriú na hamhránaíochta mar chleachtas sóisialta i réimse saothar le scríbhneoirí Gaeltachta. Tá an amhránaíocht thraidisiúnta ar cheann de na healaíona béil a bhfuil comhthéacs agus feidhm a cleachta tar éis athrú ó bhonn le céad bliain anuas. Ar na nithe is mó atá tar éis tionchar a imirt uirthi tá an imirce, forbairt na dteicneolaíochtaí taifeadta agus na meán craolta, agus an tráchtearrú a bhaineann le tionscal an cheoil i gcoitinne, sa chaoi go bhfuil an amhránaíocht á cleachtadh, á samhlú agus á blaiseadh anois i gcomhthéacsanna ilghnéitheacha atá éagsúil ar fad leis na comhthéacsanna cultúir agus pobail as ar eascair sí. Cé gur féidir a áiteamh gur cineál 'athbheatha' atá i gceist anseo, is fiú léargas Liam Mhic Con Iomaire ar an bhfeiniméan comhaimseartha a choinneáil inár n-aigne, agus go háirithe a mhaíomh nach bhfuil na hathruithe comhthéacs agus feidhme tar éis aon athrú ó bhonn a dhéanamh ar an ngaol idir an fonnadóir agus a lucht éisteachta:

> Historically, sean-nós singing was almost entirely confined to community gatherings, such as house céilís, dances, wakes and weddings. With the decline of these traditional contexts, the performance of sean-nós singing has become increasingly common in pubs, at traditional music festivals and schools, at singing competitions, and at specially organised singing sessions. Despite the more public nature of most of these, much of the interaction between singer and audience found in the older, more intimate settings still remains (2011: 630).

Tá taighde ceannródaíoch scoláirí mar Bhreandán Ó Madagáin (1985; 1992) ar fheidhm shóisialta agus shíceolaíoch na hamhránaíochta traidisiúnta, agus Lillis Ó Laoire (2002) ar phróiseas an tseachadta agus an taibhléirithe i bpobal comhaimseartha Gaeltachta, tar éis béim a chur ar an ngaol idir téacsanna amhrán, comhthéacs sóisialta a ngabhála agus freagairt an lucht éisteachta, ag an leibhéal indibhidiúil agus ag leibhéal an phobail i gcoitinne. Is gné thábhachtach den taighde seo an léiriú liteartha ar an amhránaíocht thraidisiúnta, mar atá soiléir ón bplé ar fad a mhúscail tagairt Thomáis Uí Chriomhthain ina dhírbheathaisnéis *An tOileánach* don amhrán grá éagmaise 'Caisleán Uí Néill' a chas sé, is cosúil, ag a bhainis féin. An athléiriú ar fhrustrachas agus ar dhíomá an ógfhir atá i gceist sa tagairt seo, nó léiriú ar aiféala an tseanfhir nár fhéad sé grá geal a óige a phósadh, nó díreach dearbhú liteartha gur amhrán den scoth, amhrán mór a raibh meas ag an bpobal air, a bhí ann? Léiríonn ról débhríoch an amhráin sa téacs dírbheathaisnéise seo feidhm ilbhríoch na hamhránaíochta mar chleachtas sóisialta (Cruise O'Brien, 1977; Ó Háinle, 1985; Ó Coileáin, 1989; Céitinn, 1992; Shields, 1993; Ó Laoire, 2002: 232–3). Pléann taighde Aingeal Ní Chualáin (2015) ar fheidhm na hamhránaíochta agus an damhsa i luathshaothar Mháirtín Uí Chadhain a thuisceanaí agus a bhí Ó Cadhain ar fheidhm shóisialta agus shíceolaíoch na n-ealaíon pobail sin i gcomhthéacsanna Gaeltachta, sa chaoi gur gné riachtanach dá chur chuige cruthaitheach an cleachtas pobail a úsáid mar léiriú ar ghéarchéimeanna pearsanta a chuid carachtar. Soláthraíonn na léirithe liteartha a bheidh faoi chaibidil sa pháipéar seo fianaise bhreise faoin gcaoi ar fheidhmigh an cultúr béil i gcomhthéacsanna traidisiúnta. Tabharfaidh siad léargas luachmhar dúinn freisin ar fheidhm shóisialta agus shíceolaíoch na hamhránaíochta i gcomhthéacsanna éagsúla comhaimseartha.

Is minic a bhíonn an léiriú liteartha ina scáthán ar ról drámatúil na hamhránaíochta mar ealaín bhéil thraidisiúnta. Cuireann tagairtí d'amhráin le réalachas an chuntais ar ócáid shóisialta ar nós imeacht imirceora, mar shampla, agus is gnách go mbíonn tagairtí do cheol, do rince agus don amhránaíocht i gcuntais dírbheathaisnéise agus i saothair ficsin a bhaineann leis an ócáid shóisialta a dtugtar an 'tórramh Meiriceánach' air uaireanta. Agus í ag trácht ar dheasghnátha na scarúna i dtraidisiún imirce na hÉireann, luann Grace Neville an chaoi a soláthraíonn na hamhráin 'a parallel narrative running alongside the real one of the leave-taking being described':

> In these songs, similar scenarios are on view but they are heightened and, perhaps, exaggerated. This enhancement begs questions about the relationship between two narratives: Was the fictional one prompting the real-life actors as to the appropriate words, gestures, and reactions expected of them? Or were the real actors off-loading their reactions onto their songs, which they used to express themselves through the mouths and imaginations of others – either because to do it without this ventriloquizing would have killed them or because they lacked the vocabulary of emotion and directness? (2000: 122)

Is minic a nochtann na léirithe liteartha tuiscintí an phobail féin ar chumhacht na n-amhrán agus a gcumas guth poiblí a thabhairt, i bhfocail Alan Merriam, do 'deep-seated feelings not permissibly verbalized in other contexts' (1964: 190). Féachfar anois ar fhoinsí foilsithe éagsúla, idir thuairiscí a breacadh ó bhéal, agus léirithe ficsin agus drámaíochta.

Agus é ag trácht ar an imirce ó Dhún na nGall sa naoú haois déag ina leabhar *Rann na Feirste* (1942) déanann Séamus Ó Grianna (1889–1969) mionchur síos ar na nósanna a bhain le hócáid na himirce, bunaithe ar chuimhní a athar ar imeacht comharsan darbh ainm Niall Phádraig Dubh Ó Domhnaill. Tá an comhluadar ar fad bailithe le chéile i dteach athair an imirceora, Pádraig Dubh, agus tosaíonn an oíche le ceol bríomhar fidile agus le hamhráin, ina measc amhráin éadroma a chasann an t-ógfhear é féin (Ó Grianna, 1942: 148). De réir mar atá an oíche ag sleamhnú tharstu, áfach, athraíonn meanma an tslua agus nuair a thógann an t-athair agus an mac an t-urlár orthu féin chun rince scoir a dhéanamh, tagann maolú ar an atmaisféar ceiliúrtha agus nochtar méala mhór: 'Agus nuair a shuidh siad ní rabh aon ghruaidh thirim sa teach.

Bhí siad uilig a' sileadh na ndeor go fras. Deora ar choinnigh siad cúl ortha le tamall roimhe sin' (Ó Grianna, 1942: 148). Is léiriú ar an athrú meanman atá tagtha ar an slua an fhonnadóireacht dhólásach a leanann. Nuair a chasann Niall féin amhrán imirce, buaileann taom dobróin a bhfuil i láthair; ansin leanann tréimhse chiúin dóláis agus baill an teaghlaigh á n-ullmhú féin don scaradh deireanach:

> Agus ar feadh chúig mbomaite 'na dhiaidh seo bhí an teach mar bhéadh teach tórraimh ann nuair a bhéithidhe ag cur a' chuirp i gcómhnáir. Chaoin a' t-athair agus a' mháthair cómh hárd is bhí ina gcloiginn. Sa deireadh shíolthóidh an tocht (Ó Grianna, 1942: 149–150).

Ina anailís ar fheidhm shóisialta agus shíceolaíoch na n-amhrán ar Oileán Thoraí, tá aird dírithe ag Lillis Ó Laoire ar na gnéithe sóisialta den amhránaíocht mar dhioscúrsa meafarach. Cé gur féidir le hamhráin áirithe feidhmiú mar acmhainní pobail a chuidíonn le scaoileadh na mothúchán agus le léiriú comh-mhuintearais in aimsir ghéarchéime, beidh freagairt an lucht éisteachta agus an t-ionannú a dhéantar le mothúcháin an amhráin ag brath ar chúinsí pearsanta an éisteora ar leith (Ó Laoire, 2002: 206–57). Tugann cuntas Uí Ghrianna an-léargas air sin, mar nochtann sé na róil éagsúla a bhíonn ag baill teaghlaigh ar leith ag ócáid a raibh tacaíocht mhothálach agus comhthuiscint an phobail ríthábhachtach lena linn. Feictear an cineál céanna tuisceana ar fheidhm na n-amhrán i gcuntas ficseanúil an Chiarraígh Séamus Ó Dubhghaill (1855–1929) ar imeacht imirceora ina leabhar *Muinntear na Tuatha* (1910). Anseo arís luaitear ceol agus damhsa agus ansin tugtar cuireadh d'athair an imirceora amhrán a chasadh. Cuirtear in iúl go dtuigeann an lucht éisteachta cumhacht an cheoil mar rud a chuideoidh le daoine scód a scaoileadh lena gcuid mothúchán. Fad is atá an t-amhrán grá éagmaise 'Bean an Fhir Ruaidh' á chasadh ag an athair, tugtar le fios dúinn go dtuigeann gach aon duine atá i láthair 'nách ar "Bhean an Fhir Ruaidh" ná ar éinne a bhain léi a bhí Taidhgín ag cuimhneamh, acht ar a mhac féin agus ar an bhfairrge a bhéadh eatorra i gcionn seachtmhaine' (Ó Dubhghaill, 1910: 117).

San áit a bhfuil Ó Grianna agus Ó Dubhghaill ag díriú ar an ngaol idir athair agus mac, díríonn Máirtín Ó Cadhain (1906–1970) ar an gcaidreamh idir máthair agus a hiníon Máirín atá ar tí imeacht go Meiriceá ina shárscéal 'An Bhliain 1912'. Tá an chóisir ar siúl i dteach Mháirín agus is iad an bhean óg agus a máthair dhólásach príomhcharachtair an scéil. Feictear arís anseo go bhfuil feidhm lárnach ag an gceol, an amhránaíocht agus an damhsa, ach nach ionann a n-éifeacht ar gach aon duine atá i láthair. Ní thugann an amhránaíocht faoiseamh ar bith don mháthair chroíbhriste, mar shampla. Ina ionad sin, is amhlaidh atá sí in éad leis an bhfonnadóir agus tá aiféala uirthi nach bhfuil sé ar a cumas féin a cuid mothúchán a ruaigeadh nó a smachtú ar an gcaoi chéanna: ' "Déan go réidh leat féin," arsa an mháthair le Tom. Ach thabharfadh sí cuid mhaith ar an ala sin dá mbeadh fonn aici mar a bhí ag Tom, leis an ualach a bhí ar a croí a chur amach de ina shile cheoil' (Ó Cadhain, 1948/1968: 156). Nuair atá na daoine óga ag damhsa go fiánta, aithníonn sí go bhfuil gaol ar leith idir an fear óg Pádraigín Pháidín agus a hiníon. Is lomléiriú méine atá sa damhsa, agus comhartha dealaithe idir iad siúd a bheidh ag imeacht agus iad siúd a fhanfaidh sa bhaile. Nuair a thosaíonn Pádraigín Pháidín ag gabháil fhoinn ansin, is doimhne fós an bhearna a osclaíonn idir an mháthair agus an iníon:

> Níor fhan aon aird ag an máthair ar an iníon ach ag éisteacht leis:
>
> 'Tá'n gairdín seo in' fhásach, a mhíle grá, agus mise liom féin,
> Níl toradh 'bith 'fás ann, bláth na n-airní ná duilliúr na gcraobh,
> Ní chluintear ar an tsráid seo guth cláirsí ná ceiliúr na n-éan
> Ó d'éalaigh mo ghrá uaim, craobh álainn, go Caisleán Uí Néill.'
>
> Gearrcach dé óig ag iarraidh scolb a chur ar chrotal cruinne a bheadh á chuibhriú: b'in é a dhíocas foinn. Bhí an ghráin shíoraí ag an máthair faoi seo air. Neach mallaithe i gcionn a ciste chirt féin a bhí ann … (Ó Cadhain, 1948/1968: 161).

Tá an scéal seo ar cheann de na scéalta imirce is cumhachtaí i dtraidisiún na Gaeilge. Ní hamháin go léiríonn sé an tsár-aithne agus an tsárthuiscint a bhí ag Ó Cadhain ar a phobal dúchais – agus go háirithe a chomhbhá le mná an phobail – ach léiríonn sé freisin an grinnléargas a bhí aige ar chumhacht agus ar theorainneacha na nósanna traidisiúnta a chleacht an pobal sin. Bhailigh sé amhráin i gConamara agus, mar a deir Ríonach uí Ógáin, chuir sé spéis ar leith i saol na hamhránaíochta: 'an tréith is suntasaí ar fad sa bhailiúchán seo an cur síos atá ann ar shaol na hamhránaíochta agus na n-amhrán thiar, an dul thar a chéile a thagann i gceist idir an saol, an t-amhránaí, an t-amhrán, scéal amhráin, file, pobal, agus bailitheoir' (1999: 5). Díol spéise an bhéim a leagann Róisín Nic Dhonncha ar thábhacht na n-amhrán mar léiriú tacaíochta agus comh-mhuintearais i gcomhthéacs na himirce:

> The fact that the 'waking' of an emigrant involved singing, storytelling and music reflects how the creative output of people flourished during times of extreme economic decline. It also demonstrates how competence in indigenous cultural practices was perhaps a necessary investment in the affirmation and solidarity of a community, particularly in the face of political impotence and economic indigence (2012: 193).

Thuig Ó Cadhain go maith nár chúiteamh ar bith iad na cleachtais chultúrtha dúchais do chaillteanas na himirce, agus nochtar a pholaitíocht radacach sa scéal 'An Bhliain 1912' nuair a léirítear a theoranta agus a bhí tacaí sóisialta agus síceolaíocha traidisiúnta an phobail.

Tá fianaise ann gur mhair an traidisiún amhránaíochta i measc imirceoirí Gaeltachta i Meiriceá. Léiríonn na hamhráin a bailíodh i measc na n-imirceoirí i gcathracha éagsúla i Stáit Aontaithe Mheiriceá agus a d'fhoilsítí go rialta sa mhíosachán *An Gaodhal* (1881–99) i mBrooklyn, Nua-Eabhrac, gur beochleachtas cultúrtha i measc na bpobal Éireannach i Meiriceá Thuaidh a bhí san amhránaíocht (Uí Fhlannagáin, 1990: 45–54). I nóta a ghabh le leagan Conallach den amhrán 'Seachrán Charn tSiadhail' a chuir an bailitheoir Gaillimheach J. J. Lyons chuig Seán Mag Fhloinn, eagarthóir Gaeilge an *Tuam News,* sa bhliain 1891, deir sé go raibh an t-amhrán 'very popular among the natives of Ulster in America. I often heard it sung at weddings, christenings, and other social gatherings in the city of Philadelphia' (LNÉ, G3253). Léiríonn taighde ceannródaíoch Ken Nilsen agus William Mahon ar shaothrú na n-amhrán agus an bhéaloidis i measc phobail Chonamara agus Chorca Dhuibhne i Meiriceá Thuaidh (Nilsen 1988, 1990; Mahon, 2007, 2008) gur ghné thábhachtach de shaol cultúrtha na n-imirceoirí Gaeltachta i Meiriceá a bhí sna hamhráin agus sna traidisiúin eile bhéil a thug siad anonn leo. Tá breis léargais curtha ar fáil ó shin ag Deirdre Ní Chonghaile ina saothar ceannródaíoch ar obair bhailithe an Athar Domhnall Ó Morchadha agus a chomhghleacaithe in Philadelphia ag deireadh an naoú haois déag agus tús an fichiú haois (2015). Léiríonn taighde Ní Chonghaile go raibh gréasán bríomhar bailitheoirí amhrán gníomhach ag an tréimhse mhórimirce sin, agus iad i dteagmháil rialta le pobail Ghaeltachta i Meiriceá Thuaidh agus in Éirinn. Tá ceist sheachadadh na n-amhrán i measc an diaspóra fós le scrúdú ina iomláine, áfach, ach tá an chuma ar an scéal go raibh cleachtadh na dtraidisiún béil ag brath níos mó ar phátrún leanúnach inimirce ná mar a bhí sé ar an seachadadh idirghlúine i measc na bpobal imirceach.[2]

Agus iad ag trácht ar chleachtais an fhonnadóra iomráitigh Seosamh Ó hÉanaí/Joe Heaney/Éinniú (1919–84) mar oirfideach, tarraingíonn Sean Williams agus Lillis Ó Laoire aird ar a stór mór amhrán Béarla, agus ar an gcaoi a mbíodh bailéid Bhéarla ar théama na himirce – 'The Rocks of Bawn' agus 'A Stór mo Chroí' – mar dhlúthchuid riachtanach den chlár amhrán a chuireadh sé i láthair a lucht féachana

[2] Tá an scéal seo casta, áfach, nuair a chuirtear an imirce neamhbhuan agus an aisimirce san áireamh. Agus é ag tagairt don seanscéal 'Eochair, Mac Rí in Éirinn', a taifeadadh i gCarna sa bhliain 1938 ó bhéalaithris an scéalaí iomráitigh Éamon a Búrc, meabhraíonn Ken Nilsen dúinn go raibh a Búrc ina chónaí 'from the age of four to seventeen […] in St. Paul, Minnesota. It was only an unfortunate accident which involved the loss of his leg that caused him to return to Ireland in 1888. We may never know if he learned all of his stories after his return home or whether he had already started to learn them in the Irish-speaking households of St. Paul. But I think it is tantalizing to imagine that Eamonn a Búrc learned his first hero tales, perhaps even "Eochair" in a kitchen in Minnesota over one hundred years ago' (1988: 73).

Mheiriceánaigh agus Ghael-Mheiriceánaigh (2011: 127–36). Luann siad go sonrach gur amhráin Bhéarla ba choitianta a chasadh sé i mblianta deireanacha a shaoil mar 'his audiences in the final decades of his life were almost entirely English-speaking …' (2011, 136). Díol suime, más ea, iad na tagairtí don amhránaíocht thraidisiúnta trí Ghaeilge i bhfoinsí a bhaineann le tréimhsí níos luaithe, go háirithe mar go dtugann siad spléachadh dúinn ar chleachtais chultúrtha agus ar iompar sóisialta imirceoirí de bhunadh na Gaeltachta le linn ócáidí pobail nár ócáidí foirmiúla poiblí iad. Luann an scéalaí Conallach Micí Mac Gabhann (1865–1948), mar shampla, go raibh amhráin thraidisiúnta á gcasadh ag imirceoirí ó Dhún na nGall ar an turas traenach ó thuaidh trí fhéarthailte Mheiriceá i dtreo órcheantair Klondike sa bhliain 1898. Nuair a d'aimsigh siad lastas biotáille i gcarráiste na traenach ina raibh siad ag taisteal faoi choim, chuaigh cuid de na fir ar meisce agus chrom siad ar an bhfonnadóireacht. Luann Mac Gabhann go sonrach nár amhráin Bhéarla a bhí á gcasadh acu, ach cuid de na seanamhráin óna dtír dhúchais, rud a thabharfadh le fios, b'fhéidir, nár ghnáthchleachtas rialta a thuilleadh dóibh casadh na seanamhrán Gaeilge sin:

> Ní ceol Béarla a bhí acu ach oiread ach na seanamhráin bhreátha sin a bhíodh ag ár muintir fá bhaile: *Bean an Fhir Ruaidh*, *Connlach Glas an Fhómhair*, *Tiocfaidh an Samhradh* agus go leor eile nach cuimhneach liom anois. Agus ós air a tharraing mé an scéal, sílim nár labhair duine ar bith focal Béarla leis an duine eile ar fhad an turais sin ó Bhutte i Montána (1959: 122).

Is i gcomhthéacs neamhsheachadadh na teanga agus an chultúir ó ghlúin go glúin i Meiriceá, agus an t-andúchasú a rinneadh dá bharr sin ar an amhránaíocht thraidisiúnta sa Ghaeilge, is fearr scéal cumhachtach Mháirtín Uí Chadhain 'Tnúthán an Dúchais' a léamh. Is é an t-imirceoir ó Chonamara Colm Cháit Anna carachtar lárnach an scéil seo. Feictear gur seanfhear anois é agus go bhfuil deis aige, ar deireadh, cuairt a thabhairt ar a fhód dúchais. Ríomhann an scéal an chaoi ar chinntigh na freagrachtaí agus na laincisí teaghlaigh agus clainne a bhí air i gcaitheamh a shaoil nach raibh sé ar a chumas riamh filleadh ar Chonamara, in ainneoin cumha i ndiaidh an bhaile a bheith air ó shroich sé Meiriceá. Mar fhear óg, bhíodh sé de shíor ag cuimhneamh ar an mbaile, agus le linn a chéad bhliana thall dhúisíodh sé a chomhlóistéirí lena chuid fonnadóireachta trí Ghaeilge agus é ina chodladh taobh leo (Ó Cadhain, 1948/1968: 5).

Ní raibh rún ar bith ag bean Choilm filleadh ar Chonamara. Cé gur saolaíodh í féin i Meiriceá, is amhlaidh a cuireadh abhaile chuig a seanmháthair i gConamara í nuair a bhí sí trí bliana d'aois tar éis bhás a máthar thall. Chuaigh sí ar imirce go Meiriceá arís agus í fiche bliain d'aois, agus ní raibh fonn dá laghad uirthi filleadh ar Éirinn ina dhiaidh sin. Bhí ar Cholm géilleadh don aisling Mheiriceánach agus coinneáil air ag saothrú leis le go mbeadh deiseanna maithe saoil ag an triúr páistí a saolaíodh don lánúin, Noel, Marigold agus Albert. Mar sin féin, mhair an cumha i ndiaidh an bhaile, nó 'Tnúthán an Dúchais' mar a thugtar air i dteideal an scéil, go dtí ar deireadh thiar go bhfuil deis aige filleadh agus é ina bhaintreach fir agus an chlann curtha i gcrích aige. Cóisir aisimirceora is ea a léirítear sa scéal, teacht le chéile teaghlaigh agus pobail chun turas abhaile Choilm a cheiliúradh. Le linn na cóisire, téann Colm ar bogmheisce, cuireann sé de a aghaidh fidil Mheiriceánach agus nochtann a fhréamhacha teanga agus cultúir ar bhealach a chuireann náire ar a chuid páistí lánfhásta. Nuair a iarrtar air sláinte an tslua a fhógairt, labhraíonn sé Gaeilge den chéad uair le daichead bliain anuas, agus, cé nach dtuigeann na daoine atá i láthair focal dá ndeir sé, mar sin féin tugann siad bualadh bos bríomhar dó. Nuair a iarrann sé ar na ceoltóirí port a chasadh le go rachaidh sé amach ar an urlár ag damhsa, is amhlaidh a tharraingíonn a chuid páistí é féin agus roinnt seandaoine eile isteach i gclúid, áit nach mbeidh siad le feiceáil ag an slua ar fad. Tosaíonn duine de na seandaoine ag insint scéil faoi eachtraí a óige, ach sula n-éiríonn leis dul rófhada leis, cuirtear isteach air agus iarrtar ar Cholm amhrán a chasadh. Is é críoch an scéil ná go gcasann Colm amhrán Gaeilge nach bhfuil spéis dá laghad ag an gcomhluadar ann. Go deimhin, is amhlaidh a chuireann a chuid iarrachtaí isteach go mór orthu. Cé go dtosaíonn an t-amhrán ar nóta 'cumhúil goilliúnach', tagann athrú air sa dara ceathrú nuair a shníomhann sé a ghlór 'go raibh sé mar a bheadh sinneáin ghéara ghaoithe ann ag scréachalach trí bhruíon bhánaithe' (Ó Cadhain, 1948/ 1968: 26). Tagann deireadh méaldrámata lena chuid fonnadóireachta nuair a phléascann a chroí agus faigheann sé bás le 'angina pectoris'. Mar a tharla sa scéal 'An Bhliain 1912', tá béim á cur ag Ó Cadhain anseo ar chumhacht agus ar theorainneacha na hamhránaíochta traidisiúnta mar fhoirm ealaíne. Cé go bhfuil feidhm láidir mhothúchánach ag an amhránaíocht fós do Cholm, feidhm atá méadaithe anois ag daichead bliain den eolchaire agus den chur faoi chois, níl an bhrí chéanna aici dá chlann ná don phobal a bhfuil sé ina chónaí ina measc. Is mar údar náire agus mar léiriú aiteachta a fheiceann siad siúd é. Is féidir bás Choilm agus é ag gabháil fhoinn a léamh mar léiriú drámatúil poiblí ar an mbris agus ar an gcaillteanas, toradh na bpróiseas oiriúnaithe agus athchultúraithe atá á ríomh tríd an scéal. Tá macalla aige seo le scéal a ríomhann Ó Laoire (2002: 301) faoi bhás tragóideach fir óig i dToraigh, agus na trí gháir a chuir a dheirfiúr aisti féin ag glaoch air ina ainm os ard os comhair lucht a shochraide. Faoin am a raibh an tríú glaoch déanta, bhailigh a muintir timpeall uirthi agus chiúnaíodar í. Tá ceist na náire tábhachtach i scéal an Chadhnaigh, agus go deimhin, d'fhéadfaí go raibh baint aige le ciúnú an chaointe i dToraigh chomh maith.

Tá cuid de na léirithe is spéisiúla agus is tuisceanaí ar amhránaithe agus ar an amhránaíocht i scríbhneoireacht chomhaimseartha na Gaeilge le fáil i saothar an phrós-scríbhneora ó Chonamara Micheál Ó Conghaile. Níor chóir go gcuirfeadh sé seo aon iontas orainn mar bhí baint lárnach ag Ó Conghaile le cur chun cinn na hamhránaíochta traidisiúnta le blianta anuas trína chomhlacht foilsitheoireachta Cló Iar-Chonnacht (féach, mar shampla: Ó Conghaile *et al.* 2012; agus na liostaí téacsanna agus taifeadtaí ag: www.cic.ie). Is é freisin a scríobh ceann de na haistí is tábhachtaí faoi ról na hamhránaíochta nuachumtha i gConamara, áit a n-aithnítear an leanúnachas idir na modhanna nua cumadóireachta, atá tagtha chun cinn faoi thionchar an cheoil tíre idirnáisiúnta, agus an traidisiún béil áitiúil (Ó Conghaile, 1993).

Dlúthchuid de shaol comhaimseartha Chonamara mar a léirítear i bhficsean Uí Chonghaile é is ea an amhránaíocht. Is gné lárnach den phlota í san úrscéal *Sna Fir* (1999), ina bhfeictear an mac léinn ollscoile aerach John Paul agus é ag bailiú amhrán, faoi stiúir a ollaimh, ón amhránaí áitiúil ar an sean-nós, Johnny Rua Ó Flatharta. Ba bheag an bhá a bheadh ag léitheoirí leis an bhfonnadóir scothaosta seo nuair a chastar John Paul i dtosach air. Léirítear mar dhuine sotalach saolta é, atá an-mhórálach as albam atá díreach foilsithe aige agus a éilíonn táille ar an mac léinn má tá sé chun a chuid amhrán a roinnt leis:

> 'Cén fáth nach bhfaighinnse a bhfuil ag dul dom, chomh maith leis an gcéad fhear eile? Fuair mé ceithre chéad punt ó fhear an *television* nuair a bhí siad thart an bhliain cheana. Fuair mé ceithre chéad punt ó dhream an Bhéaloidis agus ceithre chéad punt ó fhear na dtéipeannaí (Ó Conghaile, 1999: 95).'

Is go searbhasach a nochtar ionad na hamhránaíochta i gcultúr áitiúil Chonamara nuair a lorgaíonn John Paul albam Uí Fhlatharta i dteach tábhairne a mháthar, áfach. Is amhlaidh a aimsíonn sé bosca téipeanna a thaifead fonnadóirí áitiúla:

> Bhí cual téipeanna ann. Seanfhir ag caitheamh caipíní speiceacha ar a bhformhór. Nach éasca téip a dhéanamh, a dúirt mé liom féin, ag póirseáil tríothu. Dhá scór acu ann má bhí ceann. Téipeanna déanta anseo ag chuile Johnny, chuile Mháirtín, chuile Learaí, chuile Tommy agus chuile Sheáinín dá raibh i gConamara, ba chosúil (Ó Conghaile, 1999: 97).

Tagann sé ar albam Johnny Rua i mbosca leis féin, agus tugann sé faoi deara nár díoladh ach cúig chóip de, trí cinn le Johnny é féin agus péire a cuireadh chuig a dheirfiúracha i Meiriceá. Cé go léirítear Johnny mar mheisceoir agus mar ábhar grinn i súile an phobail áitiúil, mar sin féin léirítear freisin é mar ealaíontóir atá níos dílse don traidisiún ná mar atá a chomharsa agus a chéile comhraic, Áine Máire Bean Mhic Lochlainn. Is féidir díospóireachtaí faoi nádúr agus faoi bharántúlacht na hamhránaíochta traidisiúnta a aithint i dtagairtí d'amhráin a bheith á dtógáil ag fonnadóirí óna chéile agus do leaganacha míchearta a bheith á bhfoghlaim ó théacsleabhair scoile (Ó Conghaile, 1999: 100–102).

Níos déanaí san úrscéal nuair a roinneann Johnny Rua agus Áine Máire an duais don tríú háit i gcomórtas amhránaíochta – agus fonnadóir ó Dhún na nGall nár chuir isteach ar aon chomórtas ná nár sheas ar aon ardán roimhe sin agus fonnadóir as Baile Átha Cliath a d'fhoghlaim na hamhráin ó leaganacha taifeadta chun tosaigh orthu (Ó Conghaile, 1999: 208) – déantar an toradh a phlé i dtéarmaí tuiscintí áitiúla ar cad is dea-amhránaíocht thraidisiúnta ann. Agus a n-údair mhíshásaimh leis an toradh á bplé, luaitear stíl amhránaíochta an bhuaiteora agus an chaoi ar chas sé amhrán tapaidh a raibh cuma popamhráin air. Braitear go bhfuil fearg na beirte dírithe den chuid is mó, áfach, ar easpa spéise an phobail áitiúil in ealaín atá ag brath anois ar an gcomórtas mar phríomhchomhthéacs luachála poiblí. De réir mar a chuireann John Paul aithne ar Johnny Rua, fásann a chomhbhá leis mar tagann sé ar an tuiscint gur fear ar an imeall é an t-amhránaí a bhfuil saol aonarach uaigneach á chaitheamh aige, mar atá aige féin ar chúiseanna eile. Tuigtear dó gurb í ealaín na hamhránaíochta an príomhábhar sóláis atá ag Johnny Rua, cé gur beag spéis a léiríonn a phobal féin san ealaín chéanna:

> Bhí macallaí a chuid amhrán ag dul timpeall fós i mo chluasa – Donncha Bán, Amhrán Mhaínse, Sagart na Cúile Báine [...] Dónall Óg. [...] Bhí mé in ann an téip a chloisteáil fós, í ag casadh léi go plúchtach istigh sa gcistineach. É féin tite ina chnap codlata sa gcathaoir mhór. Na cait is na gadhair sínte síos ar an urlár timpeall air os comhair na tine [...] An phráinn a bhí aige as an téip a bhí déanta aige. An chaoi ar chuir sé faoi deara dom éisteacht léi, an bhaoiteáil a bhí air agus é ag iarraidh í a bhrú isteach sa téipthaifeadán. É ag tabhairt aire na huibhe di, an faitíos a bhí air go dtitfeadh sí ar an urlár uaidh [...] É ag rá ansin go mbeadh an téip i gcónaí ann (Ó Conghaile, 1999: 208).

Tugtar le fios san úrscéal go mbíonn ar John Paul dul go Baile Átha Cliath nó go Londain chun saoirse shóisialta agus chollaí a bhaint amach, ach mar sin féin gur tábhachtach leis mar fhear óg aerach go mbeadh aitheantas agus tuiscint a mhuintire féin ar fáil dó. Is coimhthíoch leis na teagmhálacha a bhíonn aige le comhluadar Gaeilgeoirí aeracha i mBaile Átha Cliath agus is í a sheanaintín ionmhain Kate, bean shingil atá ina cónaí ina haonar i mBaile Átha Cliath, a phríomhfhoinse tacaíochta ansin. D'fhéadfaí a áiteamh gur sampla é gaol John Paul leis an mbean neamhspleách seo den 'queer kinship' atá aitheanta ag Tina O'Toole i scéalta imirce a phléann leis an tsaoltaithí aerach (2013). Nuair a thiteann John Paul i ngrá leis an iriseoir óg Dónall, áfach, ní mhaireann an gaol fada go leor le haitheantas nó séala pobail ná teaghlaigh a fháil. Is amhlaidh a chuireann Dónall deireadh tobann leis an gcaidreamh. Nuair a chloiseann John Paul go bhfuil a iarleannán tar éis lámh a chur ina bhás féin (tá sé le tuiscint go raibh sé tar éis SEIF a tholgadh), níl duine ná deoraí aige chun a mhórmhéala a roinnt leis. Ní bhíonn deis ag John Paul a chuid mothúchán féin a léiriú go dtí go gcailltear Johnny Rua agus go gcastar cuid de na hamhráin ab ansa leis siúd ag an tsochraid:

> Mar a bheadh an bás théis teacht thar thairseach mo thí féin … isteach ar leic an teallaigh agam … mar a shíl a dhéanamh le bás Dhónaill nó gur dhiúltaigh mé dó – an easpa fianaise agam mar thaca … Smaoinigh mé ansin go gcaithfidh sé gurb in í an chúis ar chaoin mé chomh mór é … Iad … gur bhuail an dá thocht ar aon bhuille anois mé: Johnny Rua agus Dónall. Dónall a bhásaigh ar chúla téarmaí … nach bhfuair mé deis ná ócáid ariamh a bhás a bhlaiseadh ná a roinnt, ach á cheilt. A bhás tarlaithe i ngan fhios dom mar a dhéanfaí gadaíocht orm, mar a ghoidfí a bhás uaim … an bheirt fhear ba mhó ar thaithigh mé a gcomhluadar le bliain anuas, an bheirt ba mhó a chuir oiliúint orm … a mhúnlaigh mo thuiscint. Deoir le deoir: taobh le taobh a chaoin mé iad (Ó Conghaile, 1999, 248).

Nuair atá Johnny Rua á chur faoin gcré, castar an t-amhrán ab fhearr ar fad leis féin, 'Dónall Óg'. Is i ndiaidh na sochraide, nuair atá John Paul ag caint lena dheaideo faoin bhfear marbh, a fhaigheann sé deis a chás féin a nochtadh trí thagairt dhíreach a dhéanamh don amhrán:

> 'An t-amhrán sin a casadh cois uaighe ar maidin inné – "Dónall Óg". Tá sé lán de mhothúcháin is d'uaigneas, nach bhfuil, agus de thuiscint san am céanna'.
>
> ' "A Dhónaill Óig, má théir thar farraige …" Is amhrán breá é, ceart go leor. Ceann de na hamhráin mhóra grá, cinnte – '
>
> 'Bhí cara mór agamsa freisin a raibh Dónall mar ainm air', a deirimse, 'nuair a bhínn i mBleá Cliath … ach d'imigh sé féin uaim.' Labhair mé chomh nádúrtha, gur chuir mé iontas orm féin.
>
> 'Cara …'

> 'A Dheaideo, tá rud éicint le n-inseacht agam duit. Níl aon suim agamsa sna cailíní', a chuala mé mé féin a rá, é ráite agam chomh tobann sin, mar a bheinn ag iarraidh na focla a chaitheamh uaim. Mhothaigh mé mar a bheadh mo shaol ar fad curtha isteach i gclúdach litreach agam agus sínte chuige. Mé ag teacht aniar aduaidh orm féin, beagnach, ní áirím ar Dheaideo … (Ó Conghaile, 1999: 255–6).

Ina phlé ar ionad canónach an amhráin 'Dónall Óg' i dtraidisiún amhránaíochta na hÉireann, luann Lillis Ó Laoire cumas an amhráin sin – agus cumas amhrán áitiúil eile ar nós 'A Phaidí, a Ghrá' i dtraidisiún Thoraí – feidhmiú mar láthair chumhachtach do léiriú staideanna mothála pearsanta agus pobail (2002: 275–7). Cé gur amhrán a bhaineann le grá éagmaise agus le tréigean ógmhná atá ann, léiríonn Ó Laoire a sholúbthacht trí thagairt a dhéanamh do chás inar fheidhmigh an t-amhrán mar mheán leis an ngrá lánúine agus le grá mic a chur in iúl le linn sochraide. In aiste ina n-áitítear gur torthúla an cur chuige a dhíreodh ar lucht éisteachta an amhráin ná ar cheist a údarthachta, meabhraíonn Joep Leerssen dúinn gur 'disembodied text without fixed provenance' é 'Dónall Óg', gan 'the individuation of a known, named subject who "authors" or authorizes the text' (1999: 237). I gcomhthéacs úrscéal Uí Chonghaile, tá sé le tuiscint go gcuidíonn débhrí an amhráin – téama lárnach an chaillteanais taobh le tagairtí follasacha d'iarmhairtí fisiciúla, mothála agus sóisialta caidrimh chollaí a bhí faoi rún nó faoi their (Ó Con Cheanainn, 2012; Ó Laoire, 2012) – le John Paul ceist a chuid gnéasúlachta féin a tharraingt anuas lena dheaideo. Is iad uilíocht na mothúchán atá á léiriú san amhrán a chuidíonn leis an seanfhear glacadh go caoin le scéal a gharmhic:

> 'Tá Deaideo san aois anois nach gcuireann mórán rudaí iontas air,' a d'fhreagair sé, ag éirí ina sheasamh ... Thug mé faoi deara go raibh deora ina shúile. 'Tá rudaí áirithe mar atá siad,' a dúirt sé. 'Bíonn i gcónaí. Fearacht na leacracha is na gcarraigeacha atá timpeall orainn. Dá thúisce a ghlacann duine leis an méid sin, is ea is túisce is féidir leis leanacht ar aghaidh lena shaol.' (Ó Conghaile, 1999: 257)

Pléann nóibhille Uí Chonghaile *Seachrán Jeaic Sheáin Johnny* (2002) amhránaithe traidisiúnta agus an amhránaíocht féin i gcomhthéacs phróiseas an tseachadta ó ghlúin go glúin. Is é fócas an scéil an uair seo ná an caidreamh idir seanfhear as Conamara, Jeaic Sheáin Johnny, agus amhránaí óg gairmiúil a fhilleann ó Londain chun ábhar traidisiúnta a bhailiú a chuirfeadh lena stór amhrán don stáitse. Léirítear an t-amhránaí traidisiúnta mar dhuine atá ar an imeall go sóisialta, scoite amach ó chultúr na n-óg timpeall air. Fearacht John Paul agus Johnny Rua in *Sna Fir*, is í an spéis a chuireann siad beirt sna hamhráin a chruthaíonn nasc mothálach idir Jeaic Sheáin Johnny agus a 'Niamh Chinn Óir'. Nuair a bhogann an scéal ó chuntas ar mhalartú amhrán i dtreo tagairtí do chaidreamh gnéis, áfach, ní léir a thuilleadh an dtagraíonn 'seachrán' an teidil do ghníomh collaí i ndáiríre nó d'fhantaisíocht agus do chuimhní mearbhallacha seanfhir. D'fhéadfaí an léiriú neamhchoinbhinsiúnta ar an amhránaí traidisiúnta sa scéal seo a léamh mar léargas nithiúil ar an dúil gan chomhlíonadh atá mar ábhar d'an-chuid amhrán grá traidisiúnta. Is scáthán é an débhrí atá i lár an scéil – an bhfuil an dúil ghnéasúil á sásamh i ndáiríre nó an meascán de chuimhní agus d'aislingí atá i gceist? – don éiginnteacht atá chomh lárnach sin in amhráin ghrá na ndaoine.

Tá an tuiscint go gcruthaíonn gabháil na n-amhrán spás speisialta cumarsáide idir daoine lárnach sa nóibhille. Is gearr go mbogann an scéal i dtreo na fantaisíochta, áfach, nuair a mhúsclaíonn fiú teidil na n-amhrán mothúcháin láidre a mhaolaítear ina dhiaidh sin trí mheán na hamhránaíochta féin (Ó Conghaile, 2002: 47). Neartaíonn an nasc mistéireach idir na hamhránaithe go háirithe nuair a chasann an bhean óg na foinn atá díreach múinte ag Jeaic Sheáin Johnny di:

> Scaití dhúnadh sé a shúile ag plúchadh a amhairc uirthi chun deis a thabhairt dá chluasa iomlán a gutha a bhlaiseadh, siolla réidh fileata ar shiolla nó go dtiocfadh íomhá dá seanmháthair isteach ina intinn … (Ó Conghaile, 2002: 47).

Léirítear próiseas an tseachadta féin mar ghníomh domhain comhpháirteachais idir na glúine, agus braitear go bhfuil na cuimhní agus na mianta á nascadh d'aonúim le go mbainfí suaitheadh agus stangadh as an léitheoir.

Díol suime an chaoi a dtagann bailiú agus taifeadadh na n-amhrán, nó feidhm tráchtála na hamhránaíochta i gcúrsaí craoltóireachta, isteach sa scéal go minic i saothar scríbhneoirí comhaimseartha. Tá Johnny Rua in *Sna Fir* an-fheasach faoin gcomhréiteach a éilíonn próiseas an taifeadta, agus luann sé na leaganacha giorraithe de na hamhráin a theastaíonn má tá siad le casadh ar chláir raidió. In *Seachrán Jeaic Sheáin Johnny*, léirítear na hamhráin thraidisiúnta mar nasc barántúil le dúchas tuaithe i súile amhránaí atá faoi oiliúint mar oirfideach gairmiúil i Londain. I ndráma Antoine Uí Fhlatharta *An Solas Dearg* (1998), tá an t-amhránaí sean-nóis Jack go mór ar a shuaimhneas agus é ag taifeadadh a chuid amhrán do chlár faisnéise teilifíse, agus tá sé eolach ar an spéis a chuirtear sna hamhráin i Meiriceá. Cé gur fear meánaosta an t-amhránaí sean-nóis sa dráma seo freisin, baintear casadh as an íomhá choinbhinsiúnta tuaithe nuair a léirítear an dúil mhór a chuireann an carachtar céanna i ngníomhscannáin Mheiriceánacha. Ní chuireann an spéis seo isteach ná amach ar an mac léinn óg scannánaíochta de bhunadh Chonamara a bhfuil an clár faisnéise á dhéanamh aige, ach níl tuiscint dá laghad ag an léachtóir ilmheán agus an gníomhaí cultúir Baile Átha Cliathach Seoirse cén fáth a mbeadh an t-amhránaí sean-nóis is fearr in Éirinn ag cur a chuid ama amú le cultúr coiteann Mheiriceá:

> SEOIRSE (*físeán ina lámh aige*): Conas is féidir linn an taoide seo a chasadh? Hm? Nuair a smaoiním ar na … na huaireanta atá an fear sin dul a chur amú! (*Ag féachaint ar an bhfíseán*) 'Throw Momma from the Train.' Tá cumhacht an chultúir sin chomh mór, chomh, chomh huafásach. (*Stad. É fós ag féachaint ar an bhfíseán*) Tá sé ar nós tonn mór millteach: 'Serial Mom,' 'Sleep With Me,' 'Cyborg Cop Two'. Fear atá ar an gcantóir sean-nóis is fearr sa tír. An méid sin scéalta agus amhrán ina cheann. An dúchas go smior ann. Agus cé na pleananna atá aige do na tráthnónta breátha samhraidh atá amach romhainn? Suí síos os comhair 'Honey I blew up the Kids.' (Ó Flatharta, 1999: 52)

Bhí fadsaol i ndán don íomhá den amhránaí sean-nóis mar thobar an dúchais, mar ionchollú ar luachanna traidisiúnta, agus is íomhá í a thagann chun cinn i marbhnaí d'amhránaithe, ar nós an mharbhna 'Dán do Sheosamh Ó hÉanaí' a chum an file Michael Davitt, áit a ndéantar samhail den tseantír ('Comharthaí sóirt an tseanfhóid'), den teallach móna ('do mhóinghlór'), den scéalaíocht ('do scéalta faoin seansaol i gCarna') agus de sheanslite maireachtála ('ag siúl leat/ siar na bóithríní/ cosnochtaithe') den amhránaí seo as Conamara a chaith an chuid is mó dá shaol i gcathracha sa Bhreatain agus i Meiriceá (Davitt, 2004: 87–8).

In ainneoin a gaoil leis an am atá caite, is cuid thábhachtach de chultúr comhaimseartha na Gaeilge i gcónaí an amhránaíocht thraidisiúnta, agus bhí sraitheanna clár a bhain le hamhráin agus le traidisiúin éagsúla amhránaíochta mar chuid rialta de sceideal TG4 ó cuireadh tús leis an stáisiún sa bhliain 1996. Ní haon ábhar iontais, más ea, má mhaireann tagairtí di sa litríocht. Léiríonn an chéad úrscéal le Proinsias Mac a' Bhaird, ó Árainn Mhór i nDún na nGall, an casadh barrúil is féidir le scríbhneoir óg a bhaint as spéis leanúnach an phobail san amhránaíocht agus in amhránaithe. Dúrún dúnmharaithe atá i gceist san úrscéal *Rún an Bhonnáin* (2010), áit arb iad na daoine atá i mbaol a maraithe ná amhránaithe sean-nóis a bhfuil amhráin le Cathal Buí Mac Giolla Ghunna sa stór amhrán acu. Tá an t-úrscéal suite, den chuid is mó, i mBaile Átha Cliath agus i Maigh Nuad, ach tarraingíonn sé ar thábhacht chultúrtha na hamhránaíochta do phobal na Gaeilge agus ar an bplé uirthi sna meáin agus i gcomhthéacsanna acadúla. Tá ceann de na radharcanna deireanacha sa leabhar suite ag comórtas Chorn Uí Riada ag Oireachtas 2012 i Leitir Ceanainn i nDún na nGall, áit a mbeirtear ar an gcorn ardghradaim sula maraíonn an nimh atá smeartha lena thóin an buaiteoir. Scéal don duine atá eolach ar shaol cultúrtha na Gaeilge atá sa leabhar seo, duine a thuigeann tábhacht an Oireachtais agus Chorn Uí Riada i saol comhaimseartha na nGael.

Is modh láidir féinléirithe é an amhránaíocht thraidisiúnta

sna saothair ar fad atá luaite san aiste seo. Ní haon ionadh é, más ea, gur gné í de chultúr na Gaeilge a tharraing aird an fhuirseora Ghael-Mheiriceánaigh Des Bishop le linn na tréimhse dhá mhí dhéag a chaith sé i measc phobal Gaeltachta Chonamara agus an tsraith teilifíse *In the Name of the Fada* á hullmhú aige. I gclár áirithe sa tsraith, tugann sé le fios gur le linn dó an amhránaíocht thraidisiúnta a chloisteáil á casadh beo den chéad uair ag Oireachtas 2007 is ea a tuigeadh dó go raibh a leithéid de rud ann agus 'cultúr na Gaeilge' agus gurbh í an teagmháil le pobal Gaeilge sa Ghaeltacht an t-aon bhealach le dul faoi screamh an chultúir sin agus é a bhlaiseadh i gceart:

> (*fuaimrian le bean óg as Conamara ag gabháil fhoinn*) …
> This *sean-nós* singing it goes *like* into my body, it kind of bypasses my brain. 'Excuse me, if you don't mind, I'm just going a little bit deeper, down to the parts of you *like* that you don't touch very often'.
>
> And I just got this feeling, this is definitely something more than just a song. This is the beginning of an introduction to a culture that I think you can only experience fully when you have the language or unless you have experienced life in the Gaeltacht (Bishop, 2008).

Mar fhocal scoir, is dóigh liom go léiríonn na téacsanna liteartha a bhí faoi chaibidil san aiste seo tuiscintí atá fós forleathan faoi thábhacht na hamhránaíochta mar ealaín, mar chleachtas sóisialta agus mar mhodh cumarsáide cultúrtha. Cé go bhfuil na comhthéacsanna ilghnéitheach agus go bhfuil siad ag athrú an t-am ar fad, fós léiríonn na foinsí liteartha an gaol casta atá ann i gcónaí idir an t-amhrán, an t-amhránaí, comhthéacs an láithrithe agus an lucht éisteachta. Sílim go ndearbhaíonn na téacsanna a bhí faoi chaibidil san aiste seo cumas na litríochta athruithe sóisialta agus cultúrtha a aithint agus a phlé. Dearbhaíonn siad freisin buantábhacht na litríochta mar fhoinse léirmhínithe don scoláire béaloidis.

Foinsí

Almqvist, B. 1990. 'Of Mermaids and Marriages: Seamus Heaney's "Maighdean Mara" and Nuala Ní Dhomhnaill's "An Mhaighdean Mhara" in the light of folk tradition', *Béaloideas* 58, 1–74.

Bishop, D. 2008. *In the Name of the Fada*. Dublin: RTÉ.

Bourke, A. 1992. 'Bean an Leasa: ón bPiseogaíocht go dtí Filíocht Nuala Ní Dhomhnaill', in E. Ó hAnluain (eag.), *Leath na Spéire*. Baile Átha Cliath: An Clóchomhar, 74–90.

Bourke, A. 1993. 'Fairies and Anorexia: Nuala Ní Dhomhnaill's "Amazing Grass"', in B. Hillers, P. Hopkins agus J. Hunter (eag.), *Proceedings of the Harvard Celtic Colloquium 13*. Harvard: Department of Celtic Languages and Literatures, 25–38.

Catalóg Chló Iar-Chonnacht: www.cic.ie.

Céitinn, S. 1992. *Tomás Oileánach*. Baile Átha Cliath: An Clóchomhar.

Cruise O'Brien, M. 1977. 'An t-Oileánach', in J. Jordan (eag.), *The Pleasures of Gaelic Literature*. Dublin agus Cork: Mercier Press, 34–7.

Davitt, M. 2004. 'Dán do Sheosamh Ó hÉanaí', *Dánta 1968–1998*. Baile Átha Cliath: Coiscéim, 87–8.

Denvir, G. 1988. 'D'Aithle na bhFilí', *Innti* 11, 103–19.

Denvir, G. 1992–3. 'Finscéalta faoin Osnádúr i Nualitríocht na Gaeilge: Freagra a hAon', *Béaloideas* 60 (1), 19–34.

Denvir, G. 2002. 'Ní sean go nua agus ní nua go sean: filíocht Nuala Ní Dhomhnaill agus Dioscúrsa na Gaeilge', in M. Ó Briain agus P. Ó Héalaí (eag.), *Téada Dúchais: Aistí in Ómós don Ollamh Breandán Ó Madagáin*. Indreabhán: Cló Iar-Chonnachta, 25–58.

Leerssen, J. 1999. 'For a Post-Foucauldian Literary History: a Test Case from the Gaelic Tradition', *Configurations* 7 (2), 227–45.

Mac a' Bhaird, P. 2010. *Rún an Bhonnáin*. Baile Átha Cliath: Leabhair Comhar.

Mac Con Iomaire, L. 2011. 'performance', in F. Vallely (eag.),

Companion to Irish Traditional Music Second Edition. Cork: Cork University Press, 630.

Mac Congáil, N. 1992–3. 'Finscéalta faoin Osnádúr i Nualitríocht na Gaeilge', *Béaloideas*, 60 (1), 1–18.

Mac Gabhann, M. 1959. *Rotha Mór an tSaoil*. Baile Átha Cliath: Foilseacháin Náisiúnta Teoranta.

Mac Giolla Léith, C. 1996. ' "Something old, something new, something borrowed …": the Poetry of Nuala Ní Dhomhnaill and Cathal Ó Searcaigh', in S. Boyd *et al.* (eag.), *Cross-currents in European Literature*. Dublin: UCD Department of Italian, 81–97.

Mac Mathúna, L. 2011. 'Mar a thóg an tAthair Peadar a scéal', in P. Ua Laoghaire (L. Mac Mathúna, eag.) *Séadna*. Baile Átha Cliath: Cois Life, xlv–lx.

Mahon, W. 2007. *Thomas Griffin (1829–96) of Corca Dhuibhne and the Irish Community of Lawrence, Massachusetts*. Aberystwyth: Department of Welsh, Aberystwyth University.

Mahon, W. 2008. 'Tomás Ó Gríofa (1829–1896), as an Rinn Bhuí', *Irisleabhar Mhá Nuad*, 126–54.

Merriam, A. P. 1964. *The Anthropology of Music*. Evanston, Illinois: Northwestern University Press.

Neville, G. 2000. 'Rites de Passage: Rituals of Separation in Irish Oral Tradition', in C. Fanning (eag.), *New Perspectives on the Irish Diaspora*. Carbondale agus Edwardsville, Illinois: Southern Illinois University Press, 117–30.

Ní Annracháin, M. 2000. 'Biddy agus an Bandia', in P. Riggs, B. Ó Conchúir, agus S. Ó Coileáin (eag.), *Saoi na hÉigse: Aistí in ómós do Sheán Ó Tuama*. Baile Átha Cliath: An Clóchomhar, 339–57.

Ní Chonghaile, D. 2015. ' "Sagart gan iomrádh": an tAthair Domhnall Ó Morchadha (1858–1935) agus Amhráin Pennsylvania', in R. Nic Congáil, M. Nic Eoin, M. Ní Úrdail, P. Ó Liatháin agus R. Uí Chollatáin (eag.), *Litríocht na Gaeilge ar fud an Domhain I: Cruthú Caomhnú agus Athbheochan*. Baile Átha Cliath: Leabhair Comhar, 191–214.

Ní Chualáin, A. 2015. 'Feidhm na hamhránaíochta agus an damhsa i luathshaothar Mháirtín Uí Chadhain'. *COMHARTaighde 1.*

http://dx.doi. org/10.18669/ct.2015.02; [Faighte 20 Nollaig 2015] http://www.comhartaighde.com/eagrain/1/nichualain/
Ní Dhonnchadha, A. 1981. 'Scríbhneoirí na Gaeltachta', *An Gearrscéal sa Ghaeilge 1898–1940*. Baile Átha Cliath: An Clóchomhar, 128–210.
Ní Fhrighil, R. 2008. 'From Myth into History', *Briathra, Béithe agus Banfhilí: Filíocht Eavan Boland agus Nuala Ní Dhomhnaill*. Baile Átha Cliath: An Clóchomhar, 141–76.
Nic Dhiarmada, B. 2005. 'An Banfhile agus Athscríobh na Miotas', *Téacs Baineann, Téacs Mná: Gnéithe de Fhilíocht Nuala Ní Dhomhnaill*. Baile Átha Cliath: An Clóchomhar, 59–74.
Nic Dhonncha, R. 2012. 'Emigration, Oral Discourse and Traditional Song in Connemara', in M. Ó hAodha agus J. O'Callaghan (eag.), *Narratives of the Occluded Irish Diaspora: Subversive Voices*. Bern: Peter Lang, 191–210.
Nic Eoin, M. 2002. 'Athscríobh na Miotas: Gné den Idirthéacsúlacht i bhFilíocht Chomhaimseartha na Gaeilge', *Taighde agus Teagasc* 2, 23–47.
Nic Eoin, M. 2009. 'Seánraí Béil na Gaeilge agus Tionscnamh na Nualitríochta', in N. Cronin, S. Crosson agus J. Eastlake (eag.), *Anáil an Bhéil Bheo: Orality and Modern Irish Culture*. Cambridge: Cambridge Scholars Publishing, 188–200.
Nic Eoin, M. 2012. 'Athshaothrú an Dúchais sa Phrós-chumadóireacht Chomhaimseartha', in S. Ó Cadhla agus D. Ó Giolláin (eag.), *Léann an Dúchais: Aistí in Ómós do Ghearóid Ó Crualaoich*. Corcaigh: Cló Ollscoile Chorcaí, 188–200.
Nilsen, K. 1988. 'Collecting Celtic Folklore in the United States', in G. W. MacLennan (eag.), *Proceedings of the First North American Congress of Celtic Studies*. Ottawa: NACCS, 55–74.
Nilsen, K. 1990. 'Thinking of Monday: the Irish Speakers of Portland, Maine', *Éire-Ireland* 25 (1), 6–19.
Ó Cadhain, M. 1968 [1948]. *An Braon Broghach*. Baile Átha Cliath: Oifig an tSoláthair.
Ó Coileáin, S. 1989. 'An t-Oileánach', in A. Ó Muircheartaigh

(eag.), *Oidhreacht an Bhlascaoid Mhóir*. Baile Átha Cliath: Coiscéim, 192–207.

Ó Con Cheanainn, C. 2012. 'Dónall Óg', in M. Ó Conghaile *et al.* (eag.), *Leabhar Mór na nAmhrán*. Indreabhán: Cló Iar-Chonnacht, 744.

Ó Conghaile, M. 1993. *Gnéithe d'Amhráin Chonamara Ár Linne*. Indreabhán: Cló Iar-Chonnachta.

Ó Conghaile, M. 1999. *Sna Fir*. Indreabhán: Cló Iar-Chonnachta.

Ó Conghaile, M. 2002. *Seachrán Jeaic Sheáin Johnny*. Indreabhán: Cló Iar-Chonnachta.

Ó Conghaile, M. *et al.* (eag.). 2012. *Leabhar Mór na nAmhrán*. Indreabhán: Cló Iar-Chonnacht.

Ó Cruadhlaoich, G. 1986. 'An Nuafhilíocht Ghaeilge: Dearcadh Dána', *Innti* 10, 63–6.

Ó Dochartaigh, L. 1992–3. 'Finscéalta faoin Osnádúr i Nualitríocht na Gaeilge: Freagra a Dó', *Béaloideas* 60 (1), 35–46.

Ó Dubhghaill, S. 1910. *Muinntear na Tuatha*. Baile Átha Cliath: M.H. Gill.

Ó Fiannachta, P. 1992–3. 'Finscéalta faoin Osnádúr i Nualitríocht na Gaeilge: Freagra a Trí', *Béaloideas* 60 (1), 47–56.

Ó Flatharta, A. 1999. *An Solas Dearg*. Indreabhán: Cló Iar-Chonnachta.

Ó Giolláin, D. 2000. *Locating Irish Folklore: Tradition, Modernity, Identity*. Cork: Cork University Press.

Ó Giolláin, D. 2005. *An Dúchas agus an Domhan*. Corcaigh: Cló Ollscoile Chorcaí.

Ó Grianna, S. 1942. *Rann na Feirste*. Baile Átha Cliath: An Press Náisiúnta.

Ó Háinle, C. 1985. 'Tomás Ó Criomhthain agus Caisleán Uí Néill', *Irisleabhar Mhá Nuad*, 84–109.

Ó Laoire, L. 2002. *Ar Chreag i lár na Farraige: Amhráin agus Amhránaithe i dToraigh*. Indreabhán: Cló Iar-Chonnacht.

Ó Laoire, L. 2012. 'Loingis Óir', in M. Ó Conghaile *et al.* (eag.), *Leabhar Mór na nAmhrán*. Indreabhán: Cló Iar-Chonnacht,771–2.

Ó Madagáin, B. 1985. 'Functions of Irish Song in the Nineteenth Century', *Béaloideas* 53, 130–216.

Ó Madagáin, B. 1992. 'An Ceol a Ligeann a Racht', *Léachtaí Cholm Cille 22*, 164–84.

Ó Muirgheasa, É. (eag.). 1934. *Dhá Chéad de Cheoltaibh Uladh*. Baile Átha Cliath: Oifig an tSoláthair.

O'Leary, P. 1994. *The Prose Literature of the Gaelic Revival 1881–1921: Ideology and Innovation*. University Park, PA: Pennsylvania State University Press.

O'Leary, P. 2004. *Gaelic Prose in the Irish Free State, 1922–1939*. Dublin: UCD Press.

O'Leary, P. 2010. *Irish Interior: Keeping Faith with the Past in Gaelic Prose, 1940–1951*. Dublin: UCD Press.

O'Toole, T. 2013. 'Cé Leis Tú? Queering Irish Migrant Literature', *Irish University Review Special Issue* 43 (1), 131–45.

Shields, H. 1993. *Narrative Singing in Ireland: Lays, Ballads, Come-All-Yes and Other Songs*. Dublin: Irish Academic Press.

Uí Fhlannagáin, F. 1990. *Mícheál Ó Lócháin agus An Gaodhal*. Baile Átha Cliath: An Clóchomhar.

uí Ógáin, R. (eag.). 1999. *Faoi Rothaí na Gréine: Amhráin as Conamara a bhailigh Máirtín Ó Cadhain*. Baile Átha Cliath: Coiscéim.

Williams, S. agus Ó Laoire, L. 2011. *Bright Star of the West: Joe Heaney: Irish Song Man*. Oxford: Oxford University Press.

Ag éirigh air òrain an Albainn Nuaidh: Suas e!

SEUMAS WATSON

'Òran do Cheap Breatainn':

'S e Ceap Breatainn tìr mo ghràidh
Tìr nan craobh 's nam beanntan àrd
'S e Ceap Breatainn tìr mo ghràidh
Tìr as àille leinn air thalamh

Le Dòmhnall Alastair mac Iain 'ic Aonghais (Dòmhnallach)
Framboise, Siorramachd Ridmeand, Eilean Cheap
Breatainn

Inimreachas nan Gàidheal do dh'Albainn Nuaidh 1773–1850

Gun na h-àireamhan a bhi againn air chunntas le cinnt oifigeil, chan eil fhios cia mheud Gàidheil a rànaig cladaichean na h-Albann Nuaidh mu thuaiream 1773 gu 1850, thairis air còrr agus ceithir fichead bliadhna. Tha e air a thomhas gu robh ann barrachd agus deich air fhichead mìle

Gàidheal a thuinich ann an Eilean Cheap Breatainn fhéin agus a' chuid a bu mhùtha dhiubh sin gun ach a' Ghàidhlig mar chànan aca (Campbell & MacLean, 1994: 17). Thathas a' measadh gun deach uiread an t-sluaigh aig a robh a' Ghàidhlig 'ga bruidhinn am meud gus, air a' char a bu lugha, gu robh lethcheud mìle an crìochan Cheap Breatainn aig àm tionndadh na ficheadamh linn. Tuigear, agus chìthear da réir, mar a bha cor na Gàidhlig aig bàrr a h-inbhe 's móran gun chomas air bruidhinn na Beurla (MacFhionghain, 1902: 71 -81).

Mar is minig, bha glé bheag dhen t-saoghal aig Gàidheil a dh'imirich gu Eilean Cheap Breatainn. Cha bu mhór nach do bhuin iad uile dhan taobh an iar dhen Ghàidhealtachd agus dha na h-Eileanan (Hornsby, 1992: 31, 32). B'e Eilean Cheap Breatainn a' cheàrnaidh mu dheireadh do dh'Albainn Nuaidh a bha 'ga thuineachadh aig na Gàidheil, ged 's e muinntir Bharraidh a bu tràithe a thànaig 'nam buidhinn fa leth dhan eilean. Thuinich na ceud Bharraich an teis-meadhan an eilein, an cois Na *Narrows* Mhóra air a' *Bhras d'Or*, na Loch Mór nam Barrach, mar a theirte, 'sa bhliadhna 1802. B'e a' cheud fheadhainn dhiubh – a-réir mar a tha an sgeul a' ruith – ceathrar Bharrach a thànaig gu tìr anns an àite air an dugadh an t-ainm Sanndra. 'S e *Iona* a theirear ris a' cheàrnaidh seo an là an-diugh, far a bheil Baile nan Gàidheal air a shuidheachadh ann (Kennedy, 2002: 24).

A' leantail air na Barraich, gus mu mheadhan na naoidheamh linn deug, rànaig sluagh eile do Ghàidheil à caochladh cheàrnan do Ghàidhealtachd na h-Albann. Am measg nan tùs àiteachan dham buineadh iad, bha an t-Eilean Fada agus roinn dhe na h-Eileanan a-staigh mar a tha an t-Eilean Sgitheanach, Ratharsaidh, Muile, Eilean nam Muc,

Tìriodh, Rùm agus Eige agus cho fada mu dheas ri Colbhasa. Na Gàidheil a thog rith' á tìr-mór na h-Albann, 's ann a chuir iad an cùlaibh ri sgìreachdan mar a tha Geàrr-loch, Loch Aills, Lochabar, Mùideart, Cnòideart, Mórar, Baideanach agus Assaint. Gach poball a bhuineadh dha na ceàrnan seo fa leth a' toirt gu saod coimhearsnachd dhaibh p-fhéin, far an do ghléidh iad dualchas a bha 'gan sònrachadh anns an dachaidh ùir.

Tha e 'na bheachd fasanta aig feadhainn gur ann tùirseach a bha na Gàidheil tìr an dùthchais fhàgail 's iad a' togail orra gu cladaichean cian Tìr nan Craobh. Ged a chluinnear òrain 'gan seinn air uairibh a chomharraicheas duilgheadasan na lìnn ud 'san t-Seann Dùthaich, chan eil an àireamh dhiubh sin ach beag an taca ri uiread do dh'òrain a bheir dealbh air saoghal doirbh, dòchasach anns a robh riatanas air deagh sgairt agus neart nan gaoirdeannan gus soirbheachadh a thoirt air toradh na saorsa a bhiodh ann mar dhuais. Cluinnear iomradh air réiteachadh ris an t-saoghal ùr ud aig Bàrd MacGhilleathain (Iain Mac Ailein, 1787 – 1848), fear a mhuinntir Thiriodh a thug amach granta fearainn ann an Abhainn Bhàrnaidh, Siorrmachd Phiogtó mu thuaiream 1819, 'san òran a rinneadh leis a tha 'ga sheinn gu ruige an là an-diugh, 'Bithibh Aotram 's Togaibh Fonn':

> Ged tha sibh an Albainn Ùir
> Caithibh an oidhche le sùnnd:
> 'S an deoch-slàinte thig air tùs
> Òlaidh sinn gu grunnd, gach fear i (Sinclair, 1928: 120).

Anns an naoidheamh linn deug, bha taobh an ear na h-Albann Nuaidh 'na àite gu math beò le sluagh dhe na Gàidheil a' toirt amach fearainn an cuideachd Ghàidheal eile.

Mar bu trice, bhuineadh iad dhan aon chinneadas, na bhathas a' leantail an aon chreideimh, fhads a bha iad a' tàrmachadh ri chéile anns a' cheart cheàrnaidh dhen Ghàidhealtachad nuaidh. Thànaig iad anall 'nan dròbhan 's thuinich iad air n-ais gun ach an dualchas a shioftadh anull gu àite-còmhnaidh 'sa choillidh mhóir air an taobh thall. Theagamh gu robh an obair cruaidh, ach bha na coimhearsnachdan iomallacha gu tur dlùth do chéile ann an cànan, cultur agus nòs. Nam b'fheudar dha na Gàidheil an eacnomaidh a rianadh a-réir na h-àrainneachd ùir, cha bu bhochd an suidheachadh a bh'ann gu farsaing. Tha na h-òrain a rinneadh abhos a' togail fianais air misneach nan Gàidheal 's iad le dùrachd a' chridhe gun a bhi géilleachdainn do chrannchur a' chruadail.

Mar theisteanas air tuineachadh nan Gàidheil 'nam buidhnean a-réir càirdeis, tha na sgìreachdan Gàidhealach an Albainn Nuaidh fhathast air an comharrachadh, gu ìre, le fiamh do theanga 's nòsan cultarach a nì brath air a' cheàrnaidh do dh'Albainn ás an do thriall an sinnsir a rinn a' cheud àiteachas ann. Ged a bha diubhar 'san t-sluagh ionad mu seach, bha iad uile nan Gàidheil aig a' smior. Ge b'e dé an ddiofar a bhiodh ann eadarra mar chòmhlain dlùth-chàirdeach 'nan àite fhéin, bha iad uil' a' strì ris an aon suidheachadh air an aineol agus a' cumail an cleachdadh cliù an sinnsre. Tha seo gu h-àraidh fìor mu nòs nan òran.

Òrain agus bàird

Mar a chualas 'ga dh'ràdhainn aig Seonaidh Aonghais Bhig, seann seinneadair nach maireann à Crìochan Bràigh na h-Aibhneadh, Siorramachd Ibhnir Nis, 'Tha poidhle do dh'òrain Ghàidhlig ann an galan do shoidhn (*moonshine*)'. Gabhaidh Seonaidh Aoghnais Bhig (Uilleims) cluinnteil a' seinn (Uilleims, 2012, 'Tha mo Rùn air a' Ghille'). Ged nach robh ann móran innealan ciùil air feadh cuid dha na parraistean, agus dannsa ainneamh a-réir creideamh a' choit-hionail na bu mhùtha, far a robh a' Ghàidhlig 'ga labhradh ann, bha na h-òrain rin cluinnteil am pailteas anns gach ceàrn agus ionad do dh'Eilean Cheap Breatainn agus air tìr-mór goirid do làimh. Cha robh ann sealladh air beatha as aonais òran 'na lùib mar gum biodh freagarrach: òrain obrach, òrain a chaidh dheanadh 'sa choimhearsnachd, òrain éibhinn, cumhachan, òrain mholaidh, aoir, puirt á beul agus òrain chràbhaidh. Theagamh gura h-e uidhir dhe na h-òrain a rinneadh aig bàird na nàbachd, air an cothlamadh le òrain a thugadh anall às an t-Seann Dùthaich – agus roinn mhath dhiubh sin gun urra – an rud as mùth' a shònrachas corpas nan òran an Albainn Nuaidh. A bharrachd, tha ann eadar-dhealachaidhean 'san stoidhle aig muinntir an àite ceàrn mu seach. Tha na diofraichean sin rin cluinnteil ann am fuinn, am faclan 's ann an ceathramhan a-réir na sgìreachad far an do nochd òran air a robh eòlas 'sa chumantas, air neo aig am bitheadh seann fhonn 'ga chleachdadh air òran ùr, ionadail.

'S gann nach robh ann, co dhiubh air a' char a bu lugha, aon bhàrd, air neo bhana-bhàrd, a bha ri lorg anns gach cuid do Ghàidhealtachd na h-Albann Nuaidh. Mar shamhla orra sin, théid beagan dhiubh air ainmeachas a bha ri bàrdachd eadar linn a' cheud àiteachaidh gus am ficheadamh ceud: Alastair Ailein Mhóir (Dòmhnallach, 1819–1904) à Siorramachd Antaigeanais, Eòghann Eairdsidh Sheumais (MacCoinnich, 1895–1971) à Siorramachd Cheap Breatainn, Eachann Aonghais Eachainn Ghilleasbaig (MacGille-Mhìcheil, 1887–1981) à Siorramachd Bhiogtoria, Murchadh mac Coinnich Bhàin Iain 'ic Fhionnlaigh (Moireasdan, 1842–1940) à Siorramachd Ridmeand agus Sìne Heanaidh (NicAonghais, mu thuiream 1840–1900) à Gleann Dàil, Siorramachd Ibhnir Nis. Gabhaidh fear dhe na h-òrain ait a rinneadh leatha-se, air thuras piginig a bhi ann 'na parraiste, a chluinnteil aig Rodaidh Aileag Ruairidh (MacAonghais) nach maireann, à Baile a' Rìgh, Siorramachd Ibhnir Nis, air (MacAonghais, 2012, 'Òran a Phiognaig').

An seann nòs: togail òran 'sa chaidreabh

Anns na làithichean a chaidh seachad, bhìte togail nan òran, am bitheantas, air a' chluais. Bu tric a bha daoine a' togail òran mar a chluinneadh iad e 'ga sheinn aig daoine eile an cuideachd a chéile. Mar a thuirteadh, ged a bhitheadh cuid ann aig a robh sgilean leughaidh, bha bu mhùtha dhiubh an earbsa ris a' chluais. Cha bu ghann an suidheachadh far an gabhadh òrain seinn, ge-tà. Gu sòisealta, bhiodh ann froileagan, na bainnsean, torraidhean, pàrtaidh 'san taigh, deireadh an dannsa, seinn còmhla an deaghaidh iomairt chàrtain a chrìochnachadh agus an leithid sin. Cha robh saothair an là 'na bhacadh air gabhail òran na bu mhùtha, eadar obair na coilleadh, leagail a' mhairt, spealadh na pàirce, cur ri iasgach, falbh leis an each, iomramh a' bhàta agus gnìomhachas eile. Chualas luaidh cuideachd air ògradh gu bhi cruinneachadh air drochaidean a dh'éiridh air na h-òrain agus danns, air neo a' suidhe air bruachan taobh a' rathaid as t-earrach 's na h-òrain a' dol eadarra am measg nam flùraichean air ùr-nochdadh as deaghaidh do chridhe dubh a' gheamhraidh a bhi seachad (Còmhradh pearsanta le Alastair Mór Giolasach, nach maireann à Margaraidh an Iar-dheas, Siorramachd Ibhnir Nis).

Bu mhath an cuimhne a bh'aig fear Peadar mac Jack Pheadair 'ic Caluim Ghobha (MacGhilleathain, 1912–2013), a mhuinntir Chùl Eilean na Nollaig, air mar a bha seinn 'sa chuideachd 'na òige. Dh'àraicheadh Peadar an taigh far an robh móran spéis ann do ghabhail nan òran. Bha ainm 's alladh aig a mhàthair (Anna ni'n Mhìcheil Nìll, NicAonghais) a bhi 'na fìor dheagh bhan-sheinneadair. 'Na bhrogach, dheanadh Peadar toileachas mór nuair a bhiodh comann na seinn a-staigh ag éirigh air òrain agus comas leughaidh aig pàirt dhiubh:

> Bhiodh 'ad cruinn anns na taighean. Bhiodh feadhainn aca… rachadh ac' air a' Ghàidhlig a leughadh 's a sgrìobhadh. Bhiodh 'ad … copaig do leabharaichean … na seann bhàird, na seann òrain, mar a bha Dunnchadh Bàn 's Bàrd MacGhilleathain 's Uilleam Ros – 's na h-òrain sin. Bha 'ad gu math déidheil air na h-òrain sin 's na seann òrain – gu h-àraid ma bha Ghàidhlig car domhain ann. Sin an ùine cur-seachad a bh'aca, an dòigh a bh'aca cur seachad na h-oidhcheadh. Bhiodh a' chuid a bu mhoth' anns a' gheamhradh. Bhitheadh – na, uairean ré an t-samhraidh. Bhiodh feadhainn a' cruinneach-dainn 's ceann-labhairt ac' air òrain 's na seann bhàird – 'bruidhinn mun deidhinn (Watson, 2013: 12).

B'ann à Barraidh a bha cuideachd Pheadair air an dà thaobh.

Bhitheadh fear Lachann MacIllFheòlain (Lachann Dhòmhnaill Nìll, 1910–1991), seinneadair iomraiteach à Camus Leathann, Siorramachd Ibhnir Nis a' cuimheachadh air a fhiosrachadh fhéin 'san àm a theann e ri togail òran 'na òige. B'ann do shliochd muinntir Mhórair a bhuineadh Lachann:

> Ann an toiseach mo chuimhne nuair nach robh mi ach glé òg cha robh sian air an t- saoghal a b'fheàrr leamsa na bhi falbh mach air an oidhche 's a dhol a dh'àite air choireiginn 's a bhith ri gabhail òran 's naidheachdan. Bha àite 'Illeasbuig Aonghais 'ic Alasdair air fear dhiubh sin… Gheobhadh e greim orm shios: Lachainn, gabh an t-òran seo. Gabh a leithid seo do dh'òran… aig an àm cheudna bha mise gan ionnsachadh bho Ghilleasbuig Aonghais 'ic Alasdair 's bho iomadh duin' eile – Eòghann Dhòmhnaill 'ic Aonghais, muinntir Ruairidh Ailein, Iain Dhòmhnaill Bhàin - neo-ar-thaing nach biodh oidhche mhath againn. 'S ann mar sin a bha mi gan ionnsachadh (MacLellan, 2000: 72).

Gu math tric, bha stòr do dh'òrain air a thoirt a-nuas ann an teaghlaichean a bha 'gan sònrachadh airson seinn. Bha Mairead bean Ruairidh Iagain Ruairidh (NicGhilleathain, 1909–2008) à Baghasdail, Siorramachd Cheap Breatainn air té dhiubh sin. Dh'àraicheadh Mairead le seanmhair, Màiri Dhòmhnaill Nìll (NicFhionghain) an Cùl na Traghad Móireadh, Siorramachd Cheap Breatainn. Rinn i aithris air a' bhuaidh a bha aig athair a màthar, Dòmhnall Dòmhnallach, agus dithist bhràithrean a màthar, Johnny Iain Dòmhnallach agus Mìcheal Iain Dòmhnallach orra 's i a' togail a cuid òran:

> Seumas Watson: Cà'n do dh'ionnsaich sibh ur cuid òran?
> Mairead NicGhilleathain: Dh'ionnsaich mise na h-òrain o mo sheanmhair (Màiri Dhòmhnaill Nìll) 's pàirt dhiubh o

> m'sheanair. Agus bha dà *uncle* agam, dà bhràthair màthar, a bha glé mhath air òrain. Bha na h-òrain aca 's thog mi poidhle dhiubh siod cuideachd (Watson & Robertson, 1987: 21).

Tha pàirt dhe na h-òrain aig Mairead, mu dhà fhichead, rin cluinnteil air Sruth nan Gàidheal (http://gaelstream.stfx.ca/). Cluinnear Mairead a' gabhail òran, 'Hi Ho Rò Mo Mhàiri Bhuidhe', le tuilleadh fiosrachaidh 's a dealbh air An Drochaid Eadarainn (NicGhilleathain, 2012). B'e stoc Bharraidh a bha ann an teaghlach Màiread. Bha e 'na bheachd làidir aice gu robh còir againne dualchas nan òran a chumail aig àrd inbhe.

A' bruidhinn mu na h-òrain a bhi ann aig meadhan cleachdadh a' chéilidh 'san àm a bha e 'na dhuine òg ron dàrna cogadh mór, thug Eòs Nìll Bhig (MacNìll) à Ceap Leitheach, Siorramachd Cheap Breatainn, an dealbh seo air seinn òran aig àm a bhiodh daoine a' tadhal 'san dol seachad,

> Bha 'ad fìor, fìor ghaolach air ceithir… òrain agus air naidheachdan. O, 's e gnothach gasda a bhiodh ann nuair a bhiodh boireannach … dh'fhalbhadh i dhan bhùth, na dhan stòr, mar a bheireadh 'ad fhéin. Agus air a thigeadh i dhachaidh, rachadh foighneachd dhi mu dheidhinn an turais. Dh'fheumte naidheachd fhaighinn, Có chunnaig i? 'S dh'innseadh i có bh'aig a' stòr, na mura robh sian a ghnothach sònraichte timcheall air a sin, agus dh'innseadh i an uair sin gu robh leithid seo do dhuine 'g obair air càradh callaid na … taobh a' rathaid, na spealadh, na deanamh rud air choireiginn. Agus 's ann a dh'fheumainn… b'fheudar dhomh tadhal 'ga choimhead. Cha bhiodh Mòr, na Anna, na Seònaid, na ga b'e an t-ainm a bh'oirre, cha bhiodh i toilichte, chanadh e, mara doireadh e orm tadhal a-staigh. Thadhailinn, tha seans. Agus dh'innseadh i an uair sin có eil' a bha tadhal anns an taigh a bha seo. Agus sheinneadh i sin òran mun do dh'fhàg sinn. Mar a … chaidh òran a sheinn 's naidheachdan mar sin. Bha sin sònraichte math 's gu sònraichte

> òran. Uell, ma thadhail i ann an taigh, agus bhruidhnneadh i air an duin' a bha seo, an inntinn a bh'aige, cho toilichte 's a bha e, nuair sheinn i òran nuair bha sinn ann. Mura bhruidhnneadh i air sin, dh'fhaoidhte gu foighneachdadh a companach, 'An do sheinn e òran?'
>
> 'O, sheinn.'
>
> Cha robh a h-uile h-aon math gu seinn òran. Cha deanadh 'ad uile… Bha a' mhór-chuid dhiubh, bha guth math air òrain aca (Watson & Robertson, 1987).

Cha ghabh e cur às àicheadh, chailleadh móran tro na bliadhnaichean a dh'fhalbh seachad. 'S e a' chuid a bu mhùtha dheth siod na seinneadairean fhéin agus a' bheatha shòisealta a bh'ann an cois teachd an tìr a chosnadh amuigh air an dùthaich. Ge-tà, aithnichear dhe na tha ri chuinnteil do dhualchas nan òran, gu bheil meas 's baigh ann fhathast ri gabhail òran a-staigh, na 'sa chaidreabh, nuair a thig daoine còmhla cruinn. Air chùis a' mheas a bhiodh aig daoine air na h-òrain fhéin, chuir am beulaiche nach maireann, Migi mac bean Nìlleig, (Cloinn Nìll) à Sanndra, Siorramachd Bhiogtoria, mar seo e dar a chaidh fhoighneachd dha, 'Dé 's fheàrr leibh òran Gàidhlig, na òran Beurla?'

> 'O, a' Ghàidhlig, a' Ghàidhlig, a' Ghàidhlig, a' Ghàidhlig, a' Ghàidhlig. Dé blas, dé blas … ? Chan eil *even* na h-òrain Bheurla… Cà' bheil 'ad goirid dha na h-òrain Ghàidhlig? Cà' bheil a' stòiridh air an cùlaibh, na an inntinn air an cùlaibh? Nuair a chluinneas tu òran Gàidhlig, co dhiubh gur e òran seòladair, na òran leanaibh, na òran airson eaglais, cà' am faigh thu òrain a's a' Bheurla goirid dha sin? Ged nach biodh ann ach òran a' chogaidh 's na h-òrain a chaidh dheanamh dha na bàtaichean a bha dol anull 's 'ad a' tighinn anall – cho breagha's tha 'ad sin. Cà 'n cuireadh 'ad blas air na h-òrain sin ann am Beurla. Cha tigeadh 'ad goirid dha! Cha tigeadh!' (MacNeil, 1995: 14–15)

An là an-diugh

Is tearc na daoine a tha 'toirt a-nuas dualchas nan òran 'san dachaidh tuilleadh le gainnead nan seann fhileantach a bhi air am fàgail anns na coimhearsnachdan. Ge-tà, tha toradh iomairtean airson ath-nuadhachadh cànain 's dualchais a' sealltainn gu bheil adhartas air a bhi dèante a tha gealltanach. Ma sheallas sinn air Cunntas-sluaigh Chanada 2001, chìthear gu robh ann 490 luchd-bruidhinn na Gàidhlig air an àireamh. Tha Cunntas-sluaigh Chanada 2011 air aithris gu bheil àireamh luchd-labhairt na Gàidhlig air a h-àrdachadh gu 1,275. Aig an aon àm 's a tha uidhir do luchd-bruidhinn a' dol an àirde, tha nòs na Gàidhlig a' neartachadh eang air eang. A' coimhead air dòigh-seinn nan òran, mar a tha sin ann an là an-diugh, faodar a ràdh nach eil cus atharrachaidh ann mu stoidhle na seinneadh.

Ged a bhitheas cuid mhath do luchd-seinn litearra a' gabhail a' chothroim air tobraichean sgrìobhte gus òrain a dh'ionnsachadh, 's e 's gu bheil nòs nan òran fhathast 'na fhearas-chuideachd a bhios ag éirigh, 's a' mhór-chuid, am measg cuideachd agus glé bheag dheth 'ga thaisbeanadh air an àrd-ùrlair, a-mach bho chorra-chuirm-chiùil pharraiste. 'S e a' chuid a 's fheàrr dheth, sean is òg a' tighinn còmhla aig baile, air neo ann an talla, gus òrain a' gabhail 'sa chaidreabh.

Tha e follaiseach, air do neach air co-chruinneachaidhean, leabhraichean 's sgrìobhainnean a rannsachadh, gu bheil caochladh ghné do dh'òrain gun a bhi cho fasanta seach mar a bha iad. Tha seo gu h-àraidh follaiseach 'san talla, far an cluinnear, cha mhór gu buileach, òrain aig a bheil fonn air an gabhail aig a' chléith-luaidh. 'S ann a bhios daoine ag éiridh air òrain aig a' chléith mar gum biodh iad a' fùcadh a' chlò – obair riatanach uair dhen t-saoghal nach do thachair ann an da rìreadh bho chionn nam bliadhnaichean móra an Albainn Nuaidh. Ge-tà, tha déidh ann fhathast air froileag-luaidh mar thachartas sóisealta, co-dhiubh am bidh duine a' suidhe aig a' bhòrd, air neo seanchas le caraidean anns na suidheachannan 'gan riarachadh mun cuairt air a' bhòrd-luaidh. Chìthear samhla air tachartas a' luaidh aig Ailean mac Ruairidh 'ic Aonghais (MacLeòid á Catalone, Siorramachd Cheap Breatainn) agus e ag éiridh air òran ionadail, 'Dàn do Sheann Ford', aig a' bhòrd (MacLeòid, 2012).

Ged is fasanta fhathast e a bhi ag éiridh air fonn aig froilig luaidh, is d'fheuch e iomradh a thoirt air cho ainmig 's a tha còisearan Gàidhlig an Albainn Nuaidh, gun ach corra-fhear a' tighinn còmhla car seal aig tòrradh, air neo tachartas sònraichte mar a tha cuirm-chiùil, na seirbheis eaglaise.

Gus sùil a thoirt air seinn am broinn an taighe, tha rud beag do dhiobhar ann. Cluinnear barrachd do dh'òrain a bhios ainneamh 'san talla. Buinidh cuid aca seo dhan ghné ochd loidhneachan 'sa cheathramh – ged nach pailt iad sin an là an-diugh – agus òrain a chaidh dheanadh 'sa choimhearsnachd, mar a rinneadh aig bàird a bha ri moladh muinntir an àite agus nan crìochan mun cuairt:

Na cnuic 's na glinn bu bhòidhche leinn
'S iad cnruic 's glinn a' Bhràighe
Mun tric bha sinn ri manran binn
'S a' chomunn ghrinn a b'fheàrr leinn.
– Calum Eòghainn (Giolasach) (MacDougall, 1939: 1)

Tha e cudtromach a shònrachadh cuideachd, ged a chluinnear a leithid do dh'òran mar a tha cumha, cuimhneachadh mu na làithean a dh'aom is òrain ait, 's ainneamh a nochdas òran air cuspair cianalais airson na Seann Dùthchadh. Aig an aon àm, 's ann 'sa chumantas a bhios fonn nan òran gun urra, a thàinig tarsainn a' chuain, 'ga thogail air òrain luaidh, òrain sheòlaidh 's eile a thig ri càil nan òranaichean. Co dhiubh, na co dheth, dhe na seòrsachan do dh'òrain a dh'fhaodadh a bhi 'gan gabhail a-staigh, na aig pàrtaidh, 's ann air na h-òrain aig a bheil fonn a tha an fhéill 's mùtha aig a' chuideachd, le taisbeanadh air dannsa-céim 'ga dheanadh ri puirt à beul an dràsd' 's a-rithist. Gheobhar sealladh air pàrtaidh aig taigh agus té Eamag Nic Dhòmhnaill a' seinn òrain ionadail (Nic Dhòmhnall, 2012, 'Amach à Point Aconi').

Mar a chaidh iomradh a thoirt air mu thràth, tha daoine a labhras a' Ghàidhlig gu dùthchasach a' fàs beag an Albainn Nuaidh. 'S e is buil dha siod nach eil móran dhiubh air fhàgail a bheir anuas nòs nan òran mar a b'aithne dhaibh 'sa choimhearsnachd 'nan òige. Ge b'oil leis an t-suidheachadh bhochd seo, tha am modh seinneadh a' cumail roimhe 'san dol air n-adhart chun an là an-diugh. Eadar taigh 's talla, tha luchd-ionnsachaidh a' leantail nòs nan seann daoine gu dìleas ann an cur òran an céill gu comannach, leis an fheadhainn a's sine dhiubh – a thog an cuid òran fhéin aig an fheadhainn a dh'fhalbh – gu tric 'nan ceann (faic Watson, 2012 'Hoireann ò rà ìu a').

Co-chruinneachaidhean

Faodar a dh'ràdhainn, 'nam b'e 's gu robh daoine le innealan clàraidh ann a' cur ri trusadh aig toiseach na ficheadamh linn gun teagamh bha beairteas miorbhaileach an uidhir do dh'òrain a bh'ann eadar tìr-mór na h-Albann Nuaidhe 's ceann a tuath Eilein Cheap Breatainn, ged b'ainneamh daoine, 'san fharsaingeachd, aig a robh comas air Gàidhlig a leughadh, na sgrìobhadh. Le cion sgoiltean anns a robh litearachd na Gàidhlig air a teagasg, bha na sgilean seo 'gan toirt fos làimh aig daoine le togail pearsanta, air neo aig a' chléir, na sgoilearan àraidh a bhiodh ag oideachadh anns an nàbachd. Gur às-san a tha airidh air ar taing airson na fianais air gnàth nan òran a tha ri faicinn 'san àireamh dhiubh a chaidh fhoillseachadh an irisean, pàipearan naidheachd agus leabhraichean bho chionn na naoidheamh linn deug gu ruige a' bhliadhna-mìle seo fhéin. A thuilleadh air foillseachaidhean, tha sgeul air ceudan do dh'òrain a bhi air an aithris an sgrìobhainnean 'san tasglann. A' cur ri tobraichean sgrìobhte, tha co-chruinneachaidhean do chlàraidhean fuaime air an tasgadh ann mar a rinn Iain Lathurna Caimbeul ann an 1937 agus an trusadh aig a' Smithsonian a rinneadh le fear Ralph Rinzler anns na seasgadan. An riochd doideatach air loidhne, gheobhar na làraichean-lìn *Songs of Atlantic Canada*, le cuid dhe na clàraidhean a rinn fear MacEdward Leach (http://www.mun.ca/folklore/leach/songs/CBsongs.htm) agus *Sruth nan Gàidheal*, co-chruinneachadh farsaing, 'ga thasgadh an Leabhar-lann Aonghais L. MhicDhòmhnaill aig Oilthigh Fhrans X., anns a bheil móran òran a chaidh chlàradh an Eilean Cheap Breatainn eadar 1977–1982 le Iain Seathach.

Teigneolas is dualchas

A bharrachd air a bhi togail òran an cuideachd a chéile, tha teigneolas, a' toirt cothrom na Féinneadh do dhaoine aig a bheil spéis dha na h-òrain agus an dòigh orra 'san t-seann nòs. Gu fortanach, tha cuid dha na cruinneachaidhean fuaime a's luachmhoire air an cur thairis gu riochd doideatach. Tha iad rim faighinn gu furasda, cha mhór, aig na h-uile aig a bheil innealan conaltraidh an là an-diugh. Ged nach eil an taigh céilidh ach gann 'san àm seo, théid aig seinneadairean air na h-òrain a's fheàrr leotha lorg air loidhne, gu minic le tar-sgrìobhadh ri fhaighinn am foillseachadh air choireiginn. Mar shamhla air sin, feuch òran a ghabh Lachann Dhòmhnaill Nìll [MacLellan, 2012] a ghabhas cluinnteil air *An Drochaid Eadarainn*. Tha na faclan ann air aithris 'sa leabhar *Brìgh an Òrain* a bha 'ga dheasachadh aig an Ollamh Iain Seathach (MacLellan, 2001: 234–36).

Tha e seo 'na dheagh shamhla air teigneolas air a h-ùsaideachadh gus beulaiche nach maireann aig a bheil Gàidhlig dhùthchasach a chur mu choinneamh dhaoine a bhios ag éiridh air òran gu nàdarrach, mar a bh'ann bho shean. Neo-ar-thaing nach eil sinn a' teannadh air a bhi tùrail mun dòigh a bhios àrd-teigneolas feumal mar ghoireas anabarrach los nòs 's dualachas a chumail an leanailteachd.

Òrain Ghàidhlig na h-Albann Nuaidh 'san àite-mhargaidh

Ma bheachdas duine air meud nòs nan òran, 's iad ann ceudan air na ceudan, a tha air a bhi ann an Albainn Nuaidh ré na dà cheud bhliadhna s' chaidh, tha e car 'na iongantas nach eil ann ach glé bheag dheth a nochdadh anns an àite-mhargaidh. Carson? Chan e 's nach eil brìgh 's susbaint 'san tradaisean. Gus sgrùdadh na ceisteadh ud, molaidh mi gum b'fhiach e, mar thoiseach-tòiseachaidh, sùil a thoirt air an fhorfhais shòisealta a thigeadh an uachdar le rannsachadh a' chuspair. A dh'aindheoin dol-sìos na Gàidhlig thairis air na leth-cheud bliadhna s' chaidh, faodar a bheachdnachadh gu bheil nòs nan òran air a bhi buan, gu ìre, an cois dualchas fidhlearachd 's dannsa an Eilean Cheap Breatainn. Tha ceòl Gàidhealach agus dannsa fhathast féillmhor aig muinntir ionadail agus tha nòs nan òran air a bhi a' falbh an aon rathaid gu sòisealta, ged nach eil ann an sàs tuilleadh uiread do dhaoine an diugh an taca ri na tìmeannan a dh'aom.

Gus coimeas a dheanadh air céill diofaraichte 'ga toirt às dualchas òran Cheap Breatainn, thoireamaid sùil air luirgean far dà CD a dh'fhoillseachadh bho chionna ghoirid. 'S ann aig Màiri Sìne NicLaomain a tha a' cheud lorg, 'Air a' Ghille tha Mo Rùn': seann òran a chaidh chlàradh air feadh trusadh beoil-aithris an crìochan na Maoire Móireadh (MacArthur, 2005). Tha i 'ga ghabhail fo réiteach chiùil 'san nòs ur air a CD *Seinn* (2012). Tha an dàrna lorg air a ghabhail aig Eòsag Nic an t-Saoir far a' chlàir aice-se *Craobh a' Mhathain* (2013). 'S e òran ionadail a th'ann a chaidh dheanadh aig fear Alastair Dòmhnallach a mhuinntir Mhàbu, (Alastair Dhòmhnail 'ic Alastair), air thuras bàs athar a' bhàird a chailleadh ann an cur 's cathadh 's esan 'na bhodach dall. Thugadh Marbhrann dha Athair air an òran seo mar thiotal (Beaton, 2005). Tha Eòsag 'ga sheinn lom do réiteach ciùil 'san t-seann nòs.

Gus gnothach a' chuspair seo a thoirt gu deireadh, cuireamaid crìoch air bloigheig do dh'fhiosrachadh seo mu na h-òrain an Albainn Nuaidh, an diugh 's an dé, le naidheachd ghoirid a chaidh innse aig an t-seann sgeulaiche Eòs Nìll Bhig, Ceap Leitheach, Siorramachd Cheap Breatainn, air thuras dhomh-sa a bhi foighneachd dha gu dé cho dlùth do chridhe luchd na Gàidhlig 's a bha seinn òran ri linn fhéin. Fhreagair e leis an stòiridh seo a leanas:

> Tha toil agam sgeulachd a' seo chuir air stìom … 'S e naidheachd a bh' ann mu dheidhinn fear aig a robh taigh air mhàl anns a' Fhràing. Agus bha greusaiche bochd a' fuireach anns an taigh seo a' pàidheadh màil agus bhiodh e fad a' latha a' gabhail òran fhad 's a bhiodh e 'càradh, no dèanamh, bhròg agus bha seo a' cuir móran dragh air an tighearna-fearainn. Cha robh e-fhein a' faighinn fois. Bhiodh e fad na h-oidhcheadh a' fuireach 'na dhùsgadh agus a' beachdnachadh agus a' smaointinn air gu dé mar a bha e 'dol a dhèanamh tuilleadh airigid agus dé mar a bhiodh fortan aige dèante. Agus chailleadh e an oidhche 'na dhùsgadh 's nuair a thigeadh a' latha, cha b' urrainn dha cadal. Bhiodh a' fear eile fad a' latha' a' seinn.
>
> Ach latha dhe na làithichean chunnaig an greusaiche fear an taighe 'tighinn agus rinn e toileachadh agus thuirt e ris fhéin, 'Tha mi 'faicinn fear a nisd a' tighinn agus bidh e 'g iarraidh deagh phàidhir bhròg agus tha fiosam gum pàigh e mi gu math air a son.'
>
> Ach co dhiubh, bha rud eile am beachd aig an duine uasal. Nuair a thàinig e 'staigh thug e sporan ás a phocaid agus shìn e dha a' sporan agus thuirt e ris, 'Seo', ors' esan, 'dhut sporan airigid agus gheobh mise fois,' ors' esan.

Co-dhiubh, ghabh e 'sporan 's chuir e 'sporan ann àite agus chìtheadh e-fhéin bhon àite 's a robh e 'na shuidhe an t-àite 's a robh a' sporan agus bha e 'smaointinn a' seo, 'Ma chì mise 'sporan 's an àite far a bheil mi 'nam shuidhe 's cinnteach gu faic duine sam bith eile a thig dhachaidh a' sporan agus cha fhreagair sin dhomh', agus thug e 'sporan as a' sin agus chuir e 'sporan ann an àit' eile. Ach cha robh e buileach toilichte às a' sin agus thug e a sin leis a' sporan agus chuir e fo chluasaig e anns a' leabaidh. Agus an ceann a h-uile greis do dh' ùine, rachadh e null dhan t-seòmbar far robh a' leapa 's thogadh e 'chluasag a choimhead air a' sporan agus dh'fhoighneachd a bhean dheth a' seo gu dé bha ceàrr air a' leabaidh nuair a bha e 'dol a-null cho tric agus throid e rithe. Agus b'e sin a' cheud turas 'na bheatha a throid e rith'. 'Gu dé dhe do gnothach-sa gu dé tha 'dol aig an leabannan?' Mar nach biodh gnothach aice-se ri sìon.

Cha robh sin fad' a' dol an aghaidh nuair a smaointich e air mar a bha gnothaichean tha 'dol 's dh'fhalbh e suas. Tha mi 'creidsinn gun dug e fainear an trioblaid a bh'anns an airgead dha – agus chaidh e suas far a robh a' fear leis am bu leis an taigh-mail agus thug e 'sporan às a phòc' agus chuir e air a' bhòrd e agus, 'Seo dhuibh,' ors' esan, 'ur sporan airigid. Chan urrainn dhomh-s' a bhi beò as aonais mo chuid òran.' Sin agaibh an naidheachd air a' ghreusaiche bhochd (Watson, J. 1986, sgrìobhainn gun fhoillseachadh).

Tùsan

Beaton, A., 2005. 'Marbhrann dh'a Athair.' Air a' chlàradh am Màbu, Ceap Breatainn le Iain Seathach, 8 An Céitean 1978, Cruinneachadh Beul-Aithris Gàidhlig Cheap Breatainn, Leabharlann Aonghais L. MhicDhòmhnaill, Oilthigh Frans Xavier, Téip 076.A8. Ri fhaighinn air loidhne aig Sruth Nan Gàidheal: https://stfx.cairnrepo.org/islandora/object/stfx%3A4594?solr_nav%5Bid%5D=a56c7de328b464e9914c&solr_nav%5Bpage%5D=0&solr_nav%5Boffset%5D=0 (Faighte 25 An t-Sultain 2022).

Campbell, D.F. & MacLean, R.A., 1974. *Beyond the Atlantic Roar: a Study of the Nova Scotia Scots*. Toronto: McLelland and Stewart.

Cambell, J.L., (deas.), 1990. *Songs Remembered in Exile: Traditional Gaelic Songs from Nova Scotia Recorded in Cape Breton and Antigonish County in 1937*. Aberdeen: Aberdeen University Press.

Hornsby, S., 1992. *Nineteenth Century Cape Breton: A Historical Geography*. Montreal: McGill-Queen's University Press.

Kennedy, M., 2002. *Gaelic Nova Scotia: An Economic, Cultural and Social Impact Study*. Halifax: Nova Scotia Museum.

Lamond, M.J. agus MacIsaac, W., 2012. 'Air a' Ghille tha Mo Rùn.' *Seinn* [CD]. Turtlemusik/Tidemark.

Leach, M., 1951. MacEdward Leach Collection. St.John's: Memorial University of Newfoundland Folklore & Language Archive. Ri fhaighinn air loidhne: https://www.mun.ca/folklore/leach/

MacAonghais, R.A., 2012. 'Òran a' Phiognaig.' An Drochaid Eadarainn. Available from: http://androchaid.ca/1-òran-phiognaig (Faighte 15 An Giblean 2015).

MacArthur, D.J., 2005. 'Air a' Ghille tha mo Rùn.' Air a chlàradh ann an Uachdar na Maoire Móireadh le Iain Seathach, 4 an t-Òg-mhios 1982, Cruinneachadh Beul-Aithris Gàidhlig Cheap Breatainn, Leabharlann Aonghais L. MhicDhòmhnaill, Oilthigh Frans Xavier, Téip 345.A2.

MacDougall, H., (deas.), 1939. *Smeòrach nan Cnoc 's nan Gleann*. Glasgow: Alex. MacLaren and Sons.

MacFhionghain, J.G., 1903. 'Na Gàidheil ann an Ceap Breatainn.' Ann an: Vernon, C.W. (deas.), *Cape Breton, Canada, at the Beginning of the Twentieth Century*. Toronto: Nation Publishing Co.

MacIntyre, J., 2013. 'Marbhrann dha Athair.' *Craobh a' Mhathain* [CD], Point Aconi, NS: Lakewind Studios.
MacLellan, L., 2000. *Brìgh an Òran*, Shaw, J (deas.). Kingston: McGill-Queen's University Press.
MacLellan, L.D.N., 2012. 'Hi Rì Him Bó.' An Drochaid Eadarainn. Available from: http://androchaid.ca/3-hi-rì-him-bó (Faighte 2 An t-Òg-mhios 2015).
MacLeòid, A., 2012. 'Dan do Sheann Ford.' An Drochaid Eadarainn. Available from: http://androchaid.ca/content/3/8?page=5 (Faighte 22 An Céitean 2015).
MacNeil, M., 1995. 'Còmhradh air Dol-Sios na Gàidhlig ann a Ceap Breatainn.' Watson, J. (deas.). *Am Bràighe*, 2 (4), 14–15. Ri fhaighinn air loidhne: https://stfx.cairnrepo.org/islandora/object/stfx%3A10848 (Faighte 2 An Céitean 2022).
NicDhòmhnall, E., 2012. 'Amach à Point Aconi.' An Drochaid Eadarainn. Ri fhaighinn air loidhne: http://androchaid.ca/2-amach-à-point-aconi-eamag (Faighte 24 An Giblean 2015).
NicGhilleathain, M., 2012. 'Hi Ho Rò Mo Mhàiri Bhuidhe.' An Drochaid Eadarainn. Ri fhaighinn air loidhne: http://androchaid.ca/5-hi-ho-rò-mo-mhàiri-bhuidhe (Faighte 11 An Giblean 2015).
Sinclair, A.M., 1881. *Clarsach na Coille: A Collection of Gaelic Poetry*. Glasgow: A. Sinclair. & Sons.
Sruth nan Gàidheal, 2005. Ri fhaighinn air loidhne: https://stfx.cairnrepo.org/islandora/object/stfx%3Agael_stream. Antigonish: Angus L. Macdonald Library, St.F.X.
Uilleims, S.A.B., 'Tha mo Rùn air a' Ghille.' An Drochaid Eadarainn. Ri fhaighinn air loidhne: http://androchaid.ca/content/1/8?page=4 (Faighte 11 An Giblean 2015).
Watson, J., 2013. 'A Bhi 'Gan Cuimhneachadh 's 'Gan Ionndrainn.' *An Rubha*, 13 (2), 12–13.
Watson, J., 2012. 'Hoireann o ra ì ù a, Seumas.' An Drochaid Eadarainn. Ri Fhaighinn air loidhne: http://androchaid.ca/3-hoireann-o-ra-ì-ù-seumas (Faighte 17 An Céitean 2015).
Watson, J. & Robertson, E., 1987. *Sealladh gu Taobh*. Sydney: University College of Cape Breton. Art Gallery.
Watson, J., 1986. Stòiridhean Eòis Nìll Bhig. Sgrìobhainn gun fhoillseachadh.

Creighton, H. & MacLeod, C., 1964. *Gaelic Songs in Nova Scotia*. Ottawa: Dept. of the Secretary of State.

Dunn, C.W., 1953. *Highland Settler. A Portrait of the Scottish Gael in Nova Scotia*. Toronto: University of Toronto Press.

Fergusson, D.A., 1977. *Fad air Falbh as Innse Gall: leis comh-chruinneachadh Cheap Breatuinn/Beyond the Hebrides, Including the Cape Breton Collection*. Halifax, N.S.

MacDòmhnaill, A., 2008. *O Cheapaich nan Craobh*. Antigonish: Sìol Cultural Enterprises.

MacKenzie, H.F., & MacNeil, R.C., 2012. *Mar a b' Àbhaist 's a' Ghleann – As It Was in the Glen*. Antigonish: Sìol Cultural Enterprises.

MacKenzie, J. & Logan, J., 2010. *Sar-obair nam bard Gaelach*. Nabu Press.

MacLellan, V., 1891. *Fàilte Cheap Breatuinn*. Sydney, NS.

Mac-Na-Ceàrdadh, Gilleasbuig., 2004. *An t-Òranaiche*, Matheson, T. (deas.). Antigonish: Sìol Cultural Enterprises.

MacNeil, J.N. & Shaw, J.W., 1987. *Sgeul gu Latha - Tales Until Dawn: The World of a Cape Breton Gaelic Story-teller*. Kingston, Ont.: McGill-Queen's University Press.

MacKinnon, J.G. (deas.). 1892-1904. *Mac-Talla*. Sydney, NS.

Morrison. M., 1931. *Òrain Fuinn is Cladaich: Gaelic Poems and Songs*. Glasgow: A. Sinclair & Sons.

Shaw, J & Hutchison, R., 1978. *Gaelic Tradition in Cape Breton: The Music of Cape Breton*, Volume 1 [LP]. London, UK: Topic Records 12TS353.

'Tighinn o'n Cridhe': sùil air seinn, seanchas agus meatafor am measg an t-sluaigh

TIBER F. M. FALZETT

Do Sheumas 'nan Con' MacBhàtair (1949–2018)

"Ged a sheòl mi air m'aineol
Cha laigh smalan air m'inntinn,
Ged a sheòl mi air m'aineol."

– Ruairidh G. Moireasdan,
Crìochan Locha Laomainn,
Siorramachd Ridmeand,
Ceap Breatainn

Anns a' phàipear seo, bheir sinn sùil air cuid dhen rannsachadh a nochd ann an tràchdas a' PhD agam ann an Ceiltis agus Eòlas na h-Alba, Oilthigh Dhùn Èideann (2014).[1] Thòisich mi ri obair-làraich am measg Ghàidheal na

[1] Tha mi fada an comain Sheumais MhicBhàtair airson a' chuiridh choibhneil a thug e dhomh tarraing ùr dhen phàipear seo a thoirt seachad mar òraid chuimhneachaidh Eòis Nìll Bhig MhicNìll, 13 an Dàmhair 2017, aig Baile nan Gàidheal, meur do Thaigh-tasgaidh na h-Albann Nuaidh. 'S ann gu bheil mi gu mòr ann an comain do cheathrar a thug comhairle, cuideachadh, càirdeas agus grad-smuain os cionn luach dhomh a thaobh a' rannsachaidh seo, is iad

h-Albann agus na h-Albann Nuaidh nuair a bha mi nam oileanach fo-cheumnach ann an Ceiltis aig Oilthigh Naoimh Fransaidh Xavier, an Antigonish, no Am Baile Mòr mar a bh'aig Gàidheil an àite air bho shean, ann am mòr-roinn na h-Albann Nuaidh, Canada. B'ann aig an àm sin a fhuair mi eòlas math air feadhainn aig a robh Gàidhlig bho thùs mar a' chànain mhàthaireil aca ann an Eilean Cheap Breatainn, a ghiùlain an t-eòlas dùthchasach aca mar bu nòs bho ghlùin gu glùn a-nuas bhon àm a chuir a' cheud eilthireach à Gàidhealtachd na h-Albann a chas air cladaichean an eilein aig deireadh na h-ochdamh linn deug. Mar a chuir coigreach ann a' fear dhe na h-òrain as sine a th'againn bhon taobh seo dhen chuan: 'Chuir iad sinn an cois a' chladaich, / Mar leac a chailleadh o lìon' (MacLeoid 1970: 12). Seasaidh na Gàidheil a tha ri maireann, ma tà, mar chraobhan àrda dìreach 'nan aonar – na tha air fhàgail de choilltean mòra seann-chinneasacha an dùthchais a b'àbhaist a bhith mu thimcheall orra a chaidh 'ghearradh sìos gu làr na coilleadh, bho bhun gu bàrr, fo thuagh chruaidh fhuar an iomallachaidh ann a' làimh an atharrachaidh 'nam beathannan làitheil sòisealta. 'S e seo boireannaich agus fireannaich aig a robh, agus aig a bheil fhathast, comas air leth air na ceanglaichean eadar an cànain, an aithne agus an dualchas a dh'fhighe còmhla 'san t-seanchas. Mar a thug Seumas MacBhàtair fainear gu cudthromach: '[…] tha barrachd feum ann air tuigse gur e seanchas Gàidhlig am meadhan a's fheàrr a th'ann gus suidheachadh nan Gàidheal 's a' choillidh mhóir […] a shoillearachadh dhuinn aig ìre shòisealta' (Watson 2002: 271). Agus tha an tuigsinn seo ann a-nisd am measg nam

Seumas MacBhàtair, an t-Ollamh Iain Seathach, an t-Ollamh Lillis Ó Laoire agus an t-Ollamh Coinneach Nilsen (1947–2012) nach maireann.

feadhainn calma a tha stiùireadh leasachadh agus gléidheadh na Gàidhlig ann an Alba Nuaidh an aghaidh nan creag, gura h-e an ginealach seo na freumhan às a dh'fhàsas ath-nuadhachadh sòisealta na cànain agus a cultair aig ìre na coimhearsnachd anns a' mhòr-roinn, a' cur sìol an dòchais airson nan ginealach a tha romhainn.

Bha ceathrar ann gu sònraichte, ceathrar cho feumail 's làn fhoighidinn nuair a thàinig e ri mo chuideachadh, b'ann dhiubh: Anna NicFhionghain (Anna ni'n Iain Alasdair 'ic Aonghais 'ic Ailein Mhòir, bean Dòmhnallach a bh'innte mus do phòs i) à Rubh' an t-Seallaidh, Trèasag Burke (Trèasag ni'n Pheadair Mhòir Steaphain Mhìcheil, NicNìll a bh'innte fhèin mus do phòs i, 1921–2017) às na Cùil Bheaga 's a' Phòn Mhòr, Eòs Peadar MacGhilleathain (Eòs Peadar mac Theàrlaich 'ic Eòis 'ic Theàrlaich, 1945–2013) à Locha Màiri Eumainn ann an crìochan Cùl Bhaghasdail agus Peadar Jack MacGhilleathain (Peadar Eòs mac Jack Pheadair 'ic Caluim Ghobha, 1913–2013) às na *Highlands* an Cùl Eilean na Nollaig. Chaill sinn an triùir ghaisgeach mu dheireadh anns na bliadhnaichean a chaidh seachad oirnn, Eòs Peadar agus Peadar Jack air a' latha mu dheireadh ro'n t-seann-bhliadhn' ùr ann an dà mhìle 's a trì deug, agus shiubhail Trèasag chòir bhuainn air a' cheathramh latha dhen t-Samhainn ann an dà mhìle 's seachd deug.

Bu thoil leam sùil a thoirt air taghadh dhen t-seanchas a chaidh a chlàradh bhuapa gus tuigsinn fhaighinn air na dòighean-smaoineachaidh agus a' léirsinn a bh'aig ceathrar Ghàidheal a fhuair a' chànain ri taobh a h-òran agus a ciùil am measg nan daoine aca fhéin ann an coilltean dlùth Chanada 'san fhicheadamh linn. Tha a' rannsachadh a' toirt leis carachadh amais bho theacsaichean gu co-theacsaichean, agus a' bhuaidh a th'aig an t-seanchas gus léirsinn bhrìgheil fhaighinn air beusan-measaidh ceangailte ri modhannan-conaltraidh nan coimhearsnachdan seo, gabhail òran agus seinn ciùil 'nan lùib.

Leis a' seo, nì mi mìneachadh air an obair-làraich a rinn mi còmhla riutha tro shealladh air na mothachaidhean pearsanta a bh'agam fhìn, chan ann gu dìreach mar rannsachair ach cuideachd mar dhalta agus càraid dhaibh. Gu cudthromach, fhuair na Gàidheil seo an t-eòlas prìseil a th'aca air an cànain agus an cultair aig ìre na coimhearsnachd agus an teaghlaich tro ghnìomh '*thogail*' (Ó Laoire 2005b: 43–88; Falzett 2010: 86–9) seach '*ionnsachadh*' gu foirmeil aig àm nuair nach robh ach Beurla ri theagasg anns na taighean-sgoil. Mar sin, thog na Gàidheil seo a' Ghàidhlig agus an dualchas ceangailte rithe ann an suidheachadh beothail sòisealta a fhuaireadh gu h-àraid a's na taighean-céilidh bhon a bha iad 'nan cnapaich òga (Seathach 2002: 509–10). Mar a thuirt Peadar Jack MacGhilleathain:

> Ma dh'fhaoidte gu bheil mi ceàrr ach tha mi 'déanamh a-mach ma tha thu 'dol a dh'fhaighinn brìgh nan òran agus a' Ghàidhlig, feumaidh tu 'tòiseachadh nuair a tha thu òg mar a thòisich sinn uileadh agus am measg nan daoine ga bruidhinn 's ga labhairt. Gheobh thu an uair sin e (MacGhilleathain, 2007).

Anns a' latha an diugh ann an Ceap Breatainn, tha an ginealach seo do luchd-labhairt na Gàidhlig uileadh a' fuireach ann an coimhearsnachdan a tha cha mhòr gu buileach fo bhuaidh na Beurla. B'ann am meadhan an fhicheadaimh linn ann an Ceap Breatainn a thàinig an caochladh seo a-steach, mar a mhothaich Elizabeth Mertz a's a' rannsachadh a rinn i air '*tip*' na cànain am measg Ghàidheal Mhàbu, ann a' Siorramachd Inbhir Nis, agus Ghàidheal a' Chladaich-a-Tuath, ann a' Siorramachd Bhictoria:

> [...] linguistic 'tip' was not a mere reflex of external pressures, but rather reflected Cape Bretoners' active interpretation of, and struggle with, changing circumstances [...]. [...] even after transmission of Gaelic ceased in Cape Breton, Gaelic speakers continued to use their language in creative ways. [...] The importance of language in the community's repertoire cannot be assessed by mere mathematical frequency of use; it is the entire cultural-linguistic framework through which speakers actively interpret their linguistic experience which gives relative weight and meaning to particular linguistic usages (1989: 113).

Seasaidh na Gàidheil a tha ri maireann 'nar linn mar luchd-fianais air a' chaochladh mhòr seo bho spiris phearsanta nam beathannan aca fhéin.

Mar sin, tha rannsachadh a's a' sgìre agus a's an t-suidheachadh a th'againn a' latha an diugh a' toirt sealladh àraid dhuinn nach robh ann riamh roimhe, agus nach bidh tuilleadh, bho àite-faire suidhichte air a' stairsnich eadar dà shaoghal: 1) fear a tha freumhaichte ann a' saoghal na Gàidhlig mar a bh'aig an sinnsearan anns an d'fhuair iad brìgh an aithne agus anns an do thog iad fhéin eòlas an dùthchais agus a mhodhannan-chonaltraidh (na h-òrain 's an ceòl 'nam measg); agus 2) saoghal eile a th'air tighinn am follais as ùr anns an do chaill a' chànain aca a h-àite ann am beatha-làitheil na coimhearsnachd nas fharsainge agus anns a bheil na modhannan-fiosa ceangailte rithe air atharrachadh gu mòr air neo air chall gu buileach. Tha an caochladh seo lìonte le tuigsinn stéidhichte air eagnachd, beusan agus cuideachd faireachdainn làidir de chall agus de mhilleadh. Air sàilleabh seo, tha deòraidheachd aig cuid dhe na Gàidheil am measg na cuideachd aca fhéin air tighinn air lom nas trice 'san t-seanchas, mar a chuir tè dhiubh, 'Tha e ceart cho math dhomhsa ann am Belle Côte am measg na' Frangach.' Agus tha na faireachdainnean seo dlùth-cheangailte ris an dealachadh a thàinig a-steach tro na nòsan ùra air gabhail òrain agus seinn ciùil ann an dòigh cho-fharpaiseach cho math ri ceòl a reicear air an àrd-ùrlar air neo a cheannaichear le gliog a' phutain ann am bùithtean ditseatach air feadh an t-saoghail. Tha buaidh nan nòsan ùra seo air a thairbheachadh ann an cagailt nam margadh eaconomaigeach seach a bhith stéidhichte air mathas agus soirbheas sòisealta nam buadhannan eile a choisinn a' sluagh an aghaidh gach car 's cruadal an t-saoghail mhòir. B'iad seo buadhannan a riaraich iad gu fialaidh eadarra fhèin mar thìodhlac dhaibh le gach òran a chaidh a ghabhail leotha ann an cuideachd a chéile aig céilidh am broinn cidsin no ceann-shìos an taighe air neo aig froileag mun a' chléith-luaidh, saor an-asgaidh mar a fhuaireadh. B'ann anns na co-theacsaichean ionadail mu dheireadh seo a chaidh tabhartasan eòlas ionadail an dualchais a ghiùlan mar éibhleag bheò thar nan glùintean.

Foillsichidh a' seanchas aca, ma tà, stairsneach nan rian càraideach eadar na beusan '*ceart*' agus '*ceàrr*' cho math ri '*moladh*' agus '*càineadh*' (Shaw 1999, 317–21). Nas motha na seo, agus aig ìre nas freumhaichte ann an inntinn dhaoine, tha a' bhun-smaoin air neo an tuigsinn seo a' fàs gu nàdarra à mothachaidhean corporra nan còig ceud-fàthan: *fradharc*, *claisneachd*, *fàileadh*, *blas*, *'s faireachdainn*; agus cruth, buill 's gluasad na bodhaige. Mar seo chan ann a-mhàin gu bheil a' seanchas a' toirt leis tuigsinn air na modhannan-conaltraidh aca a tha làn-chéille ach cuideachd làn fhaireachdainn, air neo '*feelingful*' (Feld 1984: 16; Keil agus Feld 2005: 91). Chuir Mark Johnson an dàimh eadar a' bhodhaig 's na ceud-fàthan agus gluasadan-inntinn mar seo: '[…] what we call "mind" and what we call "body" are not two things, but rather aspects of one organic process, so that all our meaning, thought, and language emerge from the aesthetic dimensions of this embodied activity' (2007: 1).

Thug Eòs Nìll Bhig às a' Rubha Mheadhanach (no à Ceap Leitheach, mar a bh'aig cuid air) fàire shoilleir dhuinn air feum an t-seanchais a's na taighean-céilidh gus mathas sòisealta agus corporra a choisinn am measg an t-sluaigh:

> Dh'fhaodadh sibh a bhith a' seanchas riutha fhéin […]. Agus bha 'n toileachadh sin ann—bha 'n aonachd. Bha na daoine aonaichte. Bha mi 'n dùil gu robh iad aonaichte. Bha iad aonaichte na' feòil agus na' spiorad. […] Agus bheir mi fhathast gu robh an céilidh math airson aonachadh nan daoine airson an cumail ann an toileachadh agus gu robh e gan cumail dlùth dha chéile ann an càirdeas agus na' feòil agus na' spiorad, agus gura h-e call mór a bh' ann 'na mo bheachd-sa agus 'nam bharail gun deachaidh 'n uibhir dheth air a naisg 's gu bheil e air fàs cho gann (MacNeil 1987: 16).

'S ann 'san t-siostam shòisealta seo a théid faclan ceangailte ris a' bhodhaig agus ris na còig ceud-fàthan a chleachdadh le brìgh shònraichte mheataforach ann a' sruth an t-seanchais. Mar a mhothaich Seumas MacBhàtair gu cunbhalach: 'ma 's e cànan anam nan Gàidheal, 's e seanchas a tha mar ghrunnd-inntinn an dream agus cha n-eil ann a bhi beò as aonais' (Watson 2002: 277). Mar sin, 's urrainn dhuinn mìneachadh feumail a dhèanamh air caochladh cho-theacsaichean seimeantaigeach nam facal a chluinneas sinn am bitheantas ann an dòighean àbhaisteach cho math ri brìghean ùra a thig am follais gu cruthachail gach uair 's a bhios sinn ri cainnt air ceòl. Ga brì gu dè an t-slighe air an gabh facal a chleachdadh gu meataforach, ma mhaireas am meatafor eadar na ginealaichean a-nuas, feumaidh a bhrìgh a bhith freagarrach dhan t-seanchas fhéin, modh-conaltraidh air a tharraing mar is nòs bho thobar dhomhainn an dualchais (Shaw, 1999: 314-7; Falzett, 2010; Ó Cadhla, 2011).

Mar theisteanas, tòisichidh ar beachdnachadh le antanaimean cho gnàthaichte ri '*s(h)uas*' agus '*s(h)ìos*' gus a' Ghàidhlig agus an t-seinn a chur 'nan àite ann an léirsinn an t-sluaigh. Tha 'n ceangail ann eadar na faclan '*s(h)uas*' agus '*s(h)ìos*' cudthromach gus ar n-àite fhìn a lorg 'san t-saoghal nas fharsainge, chan ann gu dìreach ar creubhan air clàr na tìre cruthaichte, ann an àite agus ùine, a lorg ach cuideachd ar n-aithne 'nar n-inntinnean fhìn agus faireachdainnean làidir dùthchais a thig leotha. Mar a thuirt Anna ni'n Iain Alasdair mu dhachaidh a h-òige ann an Rubh' an t-Seallaidh shuas 's a' chùl seach fichead cilemeatairean 'shìos' gu tuath ann am baile Inverness (na 'an Sìthean' mar a bh'aig Gàidheil an àite air a' bhaile gu dualach) far a bheil i 'fuireach an diugh: 'Sheo an dùthaich againn fhìn. 'S iomadh latha math a chuir mi seachad a bhos a' seo. O, bha mi cho muladach dar a dh'fhalbh mi à Rubh' an t-Seallaidh. Bidh mi 'caoineadh air a shon fhathast' (Nic Fhionghain, 2010). Nuair a bha an dithist againn ri seanchas air a' rathad chas, charrach a dh'ionnsaigh dachaidh a h-òige, chuimhnich Anna air ceathramh dhen òran ainmeil "Cumha Cheap Breatainn" (Fergusson, 1977: 58-60), a tha dlùth-cheangailte ri crìochan a dùthchais. B'e seo òran a rinn Alasdair a' Ridse (Alasdair mac Ailein a' Mhaim 'ic Alasdair Ruaidh, Dòmhnallach, a chaochail an 1904) as deaghaidh dha fhéin a dh'imreachadh bhon àite a chaidh a shuidheachad le 'athair ann an Ridse Mhàbu gu tìr-mòr na h-Albann Nuaidh mu bhliadhna 1847 agus e ri sùil a thoirt air n-ais thar a' chaolais le cladaichean Cheap Breatainn air an fhàire roimhe. Mar a shònraich Anna fhèin:

> Bha 'n t-òran—"'S Rubh' an t-Seallaidh fad mu thuath, creagach, cruaidh agus àrd." Agus bhithinn-sa ag ràdhainn—bha 'n t-òran ann, ['s i a' gabhail an òrain]: "Chì mi bhuam fada bhuam. Chì mi bhuam ri muir làn. Chì mi Ceap Breatainn mo luaidh, 's fhada bhuam thar an t-sàil." [...] Agus chuir cuideigin air: "Rubh' an t-Seallaidh fad mu thuath, far a bidh na h-uaislean a' tàmh." Bha sin na b'fheàrr na creagach (NicFhionghain 2010).

Thàinig ceathramh agus fonn an òrain gu beatha ann an sruth a seanchais mar chomharra de chumhachd nan cuimhneach-aidhean agus nam mothaichean a bh'aice air feadh a beatha fhèin, gu h-àraid air an diubhair a bh'ann eadar an dà àite seo, Rubh' an t-Seallaidh agus Baile Inverness, a thaobh a cànain agus a dualchais ann am beatha-làitheil na coimhearsnachd. Mar a mhìnich ise dhomh bliadhna roimhe sin:

> 'S i—dar a bha sinne an Rubh' an t-Seallaidh, 's e Gàidhlig uile a bha shuas a' siod, o bha. Ach dar a thàini' sinn a-nuas a' seo, bha fichead 's còig bliadhna bhon a thàini' sinn a-nuas a' seo. Tha na daoine a' seo, chan eil i aig duine idir, idir, idir, chan

> eil, chan eil. Bha an Rubh' an t-Seallaidh, 's e a bhruidhneadh 'ad riamh. 'S e Gàidhlig a bhruidhneadh àd, 's e. Cha b'urrainn dhut a h-ionnsachadh o chionn, mar a bha cuimhn' a'm, cha robh an còrr ac' ach Gàidhlig. A chuile taigh a racha' tu air chéilidh air, 's e Gàidhlig a bha 'ad a' bruidhinn. Agus, uell, 's e Gàidhlig a bh'againn aig an taigh even dar a chaochail mo mhàthair. Chum sinn riamh i. 'S e Gàidhlig a chum sinn suas. Bha Gàidhlig aig a' chù againn (NicFhionghain, 2009).

Tha e soilleir dhuinn 'san t-seanchas seo gun cuir Anna Rubh' an t-Seallaidh, dachaidh a dùthchais, ann an àite a tha '*shuas*' far an do chum a sinnsirean agus i fhéin an cànain agus an dualchas '*suas*' gu h-uile-làthaireach seach o'n dòigh-beatha a chaidh a choinneachadh rithe dar a thàinig i '*a-nuas*', sìos bhon àrd, a dh'fhuireach ann am Baile Inverness far nach cluinn i guth Ghàidhlig ach glè ghann. Anns an t-seanchas tha cuideam, chan ann a-mhàin air '*àite*' agus '*aithne*' ach gu cudthromach air 'ùine' agus an diubhar a thàinig a-steach dhan choimhearsnachd tron na linntean eadar a' latha a shuidhich a' cheud Dòmhnallach, Ailean Mòr, ann an Rubh' an t-Seallaidh, lathaichean a h-òige agus a' latha an diugh. Tha gluasadan-inntinn freumhaichte aig ìre phearsanta ann an caoineadh '*an àite*', '*na h-ùine*' agus '*na h-aithne*' a chaidh air chall.

Mar a mhìnich Anna dhuinn gu h-àrd, bu mhiann le muinntir Rubh' an t-Seallaidh coimhearsnachd làidir mhaireannach a chruthachadh, chan ann gu dìreach air aghaidh na tìre a-mhàin ach cuideachd ann an conaltradh a riaraich iad eadarra fhèin 'san t-seanchas aca air àite agus aithne. Mar seo tha an cumhachd a chuireas Gàidheil air faireachdainn de *chall* agus de *chumha*, no '*caoineadh*' mar a chuir Anna e, cho ceangailte ri nàdair molaidh (Shaw 1999, 317–18; Ó Laoire 2000; 2005a) aig ìre shòisealta na coimhearsnachd ann an Gàidhealtachd na h-Albann, na h-Éireann agus Cheap Breatainn. Mar a mhothaich Lillis Ó Laoire ann an co-theacs imrich agus ceist mairsinn na coimhearsnachd am measg luchd-labhairt na Gaeilge ann an Tír Chonaill, 'the evocation of *cumha* simultaneously emphasized the maintenance of bonds to remaining blood relatives and protests against a threat to the existence of the community' (2000: 44). Dhearbh Ó Laoire gu bheil siostaman meataphorach na Gaeilge ann an Tìr Chonaill dlùth-cheangailte ri bun-smaoin *cumha* agus suidhichte ann an teas-meadhan structair bhun-bheachdail air dùthchas agus na ceanglaichean beò stéidhichte air a' chàirdeas a th'eadar coimhearsnaich. Mar a thug e fainear: 'such attitudes formed a 'natural' part of a world view which, in adapting to rapid changes, allowed small communities to survive, while yet negotiating workable compromises with the forces that threatened to annihilate them' (2000: 45).

Bheir an cumha seo dearbhachd chaointeach leis am measg an t-sluaigh gus an t-aonachadh eadarra a dhaingeachadh, mar a chuir Ó Laoire e: 'although sorrowful, is considered to be affirming in that it reinforces the values of kinship and community reciprocity' (2005a: 197). Air sàilleabh sin, théid an tuigse seo air àiteachadh dùthchais agus dualchais air fhoillsicheadh air feadh aghaidh na tìre a's an t-seanchas, tìr a tha lìonte ann an inntinnean a muinntir le cuimhneachaidhean na coimhearsnachd nach maireann (2000: 41). Thig na bun-smaointean seo a-mach ann a' fuaimean siùbhlach nan òran agus nam port fhéin mar a bh'aig an sinnsirean ann an taighean-céilidh an òige cho math ri cuimhne sam bith eile. Mar a chuimhnich Anna ni'n

Iain Alasdair turas a chionn ghoirid a chuala i ceòl a dùthchais 'san fhasan ùr:

> 'S bha mise nam shuidhe 's ag èisdeachd agus bha mi 'cuimhneachadh air mo sheanair. Nam biodh e 'cluinnteil a' cheòil seo, nach e 'bhiodh far a dhòigh? Tha mi 'mìneagadh, bha e 'cluith ach bha e 'cluith tuilleadh 's luath. Agus bha e 'toirt a' bhlais aig na puirt bhuaithe. [...] Ach chan eil fhios a'm carson gu bheil toil aca a bhith 'deanadh. [...] Agus tha 'ad a' deanadh an aon rud leis na h-òrain Ghàidhlig cuideachd. Tha faclan air òrain Ghàidhlig a chuala mi – na h-òrain a chuala mise, bha 'ad againn fhìn agus tha 'ad gan ràdhainn le diubhair seach o'n dòigh a bha sinne gan cleachdadh. [...] Agus a' rud a bhios mise 'faicinn, a bhith 'cuimhneachadh leam fhìn: còig air fhichead bliadhna sìos a' rathad, cha bhith pioc dhen t-seann stuth a bha – a bu chòir a bhith ann. Cha bhi sgeul air o chionn tha 'ad a' seo 'dol ga mhilleadh. Ach ma chumas 'ad suas leis a' seo, dè eile tha 'dol a dh'éirigh dha? (Nic Fhionghain, 2010)

Bhon àite-faire a th'aig Anna air suidheachadh a cànain agus nam modhannan-conaltraidh ceangailte rithe, aithnichidh ise gu bheil an t-aonadh eadarra air a dhol à bith cha mhòr gu buileach. Air sàilleabh seo, chì ise sreath a h-aithne air a dhol far a' rathaid air an do ghiùlain a sinnsirean an dùthchas a-nuas thuice fhèin. Tha a sealladh stéidhichte bhon taobh a-staigh a cultair agus le cainnt ceangailte gu dlùth ris na ceud-fàthan *claisneachd*, *fradharc* agus gu h-ùidheachail *blas*, gach uair 's a chuimhnicheas i air brìgh nan òran agus a' chiùil a thug a seanair dhi tro chumhachd air gnìomharan nan ginealaichean a dh'fhalbh. Mar neach-fianais do shìor chrìonadh na Gàidhlig eadar na glùintean 'san dàrna phàirt dhen fhicheadamh linn, chì ise an dealachadh a tha ri tachairt eadar na roinntean seo dhen dualchas. Mar seo, tha léirsinn àraid agus phearsanta aice agus aig na Gàidheil a mhaireas an Ceap Breatainn air seòrsa de mhilleadh a bhreitheas a-mach às eu-comas tuigsinn air, agus ceanglaichean briste eadar, ruitheaman na cànain agus nam modhannan-conaltraidh, mar òrain agus puirt, a b'àbhaist a bhith ceangailte rithe (Shaw, 1992–3). Tha na beachdan seo freumhaichte ann an cleachdadh cànain agus cultair a chruthaicheas gu sòisealta bhon taobh a-staigh dhen dhualchas agus tha iad seo 'nam pàirt choileanta dhen aithne làitheil aig Gàidheil Cheap Breatann. Tha an aithne air a ghiùlan gu cùramach 'nan cuimhne a dh'aindeoin gun deach na modhannan-conaltraidh air chall am measg chompanach eile anns a' choimhearsnachd.

Tha na sgaraidhean a thig a-steach air an dà rathad sgaipte eadar a' chànain agus a cultair a' toirt leotha tuigsinn ar n-àite 'san t-saoghal mhòr agus na beusan air a labhairt ann am bun-bheachdan ceangailte ri *s(h)uas* agus *s(h)ìos*, *ceart* agus *ceàrr* ann an saoghal ionadail na Gàidhlig. A bharrachd air seo, bheir brìgh nam facal seo tuigsinn nas fharsainge dhuinn air faireachdainnean sòisealta ceangailte ri '*teth*' no '*teas*' agus '*fuar*' no '*fuachd*' eadar daoine. Mar a chluinnear 'suas e!' air éighheach aig cuideigin gu h-àrd aig céilidh no dannsa ann an Ceap Breatainn dh'ionnsaigh a' latha an-diugh gus misneach a thoirt dhan òranaiche no dhan fhìdhlear, tha dlùth cheangail eadar an tuigse seo agus an fhaireachdainn a chuireas '*oíche mhór*' air dòigh am measg muinntir Eilean Thoraigh. Mar a bhuail e gu làidir ann an obair-làirich aig Lillis Ó Laoire:

> The maintenance of the high pitch of excitement in the night was metaphorically known as keeping the night 'up,' *suas*. Allowing the night to become 'cold,' *fuar* or to go 'down,' *síos*,

> was avoided at all costs. [...] When the night was being kept *suas* 'up,' when it was *te* 'warm, hot' when performances exhibited 'proper shape and finish' or *cuma* and *craiceann*, an intense longing feeling, *cumha*, could be efficaciously evoked. The expressive power of songs were further enhanced by their juxtaposition with lively dance music in jig, reel, hornpipe, polka, and highland tempos and the singing of humorous songs, also in quicker tempo, which elicited laughter and merriment. [...] 'Pining grief,' or *cumha*, is linked to 'right,' *ceart*, 'proper shape,' *cuma*, 'heat,' *teas*, keeping the mood 'up,' *suas* so that the dance is transformed into 'a big night,' *oíche mhór*. In the same way loneliness, isolation, lack of company, or fear of the supernatural, or *uaigneas*, may be associated with the 'coldness' or *fuacht* of a night which was going downwards '*síos*' (2005a: 190, 197).

Ann an rùn ris na thuirt Anna mu 'cànain 's a dùthchais agus mar a bha beatha a h-òige an Rubh' an t-Seallaidh, tha buil air tuigse '*suas*' ceangailte ris na gnìomharan a chumar suas am measg Ghàidheal, co-dhiubh air an aon rathad air neo air rathad speucaidh eile. Mar seo, tha aithneachadh fosgailte aice a shoillearaicheas dhuinn gu bheil an roghainn seo ann: dìreach mar a chumas aon neach a' chànain agus na modhannan-chonaltraidh a thig aiste '*suas*,' tha feadhainn eile ann a chumas an seachran far a' rathaid '*suas*' cuideachd ann an dòigh eile. Faodaidh sinn a dhearbhadh gu bheil brìgh *s(h)uas* agus *s(h)ìos* ann an Ceap Breatainn air a stiùireadh ri beusan aithne agus gluasad-inntinn aig ìre gu math pearsanta cho math ri 'r n-àite fhìn a lorg air aghaidh na tìre. Anns an t-suidheachadh seo, tha gluasad '*suas*' agus àiteachadh '*shuas*' air fhaicinn nuair a shiùbhlas cuideigin dh'ionnsaigh oighreachd a dhùthchais anns na dòighean-beatha agus modhannan-chonaltraidh freumhaichte ris a' choimhearsnachd shòisealta mar bu nòs dhaibh.

Tha na gluasadan sòisealta seo, a' dol suas air rathaidean far a dh'fhalbhas daoine air chéilidh, far a dh'éireas iad air séisd an làimhean a chéile, agus far an téid aca air an oidhche a chur seachad an cath-seanchais ri chéile, nan comharraidhean sònraichte de dhualchas-beòil agus togail eòlais aig ìre ionadail na coimhearsnachd. Dìreach mar a tha na rathaidean seo ann airson falbh air chéilidh, feumaidh neach a dhol thairis air a' stairsnich agus tro dhoras an taighe gus pàirt a ghabhail gu h-iomlan 's a' choimhearsnachd agus a h-eòlas a thogail am measg cuideachd. Bha seann-chleachdadh na bliadhn' ùire ann uair dhen t-saoghail a bha deatamach am measg Ghàidheal na h-Albann agus Cheap Breatainn, cleachdadh a dh'fhigheas dol thairis air a' stairsnich le tabhartas ealain-bheòil agus is sin '*a' gabhail an duain*' aig doras coimhearsnaich air Oidhche Challainn, no Oidhche na Callaigeadh. Tha seo dlùth-cheangailte ris an t-seann-iomlaid shamhlach a bh'ann eadar bàrd no filidh agus an cùl-taicean: ma bheireadh bàrd '*dúan*' do chùl-taice, gheobhadh e '*dúais*' air n-ais (Watkins 1973). Chuimhnich Peadar Jack air a' chleachdadh seo nuair a bha e na òigear ann an Cùl Eilean na Nollaig turas a bha e 'seanchas ri Eòs Peadar agus rium fhìn beagan as deaghaidh na bliadhn' ùire ann an dà mhìle 's a naoidh:

> Uell, bhiodh 'ad an uair sin a' dol mun cuairt a chruinneachadh air Oidhche na Callaige – […] 'gabhail an duain. Dh'fheuma' tu duan a ghabhail aig an dorast. […] Can gun d'ràinig mise an dorast agadsa 's cha robh duan agam, chan fhaighinn a-staigh. Cha leiginn iad a-staigh (MacGhilleathain agus MacGhilleathain, 2009).

Tha gabhail an duain aig na gillean Callainn a' toirt leis cuireadh a dhol thairis air a' stairsnich far am faighear aoigheachd agus biadh, a' giùlan an t-seann iomlaid eadar *dúan* agus *dúas* mar a bh'aig na filidhean ann an saoghal na seana Ghàidhlig gu slàn 'nar n-aois fhìn. Tha àrd-ùrlar '*gabhail an duain*' stéidhichte air a' stairsnich far an cumar a' chleasachd bhliadhnail tro na ginealaichean, a' crìochnachadh gu h-éifeachdach le tagairt na feadhainn a-muigh dhan fheadhainn a-staigh: '*fosgail an doras 's leig a-staigh mi!*' Bheir dleasdanas na h-iomlaide seo air Oidhche Challainn cudthrom sònraichte leis nuair a chuireas sinn an iomlaid ann an co-theacs sòisealta na céilidh. Tha an doras, ma tà, 'na shamhla cumhachdach far a choinnicheas an aithne phearsanta a th'aig duine aithne na coimhnearsnachd nas fharsainge, mar a chuir Peadar Jack e air òrain a bhiodh air shònrachadh aig duine àraid 's a' choimhearsnachd:

> Sin an t-òran a bhiodh e 'gabhail cha mhòr fad na h-ùineadh. Bhiodh 'ad ga sheachnadh. Dh'fhàgadh 'ad aig gu b'e cò bha 'gabhail an òrain – 'Sin an t-òran a bh'aigesan na a bh'aicese.' Cha robh 'ad a' dol a-staigh air an dorast ac' idir (MacGhilleathain, 2007).

Ma thuiteas an duan no an t-òran air cluasan bodhar, ma dhiùltas an fheadhainn a-staigh inntrigeadh dhan fheadhainn a-muigh, agus gun cuir iad na cleachdaidhean freumhaichte air gnàthsan aoigheachd bun os cionn, théid na ceanglaichean eadar coimhearsnaich a lagachadh agus cuirear caisg air sruth an dualchais aca. Fàsaidh an càirdeas eadar coimhearsnaich '*fuar*' agus cuirear a' chèilidh 'na tosd.

Tha cuimhne glè mhath aig Trèasag ni'n Pheadair Mhòir air a' mhathas shòisealta a thigeadh às na h-iomlaidean seo aig céilidhean a h-òige. Bha a dachaidh fhéin na taigh-céilidh anns na Cùil Bheaga air na bruthaichean shuas bhon a' Phòn Mhòr, mar a chuimhnich i:

> Nuair a bheireadh sinn na daoine 'staigh, cò bha 'dèanamh na bruich? Mo mhàthair. [Bha] rudan gu math gann. Bha thu fortanach gu robh bainne 's ìm a chuirea' tu air rud ann. Dhèanadh i aran-lof'. [...] Bhiodh, chan eil fhios a'm, briosgaidean 's ìm. Cha bhiodh an còrr. Cha robh thu a' dèanamh *splash* sam bith. [...] Sheadh, tì 's steall air choireigin do thì na ge b'e dè bha dhìth ort—a chuile duine toilichte 's làn aighear gàbhaidh a-staigh ag obair air gabhail òran 's air bruidhinn 's a' Ghàidhlig 's òrain 's gàire. Sheadh, bha sin cho math dha na daoine. Tha 'leithid do *stress* ann an dràsd'. Chan eil gàire na sìon. Ma tha thu 'gàire tha 'ad a' coimhead air dè tha ceàrr ort – a chuile duine 'falbh 's gruaimean air (Burke agus Burke, 2009).

Leis a' bheagan a bh'aca ri làimh, chum iad suas na dlùth-cheanglaichean a bh'ann eadar na daoine le tabhartas de '*bhruich*,' a' deasachadh greim bìdh dhan fheadhainn a chruinnich. Às a' sin, gheobhadh an fheadhainn a chruinn-eachadh aonachadh na bu threasa le conaltraidhean seanchais, ciùil agus òrain duine mu seach gus '*làn aighear*' a thoirt dhaibh uileadh. Mar a mhothaich Henry Glassie anns an obair-làraich a rinn e am Ballymenone:

> The goodness under quiet needs demonstration, and that comes when mild energy is made into a gift. Quiet work—weeding the spuds in the garden, drawing the tea at the hearth—produces food, then food is given as a sign of goodness. The gift of food is called 'entertainment.' Entertainment is also a name for speech—not all speech, but that which does the work of food: gathering personal energy

> into a gift to others which pleases them in the moment, then carries them on to further life. […] The melody of song is refined into music, the ultimate entertainment […]. Music serves the ear and spirit as food serves the tongue and body (1982: 36–7).

Seo far a' faigh sinn brìgh eile air *blas* mar mheatafor a chleachdas Gàidheil na h-Éireann, na h-Albann agus Cheap Breatainn air òrain, cainnt, ceòl agus modhannan-conaltraidh eile. Airson Anna ni'n Iain Alasdair, bha an toileachadh a bh'aice air na puirt bhlasda a chuala agus a thog i na h-òige dìreach mar mhathas agus sàsachadh a' bhìdh dhi, rudan a dh'itheas daoine agus a bheireas annlan agus aighear dhaibh, mar a chuimhnich i:

> Bha tè dhe na h-igheanan aig bràthair mo sheanmhar, Màiri Alasdair Raghnaill – Mary MacDonald. […] O bha dìreach a' seann cheòl 's na cnàmhan aice 's bheireadh i às an fhìdheall ud dìreach. Uell, shuidhea' tu 's bhio' tu dìreach ga ithe, bha e cho math. Ach cha chluinn thu sin. Tha e 'fàs cho gann (Nic Fhionghain, 2009).

Tha ceòl, ma-tà, mar bhiadh a neartaicheas an fheadhainn a chluinneas e, agus théid ar tuigsinn agus ar meas air a thrusadh 's a' chreubh agus 's na cnàmhan, mar a chuir Anna e. Cuirear na bun-smaointean eadar ithe agus gabhail òrain no seinn ceòl dhachaidh, mar gum bitheadh, nuair a bha sinn an teas-meadhan céilidh as deaghaidh feasgar làn òran agus ceòl aig taigh Pheadar Jack an Cùl Eilean na Nollaig. Thàinig a' bhanaltram a bha 'coimhead air a-steach dhan taigh agus dh'fhaighneachd i dha, mar a chuimhnich Peadar as deaghaidh a' ghnothaich:

> Peter Jack: ''S e, thuirt i, 'dè tha mi 'dol a chur sìos airson ur suipeir?' ''S e an ceòl,' ars mi [a' gàire].
> Tiber: 'S e, 's e biadh a th'ann [...]. Bha sibh ag ràdhainn, 'Nas fheàrr na biadh uaireigin.'
> Peter Jack: Gheobha' tu biadh uair sam bith
> (MacGhilleathain, 2009).

Tha seo a' cur nam chuimhne naidheachd a dh'innis Ailean Dòmhnullach à Gleann Ùige dhomh turas air dithist bràithrean a bha nam baidsealaran ann an Eignig, fàisg air Gleann Ùige am Mùideart, Gàidhealtachd na h-Albann (Dòmhnullach, 2011). Cha robh greim bìdh ri fhaighinn a-staigh agus dh'fhaighneachd aon bràthair dhan fhear eile, '*Gu dè ghabhas sinn airson ar suipear?*' agus fhreagair am bràthair eile: '*Och, gabhaidh sinn òrain!*' Ged 's e cleasachd air brìgh a' ghnìomhair '*gabh*' a th'ann, eadar '*a' gabhail suipeir*' agus '*a' gabhail òran*' mar a chuirear an Gàidhlig na h-Alba airson '*seinn*,' tha rud nas domhainne a' seo mar a chìthear anns an tuairisgeul eireachdail aig Tomás Ó Criomhthainn air an t-sàsachadh a fhuair e oidhche shònraichte ann an Dùn Chaoin, Ciarraighe:

> Bhí bean aosta na hInise agus amhrán á rá aici insan am so, *Ar Éire ní 'neosainn cé hí*, agus ní raghfá go dtí aon bhia ach ag éisteacht léi insan am san, agus an óigbhean d'inín di ba bhreátha ná san.
> 'Tá an ceol sí ar siúl,' arsa fear do labhair liom.
> [...] Ní dóigh liom ná gur bhuail an galar do bhuail me féin formhór a raibh sa chuileachtain, 'sé sin, mar ba bhearna réidh dom dhá lá agus dhá oíche do thabhairt gan bhia ná deoch, ag éisteacht le guth na beirte úd (2002: 133–4).

Mar seo, tha 'n toileachadh a gheobhar eadar am biadh, seanchas, òrain, agus ceòl air a riarachadh mar na cungaidhean amh de dhòigh-bhruich a bheirear làn aighear agus aonachadh làidir am measg an t-sluaigh.

Agus air sàilleabh seo, sùghaidh ar bodhaigean a' bhrìgh a thig à mathas na céilidh a' toirt freumh eile dhuinn air an t-siostam, freumh aig '*cridhe*' a' ghnothaich, agus is seo meataforan a' chridhe fhèin. B'àbhaist do Pheadar Jack MacGhilleathain iomradh a thoirt air conaltradh nan òran agus nam port nuair a thigeadh daoine air chéilidh le ainmear gnìomhaireach '*tighinn*' agus à tùs '*a' chridhe fhèin*' mar a thuirt e mun na luchd-ciùil aig a robh Gàidhlig a bha 's a' choimhearsnachd:

> Tha mi 'dèanamh a-mach na seann fhidhleirean, Bha a' Ghàidhlig aca, 's bha na caoin 's na h-òrain aca. 'S bha siod nan cridhe 's bha e 'tighinn a-mach luachmhor. An aon rud aig na pìobairean – bha siod dìreach a' tighinn o'n cridhe. Bha 'ad gan cluinntinn – na h-òrain 's na puirt a bha sin (MacGhilleathain, 2007).

Mar seo, tha Peadar Jack a' cruthachadh an tuigsinn a th'aige air an dualchas air làr-meusaidh eadar a' chànain, a ceòl agus ar bodhaigean fhéin, a' toirt dhuinn siostam meataforach aig 'cridhe' an dualchais. 'S urrainn dhuinn, gu cinnteach, comharraidhean a lorg eadar meatafor a' chridhe mar a th'aig Peadar Jack agus gnathasan-cainnte anns a bheil cridhe a chleachdadh air feadh an t-saoghail air dùrachd, mar eisimpleir '*coming from the heart*' ann am Beurla agus cuideachd anns a' Ghaeilge '*ó mo chroí amach*' (Ó Donaill 1977: 321). Gu h-ionnan, théid '*cridhe*' a chleachdadh air gnìomh taitneach, mar eisimpleir: '*Tá sé ag cur a chroí amach ag ceol*' (321). Co-dhiubh, 's e a' rud as brìgheile le seo 's gu' faic Peadar Jack conaltradh a' chiùil mar shruth a thig à cridhe singilte aonaichte nan daoine a ghabhas òran air neo a sheinneas ceòl còmhla cruinn. Mar a chuimhnich Peadar Jack shuas, tha ceanglaichean làidir ann eadar ceòl, òran, agus a' Ghàidhlig. Mar seo, thigeadh caoin an òrain no am port-dannsaidh gu beatha leis an tuigsinn domhain a th'aig òranaiche no neach-ciùil sam bith air na modhannan-conaltraidh seo agus a' chànain a tha dlùth-cheangailte riutha (Shaw, 1992–3: 41-4; Falzett, 2012: 329–33). Tha an tuigsinn seo ri fhaicinn nas motha ann anns an t-seann-fhacal: '*a' rud nach cluinn cluas, cha ghluais cridhe*' (MacNeil 1987: 1), a' cur beum air na ceanglaichean eadar claisneachd agus gluasadan-inntinn am measg Ghàidheal.

Tha a' sealladh aig Peadar Jack air buaidh na Gàidhlig air ceòl agus òrain ann an àite '*cridhe*' singil aonaichte na coimhearsnachd, na thàmh '*nan cridhe*' agus air tighinn beò às, mar a thuirt e: '*dìreach a' tighinn o'n cridhe*', a' soilleireachadh dhuinn cho freumhaichte 's a tha am meatafor ann an càirdeas sòisealta agus ann an cumail suas an dualchais ri taobh an aithne. Chìthear seo gu h-iomlan anns an t-seann fhacal: *is aon an cridhe* (Dwelly 1994: 271). Cuiridh Peadar Jack a thuigsinn an céill nas motha 'san t-seanchas aige air gabhail òrain anns a' choimhearsnachd agus na ceanglaichean a th'ann eadar òran, gluasad-inntinn, agus faireachdainn nan daoine, mar a thuirt e:

> Bhiodh 'ad a' gabhail òrain—gu b'e dè 'n t-òran a bh'ann –mar a bha 'ad a' faireachdainn mu dhéidhinn. Sin a tha mise 'dèanamh a-mach. Bha sin nan cridhe 's ga chur a-mach. Cha

> robh 'ad a' feitheamh ri gnothaichean a chaidh a sgrìobhadh. [...] Bha e a' toirt urram dhaib' fhéin – togail dhaibh. Chaidh an t-òran a ghabhail caran beag luath gun a bhith ro luath. 'Sin mar a chuala mis' àd (MacGhilleathain, 2007).

Tha an t-aonachadh a théid a chruthachadh agus a lìonadh a-steach ann an cridhe singilte na coimhearsnachd ri fhaireachdainn le làn-chéille mar a mhìnich Peadar dhuinn nuair a thuirt e gum fuirich an t-eòlas agus an aithne seo 'nan cridhe'. Thig an dualchas beòil seo a-mach 'o'n cridhe' air slighe àraid a lean tro chridhe nan daoine a chaidh romhpa agus a thug na modhannan-conaltraidh seo leotha a-nuas dhuinn fhìn. Cluinnear an dàimh bheò mar bhualadh cridhe ann an cléibh gach duine a chruinnicheas mun chléith-luaidh. Cha mhòr nach mothaich gach duin' againn a' samhla brìgheil seo, chan ann gu dìreach eadar an dlùth 's an t-uachdar a tha fighte anns gach ceathramh 's fonn ach cuideachd gach turas a dh'éireas ar guthan air òran le faram gach buille a mhaireas mar mhac-talla thar nan ginealaichean. B'ann air feasgar samhraidh shuas air bruthach Rubh' Eachainn Mhòir leis a' phlaide 'nar dùirn a chaidh a' léirsinn a làimhseachadh dhuinn gu pearsanta tro chumhachd luinneag ann an deò ar spiorad cho math ri feòil 's féithean ar bodhaig. Thòisich Peadar Jack air an òran a leanas agus nuair a dh'éirich sinn uileadh air an t-séisd, thàinig na snàithean dìonach eadar càirdeas, ceòl, call agus cridhe gu beatha ann an cuideachd a chéile:

> Air fàillirìnn, ìllirìnn, oich a rìnn ù,
> Air fàillirìnn, ìllirìnn, é ho ró, é ó,
> Air fàillirìnn, ìllirìnn, oich a rìnn ù.

Nuair a thruiseas na gillean
'S a sheinneas an fhìdheall,
Ciamar a thogas mo chridhe,
'S gun thu 'tighinn, a rùin?
– bho "Òran do Ghille a Chaidh a Bhàthadh," gun urra
(MacGhilleathain 's eile, 2007; Mac na Ceàrdadh, 1879: 177).

Burke, T. agus Burke, M. 2009. Agallamh le Trèasag agus Mòrag Burke, Am Pòn Mòr, 3 An Lùnasdal.

Dòmhnullach, A. 2011. Agallamh le Ailean Dòmhnullach, Dùn Éideann, 11 Céitean.

Dwelly, E. 1994 [1920]. *Faclair Gàidhlig gu Beurla le Dealbhan / Dwelly's Illustrated Gaelic to English Dictionary.* Glasgow: Gairm.

Falzett, T. 2010. ' "Am measg nan daoine ga bruidhinn 's ga labhairt": An Exploration in Seanchas-based Discourse', ann an K. E. Nilsen (deas.), *Rannsachadh na Gàidhlig 5: Fifth Scottish Gaelic Research Conference.* Sydney, NS: Cape Breton University Press, 78–99.

Falzett, T. 2012. '"Bhio' tu dìreach ga ithe, bha e cho math" / "You would just eat it, it was so good": Music, Metaphor and Food for Thought on Scottish Gaelic Aesthetics', ann an Anna Idström agus Elisabeth Piirainen ann an co-obrachade le Tiber Falzett (deas.), *Endangered Metaphors. Series: Cognitive Linguistic Studies in Cultural Contexts.* Amsterdam: John Benjamins, 315–38.

Falzett, T. 2014. ' "Tighinn o'n Cridhe" / "Coming from the Centre": An Ethnography of Sensory Metaphor on Scottish Gaelic Communal Aesthetics', Tràchdas PhD. Dùn Éideann: Oilthigh Dhùn Éideann.

Feld, S., 1984. 'Communication, Music, and Speech about Music', *Yearbook for Traditional Music* 16, 1–18.

Fergusson, D. A. 1977. *Fad air Falbh as Innse Gall: leis comh-chruinneachadh Cheap Breatuinn / Beyond the Hebrides, Including the Cape Breton Collection.* Halifax, N.S.: Lawson Graphics Atlantic.

Glassie, H. 1982. *Passing the Time in Ballymenone: Culture and History of an Ulster Community.* Philadelphia: University of Pennsylvania Press.

Johnson, M. 2007. *The Meaning of the Body: Aesthetics of Human Understanding.* Chicago: University of Chicago.

Keil, C. agus Feld, S. 2005 (an dàrna clò). *Music Grooves.* Tucson: Fenestra Books.

Mac na Ceàrdadh, G. 1879. *An t-Òranaiche no Co-Thional Taghte do Òrain Ùr agus Shean.* Glasgow: Archibald Sinclair.

MacGhilleathain, P. J. agus MacGhilleathain, E. P. 2009. Agallamh le Peadar Jack MacGhilleathain agus Eòs Peadar MacGhilleathain, Cùl Eilean na Nollaig, 20 Am Faoilleach.

MacGhilleathain, P. J. 2007. Agallamh le Peadar Jack MacGhilleathain a rinn Seumas MacBhàtair agus Tiber Falzett, Cùl Eilean na Nollaig, 31 an t-Iuchair.

MacGhilleathain, P. J. agus eile. 2007b. Luathadh le Peadar Jack MacGhilleathain, Migidh John H. MacNìll (Mìcheal Eòin Chaluim Sheumais Mhòir), Maxie MacNìll (Calum Dhòmhnaill Aonghais Iain Aonghais Eòin), Trèasag Burke, Mòrag Burke, Màiri Sìne Nic Laomainn, Seumas MacBhàtair 's eile, Baile nan Gàidheal, 1 An Lùnasdal.

MacGhilleathain, P.J. 2009. Agallamh le Peadar Jack MaGhilleathain, Cùl Eilean na Nollaig, 2 An Lùnasdal.

MacLeoid, C. I. M. (deas.). 1970. *Bardachd a Albainn Nuaidh.* Glaschu: Gairm.

MacNeil, J. N. (J. Shaw deas.). 1987. *Sgeul gu Latha/Tales Until Dawn: The World of a Cape Breton Gaelic Story-Teller.* Montreal: McGill-Queen's University Press.

Mertz, E. 1989. 'Sociolinguistic Creativity: Cape Breton Gaelic's Linguistic "Tip" ', ann an N. C. Dorian (deas.), *Investigating Obsolescence: Studies in Language Contraction and Death.* Cambridge: Cambridge University Press. 103–116.

NicFhionghain, A. 2009. Agallamh le Anna NicFhionghain, Inverness, Alba Nuadh, 10 An Lùnasdal.

NicFhionghain, A. 2010. Agallamh le Anna NicFhionghain, Rubh' an t-Seallaidh, 29 an t-Iuchair.

Ó Cadhla, S. 2011. 'Red Bull nó Tae? Bríonna an tSeanchais', ann an *An tSlat Feithleoige: Ealaíona an Dúchais 1800–2000.* Indreabhán: Cló lar-Chonnacht, 171–89.

Ó Criomhthain, T. (S. Ó Coileáin deas.). 2002 [1929]. *An tOileánach.* Baile Átha Cliath: Cló Talbóid.

Ó Donaill, N. 1977. *Foclóir Gaeilge-Béarla.* Baile Átha Cliath: An Gúm.

Ó Laoire, L., 2000. 'Metaphors We Live by: Some Examples from Donegal Irish', *Western Folklore* 59 (1), 33–48.

Ó Laoire, L., 2005a. 'Cuma agus Craiceann / Shape and Skin: Metaphor and Musical Aesthetics in Tory Island', *Selected Reports in Ethnomusicology 12: Perspectives in Systematic Musicology.* Los Angeles: UCLA Ethnomusicology Publications, 183–202.

Ó Laoire, L,. 2005b. *On a Rock in the Middle of the Ocean: Songs and Singers in Tory Island.* Indreabhán: Cló Iar Chonnachta.

Seathach, I. 2002. ' 'Sa Chomann Ghrinn: Sùil air Seinn, Sluagh agus Coimhearsnachd', ann am M. Ó Briain agus P. Ó Héalaí (deas.), *Téada Dúchais: Aistí in Ómós don Ollamh Breandán Ó Madagain.* Indreabhán: Cló Iar-Chonnachta, 497–520.

Shaw, J. W. 1992–3. 'Language, Music and Local Aesthetics. Views from Gaeldom and Beyond', *Scottish Language* 11–12, 37-61.

Shaw, J. W. 1999. 'The Ethnography of Speaking and Verbal Taxonomies: Some Applications to Gaelic', ann an Ronald Black, William Gillies agus Roibeard Ó Maolalaigh (deas.), *Celtic Connections: Proceedings of the 10th International Congress of Celtic Studies. Volume One: Language, Literature, History, Culture.* Edinburgh: Tuckwell Press, 309–23.

Watkins, C. 1976. 'The Etymology of Irish dúan', *Celtica* 11, 270–77.

Watson, S. 2002. 'Ás a' Choillidh Dhuibh: cunntasan seanchais air a chiad luchd-àiteachaidh an Eilean Cheap Breatainn', ann an C. Ó Baoill, C. agus N. R. McGuire (deas.), *Rannsachadh na Gàidhlig 2000.* Obar Dheathain: An Clò Gaidhealach, 271–8.

Ó Chalifornia go Conamara ar lorg an tsean-nóis

VIRGINIA STEVENS BLANKENHORN

Is í an cheist is minice a cuireadh orm ó tháinig mé go hÉirinn sna seachtóidí: 'Cén fáth?' Cén fáth ar thug mé faoin nGaeilge a fhoghlaim? Cén chaoi ar chuir mé suim sna sean-amhráin? Glactar leis gur de bhunadh Éireannach mé, gur tháinig mé ar thóir mo shinsear. Is minic a rith sé liom go mbeadh sé níos éasca mo scéal a mhíniú dá mbeadh ceangal éigin fola agam le hÉirinn – ceangal a thabharfadh 'cead' dom suim a chur i m'oidhreacht eitneach féin. Ar ndóigh, ní hí m'oidhreacht féin atá i gceist ar chor ar bith.

I ndeisceart Chalifornia a rugadh agus a tógadh mé. Ar nós mhórán den mheánaicme Angla-Phrotastúnach i Meiriceá, is meascán atá ionam, rud a fhágann nach bhfuil mórán d'fhéiniúlacht 'eitneach' faoi leith ag baint le mo mhuintir. Scéal suimiúil, gan dabht, gur imigh mo shin-sin-seanathair as Albain go Meiriceá in 1844 nuair nach raibh sé ach dhá bhliain déag d'aois. Ach ní hé siúd a spreag mé chun suim a chur in amhránaíocht thraidisiúnta na hAlban agus na hÉireann sna seachtóidí, ná ní hin é an fáth ar thosaigh mé ag foghlaim na Gaeilge.

Má tá freagra na ceiste le fáil ar chor ar bith, caithfidh gur istigh i mo nádúr féin atá sé. Dúirt mo mháthair liom gur thosaigh mé ag gabháil fhoinn nuair nach raibh mé ach fiche mí d'aois; agus má b'fhíor dise, bhí bua na hamhránaíochta agam ó dhúchas. Agus ar an gcaoi chéanna bhí sé éasca riamh dom aithris a dhéanamh ar fhuaimeanna teangacha agus canúintí nár Bhéarla California iad. Is cuimhin liom go raibh mé faoi dhraíocht ag guth an duine – guth labhartha nó guth ceoil, ba chuma cé acu. Ar ndóigh bíonn bua na dteangacha ag chuile dhuine i dtosach, agus imíonn sé, de ghnáth, nuair a bhíonn duine sna déaga. Ach cibé cén fáth, níor chaill mé an bua sin go fóill, rud a chiallaigh go raibh sé fós agam nuair a thosaigh mé ag foghlaim na Gaeilge is mé seacht mbliana fichead d'aois. Sa méid agus gur éirigh liom fuaimeanna na Gaeilge agus amhránaíocht na nGael a thabhairt slán, is iad an dá bhua seo a chuir ar mo chumas a leithéid a dhéanamh.[1]

Timpiste a chas i dtreo na Gaeilge mé an chéad lá ariamh. Tar éis bunchéim a bhaint amach sa gceol clasaiceach, chaith mé bliain ag obair thar lear. Is in Albain a chuala mé Gàidhlig á labhairt den chéad uair, in 1971, agus chuir mé suim inti, agus thosaigh mé ag freastal go neamhfhoirmeálta ar ranganna Gàidhlig in Ollscoil Harvard, áit a raibh mé ag obair ag an am. Ar an drochuair, níorbh í an Ghàidhlig labhartha a bhí i gceist ag an múinteoir. Ach an bhliain dár gcionn tháinig múinteoir Gaeilge fíormhaith ar ais go Harvard tar éis bliain a

---

1 De réir taighde atá idir lámha ag beirt shíceolaithe chognaíocha san Ostair, neartaíonn bua na hamhránaíochta bua fuaimeanna na dteangacha a phiocadh suas; cf. Christiner agus Reiterer (2013).

chaitheamh i gConamara, agus d'athraigh mé chuig an nGaeilge. B'eisean Kenneth Nilsen (nach maireann), fear as Nua-Eabhrac a raibh aithne mhaith aige ar Joe Éinniú agus a raibh an-suim aige san amhránaíocht.[2] Thug sé slám ceirníní (Joe féin, Nioclás Tóibín, Johnny Joe Pheaitsín, Sorcha Ní Ghuairim – an beagán de cheirníní sean-nóis a bhí ar fáil an uair sin) isteach sa seomra ranga leis lá, agus b'in tús an scéil.

Fuair mé oideachas an-mhaith agus mé ar scoil, ach maidir le ceol agus amhránaíocht fágadh fúm féin é go dtí go ndeachaigh mé ar an ollscoil. Is cuimhin liom tráthnóntaí a chaitheamh sa mbaile ag éisteacht le ceirníní – meascán corr d'amhránaíocht chlasaiceach (J. S. Bach ab ansa liom) agus amhránaíocht na hathbheochana idirnáisiúnta *folk* a bhí faoi lánseol an uair sin. De réir a chéile d'fhoghlaim mé nodaireacht an cheoil agus chas mé sa gcór ar scoil; agus ag an am céanna thosaigh mé ag cur suime i stíleanna difriúla amhránaíochta agus ag déanamh aithris ar fhonnadóirí a thaitin liom. Mar sin, nuair a thosaigh mé ag éisteacht leis na ceirníní sean-nóis a thug Kenneth Nilsen ar iasacht dom, bhí foinn na n-amhrán i mo chluasa i ngan fhios dom féin, beagnach, nó gur thosaigh mé ag déanamh aithris orthu, mar ba nós agam riamh. Is mar sin a tharla gur chuir mé tús le foghlaim na Gaeilge agus na n-amhrán ag an am céanna.

I dtosach, rinne mé iarracht ar chuile nóta beo a thabhairt slán ón bhfonnadóir. Ag déanamh aithris ar na hamhránaithe agus ar an stíl amhránaíochta fré chéile a bhí mé an tráth sin. Bhaist an t-eitneacheoleolaí Mantle Hood 'Bi-Musicality' ar an sórt féintraenála a bhí ar siúl agam, modh foghlama a

2 Nuair a bhásaigh sé (2012), bhí Kenneth Nilsen ina Ollamh le Léann Ceilteach agus Gaeilge na hAlban, St Francis Xavier University, Antigonish, Alba Nuadh. Féach: https://www.ainm.ie/Bio.aspx?ID=3063

mhol sé dá chuid mhac léinn le tuiscint a fháil ar dhúchas ceoil a bhí i bhfad óna n-oidhreacht féin (1960). Cibé téarma a úsáidtear don phróiseas seo, bhí mé sáite sna hamhráin agus sa teanga agus sa bhfilíocht ar feadh tréimhse fhada.

Chaith mé trí mhí in Éirinn in 1974, ag leanúint ar aghaidh leis an teanga – ranganna oíche Ghael-Linn – agus sa ló bhí mé istigh sa gcartlann i Roinn an Bhéaloidis in UCD. Ag an am sin, bhí saorchead ag daoine dul isteach agus a bheith ag póirseáil trí na himleabhair lámhscríofa ar a dtoil. Bhí an dá innéacs agam – *Clár Amhrán an Achréidh* (Ní Dhorchaí, 1974) agus *Clár Amhrán Bhaile na hInse* (Ní Fhlathartaigh, 1976) – bhíodar sin mar bhíoblaí agam agus mé ag cuartú téacsanna, ag aimsiú nascanna idir amhráin éagsúla agus leaganacha den amhrán céanna in áiteanna éagsúla, le véarsaí éagsúla. Bhí mé ar nós bleachtaire agus mé sa tóir ar amhráin.

Nuair a chuaigh mé siar go Conamara casadh an sruth beo liom faoi dheireadh thiar thall. Caithfidh nach raibh ach fíorbheagán Gaeilge agam ag an am, ach nuair a chuala muintir Loch Con Aortha, agus muintir Chill Chiaráin, agus muintir Dhoire Bhéal an Mháma go raibh suim agam sna seanamhráin, cuireadh fáilte chroíúil romham agus bhí ábhar go leor cainte agus comhrá againn. Samhradh fíorfhliuch a bhí ann in 1974, agus dá bharr sin bhí go leor ócáidí nuair nárbh fhéidir mórán a dhéanamh taobh amuigh. Thug sé sin deis domsa níos mó ama a chaitheamh le lucht na n-amhrán.

Dá thábhachtaí na ceirníní, b'fhearr i bhfad liom an béal beo. Na hamhránaithe ar bhuail mé leo, níor bhuaiteoirí Chorn Uí Riada iad, ach gnáthdhaoine a raibh ceathrúna acu nach raibh ar cheirníní, agus foinn éagsúla seachas mar a bhí ag na fonnadóirí móra. Bhíodar uilig sásta cead a thabhairt dom a gcuid amhrán agus a gcomhrá a chur ar téip, agus le blianta ina dhiaidh sin rinne mé dianstaidéar ar na téipeanna, agus ba chabhair mhór dhom iad ó thaobh na teanga agus na hamhránaíochta araon. Nuair a chastaí focal nó líne filíochta orm nár aithin mé, ba mhinic a bhí a lorg sa dá chlár, agus bhíodh na ceathrúna comhfhreagracha le fáil sa gcartlann i mBaile Átha Cliath, sin nó san iliomad leabhar filíochta a bhí le fáil go fairsing an uair sin.

Thaithnigh sé liom amhráin a fhoghlaim ar an gcaoi seo, go háirithe amhráin nach raibh go minic i mbéal an phobail, agus de réir a chéile d'éirigh liom roinnt mhaith acu a fhoghlaim. Le taithí ar chaint na ndaoine agus ar na hamhráin féin, d'éirigh mé níos compordaí leis an *genre* go dtí nár ghá dhom aithris dhocht a dhéanamh ar an amhránaí a thuilleadh, ach go raibh sé ar mo chumas amhrán a fhoghlaim, idir fhonn agus fhocail, ar dhóigh ní ba nádúrtha. Bhí mé in ann fonn cineál garbh éiginnte a thógáil ó sheanduine, abair, agus ciall a bhaint as, mé féin, sa gcaoi is go n-aithneodh muintir na háite é mar fhonn traidisiúnta, agus go mbeadh stíl dhúchasach ag baint leis. Cheap mé córas scríbhneoireachta dom féin ar ball leis na foinn a bhreacadh síos go sciobtha mar áis chuimhne dom féin, agus chuidigh sé seo sa gcaoi is nach raibh mé ag brath go hiomlán ar an téipthaifeadáin, agus nach raibh an taifeadadh ag teacht idir mé féin agus an duine a raibh mé ag caint leis.

Le breathnú siar ar na laethanta tosaigh sin i gConamara, is é an rud is suntasaí dom anois nárbh iad na hamhráin amháin a chuaigh i gcion orm – cé go ndeachaigh, cinnte – ach comhthéacs na hamhránaíochta, an comhluadar agus an caidreamh, an dea-ghiúmar a bhíodh ar dhaoine agus iad ag gabháil fhoinn, agus ag éisteacht lena chéile, agus ag déanamh plé ar údar na n-amhrán agus ar fhonnadóirí agus ar fhilí agus, ar ndóigh, ar na heachtraí a bhí mar bhunábhar de chuid mhór de na hamhráin áitiúla. Rud amháin is ea téacs na n-amhrán a léamh as leabhair, nó fiú dianstaidéar a dhéanamh orthu ar cheirníní; is féidir leath-thuiscint a fháil orthu ar an gcaoi sin, mar a dhéanfadh paiteolaí scrúdú ar chorp. Ach is rud eile ar fad é na hamhráin a chloisteáil ina gcomhthéacs ceart: i dtithe agus i mbailte na ndaoine inar cumadh agus dúradh agus pléadh iad leis na céadta bliain anuas.

* * *

Tar éis dom céim M.A. a bhaint amach sa Léann Ceilteach in Harvard, tháinig mé ar ais go hÉirinn i bhfómhar na bliana 1975. Bhí i gceist agam fanacht go ceann bliana nó dhó, a fhad is a mhairfeadh an t-airgead, le staidéar neamhspleách a dhéanamh ar amhránaíocht Chonamara. Bhí a fhios agam nach mbeadh seans agam é sin a dhéanamh mar ábhar céime taobh istigh den chomhthéacs acadúil, mar ní raibh a leithéid de staidéar mar chuid de churaclam ollscoile ar bith in Éirinn an uair sin. Ach tar éis bliain a chaitheamh i gColáiste na hOllscoile Gaillimh, agus le cuidiú nach beag ón ollamh le Sean-Ghaeilge, Gearóid Mac Eoin, bhí an t-ádh orm deontas a fháil chun staidéar a dhéanamh i Scoil an Léinn Cheiltigh in Institiúid Ard-Léinn Bhaile Átha Cliath, áit ar chaith mé dhá bhliain. Go hoifigiúil, ba é an t-ábhar staidéir a bhí agam ná tuiníocht na hurlabhra (*speech intonation*) i nGaeilge Chonamara; ach ag an am céanna thosaigh mé ag smaoineamh ar mheadarachtaí agus ar structúr na filíochta aiceanta, mar atá, filíocht na ndaoine, filíocht na n-amhrán (Blankenhorn 1981–2 agus 2003).

Is nuair a bhí mé ag obair i mBaile Átha Cliath a thosaigh mé féin ag fáil beagán aitheantais mar amhránaí. Bhíodh muintir Chonamara ag déanamh iontais dhíom roimhe sin, ar ndóigh; chuir lucht Raidió na Gaeltachta – nach raibh i bhfad ag craoladh an uair sin – agallamh orm uair nó dhó. Tuigim dóibh é: feiniméan a bhí ionam nár casadh orthu rómhinic cheana, is dócha. Chuir sé seo cotadh orm, áfach, mar níor cheap mé ariamh go raibh moladh speisialta tuillte agam, ach tuigim go raibh ábhar cainte ionam agus ina raibh déanta agam.

I mBaile Átha Cliath bhí athbheochan an cheoil thraidisiúnta ar siúl i gcónaí. Ar ócáid amháin in 1977 chas mé cúpla amhrán i gceolchoirm le linn Éigse na Tríonóide, féile bhliantúil a bhí ar siúl i gColáiste na Tríonóide an uair sin. I ndiaidh na coirme tháinig bean chugam, Diane Hamilton, bean as Nua-Eabhrac a raibh clú bainte amach aici mar bhailitheoir amhrán in Éirinn agus in áiteanna eile. D'iarr sí orm teacht chuici agus ábhar ceirnín a chur ar téip. Cheap mé ar dtús gur ag magadh fúm a bhí sí. 'Nach bhfuil a fhios agat,' arsa mise, 'go bhfuil lear mór daoine thiar i gConamara ar cheart dóibh ceirnín a thaifeadadh seachas mise?'

'Bhuel, má tá féin,' ar sise, 'is tusa atá os mo chomhair amach anocht.'

Nuair a d'imigh sí léi an oíche sin, shíl mise gurbh in deireadh an scéil. Ach sé mhí ina dhiaidh sin bhuail an fón agus seo chugam arís í, agus ní raibh aon dul as agam.

Bhí ócáid an taifeadta féin an-bharrúil. Ní istigh i stiúideo a bhí mé, ach liom féin i mo shuí faoin staighre i dteach Diane féin, áit ar cheap sí nach mbeadh fuaim ón mbóthar amuigh ag cur isteach orainn. Bhí stól beag fúm agus *microphone* agus líne leictreach ag imeacht síos uaidh amach faoin doras agus isteach sa seomra bia, áit a raibh an teicneolaí ina shuí agus an téipthaifeadán aige.

Tháinig an fadcheirnín (Virginia Stevens, *Tiocfaidh an Samhradh: Traditional Songs from the West of Ireland* (LP) (Sruthán/ Mulligan LUN 332) amach in earrach na bliana dár gcionn, agus bhí m'ainm sna páipéir dá bharr. Seo mar a scríobh Seán Mac Réamonn san *Irish Times*, 19 Aibreán 1978:[3]

> Deich gcinn de amhráin Chonamara chugainn ar cheirnín nua faoin teideal *Tiocfaidh an Samhradh*. Ach ní as Conamara don amhránaí, ná as taobh ar bith de Éirinn, ná níl deor de fhuil na nGael ina cuisleanna aici. Ach mara bhfuil is iontach an teanga Ghaeilge atá ag Virginia Stevens as Pasadena (California), agus is maith an sás í chun na hamhráin seo a chasadh. Agus thairis sin is fada ó léigh muid cuntas chomh cruinn beacht tuisceanach ar an sean-nós, nó ar cháilíocht na n-amhrán féin, agus atá curtha síos aici seo ar chlúdach an chéirnín.

Bhí go maith agus ní raibh go holc. B'fhéidir go raibh mé sách maith mar fhonnadóir. Ach tuigim go maith freisin gurbh é an fáth a bhfuair mise an seans ceirnín a thaifeadadh, seachas amhránaí ar bith as Conamara, gur duine eisceachtúil

[3] Bhí léirmheasanna eile san *Evening Press* (15 Aibreán 1978 agus arís san *Irish Times* (Bill Meek), 9 Bealtaine 1978, agus (Charles Acton), 5 Meitheamh 1978).

a bhí ionam a raibh bua na nuachta ag baint liom agus scéal maith le n-inseacht mar gheall orm: *Yank* ag gabháil fhoinn ar an sean-nós.

Níor chuir mé romham riamh ceirnín a dhéanamh, ach caithfidh mé a admháil gur bhain mé taitneamh as, cé is moite den taifeadadh féin. Chuaigh mé chuig Féile na Bóinne in 1977, ócáid bhliantúil amhránaíochta a chuir Seán Corcoran ar bun i nDroichead Átha. Chaith mé an deireadh seachtaine ag spaisteoireacht thart le sárfhonnadóirí agus le gaiscígh an tsean-nóis, leithéidí Josie Sheáin Jeaic Mhic Dhonncha, Joe John Mac Con Iomaire, Treasa Ní Mhiolláin, Darach Ó Catháin, Nioclás Tóibin agus Róisín White, agus a lán d'amhránaithe eile an Bhéarla. Ba mhór an phribhléid dhomsa a gcomhluadar sin.

Is cuimhin liom deireadh seachtaine eile, i Ráth Chairn, nuair a chas mé ar Mhaidhc Stiofáinín Seoighe agus rinne muid píosa fada cainte ar amhráin. Fonnadóir maith a bhí i Maidhc – is é 'Nora Ní Chonchúir Bháin' an t-amhrán is cuimhin liom á rá aige go minic – agus mhol sé dhom amhrán dar teideal 'an Dall' a fhoghlaim, amhrán a cheap sé nach raibh i mbéal an phobail níos mó. Ach dúirt Maidhc go raibh sé cloiste aige ina óige, agus go bhfeilfeadh an fonn ag 'an Sceilpín Droighneach' dhó. Bhí an fonn sin ar eolas agam, agus fuair mé na ceathrúna sa leabhar beag filíochta leis an Athair Tomás Ó Ceallaigh, *Ceol na nOileán*, agus d'fhoghlaim mé an t-amhrán, faoi bhean a thit i ngrá le fear a raibh radharc na súl caillte aige, agus an comhrá idir í féin agus a hathair nuair a chuala seisean go raibh sí ag iarraidh an fear dall a phósadh (Ó Ceallaigh 1931: 78). Roinnt blianta ina dhiaidh sin chas mé ar an sárfhonnadóir Máirín Uí Chéidigh ag féile amhránaíochta i Milwaukee, Wisconsin, agus mhol mé an t-amhrán di, mar a rinne Maidhc dom féin. Thug sé an-phléisiúr dom nuair a bhuaigh Máirín an darna háit, sílim, i gcomórtas Chorn Uí Riada ag an Oireachtas in 2007 agus í ag gabháil 'an Dall'.

* * *

Tar éis deich mbliana dom ag obair mar léachtóir ollscoile in Albain agus i dTuaisceart Éireann, d'imigh mé féin agus m'fhear céile anonn go Meiriceá in 1988, agus d'fhan muid ann go ceann ocht mbliana déag. Mar bhaill de Chomhaltas Ceoltóirí Éireann in Detroit thug an bheirt againn faoi cheardlanna amhránaíochta – i mBéarla, ar ndóigh – a chur ar siúl; agus nuair a fógraíodh féile amhránaíochta sean-nóis i Milwaukee, ar bhruach Lake Michigan, bhuail mise bóthar sa gcarr, agus chas mé cúpla amhrán i gcomhluadar fonnadóirí nach bhfaca mé le tamall rófhada roimhe sin. Cúpla bliain ina dhiaidh sin eisíodh dlúthdhiosca dar teideal *Sean-Nós Cois Locha*, agus ba mhór an onóir dhom bheith rannpháirteach ann.[4] Séard a dúirt an léirmheastóir Fred McCormick faoin amhrán a chas mé: 'Her treatment of *A Chailín Scoth na Luachra* is positively hair raising, and bears favourable comparison with Pádraic a [sic] Catháin's rendering of that song on Topic 12T 177, *Grand Airs of Connemara*' (1968).[5]

Fiú sular imigh muid go Meiriceá, ba léir dhom go raibh athruithe suntasacha ag teacht i bhfeidhm ar stíl agus ar chur

4 *Sean-Nós Cois Locha: Rogha Sean-Nós Milwaukee 2003-2005*. Cló Iar-Chonnacht CICD 162

5 www.mustrad.org.uk/reviews/sncl.htm (30/05/06)

i láthair an tsean-nóis sa nGaeltacht féin, agus nach de réir a chéile a bhí na hathruithe seo ag teacht, ach de léim (Blankenhorn 1987). Is léiriú iad ar an gclaochlú eacnamaíoch agus sóisialta atá tagtha ar shaol agus ar phobail na Gaeltachta le seasca bliain ar a laghad, feiniméan atá dhá chíoradh ag mórán scoláirí – fonnadóirí ina measc – riamh ó shin. Inniu, ní taobh istigh de limistéar na Gaeltachta atá pobal an tsean-nóis le fáil: tá an domhan mór siúlta ag amhránaithe na Gaeilge – idir shean- agus nua-nósach – agus tá cuid de na fonnadóirí seo tar éis ioncam agus clú idirnáisiúnta a bhaint amach dóibh féin.

Nuair a bhí sé ag caint le Liam Mac Con Iomaire faoi Joe Éinniú, luaigh Peadar Ó Ceannabháin cupla rud suntasach faoi amhránaíocht Joe, agus na hathruithe a tháinig ar a stíl amhránaíochta de bharr é a bheith sna Stáit ar feadh blianta, agus é ag glacadh páirt san athbheochan thall. Deir Peadar:

> Nuair a bhíodh Joe ag gabháil fhoinn i dtosach bhí sé cineál garbh. … Bhí sé níos cosúla le Dara Bán agus le Michael Mháire an Ghabha. … Agus ansin, le dhul i gcion ar lucht éisteachta, is dóigh, nuair a d'fheiceadh sé daoine eile ag dul i gcion ar lucht éisteachta, thosaigh sé ag déanamh rudaí eile freisin. … Cheapfainn go mbeadh sé ag iarraidh níos mó a chur isteach ann. Agus amanta mhoillíodh sé an t-amhrán ag a dheireadh, agus bhíodh níos mó ornáidíochta aige. Sílim, aisteach go leor, go raibh a ghlór ag éirí níos binne.
>
> (Mac Con Iomaire, 2007: 176)

Nuair a bhí mé ag obair ar shuíomh idirlín Joe Éinniú sa mbliain 2009–10 (Ó Laoire *et al.*, 2010), d'airigh mé Joe ag admháil go mbíodh sé de nós aige sa mbaile an líne deiridh a rá gan fonn a chur leis ar chor ar bith. Ach shíl Joe nach mbeadh an lucht éisteachta a bhí aige i Meiriceá in ann a leithéid sin a thuiscint. Mar a dúirt Peadar, d'athraigh Joe an stíl le 'dul i gcion ar lucht éisteachta', mar níorbh fhéidir leis brath air go mbeadh aon duine sa lucht éisteachta a thuigfeadh céard a bhí ar siúl aige, agus dar leis gur cheart dó comhartha éigin a thabhairt dóibh go raibh an t-amhrán ag críochnú.

Sílim go dtuigim an fáth a mbíodh na seandaoine ag ligint na líne deiridh uathu i bhfoirm cainte. Ba sórt aistriúcháin a bhí ann, nó droichead, idir saol an amhráin agus saol na ndaoine. Ba dheis é don amhránaí roinnt spáis a chur idir é féin agus cibé mothúcháin a nocht sé le linn dó a bheith ag casadh – seans dó teacht ar ais ó thaobh thall na haibhne sin. Ba rud nádúrtha a bhí ann seachas *rallentando*, nach léiríonn tada ach go gcaithfidh fonnadóirí an lae inniu maireachtáil i saol an mhargaidh, agus go gcaithfidh siad cloí le haeistéitice an mhargaidh sin.

Ní hé sin an t-aon chomhréiteach dá shórt a rinne fonnadóirí an tsean-nóis lena lucht éisteachta. Má éistear le hamhránaithe a ndearnadh taifeadadh orthu leathchéad bliain ó shin, tugtar faoi deara go bhfuil luas na n-amhrán ag moilliú síos ar fad sa lá inniu (Blankenhorn 1987: 12–16). Agus is iomaí athrú eile a d'fhéadfaí a lua, mar shampla, roghnú amhrán de réir an chomhthéacs amhráníochta, cáilíocht ghutha an amhránaí, cúngú stór na n-amhrán i gcoitinne, caighdeánú stíle i dtreo stíl Chonamara, scléip ar nós *rallentando* ag deireadh amhráin, nó *coloratura* (ornáideachas) a théann thar fóir.

Ach athrú nár tugadh mórán airde air go fóill is ea an chaoi a gcloíonn fonnadóirí an lae inniu le tuiníocht an scála chomhréitithe (*tempered scale*), in ionad an seanchóras tuiníochta a chur i bhfeidhm ar a gcuid amhránaíochta. Smaoinigh ar fhuaim na bpíob in Albain, nach gcloíonn leis an scála comhréitithe ach an oiread. Dúirt Peadar Ó Ceannabháin go raibh leithéid Dhara Bháin agus Michael Mháire an Ghabha 'cineál garbh', agus go raibh Joe Éinniú mar an gcéanna i dtosach, ach de réir ama 'go raibh a ghlór ag éirí níos binne.' Bhí an ceart ag Peadar, agus creidim gurb é an t-athrú tuiníochta seo ba chúis leis.

Is féidir Joe féin a chloisteáil agus na nótaí 'garbha' seo aige i gcúpla ceathrú den amhrán 'an Sceilpín Droighneach' a chas sé do James Cowdery.[6] Is nótaí iad seo nach bhfuil *pitch* cinnte ag baint leo de réir an scála chomhréitithe. Ní féidir na nótaí seo a bhreacadh síos go héasca; agus an té a fuair traenáil fhoirmeálta sa gceol, tá seans maith go dtabharfadh sé neamhaird ar na nótaí sin, nó má tá sé in ann iad a chloisteáil ar chor ar bith beidh sé ag ceapadh go bhfuil siad 'cineál garbh' nó fiú mícheart. De réir mar a chailltear na nótaí éiginnte seo, creidim go bhfuil amhránaíocht na Gaeilge 'ag éirí níos binne' gan dabht.

* * *

Caithfidh mé a admháil gur fearr liom an 'sean'-sean-nós – an rud 'cineal garbh', an chaoi a mbíodh an fhonnadóireacht ag cloí go dlúth le meadaracht na filíochta, ag tabhairt príomháite do na focail, don scéal, agus dhá léiriú go glan bríomhar. Nuair a bhímse ag gabháil fhoinn, is fearr liom lucht éisteachta a bhfuil Gaeilge acu, daoine a thuigeann

6 www.joeheaney.org/default.asp?contentID=1022

focail na n-amhrán agus a bhfuil údar na n-amhrán ar eolas acu. Thar rud ar bith eile, is aoibhinn liom an caidreamh agus an comhluadar a bhaineann le saol na n-amhrán seo – saol atá beagnach imithe anois, faraor. Níl aon cheist ach gurb é an moladh ba mhó a tugadh riamh dom gur dhúirt Máire Pheter Uí Dhroighneáin liom le déanaí – le linn na comhdhála inar léigh mé an chéad leagan den pháipéar seo – gur chuir mo chuid amhránaíochta glór a máthar féin i gcuimhne di.

Tá a fhios agam gur strainséir mise, agus b'fhéidir nár chóir dhomsa bheith ag tuairimíocht. Ach tá dhá scór bliain anois caite agam ag gabháil fhoinn agus ag déanamh mo mhachnaimh ar an traidisiún. Bíonn daoine fós ag déanamh iontais go bhfuil mo leithéid ann ar chor ar bith. Dúirt an file Seán Mac Mathghamhna le Liam Mac Con Iomaire fadó go raibh 'Meiriceánach mná', Virginia Stephens, 'a bhí in ann aithris an-mhaith a dhéanamh ar an sean-nós' (Mac Con Iomaire 2007:161). Tá a fhios agam gur do mo mholadh a bhí sé, ach b'fhéidir gur fíor dhó nach bhfuil ionam ach aithriseoir, ag déanamh aithris ar rud nach liom féin ar chor ar bith.

Is iomaí ceist mhór achrannach atá á gcíoradh ag scoláirí le blianta beaga anuas: ceisteanna faoi 'úinéireacht' an traidisiúin, faoi 'bharantúlacht', faoi anáil an Oireachtais, faoi thionlacan – ceisteanna a bhaineann, feictear dom, leis an margadh, le cúrsaí airgid. Tá tábhacht ag baint le *provenance* an amhránaí, freisin, seachas mar a bhí dhá scór bliain ó shin. Nuair a tháinig mise go hÉirinn sna seachtóidí, bhí saibhreas na n-amhrán ag na daoine, ach ní raibh aon duine ag éirí saibhir dhá ndíol. Níl mórán daoine ag éirí saibhir inniu féin, ach tá clú agus airgead le baint amach, nó creideann daoine go bhfuil, agus is difríocht mhór é sin. Má tá margadh ann anois don sean-nós, caithfear cloí le rialacha an mhargaidh sin, agus bíonn tionchar an mhargaidh le haireachtáil ní amháin ar an sean-nós féin, ach ar dhearcadh na ndaoine air mar ealaíon.

San ollchomórtas opera 'Cardiff Singer of the World 2015', chualathas amhráin faoi thragóid, faoin grá, faoi bhás tobann, faoi chogadh, faoi éagóir – chuile ábhar a mbíonn an cine daonna ag plé leis. I measc na n-iomaitheoirí bhí fonnadóirí as an mBealarúis, as an Úcráin, as Meiriceá, as an gCóiré Theas, agus fiú amhránaí iontach ón Mongóil – crann taca an tí *opera* in Ulan Bator. Ach ní raibh oiread is duine amháin as an Iodáil, cé gurbh in Iodáilis is mó a bhíodar ag casadh.

San Iodáil a rugadh *opera* agus is ann a tháinig forbairt air mar chineál ar leith amhránaíochta. Ach tuigeann na hIodálaigh gur le muintir an domhain uilig *opera* anois. Ní chuirtear i leith na bhfonnadóirí seo go bhfuil siad 'ag déanamh aithris' ar an amhránaíocht seo. Is éard a deirtear go bhfuil siad – cuma cárbh as dóibh – go maith *ag gabháil fhoinn*, rud a chiallaíonn go bhfuil siad go maith ag inseacht na fírinne atá i gceartlár an amhráin, más fíoramhrán ceart é. Go raibh a leithéid le rá i dtaobh fhonnadóirí an tsean-nóis go fóill.

Foinsí

Blankenhorn, V. S. 1981–2. 'Intonation in Connemara Irish: a Preliminary Study of Kinetic Glides', *Studia Celtica* 16–17, 259–79.

Blankenhorn, V. S. 1987. 'The Connemara Sean-Nós since the Gramophone', *Bulletin of the International Council for Traditional Music, UK Chapter* 18, 6–16.

Blankenhorn, V. S. 2003. *Irish Song-Craft and Metrical Practice Since 1600.* Lewiston, NY agus Lampeter: Edwin Mellen Press.

Christiner, M. agus Reiterer, S. M. 2013. 'Song and Speech: Examining the Link Between Singing Talent and Speech Imitation Ability', *Frontiers in Psychology* 4, alt uimh. 874.

Hood, M. 1960. 'The Challenge of 'Bi-Musicality', *Ethnomusicology* 4 (2), 55–9.

Mac Con Iomaire, L. 2007. *Seosamh Ó hÉanaí: Nár Fhágha Mé Bás Choíche.* Indreabhán: Cló Iar-Chonnachta.

McCormick, F. Léirmheas ar *Sean-nós Cois Locha: Rogha Sean-nós Milwaukee 2003–2005* www.mustrad.org.uk /reviews/sncl.htm.

Ní Dhorchaí, P. 1974. *Clár Amhrán an Achréidh.* Baile Átha Cliath: an Clóchomhar.

Ní Fhlathartaigh, R. 1976. *Clár Amhrán Bhaile na hInse.* Baile Átha Cliath: an Clóchomhar.

Nic Dhonncha, R. 2004. 'An tOireachtas agus an Amhránaíocht ar an Sean-Nós: Cruthú agus Sealbhú Traidisiúin', *Bliainiris 2004*, 57–71.

Ó Ceallaigh, an tAth. T. 1931. *Ceol na n-Oileán.* Baile Átha Cliath.

Ó Ceannabháin, P. 1998. 'An Sean-Nós: Caithréim Chráite nó Íocshláinte Anama?', *Deile: Iris Mhuintir Chonamara i mBaile Átha Cliath*, 15–21.

Ó Laoire, L., Ó Lochlainn, M., Blankenhorn, V. S., Ó Concheanainn, S., Ó Tuairisg, S. 2010. Cartlanna Sheosaimh Uí Éanaí. Gaillimh: Ollscoil na hÉireann, Gaillimh. http://www.joeheaney.org/.

Stevens, V. 1978. *Tiocfaidh an Samhradh: Traditional Songs from the West of Ireland* (LP). Sruthán/Mulligan LUN 332.

An nóta rífhada agus gnéithe eile d'amhránaíocht thraidisiúnta na Mumhan

Pádraig Ó Cearbhaill

I mí Mheán Fómhair 1928 tháinig an Dr Wilhelm Doegen go hÉirinn chun ábhar a thaifeadadh ó chainteoirí dúchais Gaeilge.[1] Bhí an Dr Doegen (1877–1967) ina stiúrthóir ar an rannóg fuaime i Státleabharlann na Prúise (Lautabteilung, Preussische Staatsbibliothek) i mBeirlín. Rialtas na hÉireann a bheartaigh tabhairt faoin togra (Acadamh Ríoga na hÉireann, 2009). Is féidir teacht ar leaganacha athmháistrithe de cheirníní na dtaifeadtaí a rinneadh idir 1928 agus 1931 ar shuíomh gréasáin úd Acadamh Ríoga na hÉireann. I gCúige Mumhan a chuathas i mbun oibre ar dtús. Chaith Doegen agus a chúntóir, Karl Tempel, coicíos i gColáiste na hOllscoile Corcaigh, ag taifeadadh cainteoirí ó chontaetha Phort Láirge agus Thiobraid Árann agus ó oirthear Chorcaí. Thugadar an tseachtain dár gcionn i gCill Airne, ag taifeadadh cainteoirí ó Chiarraí agus ó iarthar Chorcaí.

---

1 Táim faoi chomaoin ag Emer Ó Cearbhaill a chabhraigh liom gnéithe teicniúla den aiste seo a réiteach, ag Lillis Ó Laoire a chuir roinnt moltaí faoi mo bhráid, agus ag Pauline Uí Argáin go mór mór a d'athscríobh an ceol.

Ar an 5 Meán Fómhair, rinneadar dhá véarsa den amhrán 'Cití na gCumann' a thaifeadadh i gCorcaigh. Tomás Ó Corcráin ó Bhoth an Dúin i gCo. Phort Láirge a chan. Is iad seo focail an dá véarsa mar a chan an Corcránach iad.[2]

Tháiníos 'an bhaile seo aréir
Agus thugas dá béilín póg,
Mise ar intinn an mhargaidh a dhéanamh
Is ná scarfainn léi féin go deo.
Níor tháinig a daidí chun réitigh –
Cár measa dom é ná dhó?
Is mo chumha leat, beannacht, táim réidh leat
'S ní chasfaidh mé féin go deo.

Beidh mise ag imeacht amáireach
'Gus beannaigh le cách mo shiúl.
Nín ór buí agam le háireamh
'S ar uisce ní shnámhann mo long;
Mar is réic bocht [mé] a chuirfeadh chun suain thú
Is do bhainfinn den cháirt an cumhar,
Is 'na dhiaidh súd cá bhfios nárbh fhearr me
Ná fear eile agus barr na Mumhan.

---

[2] Níl ach miondifríochtaí idir leaganacha na n-amhrán atá athscríofa agamsa ó bhailiúchán Doegen san aiste seo agus na téacsanna atá ar shuíomh Thionscadal Gréasáin Ceirníní Doegen (Acadamh Ríoga na hÉireann, 2009). 'Tháiníos 'an bhaile seo aréir' an ceannteideal atá ar an amhrán seo sa saothar réamhráite.

Bhí dhá bhliain is ceithre fichead slán ag an gCorcránach ag an am. In 1846 a rugadh é, mar sin.[3] De réir an 'personalbogen' a líonadh faoi, feirmeoir ba ea é a rugadh agus a chaith a shaol i mBoth an Dúin. Tá an baile fearainn úd timpeall naoi gciliméadar lastuaidh de Dhún Garbhán i bparóiste Chill Ghobnait. Ó Bhoth an Dúin dá athair agus ón gCaisleán Nua i gCo. Thiobraid Árann dá mháthair – sa chuid sin de Thiobraid Árann is sia a mhair an Ghaeilge (Ó Maolchathaigh, 1964: vii; Ó Cearbhaill, 2007: 7; Ó Drisceoil, 2016: 240). Is beag eile a instear faoin gCorcránach i mbailiúchán Doegen ach amháin gurbh í an Ghaeilge a theanga dhúchais.

Sé bliana ina dhiaidh sin, bhailigh Pádraig Ó Milléadha ón dúiche chéanna – ceantar Shliabh gCua – seanchas ón gCorcránach leis atá caomhnaithe i lámhscríbhinn 84 sa phríomhbhailiúchán de Chnuasach Bhéaloideas Éireann sa Choláiste Ollscoile Baile Átha Cliath. Thóg Ó Milléadha seanchas uaidh, cuir i gcás, i dtaobh na gConairíoch, an triúr dearthár iomráiteacha a raibh cónaí orthu i mBoth an Dúin agus a cuireadh thar loch amach go dtí na 'New South Wales' sna blianta 1835 agus 1838. 'Do chuala sé an méid seo 70 bliain ó shin óna athair Pádraig Ó Corcoráin' tuairisc Uí Mhilléadha ar an ábhar sin a bhailigh sé ón gCorcránach (Cnuasach Bhéaloideas Éireann, lámhscríbhinn 84, 1934: 270). Chuir Ó Milléadha a lán den ábhar úd i gcló san irisleabhar *Béaloideas* ina dhiaidh sin in aiste dar teideal

[3] Dhearbhaigh garmhac leis, Tom Corcoran ó Bhoth an Dúin, dom gur cailleadh é i 1938 agus go raibh sé 92 bliain d'aois tráth ar éag sé. Ní foláir nó tá an t-aos a deirtear a bhí aige i nDaonáireamh na mblianta 1901 agus 1911 bunoscionn mar sin: Thomas P. Corcoran, age 52 (1901), 62 (1911) fá seach (http://www.census.nationalarchives.ie/pages/1901/1911/Waterford/Bohadoon/Bohadoon_North/1771802/).

'Seanchas Sliabh gCua', mar ar thug sé an breithiúnas seo ar Ó Corcráin: 'Fear a bhfuil go leor béaloideasa aige is ea Tomás. Tá léamh na Gaeilge ar fheabhas aige leis' (Ó Milléadha, 1936: 255–6). Fáisceadh as traidisiún na Gaeilge é, mar sin. Díol suime go raibh sé inniúil ar Ghaeilge a léamh. Cé nár éirigh liom teacht ar aon taifeadadh eile dá chuid amhrán, is inmheasta gur thug sé leis stíl thraidisiúnta, dhúchasach amhránaíochta (McQuillan, 2004: 46).

Chun dul amach ar an stíl amhránaíochta a bhí ag an bhfonnadóir, ní mór dom beagán anailíse a dhéanamh uirthi – seo i mo dhiaidh leagan athscríofa den dara véarsa de 'Cití na gCumann' a thaifid Doegen mar sin.

Is dóigh liom gur mór idir an stíl a bhí aige agus sean-nós an lae inniu. Gné shuaithinseach amháin faoin saghas seo amhránaíochta is ea teirce na hornáidíochta a dhéantar ar an tséis nó an *melody*. Ar an mórgóir, bhain an t-amhránaí úsáid as saghasanna eile ornáidíochta nó breachnuithe seachas castaí nó cora ceoil. Chan an t-amhránaí, cuir i gcás, na focail agus na frásanna seo a leanas ar luas níos mire ná mar a bhí aige i gcodanna eile den amhrán: 'Beidh mise ag imeacht', 'ní shnámhann mo long', 'cá bhfios' An dá ghné is túisce a dtabharfadh éisteoir suntas dóibh, déarfainn, ná an cosc obann anála agus na nótaí fada a chan an t-amhránaí anseo is ansiúd.

Tréith chomónta den stíl amhranaíochta a chleachtaítear i Múscraí Uí Fhloinn is ea an cosc anála ar an lá inniu. Bhaintí leas as an mbreachnú rithimeach céanna in oirthear na Mumhan agus i gCiarraí Theas chomh maith go deimhin mar a léireod ar ball. Ós ag trácht air sin é, chuir an bailitheoir ceoil Liam de Noraidh nóta suimiúil leis an leagan de 'Cití na gCumann' a bhailigh seisean ó Labhrás Ó Cadhla sa mbliain 1940. Sa mbliain 1889 a rugadh an Cadhlach agus tógadh é féin agus Tomás Ó Corcráin sa dúiche chéanna, cé nár den ghlúin chéanna iad (féach Ó Cadhla, 2004). Sid é a nóta úd faoi mar atá sé curtha i gcló sa leabhar *Binneas thar Meon*: 're the syllable *dhom* [Cár dhona dhom é ná dhóibh]: a very short sound; the breath is stopped suddenly on this note and is released with light stress on the following note, without breaking the flow of the music' (de Noraidh agus Ó hÓgáin, 1994: 244). Measaim gur fiú tarraingt ar ar scríobh de Noraidh faoin gcosc anála i gcoitinne a d'áirigh sé i measc tréithe na hamhránaíochta Gaeilge ina leabhar *Ceol ón Mumhain*:

> Ba bhéas leis na seanamhránaithe stad obann a dhéanamh i mbaill den amhrán nach mbeadh aon choinne le stad, agus gluaiseacht an cheoil a bhriseadh mar sin. Ní chun anála ar fad a dheintear na brisithe seo; saghas rithim-ornáide atá iontu … tabharfar faoi deara gur i ndiaidh mionfhocail is mó a tharlaíonn. Nós eile is ea an anáil a chosc go hobann ar nóta agus í a scaoileadh le béim éadrom ar an gcéad nóta eile, is é sin gan anáil a tharraingt idir an dá nóta. Ní bhristear gluaiseacht an cheoil ar aon chor sa chás seo (1965: 12).

Measaim go bhfuil tráchtaireacht úd an Noraígh ar an dá rithim-ornáid úd mar a thug sé orthu ag teacht go cruinn beacht leis an véarsa samplach d'amhránaíocht Uí Chorcráin atá curtha os bhur gcomhair. Samplaí ón dara véarsa den chosc anála agus den mbéim ar an gcéad nóta eile is ea iad seo, 'le // háireamh', 'ní // shnámhann', 'is do // bhainfinn', mar aon le 'ní chasfaidh mé // féin' sa chéad véarsa. Tabhair faoi deara gur i ndiaidh mionfhocail a dhéantar an breachnú rithimeach seo de ghnáth.

Féachfaidh mé anois ar an dara pointe insuntais, mar atá, na nótaí fada. I gcás na nótaí a bhfuil síneadh an-fhada orthu, ar nós 'réitigh', dhá nóta sa cheád véarsa, nó 'suain' sa dara véarsa (barraí 11–12), gluaiseann an ceol ar aghaidh gan briseadh ina dhiaidh sin. Tar éis an fhocail 'suain', tá eireaball ornáide ar an gcéad fhocal eile, chuirfeadh an casadh ceoil seo na maisiúcháin fhada mheiliosmatacha a shamhlaítear le hamhránaíocht dhúchasach Chonamara go háirithe i gcuimhne duit. Ina dhiaidh sin, in ionad anáil a tharraingt ag deireadh na líne filíochta, scoitheann an t-amhránaí mionfhocal nó dhó ó thosach na líne a leanann agus nasctar an dá líne le chéile mar sin; tá cosc obann anála díreach ina dhiaidh; seo léiriú dá bhfuil i gceist agam 'réitigh – cár // measa' (véarsa 1) nó 'suain thú / is do // bhainfinn' (véarsa 2).

Bhí snaidhmeadh línte filíochta ar an gcuma sin ar cheann de thréithe na hamhránaíochta a chleachtaíodh Sean-Nioclás Tóibín (1890–1966) agus Labhrás Ó Cadhla (1889–1961) cuir i gcás (Ó Cearbhaill, 1995: 48), gan ach beirt Dhéiseach a lua a rugadh i dtreo dheireadh an naoú haois déag. Cé go bhfuil roinnt taifeadtaí cloiste agam d'amhránaithe ó na Déise a chuireadh síneadh measartha fada le nótaí – Seán Ó Cléirigh ón Seanphobal (1890–1983) cuir i gcás, nó Micheál Turraoin ón Rinn (1878–1963) – ní mór a rá go bhfuil nótaí fada na n-amhránaithe sin níos giorra ná stíl Uí Chorcráin. Le déanaí chuir Cartlann Ceoil Dúchais Éireann ar an suíomh gréasáin s'acusan dhá chnuasach athmháistrithe de thaifeadtaí a rinne an tAthair Risteard de Hindeberg i ndúiche Dhéiseach le 'fiteáin' nó le sorcóirí céireacha timpeall na bliana 1905. Is díol comparáide le stíl Uí Chorcráin na nótaí fada agus an tsolaoid shuntasach den chosc anála atá le haireachtaint ó William Power, amhránaí ón Rinn a chan 'Caisleán Uí Néill', sa dara cnuasach úd (de Hindeberg, 1905).

Bhí Paorach eile fós, Bháitéar de Paor ó Chill na bhFraochán, in aice le háit dhúchais Uí Chorcráin, ar dhuine de na hamhránaithe sa chéad chnuasach.[4] Ní luafad ach ciúta amháin as ceann de na hamhráin a taifeadadh ón bPaorach, 'Tailliúir Chroí Mhóir' (de Hindeberg, 1905), mar ar fhadaigh an t-amhránaí nóta tosaigh an fhocail 'scornach', chuir casadh ar an dara siolla den bhfocal agus shnaidhm an

[4] D'inis an bailitheoir béaloidis Nioclás Breatnach (1870-1936) dom i litir uaidh dar dáta 29 Eanáir 2000 gurbh é Watty Power, mar a thug sé air, a mhúin an t-amhrán 'Pilib Séimh Ó Fathaigh' do Labhrás Ó Cadhla. Tá leagan an-doiléir den amhrán úd a chan an Paorach sa mbailiúchán céanna de shorcóirí céireacha athmhaistrithe. 'Pilib Séimh Mac G(h)earailt' (sic) a thug de Hindeberg ar an amhrán (Henebry, 1928: 97, 293). Cf. leagan Labhráis Uí Chadhla ar an dlúthdhiosca *Amhráin ó Shliabh gCua* (RTÉ234, 2004).

líne filíochta sin leis na focail thosaigh sa chéad líne eile gan anáil a tharraingt – díreach faoi mar a rinne Ó Corcráin. Athscríobhadh ceol an amhráin sa leabhar *Handbook of Irish Music* mar ar thóg an t-údar, Risteard de Hindeberg, ceann de fhrásaíocht sin an Phaoraigh: 'a deliberate suppression of the caesura or the phrasing is carried on over the half-stanza of the song, so that the second line is joined to the beginning of the third, contrary to natural expectation. This device, which is occasionally used, produces a wonderful effect' (Henebry, 1928: 302). Seo mar a ghabhann an leathcheathrú:

> Tiocfaidh an t-éad ar an bhfear eile i d'thaobh,
> Agus gearrfaidh is baol do scornach;
> Ní bheidh aifreann Dé le t'anam á léamh –
> 'Is b'fhearr a bheith in Éirinn ba dhóigh liom![5]

Timpeall seachtain tar éis don Dr Doegen Tomás Ó Corcráin agus daoine eile nach é ó oirthear na Mumhan a thaifeadadh, idir chainteoirí Gaeilge agus amhránaithe, bhí sé i gCill Airne agus bhailigh sé sé cinn d'amhráin ó Phádraig Ó Ceallaigh as Cill Rialaigh in aice le Baile an Sceilg i gCiarraí Theas. Bhí an Ceallach trí fichid bliain d'aois ag an am. Níor ghnách le Doegen ná leis an gcuntóir a bhí aige a oiread sin ábhair a thaifeadadh ó dhuine amháin, le linn a gcuairteanna ar Éirinn ach go háirithe.

Thaifid bailitheoirí eile amhráin ó Phádraig Ó Ceallaigh, nó Peats mar a thugtaí air, leis. Tá trí amhrán leis athscríofa in *Ceol ón Mumhain* cuir i gcás – agus tá dhá cheann díobhsan ar na taifeadtaí a rinne Doegen: 'Ní chreifeadsa [recte

5 Tá leagan den amhrán úd i gcló in de Noraidh & Ó hÓgáin (1994: 120-21), cuir i gcás. Labhrás Ó Cadhla a chan.

cheilfeadsa?] anois feasta' (de Noraidh, 1965: 27) agus 'Beidh teinteacha cnámh in Uíbh Ráthach romhat' (de Noraidh, 1965: 24). Beidh a thuilleadh le rá agam faoi na leaganacha úd a d'athscríobh de Noraidh ar ball. Thaifid Séamus Ennis idir cheol agus sheanchas ón gCeallach ar cheirníní i 1947. Tá an t-ábhar sin slán i gCartlann Bhéaloideas Éireann (uimhir thagartha, CT0278–9). Tá leaganacha scríofa d'amhráin agus d'fhilíocht a bailíodh uaidh i lámhscríbhinní de chuid Chnuasach Bhéaloideas Éireann, leis. Thóg Tadhg Ó Murchadha a bhí ag obair thar ceann Choimisiún Béaloideasa Éireann trí amhrán déag uaidh sa mbliain 1940, cuir i gcás (Cnuasach Bhéaloideas Éireann, lámhscríbhinn 75, 1940). Tá leaganacha níos faide sa lámhscríbhinn seo de roinnt amhrán a thaifid Doegen fiche bliain roimhe sin nach mór, amhráin ar nós 'Bean Dubh an Ghleanna' (ceithre véarsa) agus 'an Binsín Luachra' (ceithre véarsa).

Sid é an véarsa de 'Bean Dubh an Ghleanna' a thóg Doegen ó Pheats Ó Ceallaigh mar sin.

Tá bó agam ar an sliabh
'Gus táim le seal 'na diaidh
Ó chailleas-sa mo chiall (go harda),
Dá seoladh soir is siar
Gach áit dá ngabhann an ghrian
Ó mhaidean go dtí buí an tráthnóna;
Ach nuair a fhéachaim féin anonn, ó,
Ins an áit go mbíonn mo rún
Ó, sileann óm shúile deora;
Ó, is a Dhia mhór na ngrást,
Ó, nach trua é mo chás,
Is an bhean dubh a d'fhág fí bhrón mé.

Seo mar a ghabhann an ceol:

Bean Dubh an Ghleanna

Pádraig Ó Ceallaigh

Ba mhaith liom aird an léitheora a dhíriú ar chuid de na breachnuithe rithimeacha atá san amhránaíocht seo ar dtús. Ceann de na gnéithe is suntasaí faoin stíl amhránaíochta ná an chodarsnacht idir nótaí gearra agus fada. Tá nóta gearr, staccato sna focail 'sliabh' (barra 1), 'diaidh' (barra 2) agus 'siar' ('dá seoladh soir is siar', barra 5), cuir i gcás, agus tá béim curtha ar na focail úd ag an amhránaí. Tabhair faoi deara go bhfuil síneadh measartha fada leis an gcéad nóta sa dara siolla de 'chailleas' agus go bhfuil cosc obann anála i ndiaidh an mhionfhocail 'mo' sa líne chéanna; tá síneadh ar nóta an fhocail 'bean', leis, sa líne dheireanach den véarsa. Mhíníos gur cineál rithim-ornáide ba ea an cosc anála roimhe seo. Feicfear a thuilleadh samplaí den tréith seo a bhain le stíl Uí Cheallaigh in amhrán eile uaidh ar ball.[6]

B'fhéidir gurb iad na nótaí rífhada an ghné is suntasaí de stíl amhránaíochta Uí Cheallaigh, ach oiread leis an gCorcránach. Má mhachnaímid ar na focail 'anonn' agus 'deora' a chan an t-amhránaí sa dara leath de véarsa úd 'Bean Dubh an Ghleanna' mar shampla, tabharfaimid faoi deara go n-eascraíonn, geall leis, an nóta fada 'o' (i mbarraí 9–11 agus 15–16) as na focail úd, go háirithe i gcás an fhocail 'deora' a chríochnaíonn ar ghuta. Tagann casadh fada ceoil i ndiaidh nótaí fada sin Uí Cheallaigh agus gluaiseann an ceol gan aon bhriseadh ionas go snaidhmtear an mionfhocal 'is' sa chéad line eile le 'deora' cuir i gcás. Tá cosc obann anála ansin roimh 'a Dhia …'. Féach ar scríobh A. Martin Freeman faoi na nótaí fada ceoil a chanadh amhránaí áirithe i Múscraí nuair a bhí seisean ag bailiú ceoil ann sa tréimhse 1913–14: 'the music

6 Amhránaí eile ó cheantar Uíbh Ráthaigh a raibh cumas rithimeach iontach ina chuid fonnadóireachta ba ea Seán Ó Donghaile – tá amhrán dá chuid ar an dlúthdhiosca *Amhráin ar an Sean-Nós* a d'eisigh RTÉ (Lee, RTE CD 185).

rises to a high prolonged note; he swells on the note with consummate art, concludes it with a clear rapid flourish [and] descends again' (1920: xxii). Mar leis na nótaí de ar chuir an bheirt amhránaí, go deimhin, atá á meas againne síneadh an-fhada leo, is cosúil le tonnta iad a bheadh ag briseadh, mar go n-ardaíonn a nguthanna ina lár agus go n-íslíonn arís.

Luas na nótaí fada a chanadh an t-amhránaí Seán Ó Cléirigh ón Seanphobal roimhe seo. Is díol suime a raibh le rá ag Eibhlín Nic Craith, Bean Uí Dhonnachadha, Cill an Fhuarthainn, an Rinn, faoi shaintréith úd a chuid fonnadóireachta ar ar thug sí 'an liú dúbalta':

> [...] an liú dúbalta, é a dhéanamh faoi dhó níos laidre... is dóigh liom go raibh breis rud' sa liú dúbalta, go mbeadh sé ag dul i neart, dhéarfainn fhéin go mbeadh brí chroíléiseach fé leith leis an áit a mbeadh sé ann (Ó Drisceoil, 2008: 219).[7]

Chan an Ceallach foirceann na bhfrásaí 'mo chiall go harda' agus 'go dtí buí an trathnóna' níos boige ná mar a bhí a ghuth sa chuid eile den véarsa. Tréith shuntasach eile dá stíl amhránaíochta í sin. Dinimic a thugtar ar nós seo ardú nó ísliú láine an ghutha nuair a bhítear ag amhrán. I dtaca le dinimic de, thug Seán Ó Riada le fios sa tsraith iomráiteach raidió *Our Musical Heritage*, a craoladh sa mbliain 1962 agus a foilsíodh fiche bliain ina dhiaidh sin, nach mbaineadh an t-amhránaí sean-nóis úsáid as na hathruithe seo i neart an ghutha: 'he does not use dynamics, he does not sing loudly and again softly for emotional or dramatic effect. ... The sean-nós singer does otherwise. His tone of voice remains level and even ...' (Ó Riada, 1982: 23). Ní maith a réidheann

7 Táim buíoch de Phroinsias Ó Drisceoil a thug an tagairt seo dom.

an méid sin aige, dar liomsa, le ceann de na slite chun breachnuithe a dhéanamh a bhí ag Pádraig Ó Tuama ó Chúil Aodha ar thagair an Riadach dó sa tsraith chéanna clár: 'The sean-nós singer does not normally employ dynamics [...]; generally speaking he maintains the same level of tone throughout the song. In West Munster, however, dynamic variation survives, and the singer may draw special attention to a phrase or even a single note by singing it softer or louder than the surrounding notes' (1982: 38). Taispeánann Sean Williams agus Lillis Ó Laoire sa leabhar *Bright Star of the West* go gcleachtaíodh Seosamh Ó hÉanaigh *diminuendo* freisin (2011: 57–8).

Cé gur iomadúla na hornáidí séiseacha (*melodic ornaments*) – castaí, creimnótaí (*mordents*) agus a leithéidí – a bhí in amhránaíocht Uí Cheallaigh ná mar a bhí ag Ó Corcráin, mar sin féin tá cosúlachtaí suntasacha idir stíl amhránaíochta na beirte, ainneoin go raibh leithead na Mumhan eatarthu.

Thug Tadhg Ó Murchadha le fios i nóta ginearálta a chuir sé leis an gcnuasach amhrán a bhailigh seisean ón gCeallach sa bhliain 1940, gur óna athair agus ó sheandaoine eile a chuala sé na hamhráin (Cnuasach Bhéaloideas Éireann, Ls. 75: 471). Cuimhnigh gurbh ón gceantar céanna Gaeltachta don mbeirt acu agus gurbh amhránaí é Tadhg Ó Murchadha chomh maith. Chuir sé an nóta géarchúiseach seo leis an amhrán 'Is ní cheilfeadsa anois feasta' sa chnuasach amhrán réamhráite: 'Níor chuala an t-amhrán so ag éinne eile riamh ach age m'athair, beannacht Dé leis [...] Ba mhaith liom 'fhios a bheith agam ... ar mhar a chéile a bhí an t-aer a ghabhann leis aige [ag Peats Ó Ceallaigh] agus do bhí sé age m'athair agus do chan sé dhom é ansan. Ba mhar a chéile an t-aer a bhí ag an mbeirt, ach gur shia agus gur bhreághtha "casaí" Pheats' (Cnuasach Bhéaloideas Éireann, Ls. 75: 481–2). Is ráiteas tábhachach aeistéitiúil é sin ó bhailitheoir a raibh tuiscint shinseartha aige do cheol a dhúiche féin, ráiteas ina nasctar fad agus feabhas na hornáidíochta le chéile go follasach.

Ar ndóigh ní mór cumas agus saintréithe an amhránaí aonair a chur sa mheá nuair a bhíonn stíl amhránaíochta á meas againn chomh maith leis an teaghlach agus leis an bpobal ar de é nó í. Tarraingíodh aird ar bhua agus ar chumas amhránaithe thar a chéile i múnlú a gcuid fonnadóireachta sa leabhar *Bright Star of the West* cuir i gcás: '[Seán] Ó Riada's [...] close alignment of region and style do not factor in individual ability. [...] In any case, as [Séamus] Ennis noted, treating even Connemara as a single homogeneous unit, risked missing variation within family and individual traditions in this relatively small area' (Williams agus Ó Laoire, 2011: 31–2).

Smut d'amhrán eile ó Phádraig Ó Ceallaigh atá i mbailiúchán Doegen is ea an véarsa deiridh as dréacht filíochta a chum Tomás Rua Ó Súilleabháin chun fáilte a chur roimh Dhónall Ó Conaill nuair a d'fhill sé ar Dhoire Fhionnáin. Cumadh é ar an bhfonn 'an Réiltheann Leanbhach' de réir eagrán Shéamais Uí Fhiannachta d'fhilíocht Thomáis Rua (Fenton, [1914]: 59).[8] Sid é leagan Uí Cheallaigh den véarsa úd:

[8] Bhailigh Ciarán Mac Mathúna leagan eile den bhfonn ó Phádraig Ó Beaglaoich in aice Chill Orglan i gCo. Chiarraí agus eisíodh é ar chaiséad dúbailte dar teideal *Traditional Music of Clare and Kerry* (RTÉ, 1987).

Beidh tinteacha cnámh in Uíbh Ráthach romhat
Sa mbaile cois trá mar a mbíonn báire agus ceol,
Ar Doire Fhionáin aerach mar a dtaistealaínn suas
Ar bruach an chalaidh úd Charraig Uí Chróin;
Mar a dtagann thar sáile na táinte fí sheol,
'Na loingeas chun suain i gCuan Achaidh Mhóir,
Níorbh aistear leo ansúd thíos i dtigh an Fhlathartaigh suí
Mar a gcaithid chun dí puins, fíon agus beoir.

Fáilte Thomáis Rua roimh Dhónall Ó Conaill

Pádraig Ó Ceallaigh

Éiríonn luas an cheoil níos mire agus éiríonn guth an amhránaí níos boige arís sa dréacht seo, i ndeireadh an dara líne, 'mar a mbíonn báire agus ceol' agus i ndeireadh an véarsa, 'fíon agus beoir'. Is mór an chodarsnacht atá idir an luas bríomhar úd agus nótaí fada an fhoinn a airítear i bhfocail ar nós 'romhat' (barra 4), 'suas' (barra 8), 'sáile' (barraí 11–12), 'Mhóir' (barra 15). Bhailigh Liam de Noraidh an véarsa céanna ón gCeallach agus d'fhoilsigh leagan scríofa den cheol sa leabhar *Ceol ón Mumhain* (1965: 24). Cé gur cosúil nár thaispeáin de Noraidh cuid de na breachnuithe rithimeacha anseo, ar nós cosc anála, ar a shon sin tabharfar faoi deara, ach an dá leagan den véarsa úd a chur i gcomparáid le chéile, go bhfuil éagsúlachtaí eatarthu, idir na maisiúcháin shéiseacha (*melodic ornaments*) cuir i gcás. Léargas is ea é sin ar bhua chruthaitheach an amhránaí ar ndóigh.

Amhránaí Muimhneach eile ar tugadh faoi deara go raibh an cumas céanna ann ba ea Nioclás Tóibín ón Rinn, Co. Phort Láirge. (Tá tagairt agam dó roimhe seo san aiste.) Dá chomhartha sin, ríomh Seán Ó Cuirrín an eachtra bheag seo i mbrollach an leabhair *Duanaire Déiseach*, cnuasach amhrán a chanadh an Tóibíneach: 'Tharla Carl Hardebeck ar chuairt soláthair ceoil sa Rinn uair agus bhreac sé amhrán ar phár ó Nioclás. Ansan d'iarr sé ar Nioclás é d'athchanadh agus é féin ag mothú cúl an leathanaigh lena mhéara.[9] Ba ghearr gur stad Hardebeck go ndúirt, "Ní mar sin a chanais ar dtúis é." "B'fhéidir é," arsa Nioclás, "agus má thagair arís amáireach ní móide ceachtar den dá leagan á fháil agat."' (Tóibín, 1979: 11)

Le filleadh ar an véarsa úd as déantús Thomáis Rua, ba mhaith liom aird an léitheora a dhíriú ar an bhfocal 'sáile',

---

9 Bhí Hardebeck dall.

mar a gcloistear athrú micreatoin in airde an nóta (*microtonal change in pitch*) nach bhfuil léirithe sa cheol athscríofa. Tá athruithe den chineál céanna le clos in airde roinnt nótaí a chan Tomás Ó Corcráin, sa bhfocal 'ór' cuir i gcás in 'Cití na gCumann' (barra 5). Thagair Tomás Ó Canainn do thréith úd an tsean-nóis ina leabhar *Traditional Music in Ireland,* cuir i gcás (1978: 74). Tréith ghaolmhar léi sin is ea an méid seo a thug Liam de Noraidh faoi deara sa leabhar *Ceol ón Mumhain*: 'Cloistear, fo-uair, leis, nótaí nach mbíonn an airde chéanna acu ar fuaid an amhráin. Is deacair a bheith deimhnitheach faoin modh i gcás mar sin. [...] Is é toradh na héiginnteachta seo binneas thar meon; chuirfeadh sí ildathanna an tuair cheatha os comhair aigne an té a bheadh ag éisteacht' (1965: 14). Nach cruinn a dhéanann an meafar aoibhinn sin cur síos ar na nótaí úd atá sonraithe agamsa. Tá an 'binneas thar meon' sin, an éiginnteacht cheolmhar, chorraitheach sin, ar cheann de na tréithe is taitneamhaí dá bhfuil san amhránaíocht don té atá oilte air mar shuáilce.

Measaim gur fiú dúinn ár n-aire a dhíriú arís ar an léargas a thug A. Martin Freeman ar na nótaí fada a chuala seisean nuair a bhí sé ag bailiú amhrán i mBaile Bhuirne sna blianta 1913–14. Seo cuid den chur síos a scríobh Freeman i dtosach an bhailiúcháin cheoil úd a cuireadh i gcló in *Journal of the Folk-Song Society*, Londain (1920–21) – ag trácht a bhí sé sa chuntas seo ar an amhránaí Conchubhar Ó Cochláin (Conny Coughlan), de réir dealraimh:

> You may learn an important lesson in Irish singing by listening to his long notes. You will notice that these are sometimes, strictly speaking, pause in the diction, lengthening of syllables for emphasis. At other times they are not part of

> the verse at all, but an extra-metrical, wailing cry on the sound 'oh'! This interpolated sound seems almost like an attempt on the part of music to find a means of passionate expression when the syllables are inadequate. But, without entering debatable ground, we can soon observe that the lengthened notes are the important points in every stanza. Into them the singer puts his whole soul; and he sings them in such a way that they never seem to interrupt the rhythm, but rather to help it. (1920: xxiv)

Is deas mar a thagann cuntas úd Freeman ar na nótaí fada agus ar an bhfuaim sheach-mheadarach, 'oh', mar a thug sé uirthi, lena bhfuil léirithe agamsa.

Thaispeánas, mar sin, go raibh tréith úd na nótaí fada i dtrí ionad ar leith i gCúige Mumhan: i gCo. Phort Láirge, in iarthar Chorcaí agus in iarthar Chiarraí. Amhránaithe a rugadh sa naoú haois déag ba ea na fonnadóiri i ngach cás. Cé go bhfaighfí a áiteamh gur nósmhaireacht ba ea í seo a d'fhorbair na hamhránaithe as a stuaim féin, is laigede an argóint sin an leithead fairsing tíre a bhí eatarthu. Tabhair faoi deara chomh maith nach i dtaobh le hamhránaí aonair a bhí Freeman i gceantar Bhaile Bhuirne. Usáidtear an téarma 'foshraith' (*substratum*) sa teangeolaíocht chun cur síos a dhéanamh ar theanga sheanbhunaithe a théann i bhfeidhm ar theanga nuafhódaithe sara gcuirtear an teanga bhunaidh ar ceal. Is inmheasta gur foshraith d'amhránaíocht dhúchasach na Mumhan na tréithe sin atá scrúdaithe againne, go mórmhór na nótaí fada.[10] Dob fhiú comparáid a dhéanamh idir nótaí rífhada sin na n n-amhránaithe Muimhneacha agus stíl amhránaithe eile taobh amuigh de Chúige Mumhan, leithéid

10 Bhain Bob Quinn cuir i gcás úsáid as teoiric na foshraithe ó thaobh na Gaeilge de in *The Atleantean Irish* (2005: 117 ff.).

Choilm Uí Chaodháin ó Ghlinsce i gConamara a bhfuil sampla dá chuid fonnadóireachta ar an dlúthdhiosca *Amhráin ar an Sean-nós* (féach n. 8 thuas) nó Phádraig Uí Néill ó Bhaile Chláir ar Achréidh na Gaillimhe, a bhfuil trácht ag Virginia Blankenhorn air sa leabhar seo.

In aiste leis dar teideal 'Functions of Irish Song in the Nineteenth Century', chuir Breandán Ó Madagáin an tuairisc a thug Freeman ar na nótaí fada i gcomparáid le cuntas a scríobhadh in Albain san ochtú haois déag inar tógadh ceann den ngné chéanna san amhránaíocht taobh thall de Shruth na Maoile:

> Chiefly occupied with the sentiment and expression of the music, the singers dwell upon the long and pathetic notes, while they hurry over the inferior and connecting notes in such a manner as to render it exceedingly difficult for a hearer to trace the measure of them (1985: 182).[11]

Ar ndóigh níl sna nótaí fada ach gné amháin de stíl thraidisiúnta amhránaíochta na bhfonnadóirí a chuireas in bhur láthair. 'Time is of course their slave, not their master and rhythm is their triumph,' a scríobh Freeman faoi sheanamhránaithe Mhúscraí go luath sa bhfichiú haois (1920: xx). Sa mbliain 1925, scríobhadh an ráiteas suimiúil seo sa réamhrá a cuireadh le trí himleabhair *Londubh an Chairn* i dtaobh na seanamhránaithe sna ceantracha Gaeltachta a bhí suas an tráth úd: 'they have the secret of the rhythm and interpretation of these songs, and that subtle understanding which means so much in the rendition' (Ní

---

[11] *Pace* Patrick MacDonald, *Collection of Highland and Island Vocal Airs* (1781), arna lua ag Kennedy-Fraser, *Songs of the Hebridies* III (1909), xxii.

Annagáin agus de Chlanndiolúin, 1927: viii). I dtaca leis na tréithe suntasacha de ar dhíríos-sa aird orthu thuas, tréithe a bhí, mar a chonaiceamar, in amhránaíocht dhúchasach na Mumhan tráth, is é mo thuairim nach cuid de dhlúth ná de inneach an tsean-nóis a lán díobh a thuilleadh. Measaimse gur fiú dul siar ag triall ar thobar an dúchais faoi dhéin íocshláinte.

Go gonta, mar sin, tá tuiscint agus eolas, brí agus úire ar fáil dúinn ach éisteacht chúramach a thabhairt do na taifeadtaí cartlainne, ábhar a bhfuil teacht anois air go saoráideach thar mar a bhíodh san am a caitheadh. Cá bhfios ná go ndéanfaí athnuachan ar amhránaíocht an lae inniu ach suntas a thabhairt do na hamhránaithe dúchasacha breátha sin a bhfuil blúirí dá gcuid amhrán le fáil againn? Má dhéantar amhlaidh beidh amhránaíocht an lae inniu á hathnuachan féin ar shlí dhearfach, fhódúil.

Foinsí

Acadamh Ríoga na hÉireann, 2009. Tionscadal Gréasáin Cheirníní Doegen. https://www.doegen.ie/.

Cnuasach Bhéaloideas Éireann, an Coláiste Ollscoile Baile Átha Cliath.

de Hindeberg, an tAth. R. 1905. ITMA Henebry Cylinder Recordings 1, 1905. Taisce Cheol Dúchais Éireann, Baile Átha Cliath. https://www.itma.ie/features/playlists/itma-henebry-cylinder-recordings-2

de Hindeberg, R. 1928. *A Handbook of Irish Music*. Cork: Cork University Press.

de Noraidh, L. 1965. *Ceol ón Mumhain*. Baile Átha Cliath: An Clóchomhar.

Freeman, A. M. 1920. 'Irish Folk Songs', *Journal of the Folk-Song Society* 6 (23), 95–205.

Mac Mathúna, C. 1987. *Traditional Music of Clare and Kerry* [Closchaiséad] MC 102. RTÉ.

McQuillan, P. 2004. *Native and Natural: Aspects of Right and Freedom in Irish*. Cork: Cork University Press agus Field Day.

Ní Annagáin, M. agus de Chlanndiolúin, S. 1927. *Londubh an Chairn: Songs of the Irish Gaels*. London: Oxford University Press.

Lee, I. *Amhráin ar an Sean-Nós: ó: Dún na nGall, Muigh Eo, Conamara, Ciarraí, Corcaigh, Na Déise agus Ráth Cairn* [CD] RTE CD 185.

Ó Cadhla, L. 2004. *Amhráin ó Shliabh gCua* [CD]. RTE CD 234.

Ó Canainn, T. 1978. *Traditional Music in Ireland*. London: Routledge agus Keegan Paul.

Ó Cearbhaill, P. 1995. 'An Amhránaíocht ar an Sean-nós: Conas is Ceart í a Mheas?', *Oghma* 7, 44–52.

Ó Cearbhaill, P. 2007. *Logainmneacha na hÉireann II: Cill i Logainmneacha Co. Thiobraid Árann*. Baile Átha Cliath: Oifig an tSoláthair.

Ó Drisceoil, P. 2008. 'Leagan Sheáin Uí Chléirigh de "Ar Bhruach na Laoi"', *An Linn Bhuí* 12, 219–21.

Ó Drisceoil, P. 2016. 'Séamas Ó Liatháin: Labhairt agus Taifeadadh na Gaeilge i nGaeltacht Thiobraid Árann', *An Linn Bhuí* 20, 240–63.

Ó hÓgáin, D. (eag.). 1994. *Binneas Thar Meon: Cnuasach d'Amhráin agus de Cheolta a dhein Liam de Noraidh in Oirthear Mumhan*. Baile Átha Cliath: Comhairle Bhéaloideas Éireann.

Ó Laoire, Lillis. 2002. *Ar Chreag i Lár na Farraige: Amhráin agus Amhránaithe i dToraigh*. Indreabhán: Cló Iar-Chonnachta.

Ó Madagáin, B. 1985. 'Functions of Irish Folk Song in the Nineteenth Century', *Béaloideas* 53, 130–216.

Ó Maolchathaigh, S. 1964. *An Gleann agus a Raibh Ann*. Baile Átha Cliath: An Clóchomhar.

Ó Milléadha, P. 1936. 'Seanchas Shliabh gCua', *Béaloideas* 6 (2), 169–256.

Ó Riada, S. 1982. *Our Musical Heritage*. Maighean Rátha, Co. Laoise: Dolmen Press.

Ó Súilleabháin, T. (Séamus Dubh [Ó Fiannachta / James Fenton] eag.). 1914. *Amhráin Thomáis Ruaidh: The Songs of Tomás Ruadh O'Sullivan, the Iveragh poet*. Baile Átha Cliath: M. H. Gill.

Quinn, B. 2005. *The Atleantean Irish: Ireland's Oriental and Maritime Heritage*. Dublin: Lilliput Press.

Tóibín, N. 1979. *Duanaire Déiseach*. Baile Átha Cliath: Sáirséal agus Dill.

Williams, S. agus Ó Laoire, L. 2011. *Bright Star of the West: Joe Heaney, Irish Song Man*. Oxford: Oxford University Press.

Traidisean seinn ath-chruthaichte nan Gàidheal Albannach

Griogair Labhruidh

> In the early days it seems that the Mòd was founded to make Gaelic more accessible and acceptable to the public but it has not moved with the times, the Mòd is now shooting itself in the foot and if this goes on much longer with no change then it will continue to show the Gaelic language and its people in a very negative light.
>
> Maighread Stiùbhart

> I am very embarrassed to hear the Gold Medal style of singing.
>
> Mark Wringe (MacLeod, 2007)

Ann an 1778 chuir buidheann bheag de chlas bùirdeasach na Gàidhealtachd air chois a bha a' tàmhachd ann an Lunainn dom b'ainm 'Comann Gàidhealach Lunainn' no '*The Highland Society of London*'.

Chaidh a' bhàrd Earra-Ghàidhealach, Donnchadh Bàn nan Òran (Donnchadh Mac an t-Saoir) fhéin aithneachadh leis a chomainn ud ann an 1789, e am measg mòran de luchd-ealain na Gàidhealtachd a thuit fo am buaidh san tràth seo (MacIntyre, 1952: xxxi-xxxii). Coltach le Donnchadh Bàn Mac an t-Saoir, bha an comann seo air a shuidheachadh eadar dà chultar, an cultar Impireachdail Breatannach agus cultar dùthchasach nan Gàidheal (MacNeil, 2007: 3). Air a' cheart ruith ri cinn-fheadhna ochdamh linn deug, bha na Gàidheil bhùirdeasach, impireachdail a' seo air gabhail ri clas bùirdeasach na rìoghachd ùr. Bu mhòr an ceangal a dh'fhalbh leis na bha a' tachairt air a' Ghàidhealtachd agus an còrr den impireachd san tràth seo agus a' Ghàidhealtachd ga toirt a-staigh do dh'ain-riochdachaidhean agus ceannsachadh tìre a bha fuaighte le Oirthireachd (2007: 5–6).

Bha ain-riochdachadh '*primitive*' agus '*barbarian*' am measg chlas bùirdeasach na roinn Eòrp' air na Gàidheil bho linn an Ath-bheòthachaidh (Bergenroth, 1862). Dar a chaidh *Ossian* fhoillseachadh ann an 1761, chosg Seamas Mac a' Phearsain cliù as ùir do na Gàidheil am measg a' chlais-bhùirdeasaich a' dealbhachadh eachdraidh agus cultar nan Gàidheal 's e fuaighte ri romansachd (Chapman, 1979: 19).

Throimh na nithean seo am measg feadhainn eile, chaill a' Ghàidhlig agus an dualchas Gàidhealach a cumhachd agus a neart poileataigeach. Bha a' Ghàidhealtachd a-nise ga riochdachadh leis na h-Impireachdaich Bhreatannach agus nam mèinn-san, dh'fhaodadh an dualchas bhith air ath-chruthachadh anns an dòigh bu fhreagarraiche dhaibh (MacNeil, 2007: 7). Gu mì-fhortanach, cha robh àite sam bith ann an *highlandism* no *romanticism* airson an dualchas na chruth traidiseanta (Newton, 2012: 98).

Air an ruith sin ma-tà, chuir an linn romansach ri beàrn

a chaidh a leudachadh eadar na daoine, an dùthaich agus dùthchas.

Anns an tràth dheireannach den naoidheamh linn deug dh'adhbharaich na h-iomairtean a bha a' fùcadh nan Gàidheal far an talamh dhùthchasach aca gnìomhan poileataigeach a sheas an aghaidh na h-uachdaran-talmhainn (Meek, 1995: 17). Bha an iomairt stèidhichte air 'Land League' na h-Eireann agus thàinig e do na buillean ann an corra àite (Thompson, 1970: 81).

Fhad 's a bha an dùsgadh a' seo ga bheathachadh am measg nan Gàidheal, bha a' Ghàidhealtachd ga toirt a-staigh do shaoghal ùr a bha air a stèidheachadh timcheall air gnìomhachas anns an robh buaidh an iomaltair ga shìor neartachadh, mar a dh'aithnich Dòmhnall Meek: 'Improved communications opened up the Highlands and Islands to a range of influences. The Lowlands became increasingly important as a source of physical sustenance and cultural aspirations' (Meek, 2003: xxiv). Bha na nithean seo anns a' cheart ruith ri buaidhean a' cheannsachaidh mheadhanail a chomharraich Michael Hechter (1975: 27).

Bha na Gàidheil a-nise gan sluigeadh a-suas le saoghal na Beurla, gu h-àraid anns a' Ghalldachd far an robh mòran Ghàidheil a' tamhachd, le eilthireachd ghnìomhachasail a' tàladh nan Gàidheal do na bailtean mòra (Meek, 2003). Mar a shònraich Mòrag NicLeòid b'e seo an tràth anns an do leasaich nòsanan ùra a thaobh a' chiùil Ghàidhealaich anns a' bhaile mhòir: 'The piano began to be used as an accompanying instrument. Choirs were formed using vocal harmony, which was completely new to Gaelic song. It became fashionable for singers to have their voices trained' (MacLeod, 1996: 130).

Coltach le Comann Gàidhealach Lunainn na bu tràithe san naoidheamh linn deug, bha a' chuid a bu mhotha de na daoine a bha an comas a' chànain a chur air fheabhas aig deireadh na linn Bhictòrianaich a' buntainn don chlas bhùirdeasach, le stoidhlichean ceannsaichte air an taobh-ciùil den chuid oidhirpeachadh (Thompson, 1970: 207). Ann an 1891 chaidh bunailt a' Chomuinn Ghàidhealaich a chur air bruthach: 'a body which rapidly came to lead the language movement, though within a lowland context' a-rèir Frank Thompson (1979: 6).

Còisirean Gàidhlig

Air an dàrna latha den Ghiblean, 1896, chaidh pàipear a liubhairt do Chomann Gàidhlig Inbhir Nis air a sgrìobhadh le 'Mr L. Macbean, Kirkcaldy', fo thiotal 'The Mission of the Celt,' 's e a' cracaireachd timcheall air ath-bheothachadh na Gàidhlig agus seo na thuirt e a thaobh ciùil:

> ... in music the renewed energy of our people has already shown itself in the collection and printing of the fine old melodies bequeathed to us by a more gifted ancestry; and we may expect that before the Gaelic revival has quite spent itself, we shall have a national style of harmony in keeping with those splendid old tunes, and who knows but some talented Highlander will yet give us a Gaelic opera or a Gaelic oratorio (1896–7: 61).

Thro na slatan tomhais seo chaidh buidheannan mar Chòisir Eaglais Naomh Chaluim Chille a bha na ionad cudthromach do na Gàidheil ann an Glaschu a chur air bruthach

(MacLeòid, 1867); (MacFarlane, 1924–5: 255). B'ann glè bhitheanta a thuit gun cuala duine mòr ann an làitheanan tràth a' Chomuinn Ghàidhealaich, trusaiche-ciùil a' chòisrigh sin, Calum MacPhàrlain (1853–1931):

> The singing which I heard at those concerts was of quite another order. The main difference consisted in the music being regarded as of first importance and the words of secondary importance. We know that choiristers, to be successful, must become, more or less, musical instruments under the control of their conductors. But the soloists at those concerts also made themselves, more or less, musical instruments, contrary to the practice of the old singers, who mostly sang with animation and feeling, determined to do justice to the words, be the fate of the music what it might (1924–5: 255).

Ann an 1890 dh'fhoillsich ball de chlas bùirdeasaich na Gàidhealtachd beachdan a' Cheiltiche, Albert Nutt a thaobh dhòighean air seinn nan Gàidheal a leasachadh, 's e cracaireachd air '*the Scotch Eisteddfod*' (Campbell, 1889: xxxvii). B'e am fear a dh'fhoillsaich a' bheachd-smuain sin, an Tighearna Gilleasbaig Caimbeul a shuidhich sìol a' Mhòid Nàiseanta is e na Chathairiche don Chomann Ghàidhealach bho bhunachadh ann an 1891 a-suas do 1894. Bha ceangal daingeann a' falbh le Còisir Eaglais Naomh Chaluim Chille ann an stèidheachadh a' Mhòid cuideachd agus b'iad-san a thug bàrr mar chòisir bhon Mhòd ann am bhiadhnaichean tùsail an tachartais (Thompson, 1979: 8).

Ann an 1900 dh'fhoillsicheadh leabhar ùr le Còisir Eaglais Naomh Chaluim Chille do chòisirean do dh'òrain Ghàidhlig traidiseanta 's iad co-sheirmichte le ball eile den Chomann Ghàidhealach; stiùiriche a' chòisridh, Archibald

Ferguson. Ann an ro-ràdh an leabhair chaidh beachdan a thoirt seachad timcheall air an t-seòrsa seinn a bu ghnàth do na Gàidheil san àm:

> Gaelic music has, until recent years, suffered greatly from the want of proper exponents - the common order of singers in public being without vocal training of any kind. Within recent years, however, a change has been taking place, and it is not now so difficult to get Gaelic music from artistes possessing cultivated voices (*A' Choisir-Chiùil*, 1900: Prefatory Note).

Ged a dh'aithnich Calum Mac Phàrlain gun robh buaidhean aig seanna seinneadairean na dùthcha nach robh aig cuid de sheinneadairean nam baile mòr, nochd e gun d'altraim e fhèin na beachdan ceudna cuideachd: 'there has been considerable improvement in the singing of Gaelic choruses in big towns, but I fear the improvement is much less pronounced in the country parts' (MacFarlane, 1924–5: 267).

Dh'adhbharaich foillseachadh *A' Choisir Chiùil* iomairt gus còisirean Gàidhlig a bhrosnachadh agus thòisich oidhirp mhòr gus ceòl, stèidhichte ann an co-sheirm a sgapadh am measg nan daoine '... the publication of the St. Columba Collection is, to say the least, opportune, and will, we trust, assist in stimulating the movement' (*A' Choisir-Chiùil*, 1900: Prefatory Note).

Dh'aithnich Malcolm Chapman an dòigh anns an deachaidh nàdar nan òran atharrachadh 'san àm seo: 'pentatonic tunes of great beauty are de-natured by their passage through a system based on a twelve-note tempered scale and functional harmony: the two systems are fundamentally incompatible, and much is lost in translation from one to another' (Chapman, 1994: 39).

Chaidh na h-òrain anns *A' Choisir-Chiùil* a shuidheachadh ann an co-sheirm SATB, a' leanachd ghrìdean agus modhannan a' chiùil chlasaigich. Mar eisimpleir tha an suidheachadh a' seo a-nochd de 'Och Och mar tha mi', leis a' bhàird Mharbhairnich, Iain MacLachain:

(*A' Choisir-Chiùil*, 1900: Prefatory Note).

Chìthear nach ann a-mhàin a thaobh an fhuinn a chaidh gnàthasan ùr a bhuileachadh air an òran ach cuideachd, a thaobh ruitheam. Seo mar a ghabh an t-òranaiche dùthchasach Aonghas Caimbeul à Ard nam Murchan am fonn do Chalum MacIllEathainn ann an 1972 (bha am fonn fhèin car eadar-dhealaichte aig Aonghas Caimbeul cuideachd, mar bu ghnàth don t-seinn dùthchasach):

Tasglann Fuaim Sgoil Eòlas na h-Alba Oilthigh Dhùn `Èideann: clàr SA1957.6.A2. tobarandualchais.

Gu dùthchasach ghabhadh an t-òran ann an 9/8 ach chìthear gur ann an 3/4 a chaidh a shuidheachadh anns A' *Choisir Chiùil* a' leanachd an t-seòrsa ruitheim *anthemic* bu thaitneach do stoidhlichean bùirdeasach Bhreatainn Impireachdail.

Maille ris A' Choisir Chiùil, nochd corra fhoillseachadh eile a chuir na h-òrain Ghàidhlig ann an dreach ùr. Nochd leth-chiad òrain Ghàidhlig ann an *Songs of the Highlands* le taic-ciùil sgrìobhte leis an organaiche Shasannach, Mr F. W. Whitehead. Ann an 1884 dh'fhoillseachadh an *Killin Collection* le Teàrlach Stiùbhart agus a-rithist, chaidh an taic-ciùil agus an co-sheirm a chuir air bruthach le duine gun Ghàidhlig; Mr James Merrylees (MacFarlane, 1924–5: 263). A thuillidh air na foillseachaidhean seo, chlò-bhuailte leabhar air an robh Còisir a' Mhòid leis a' Chomann Ghàidhealach fhèin agus coltach leis a' *Choisir Chiùil* nochd na h-òrain 's iad co-sheirmichte le luchd-ciùil a-rèir fasanan a' chlais bhùirdeasaich (An Comunn Gàidhealach, 1910: Preface).

Mar sin fhèin, bu mhòr a' chudthrom a chuirte air seinn ann an co-sheirm leis a' Chomann agus lean seo air aghaidh gus air a' cheann thall, b' ann a bha tuille mòr-chùis ga dhèanamh timcheall air còisirean na nì eile air Mòdan (McPhee, 2008: 32–3).

Bun-stèidheachadh

Chìthear glè bhitheanta an dòigh anns an d'fhàg bun-stèidheachaidhean is bun-tomhasan buaidh air traidisean seinn ath-chruthaichte nan Gàidheal. Chaidh gu leòr den cheòl a dhìoghlamadh às leth a' Chomainn Ghàidhealaich fhaotainn le Calum MacPhàrlain. An cois a' chiùil ud bha còrr is trì fichead fonn a thàinig bhon t-seinn aig Iain Camshron (1865–1951), no 'Iain Ceilidh', am bàrd ainmeil à Baile Chaolais.[1] Am measg nam fonn a fhuaras bhuaithe bha an dreach a bh' aige air *Hùg ò lathail* ò a chaidh a chlò-bhualadh leis a' Chomann ann an *Còisir a' Mhòid* (An Comunn Gàidhealach, 1910: 18):

Seo an suidheachadh a bh'aig an t-seinneadair Bharraich, Ruaraidh Iain Bhàin de *Hùg ò lathail* ò seach suidheachadh stèidhichte a' Chomainn:

1 Leabharlann Nàiseanta na h-Alba, LS Acc. 9736 (Cruinneachadh Chaluim MhicPhàrlain), 142–6

Air a chlàradh le Iain Lathurna Caimbeul, Am Màrt 1938, Cruinneachadh Chanaigh, Urras Nàiseanta na h-Alba: clàr 03 D04-A.

Thairis air na bliadhnaichean chaidh suidheachadh Iain Cheilidh a stèidheachadh mar bhun-stèidh, gus fa-dheòidh b'e am fonn bh'aige-san air an òran a chluinnte anns a' bhitheantas. Mar sin fhèin, gè glè-thraidiseanta cuid de na fuinn a chaidh fhoillseachadh leis a' Chomann, mar a dh'aithnich Erin McPhee, b'iad na fuinn seo a-mhàin a dh'aithneachadh aig Mòdan: 'only one version of a song can be chosen to be the "official" printed version, and this does not take into account the local variations that would have existed for a particular song' (2008: 83).

Mar sin fhèin b'e fear de na buaidhean a bu mhotha a thàinig a-staigh do cheòl nan Gàidheal san àm seo gun deachaidh na h-uile a thomhais maraon, chan ann a-mhàin a thaobh ciùil ach a thaobh cànain cuideachd. Tha briathran Chaluim MhicPhàrlain a bha gu mòr an cois obair a' Chomainn Ghàidhealaich a-nochdadh am feallsanachd is an ceann-fàth seo gu soilleir:

> The Army has proved that the Gaelic man is as capable of taking on discipline as any other soldier. But there is no parochialism or provincialism involved there. Why can't he yield to discipline in his language and music affairs? What made it pleasant to listen to the Ballachulish Male Voice Choir's singing at the Fort-William Mòd? They pronounced their words as one man. True, they sang in their own local tone and dialect; but it was the same quality from every choir member. Now, literary pronunciation of Gaelic is quite as well defined as that of any parish or province, or as that of any English in Scotland or anywhere else; and if solo singers and choristers would bend their minds to accept the literary pronunciation, when dialect is not specially wanted, no matter what their own personal pronunciation is, their performances would be much enhanced (1924–5: 264).

Cha bu cho-thachairt e gun deachaidh iomradh a thoirt air an arm a' seo, 'chionn b'e seo fear de na nithean a dh'fhàg buaidh air an òrdugh a dhealbhaich Calum MacPhàrlain, gu h-àraid air a' Ghàidhealtachd (Macdonald, 1998: 81).

Am measg sheinneadairean an traidisein ath-chruthaichte a ghabh ris a' bheachd a' seo bha Seumas C. M. Caimbeul (1896–1979) à Ceann t-Sàile agus a thuille air seo, mar a chomarraich Derick Thomson, bha a ghuth air a bhualadh le ceòl clasaigeach, 's e bruidhinn air an 'conscious learning of operatic and other demanding songs' a rinn e gus an stoidhle aige a leasachadh (Thomson, 1987: 272).

Tha Seóirse Bodley air mion-chunntas a thoirt air an dòigh anns a bheil an seòrsa seinn seo calg-dìreach an aghaidh na seinn bu ghnàth do chuid de Ghàidheil na h-Èireann agus dh'fhaodar a' cheart rud a ràidhinn mun cuairt air seinn traidiseanta nan Gàidheal Albannach (Bodley, 1972–3: 46).

A' bruidhinn air tè de na seinneadairean a bu chudthromaiche a ghabh ris an stoidhle ùr, am Bàn-Muilleach, Seònaid NicLachann, thug Calum MacPhàrlain iomradh air 'the modernizing of the style of singing' (MacFarlane, 1924–5: 255). A thaobh mhùchaidh na seinn a bu ghnàth do na Gàidheil bho shean, tha Anna Latharna NicIllÌosa, seinneadair eile a bha air a bualadh leis an traidisean ath-chruthaichte ag altram a' bheachd gun robh an t-seann stoidhle tuille is '*obscure*' no '*unattractive*' airson luchd na Beurla ann am meadhan an fhicheadamh linn (Gillies, 2005: 3).

'S fior seo ach mar a chìthear, b'iad na Gàidheil fhèin a riochdaich an stoidhle ùr agus b'iad òrdugh agus smachdachadh an t-saoghail a dhealbhaich an stoidhle a dh'adhbharaich na h-atharrachaidhean anns a' chiad dol a-mach.

Fèin-aithne úr

Dh'fhaodar a ràidhinn gun robh fèin-aithne ùr aig Gàidheil a' Chomainn Ghàidhealaich agus gun robh an ceòl a' falbh leis an aithne a' seo anns a' cheart dhòigh a dh'aithnich Martin Stokes:

> … identification with urban genres provides the means by which rural-urban migrants can transform themselves from peripheralised proletarians to urbanites, 'become' members of the 'clean' middle class (Peña 1985), become members of groups which represent in some way or another specific migrant interest. Music does not then simply provide a marker in a prestructured social space, but the means by which this space can be transformed (1994: 4).

Chan fheumar dearcadh nas fhaide airson an dol-air-adhairt a' seo fhiosrachadh na obair Marjory Kennedy Fraser (1857–1930) an ceòladair a chuir i roimhpe a bhith a' cur ceòl nan Gàidheal air fheabhas don luchd-èisteachd Bheurla (McPhee, 2008: 7). Mar a leig Mòrag NicLeòid ris a h-inntinn cha bu bheag na h-atharrachaidhean a thàinig air na h-òrain anns na suidheachaidhean aig Marjory Kennedy-Fraser (MacLeod, 1996: 129).

Ann an Innis a' Ruigh ann am Bun-Loch Abair tha eisimpleir den dòigh anns an robh seinneadairean dùthchasach a' meas nan suidheachadh aice anns a' chlàraidh a rinn Dr. Iain Mac Aonghais de Mhàiri Dhùghallach 's i a' bruidhinn air a h-athar a bha na sheinneadair ainmeil san dùthaich sin: 'bha duin' uasal a' sin 's.. phàigh e tiocad dha.. 'g èisteachd Mistress Kennedy Fraser is thuirt e ris dar a thàinig e a-mach nach do chòrd gin de na h-òrain ris; mhill i iad'.[2]

Bha Calum Mac Phàrlain fhèin mothachail air an dòigh anns an deachaidh suidheachaidhean Mrs Kennedy Fraser glè-fhad air fhalbh bhon dòigh Ghàidhealach, e a' bruidhinn air 'a false Gaelic spirit for which there is no valid excuse' (MacFarlane, 1924–5: 263). Aig a' cheart àm ge-tà, chunnacas a' cheart mhodhalachd ann an obair a' Chomainn Ghàidhealaich fhèin. Theagamh, nochd suidheachadh no dhà a chaidh a cho-sheirmeachadh le Marjorie Kennedy Fraser ann an *Coisir a' Mhòid* (An Comunn Gàidhealach, 1910: 31).

Bha cuid de na h-òrain anns a' cheart leabhar a nochd airson a' chiad turias, iad ùr-sgrìobhte aig an àm. B'e fear de na h-òrain a' sin '*anthem*' a' Mhòid, 'Suas leis a' Ghàidhlig'. Tha a' cheart òran air a' bhualadh gu mòr leis an dol-air-

[2] SA1968/256 (Tasglann Sgoil Eòlas na h-Alba, Oilthigh Dhùn Eideann), Màiri is Dòmhnall Dùghallach air a chlàradh le Iain MacAonghais.

adhart a tha an rùn duinn agus e riatanach fhathast do gach còisir an t-òran ionnsachadh a-rèir riaghealtean a' Mhòid (riaghealtean a tha sgrìobhte ann am Beurla a-mhàin).[3] Mar a mhìnich Calum MacPhàrlain: 'The words as poetry are very poor indeed: there is not a glimmer of Gaelic style in the versification: and the idiom itself is shady. The very name is a literal translation of English and is unidiomatic' (MacFarlane, 1924–5: 259).

A thuille air sin nochdte eadar-theangachadh a rinn Catrìona Nic 'ille Bhàin Ghrannd de 'Laoidh na Rìoghachd' (*God Save the King*) agus 's minig a chaidh an t-òran seo a ghabhail aig tachartasan Gàidhealach ceannsaichte an tràth ud.[4]

Aig toiseach an fhicheadamh linn, bha cumhachd na h-impireachd air challdachd. Mar a shònraich Homi K. Bhabha ge-tà, bu gheur-innleachdach an seòl air an robh an impireachd ag obrachadh le smachd agus ceannasachadh aigne nan ceannsaichte fòs air an ruith cheudna ann an diomhaireachd nan innleachd seo:

> Around the turn of the century there emerges a mythic, masterful silence in the narratives of empire, what Sir Alfred Lyall called 'doing our imperialism quietly'. Around the same time, from the dark corners of the earth, there comes another, more ominous silence that utters an archaic colonial 'otherness', that speaks in riddles, obliterating proper names and proper places. It is a silence that turns imperial triumphalism into the testimony of colonial confusion and those who hear its echo loose their historic memories (1994: 175–6).

3 *Rules of An Comunn Gaidhealach 2015* – 'All choirs must learn "Suas Leis a' Ghàidhlig" and "Oidhche Mhath Leibh" and the first verse of Psalm 65, to the tune "French"'. (An Comunn Gàidhealach, 2015).

4 Dòmhnall MacGhillÌosa, *Cèilidh nan Gàidheal*, *Tùs-eachdraidh Cèilidh nan Gàidheal* Glaschu, 1941, 9.

Reisimideachd agus co-fharpaisean

B'e fear de na nithean a bu mhotha a thug còmhnadh do leasachadh an traidisein ath-chruthaichte, am modh san deachaidh britheamhachd a chuir an òrdugh aig co-fharpaisean a' Mhòid, mar a shònraich Francis Collinson (Thompson, 1979: 39–40). Chomharraich Mòrag NicLeòid na dòighean san deachaidh na co-fharpaisean a' seo a chuir an òrdagh cuideachd:

> ... since few or no Gaels were musically literate, the music for these competitions was written by outsiders, and the performances were judged by outsiders. Those people thought – we are all British after all – that it was easy. Scales and rhythms were adapted to the well-tempered easily assimilated Western European norm. They probably decided that deviations from these were just native errors (MacLeod, 1996: 130).

Dh'fhiosraich Anna Latharna Nic'Ill'Iosa dìmeas cho-fharpaisean a' Mhòid don t-seinn traidiseanta agus sgrìobh i mun mhi-chomhartachd a dh' altraim i don mhodh san robh na farpaisean gam breithneachadh cuideachd:

> Mòd competitors were prescribed sol-fa versions of standard songs, usually transcribed by non-Gaelic speaking musicians, and then had marks deducted by the music adjudicators if they failed to sing them exactly as written. After all, Mòd judges (LRAMs and LTCLs to a man) seldom had any knowledge of Gaelic language or culture, or understanding of the background to the songs. The best we could hope for in those days was the occasional Welshman (Gillies, 2005: 3).

Theagamh nach eil fianais ann gun deachaidh comharraichean a thoirt air fhalbh bho sheinneadairean traidiseanta le britheamhan Gallda chionn 's gun do chum iad ri stoidhlichean dùthchasach (McPhee, 2008: 81).

Air dhòigh bha cleachdainnean a' Mhòid a thaobh nam britheamhan Gallda a thugadh a-staigh gus an t-seinn a bhreithneachadh a-rèir slatan tomhais clas bùirdeasach a' cheannsaiche air an ruith cheudna ri *dependence complex* (Loomba, 1998: 120). Tha tuille cudthrom ga chuir ris a' phuing seo dar a bheachdaichear nach bu Ghàidheil mòran de na seinneadairean fhèin a thug buaidh à leasachadh na seinn ath-chruthaichte, mar shònraich Malcolm Chapman:

> The most prestigious prizes are the gold medals for individual singing. These demand, as a formal condition of participation, a reasonable competence in Spoken Gaelic, of about 'O-level' standard. In Gaelic language classes, therefore, there was always a sprinkling of aspirants to these prizes, people with voices like angels, struggling with nouns and verbs among lesser mortals (1994: 32).

Co-theagasg an t-seinn ath-chruthaichte

Tha mòran de luchd-buannachaidh a bhuinn òir fhathast gun Ghàidhlig, agus gun sgoil aca air an dùthchas ach an spleadhrachas Bhictòrianach, 's e comhdaichte ann an tartain air ruith *highlandism* agus *romanticism*. 'S cìnnteach nach ann do phroletariat nan Gàidheal a tha am Mòd air a chumail agus, mar sin fhèin, gu bheil an traidisean ath-chruthaichte na bhlàth den 'ironic compromise of colonial mimicry' a shònraich Homi K. Babha (1994: 122).

Chomharraich am bàrd Uibhisteach Dòmhnall Ruadh Phàislig mar a chuir am Mòd dealachadh eadar na Gàidheil agus an crìochan dùthchasach nàdarra. Tha na beachdan seo a' neartachadh an leantaileachd eadar an suidheachadh ceannsaichte, na dealachaidhean a thaobh chlais a bhuail air na Gàidheil agus suidheachadh an dà thraidisean seinn; an seann nòs agus an t-seinn ath-chruthaichte.

> Chaidh Uibhist nan àrd-bheann muime nam bard
> Fo dhubhar a phàilliun ceò;
> 'S i cumha nan sàr a lughadh a dàin
> 'S a chumadh a cànail beò.
> Cha chluinn i 's an uair ach milleadh nan duan
> Aig cruinneachadh sluaigh no mòd;
> Gum b' annsa na suinn a chleachd i 'na linn
> Bho bhilean nan nìghneag òg
> (MacIntyre 1968: 311)

Bheachdaich an t-Urr Somhairle MacIlleMhaoil a chuir leabhar de bhàrdachd Dhòmhnaill Ruaidh an cèill gu geur air na bha air an taobh-ciùil den bhàrdachd aige:

> His reason is that the language of the stranger has made inroads in Gaeldom and the stalwarts who once moulded or shaped her songs are gone. It grieved his heart when the old songs were spoiled at concerts or Mods by those who did not know what they were trying to sing. The whole of creation was under gloom because there was no one to sing of her glory in the language of the garden of Eden (MacIntyre, 1968: 361).

Do-rèir chuid den bhàrdachd a sgrìobh cuid de bhàird Ghàidhealach eile an tràth ud, tha e coltach gun robh pàirt de na Gàidheil air ghabhail ris an t-seòrsa beachd air an d'thug

Frantz Fanon luaidh a thaobh chultair agus nàiseantachd: 'In the colonial context, culture, when deprived of the twin supports of the nation and the state, perishes and dies. National liberation and the resurrection of the state are the preconditions for the very existence of culture' (1963: 177).

Anns na seachdadan sgrìobh Ruaraidh MacFhionghuin air eisimpleir do dh'eadar-dhealachadh nan Gàidheal a chraobh-sgaoil Bill Hamilton ann an aithisg bhon Mhòd air neo 'the whisky Olympics' (Chapman, 1994: 32) mar a their feadhainn ris air naigheachdan a' BhBC, a' taisbeanadh nan Gàidheal mar mhisgeirean:

> Aig Mòd Inbhir-àir, thàinig gioball beag bragail, Bill Hamilton on Bh.B.C a chum a bhith a' cur naigheachd bhon Mhòd a-mach air a' phrògram 'Reporting Scotland'. Agus dé rinn am fear-naigheachd seo? Chaidh e gu fear de na taighean-òsda agus le cuideachadh on luchd-frithealaidh chruinnich e brìg mhór do bhotail fhalamh agus ghabh e an dealbh. Aig sia uairean feasgar chaidh a dealbh seo chur fa chomhair an t-sluaigh leis na briathran : 'Dh'òl muinntir Albainn Nuaidh na bha seo mus do ghabh iad am bracaist' (MacFhionghuin, 1974: 156).

Dh'aithnich Malcolm Chapman mar a bha na Gàidheil gam mùchadh ann an Alba anns an dòigh seo, 's e a' sònrachadh a' cheangail a dh'fhalbh leis na seann ain-riochdachaidhean a thàinig gu bith thro iomadh linn agus an droch-rùn a dh'altraim mòran don chànan anns an fhiche-adamh linn (Chapman, 1978: 14). Tha na nithean a tha an rùn duinn a' seo co-ionnan ris na buaidhean cheannsachaidh a shoilleirich Frantz Fanon: 'Every effort is made to make the colonized confess the inferiority of their culture, now reduced to a set of instinctive responses to acknowledge the unreality of their nation' (1963: 171).

Mar a bheachdaich Dòmhnall MacIlleDhuibh à Lios Mòr cha robh a bheag ann de Ghàidheil nach ghabhadh ris an àrd-ùrlar is iad air gabhail ris na h-ain-riochdachaidhean a chaidh a bhuileachadh orra: 'Bha sinne mar Ghàidheil riamh builteach a bhith "a' falach ar tàlantan fo chlach" – mar sin, bha sinn sàbhailte, agus cha toireadh sin cothrom do chàch a bhith sgalais oirnn' (2006: 4). Bha Iain Mac a' Ghobhainn am measg a' mhion-chuid de sgrìobhaichean a bha a' cur dòigh smaoineachaidh cheannsaichte nan Gàidheal gu dubhlan anns an fhicheadamh linn cuideachd: 'The Gaelic speaker feels himself to be inferior and his language inferior' (Crichton Smith, 1986: 37).

A thaobh suidheachaidh nan Gàidheal agus buaidh a' Mhòid tha am fianais a chunnacas a' seo gar treòrachadh don fheallsanachd iar-cheannsachdail aig Frantz Fanon, 's e a' cracaireachd timcheall air na feartan a tha rùn duinn:

> The persistence of cultural expression condemned by colonial society is already a demonstration of nationhood. But such a demonstration refers us back to the laws of inertia. No offensive has been launched, no relations redefined. There is merely a desperate clinging to a nucleus that is increasingly shriveled, increasingly inert, and increasingly hollow. After two centuries of exploitation the national cultural landscape has radically shriveled. It has become an inventory of behavioral patterns, traditional costumes, and miscellaneous customs. Little movement can be seen. There is no real creativity, no ebullience (1963: 172).

Tha de dh'fhianais ann a dhearbhas gu bheil an t-seinn ath-chruthaichte na dhìleab de dh'iomairt cheannsachaidh. Bu bhlàth e, a dh'fhàgte mar èifeachd de ain-riochdachaidhean, eadar-dhealachaidhean agus eile a chaidh a shìolachadh ann an saoghal Bhreatainn impireachdail, cheannasachdail. Bha an t-seinn ath-chruthaichte, coltach ri cuid de na Gàidheil fhèin air a challachadh, air a cheannsachadh agus air a smachdachadh.

A' Choisir-Chiùil: the St. Columba Collection of Gaelic Songs, arranged for part-singing. 1900. Paisley: J. and R. Parlane.

An Comunn Gàidhealach 1910. *Coisir a' Mhòid: The Mòd Collection of Gaelic Part Songs 1896–1910*. Paisley: J. and R. Parlane.

An Comunn Gàidhealach, 2015. *Rules of An Comunn Gaidhealach 2015*. Steòrnabhagh/Inbhir Nis: An Comunn Gàidhealach. https://www.ancomunn.co.uk.

Bergenroth, G.A. 1862. 'Spain: July 1498, 21–31', *Calendar of State Papers, Spain, Volume 1, 1485–1509: British History Online*. London: Her Majesty's Stationery Office, 167–80. Ri fhaighinn air loidhne: https://www.british-history.ac.uk/cal-state-papers/spain/vol1/pp167-180.

Bhabha, H. K. 1994. *The Location of Culture*. London and New York: Routledge.

Bodley, S. 1972–3. 'Technique and structure in "sean-nós" singing', *Éigse Cheol Tíre* 1, 43–53.

Campbell, A. 1889. *Waifs and Strays of Celtic Tradition II*. London: David Nutt.

Chapman, M. 1979. *The Gaelic Vision in Scottish Culture*. London and Montreal: McGill-Queen's University Press.

Chapman, M. 1994. 'Thoughts on Celtic music', in M. Stokes (deas.), *Ethnicity, Identity and Music: the Musical Construction of Place*. Oxford: Berg, 29–44.

Crichton Smith, I. 1986. *Towards the Human: Selected Essays*. Edinburgh: MacDonald.

Fanon, F. 1963. *The Wretched of the Earth* (eadar-theang. Constance Farrington). New York: Grove Weidenfeld.

Gillies, A. L. (deas.), 2005. *Songs of Gaelic Scotland*. Edinburgh: Birlinn.

Hechter, M. 1975. *Internal Colonialism: the Celtic Fringe in British National Development, 1536–1966*. Berkeley agus Los Angeles: University of California Press.

Loomba, A. 1998. *Colonialism/Postcolonialism*. London agus New York: Routledge.

Mac an t-Saoir, D. 1952. *The songs of Duncan Ban Macintyre*. Edinburgh: Oliver & Boyd for the Scottish Gaelic Texts Society.

MacIntyre, D. 1968. *Sporan Dhòmhnaill: Gaelic Poems and Songs by the Late Donald MacIntyre*. MacMillan, S. (deas.) Edinburgh and London: Oliver and Boyd for the Scottish Gaelic Texts Society.
Macbean, L. 1896–7. 'The Mission of the Celt', *Transactions of the Gaelic Society of Inverness* XXI, 56–69.
Macdonald, C. 1998. *Scotland and the Great War*. Edinburgh: Tuckwell Press.
MacFarlane, M. 1924–5. 'Half a Century of Vocal Gaelic Music', *Transactions of the Gaelic Society of Inverness* XXXII, 251–72.
MacFhionghuin, R. 1974. 'Naimhdeas do'n Ghaidhlig', *Gairm*. A 86. Earrach, 156.
MacIlleDhuibh, D. 2006. *Sgeul no Dhà àn an Lios*. Glasgow: University of Strathclyde.
MacLeod, M. 1996. 'Folk Revival in Gaelic Song' in A. Munro, *The Democratic Muse: Folk Music Revival in Scotland*. Aberdeen: Scottish Cultural Press, 124–137.
MacLeod, M. 2007. 'Gold Medal controversy casts a shadow over Mod performances', *The Scotsman*, 18 October. Ri fhaighinn air loidhne: https://www.scotsman.com/news/gold-medal-controversy-casts-shadow-over-mod-performances-2467324 (Faighte 2 May 2022).
MacLeòid, T. (deas.). 1867. *Caraid nan Gaidheal, the Friend of the Gael: A Choice Selection of Gaelic Writings*. Glasgow: William Mackenzie.
MacNeil, K. 2007. *Scotland, Britain, Empire: Writing the Highlands, 1760–1860*. Columbus: The Ohio State University Press.
McPhee, E. K. 2008. 'Modern Performance Practice and Aesthetics in Traditional Scottish Gaelic Singing', Tràchdas M. Phil. neo-fhoillsichte. Oilthigh Dhùn Éideann.
Meek, D. (deas.). 1995. *Tuath is Tighearna. Tenants and Landlords: an Anthology of Gaelic Poetry of Social and Political Protest from the Clearances to the Land Agitation (1800–1890)*. Edinburgh: Scottish Academic Press for the Scottish Gaelic Texts Society.
Meek, D. (deas.). 2003. *Caran an t-Saoghail/The Wiles of the World: An Anthology of nineteenth-century Gaelic Verse*. Edinburgh: Birlinn Limited.
Newton, M. 2012. ' "Woe to him who has lost his voice": Re-

discovering the Gaelic Literature of the Lennox and Menteith', in I. Brown (deas), *Literary Tourism, The Trossachs and Walter Scott*. Glasgow: Association for Scottish Literary Studies, 98–112.

Stokes, M. (deas.). 1994. *Ethnicity, Identity and Music: the Musical Construction of Place*. Oxford: Berg.

Thompson, F. G. 1970. 'Gaelic in Politics', *Transactions of the Gaelic Society of Inverness* 47, 67–100.

Thompson, F. G. 1979. *The National Mòd*. Stornoway: Acair.

'though it be unpleasant to their ears'

Contrárthachtaí agus coimhlintí ag na feiseanna luatha – scéal na n-amhrán

Éadaoin Ní Mhuircheartaigh

Ba i dtús na hAthbheochana a tosaíodh ar na healaíona béil traidisiúnta, (an scéalaíocht, an amhránaíocht agus cleachtais chultúrtha eile) a chur i láthair ag comórtais Oireachtais agus ag feiseanna ar fud na tíre. Tá ról lárnach ag na comórtais chéanna sin sa lá atá inniu ann mar ionad láithrithe don amhránaíocht agus glactar leo mar dhlúthchuid de shaol cultúrtha na Gaeilge agus na Gaeltachta. Ní mar sin a bhí i gcónaí, áfach, agus bhain teannas nach beag le céadiarrachtaí an Chonartha sa ghort seo. Le bunú an Oireachtais (1897) agus na bhfeiseanna,[1] tugadh aitheantas nua d'ealaíona béil traidisiúnta na Gaeilge agus thosaigh ré nua i stáitsiú agus

[1] 'The first Feis was held in March 1898, and its success had not a little to do in determining the future of what is now an important branch of the Gaelic League propaganda. Similar festivals were held in the course of the following year in many places in Co. Cork, and since then the Feis has become a regular institution in almost every part of Gaelic Ireland.' 'Macroom Feis', *The Freeman's Journal*, 16 Meitheamh 1902.

láithriú na n-ealaíon céanna. 'Best rendering of an Irish song' an cur síos lom a bhí ar an gcomórtas ar dtús, agus is de réir a chéile tháinig forbairt ar an tuiscint a bhí ag an gConradh ar an amhránaíocht 'ar an sean-nós' mar choincheap. Go deimhin féin tháinig ann don téarma 'sean-nós' faoi scáth na gluaiseachta seo agus tá plé cuimsitheach déanta ag Ó Súilleabháin (1984), ag Ó Laoire (1993; 2000) agus ag Nic Dhonncha (2004) ar na forbairtí sin. Ar ndóigh, ba chomhthéacs taibhléirithe nua a bhí sna comórtais agus san ardán foirmeálta seo. Léiríonn tuairiscí luatha ar an sean-nós na deacrachtaí a bhain leis na healaíona béil a chur in oiriúint don stáitse nua. Lucht éisteachta nua a bhí i gceist ag na hócáidí seo freisin: dream cathrach go minic, dream a raibh taithí acu ar stíl chlasaiceach agus ar amhránaithe le traenáil fhoirmeálta. Tugann nuachtáin, irisí agus dialanna na tréimhse éachtaint dúinn ar an gcaoi a ndeachaigh an sean-nós i bhfeidhm ar an bpobal nua seo i mblianta tosaigh na hAthbheochana.

Chuaigh na hamhránaithe traidisiúnta i bhfeidhm go mór ar Henry Fegan, mar shampla, fear nach raibh focal Gaeilge aige, ag ceolchoirm ag Feis na Gaillimhe in 1903. Is i dtéarmaí orgánacha an dúlra a dhéanann sé cur síos ar scil an amhránaí – an lon dubh ag longhaire, bua nádúrtha a fáisceadh as ithir an dúchais, seachas rud comhfhiosach – agus tá blas an rómánsachais le haithint ar an tuairisc:

> But the items that took me most were the songs sung by two peasants, first and second prizemen [...] He was somewhat nervous, but no trace of fear in his manly face. He began when he was told. Oh, dear me! It was like a blackbird at the far end of a wood, just venturing after heavy summer rain. He

> had a lovely voice. The house was hushed. He felt it, and rose to it […] Some one in the gallery said a word in Irish – one word. Its effect was magical on the singer and on the house, and the afterpart was one long enthusiastic scene (1903: 466).

Feictear rannpháirtíocht na n-éisteoirí sa chur i láthair freisin, sna focail mholta a thugann uchtach breise don amhránaí agus é ag gabháil fhoinn. Bhí na comórtais seo ag brath go mór ar an láithriú beo poiblí agus ar an lucht féachana a bhí os a gcomhair amach. Ach d'aithin daoine áirithe nárbh ionann an láithriú nádúrtha pobal-lárnaithe agus an t-ardán a cuireadh ar fáil sna comórtais. Níor shásaigh an amhránaíocht ar an sean-nós lucht féachana cathrach, nach raibh taithí acu ar a leithéid, dar le Carl Hardebeck:

> The adult traditional singer in the habit of singing in the kitchen by the fireside, be he ever so good, has no business to be dragged on to the concert platform. There he is nervous, and as uncomfortable as a fish out of water, misunderstood by the public, and usually thoroughly unhappy. Except a rabid Gaelic Leaguer, nobody will listen to him singing without accompaniment (McCarthy, 1999: 74).

Bhain deacrachtaí praiticiúla freisin leis an sean-nós a láithriú ar ardán na bhfeiseanna. Sa chur síos seo a leanas ar Fheis Chonnacht 1901 tugtar léiriú barrúil ar na fadhbanna éagsúla a bhain le cleachtais chultúrtha thraidisiúnta a chur in oiriúint do chomórtais. Ba mhínádúrtha an rud é rialacha agus treoracha aduaine a leagan anuas ar ealaíona traidisiúnta agus is léir go ndeachaigh sé in aghaidh thuiscintí na n-iomaitheoirí ar a gceird.

> There was very little platform for speaking. The judges, president, and secretaries sat round a table on which among other necessary things, stood a small bell, a most important instrument in the proceedings. When each competitor had been heard at sufficient length – ten minutes being the longest time allowed – the bell was rung as a signal to him or her to stop. The competitors did not like that bell, and I had much sympathy with them, but their change of expression when it sounded was ludicrous. Think of the feelings of a man, self-forgotten, singing a tender love-song expressive of his own emotions, hearing that inexorable bell! [...] It *was* cruel, but it was necessary [...] One or two men flatly refused to leave the platform till they were finished, and I quite agreed with them. They were old and the judges were kind [...] (Carmichael, 1901: 53–4)

Dhiúltaíodar imeacht ón stáitse mar nach raibh an t-amhrán nó scéal an amhráin ach leathchríochnaithe agus nach raibh na rialacha nua seo ag teacht leis an tuiscint a bhí acu féin ar an ealaín. Feictear go raibh slat tomhais na moltóirí ag teacht salach ar aeistéitic na healaíne fé mar a thuigeadar féin í. Is díol suime é go léirítear míthuiscintí den chineál céanna maidir le 'ceart' na n-amhrán Gaeilge i gcomhthéacs na hAlban Nua sa ghearrscéal 'The Tuning of Perfection' agus an cur síos a dhéantar ann ar theannas cultúrtha den saghas ceannann céanna (MacLeod, 2000). Feicimid tuiscintí éagsúla ar chúrsaí ama agus ar an amhrán mar aonad ealaíne san eachtra seo – agus fiú má dhéanaimid gáire anois faoi áiféis na dtuairiscí seo, faighimid léargas iontu ar an teannas idir iomaitheoirí agus moltóirí nuair a thosaigh an ré nua seo i stair an tsean-nóis, ré na gcomórtas, i dtús an chéid seo caite. Ba é an clog an máistir anois, agus téarmaí tagartha nua ann, is pacáistiú néata le déanamh ar amhráin in aonad deich noiméad don stáitse, beag beann ar iomláine an amhráin mar shaothar ealaíne. Thug Lady

Gregory cuntas ar chomórtas aithriseoireachta ag Feis Chonnacht agus an fhadhb chéanna le sonrú ann:

> An old man gave a long poem, a recital of Bible history; but the judges rang the bell when he had got to the parable of the Prodigal Son, and was telling how 'the poor foolish boy went away from his home and from his father to some far country'; and he left the platform saying indignantly: 'You might have left me time to bring him back again!' (1974: 134–5).

D'eascair díospóireachtaí ar cheist an traidisiúin ó na ceolchoirmeacha agus na comórtais agus rinneadh iarracht sainmhíniú a dhéanamh ar ealaín an tsean-nóis (Nic Dhonncha, 2004). Cad go díreach a bhí i gceist leis an stíl thraidisiúnta amhránaíochta? An bhféadfaí comharthaí sóirt an tsean-nóis a bhreacadh ar phár de réir choinbhinsiúin an cheoil nua-aimseartha?[2] Ceisteanna mar seo a bhí ag déanamh tinnis do lucht an Chonartha ag an am agus maíodh ar leathanaigh *An Claidheamh Soluis* go gcabhródh sainmhíniú údarásach leis an bpobal i gcoitinne luach agus saibhreas an tsean-nóis a thuiscint.

> There is really a large body of the public who do not for a moment wish to sneer at traditional singing though it be unpleasant to their ears. To these people some kind of an authoritative statement from those who know would be a godsend (Gan Ainm, 1905: 7).

---

2 ' "In what does traditional singing differ from ordinary singing?" "Can traditional music and song be expressed in ordinary modern musical notation?" "Is there in other countries a mode of singing among the peasantry different from the methods employed by those who are musically educated?" "Are those people wrong who hold the view that traditional singing is merely the result of the want of musical culture extending over a long period?" ' 'Traditional Singing', *An Claidheamh Soluis*, 2 Meán Fómhair 1905 (luaite in Nic Dhonncha, 2004: 32).

Orthu siúd a thug cluas (dhrogallach) don amhránaíocht ar an sean-nós sa tréimhse seo bhí an drámadóir George Moore. Díol spéise an cuntas a thug sé ar Fheis Chonnacht agus ar an gcomórtas amhránaíochta go háirithe. Ní raibh an taispeántas ag teacht lena thuiscint ar an gceol agus ba dheacair aon mheabhair a bhaint as an 'eternal rigmarole without a beginning or end' dar leis. Ní raibh ord, eagar ná caoi ag baint leis an bhfonn a chuala sé ó amhránaí éigin ó Inis Meáin dar leis:

> A peasant sang uncouth rhythms, but Edward, the old melomaniac, sat with his hand to his ear.
>
> How are you, Edward?
>
> A traditional singer, he answered, come from the middle island. Listen to him.
>
> And to please Edward I listened to the singer, but could catch only a vague drift of sound, rising and falling, unmeasured as the wind soughing among the trees or the lament of the waves on the shore, something that might go on all day long, and the old fellow thatching his cabin all the while (1976: 331).

Is é Edward Martyn, duine de bhunaitheoirí an Irish Liteary Theatre, a bhí mar mholtóir ar an gcomórtas áirithe seo agus é ag tabhairt breithiúnais de réir a chritéir féin ar an sean-nós. Pé meas a bhí ar an amhránaí traidisiúnta ina phobal féin agus ina chomhthéacs ceart féin, ní go rómhaith a d'éirigh leis an bhfear áirithe seo as Inis Meáin de réir shlat tomhais na moltóirí.

> How could you have wanted to sit listening any longer to that eternal rigmarole without beginning or end?
>
> You mean the traditional singer? He wasn't very good, and only got poor marks, Edward said (Moore, 1976: 331).

Ceoltóirí oilte gairmiúla a bhí mar mholtóirí ar na comórtais seo sna blianta tosaigh, dream acadúil, dream a leag a gcritéir, a dtuiscintí agus a mbreithiúnas aeistéitiúil féin ar na healaíona traidisiúnta anuas orthu (Nic Dhonncha, 2004: 37). Mar a shonraigh Marie McCarthy, 'Traditional music assumed new performance contexts and expectations, and it was staged and evaluated from outside "the tradition".' (1999: 74) Tagraíodh arís don bhearna tuisceana seo idir moltóirí agus iomaitheoirí in 1902, agus d'iarrachtaí míshásúla an Chonartha an amhránaíocht thraidisiúnta Ghaelach a chothú sna comórtais. Má bhí aduaine agus míbhinneas ag baint leis an sean-nós traidisiúnta dar le léirmheastóirí áirithe sa tréimhse seo, bhí an ionramháil chlasaiceach a rinneadh ar fhoinn Ghaelacha sna comórtais Oireachtais gach pioc chomh míshásúil agus coimhthíoch dóibh siúd a raibh taithí acu ar an 'bhfíor-earra' traidisiúnta.

> No! the League is doing its best; but I think I may safely say that year after year Irish speakers, *whose ears also have been attuned more or less to traditional Irish song*, have, on the whole, been sorely dissatisfied with the singing at the Oireachtas. The fact is, the competitors in Dublin are often strangers to the Irish language, and generally strangers to the Irish style of singing. They are, therefore, fairly matched, are fairly enough judged, and improve in their way year by year; but I doubt if the improvement is exactly on Irish lines. ('Deoraidhe', 1902: 173–4. Is liomsa an bhéim.)

A mhalairt a bhí le feiceáil ag na feiseanna, dar leis an gcomhfhreagraí céanna seo. An seanstíl thraidisiúnta a bhí ag formhór na n-iomaitheoirí, ach nach raibh cothrom na Féinne á fháil acu ó na moltóirí. Faighimid léiriú ar an teannas seo agus an dá chineál amhránaíochta á láithriú ar an ardán agus an choimhlint idir an stíl thraidisiúnta agus stíl na n-amhránaithe óga le traenáil fhoirmeálta na scoile.

> Now, at those Feiseanna the difficulty is often the opposite to that in Dublin – there are plenty of traditional singers; but so utterly untrained in a modern musical sense, and with songs so long, and therefore, so unsuited for concert singing, that the judges, when they happen to be musicians, are in a quandary. They recognise the peculiar beauty – 'in its own way,' as they put it – of the 'old style' and lay down their pens in despair of marking for it; but their musical sense forbids them rating it higher as art than the convent or school-trained article. They, therefore, often compromise by giving a 'special prize' to the old singers, and send them home happy enough, but with a feeling that this modern Ireland of ours is not for them. And so it comes to pass that for the 'Best rendering of an Irish song,' the award goes to an effort that is not Irish at all in music, in pronunciation, or in anything but title ('Deoraidhe', 1902: 173–4).

Ealaín aduain a bhí as alt leis an saol nua-aimseartha a bhí sa sean-nós, dar leo, agus ba dheacair do na moltóirí an luacháil chuí a dhéanamh uirthi, de réir théarmaí tagartha an cheoil nua-aimseartha. Mar is léir ón litir seo, is cosúil go mbíodh sé de nós ag moltóirí na bhfeiseanna 'duais speisialta' a bhronnadh ar na sean-amhránaithe traidisiúnta ach amhránaithe eile a roghnú le páirt a ghlacadh san Oireachtas i mBaile Átha Cliath. Díol spéise sa chomhthéacs seo gearrscéal an Phiarsaigh 'Bríd na nAmhrán,' agus an léiriú a thugtar ann ar chomórtas amhránaíochta ag Feis Mhaigh Chaorthainn.

> Chuaigh Bríd suas. Bhíomarna ar chúl an tí ag éisteacht léi. Thosaigh sí uirthi. Bhí beagán cúthaileachta uirthi ar dtús, agus bhí an guth ró-íseal aici. Ach tháinig sí chuici féin i leaba a chéile de réir mar a bhí sí ag bogadh amach san amhrán, agus bhain sí deora as súile an chomhluadair leis an gceathrú dheiridh.
>
> [...] Chuaigh girseach óg suas. Bhí an guth i bhfad ní b'fhearr aici ná mar a bhí ag Bríd, ach, dar linne, ní raibh an t-uaigneas ná an binneas céanna san amhrán a bhí in amhrán Bríde. Tháinig sí anuas. Chuir na daoine na gártha astu arís, ach ní thug mé fá deara go raibh aon duine ag gol.
>
> D'éirigh duine de na breithiúna ina sheasamh. Mhol sé Bríd go mór. Mhol sé an ghirseach óg go mór, freisin. Bhí sé an-fhadálach.
>
> 'Cé acu a ghnóthaigh an duais?' arsa duine againne sa deireadh, nuair a bhí ár gcuid foighne caite.
>
> 'Ó, an duais!' ar seisean. 'Sea, i dtaobh na duaise, táimid á tabhairt do Nóra Ní Chasaide (an cailín óg), ach táimid ag moladh duais speisialta a thabhairt do Bhríd Ní Mhainnín (Bríd seo againne). Cuirfear Nóra Ní Chasaide go Baile Átha Cliath le amhrán a rá ag an Oireachtas' (1979: 118).

Nuair nach bhfuil cothrom na Féinne le fáil ag Bríd ag an bhfeis, téann sí de shiúl na gcos chuig an Oireachtas i mBaile Átha Cliath leis an éagóir a chur ina ceart. Éiríonn léi an chéad duais a fháil ag an Oireachtas, ach titeann sí i laige ar an stáitse agus faigheann sí bás 'den ocras agus den chruatan.' Scéilín maoithneach le críoch mhéaldrámata atá ann ach is léir go raibh bunús réalaíoch le cúrsaí moltóireachta mar a fheictear sa scéal iad. Feictear an choimhlint idir slat tomhais an mholtóra agus slat tomhais an phobail ann. Tá cineálacha éagsúla aitheantais ag feidhmiú sa scéal. Sa chéad dul síos tá an t-aitheantas agus an stádas a bhronn an pobal féin ar Bhríd mar amhránaí, agus údarás an traidisiúin ina chrann taca ag an aitheantas sin:

> Nach raibh a fhios ag Feara Fáil gurbh í an t-amhránaí ab fhearr in Iar-Chonnachta í? Nár mhol an Reachtúrach í, nach ndearna Colm a Bhailís amhrán ina honóir? Nár bhain sí deora as súile Sheáin Mhic Éil? (1979: 116)

> Bhí sé mar bhéaloideas i measc na ndaoine gur ón Reachtúrach féin a d'fhoghlaim Bríd 'Contae Mhaigh Eo,' agus nach le 'Contae Mhaigh Eo' a bhain sí na deora móra as súile Sheáin Mhic Éil tráth a raibh sé ar cuairt anseo, i bhfochair ár nEaspaig féin, bliain go díreach sular rugadh mise? (1979: 116)

Le bunú na bhfeiseanna bhí aitheantas nua ó phobal agus lucht éisteachta iomlán nua, a raibh comharthaí sóirt agus téarmaí tagartha difriúla ag roinnt leis: comórtais, marcanna agus duaiseanna, agus séala oifigiúil na n-údarás. Tá an teannas seo idir an dá lucht éisteachta a bhí anois ag an sean-nós le haithint ar go leor de na míthuiscintí agus coimhlintí a bhain leis na comórtais mar ionad láithrithe i dtús na hAthbheochana.

Díol spéise chomh maith an bhéim a leag an Piarsach ar dhlúthcheangal an phobail leis na hamhráin sean-nóis agus freagairt chorraitheach thochtmhar na n-éisteoirí ar cheart-láithriú na n-amhrán. Chuaigh amhránaíocht Bhríde i bhfeidhm go mór ar a pobal agus bhí an teist sin uirthi, óir is minic 'a bhain sí deora as súile' na n-éisteoirí agus í ag gabháil fhoinn, rud nach fíor faoin amhránaí óg sa scéal. Is ríspéisiúil sa chomhthéacs seo cur síos D.P. Moran ar na comórtais Oireachtais agus an tagairt mhagúil a dhéanann sé don fhliuchadh súl agus sileadh deor a samhlaíodh le hamhránaí maith. Ní raibh sé róthógtha leis na hamhráin a láithríodh ar stáitse an Oireachtais agus d'áitigh sé nach n-éireodh leis an gConradh an pobal a mhealladh i dtreo na gluaiseachta le hamhráin fhada ghruama. B'ait leis mar fhoirm shiamsaíochta í agus b'aisteach leis ceangal mothálach phobal na Gaeltachta leis na hamhráin seo.

> I have been at more than one Oireachtas where the favourite singer was a Scotchman; he sang lively songs, and some of the Irish singers didn't. Discussing the matter on the spot with a very prominent Gaelic Leaguer, he told me in substance that in his part of the country it was not 'tone' to sing lively songs; indeed he went further, and told me – and apparently did not see the humourous side of it – *of a wedding party in his Irish district, at which one of the singers moved the whole wedding party to tears*! Well, if it is not 'tone' to laugh, it is no wonder that the Scotchman was the star of more than one Oireachtas, for he was lively, anyway, as well as a good singer. *The non-enthusiastic sympathisers out of Anglicised Ireland won't be drawn by an over-dose of singers who are inclined to make even wedding parties weep.* (1907: 240. Is liomsa an bhéim.)

An tuiscint atá le baint as caint D. P. Moran ná gur cheart an sean-nós a mhúnlú agus a chur in oiriúint níos mó do phobal na cathrach agus dóibh siúd a d'fhreastail go drogallach ar cheolchoirmeacha Oireachtais. Ní raibh na taispeántais dírithe ar na pobail a chleacht na healaíona dúchasacha seo go fonnmhar, ach ar phobal agus ar aicme eile ar fad, agus chaithfí iad a mhealladh le hamhráin bheoga. Thagair *The United Irishman* freisin don ghá a bhí ann, dar leo, na ceolchoirmeacha a dhéanamh níos tarraingtí agus cur le héagsúlacht agus le beogacht na dtaispeántas.

> We have now arrived at a point in the movement when the novelty of listening to songs sung in Irish has, at least as far as Dublin is concerned, entirely disappeared, and the people are beginning to grumble at the sameness of the entertainment provided for them at the League concerts. These concerts are

> deficient in variety, and variety is sadly needed, and it is too great a demand on people's enthusiasm to ask them to come night after night to listen to the same songs. A weariness overtakes us when we open our programme and discover the names of all the old familiar songs we have listened to for the past five years smiling out on us [...] The public has been very patient hitherto, and has cheerfully martyred itself over and over again for the sake of the cause, 'Oh! Heavens, there it is again,' said the man beside us, with a groan at a recent concert when a singer came forth to let us hear 'Péarla an Bhrollaigh Bháin' for the thousandth time. Let the promoters of these concerts remember that although we are progressing with the language revival we are progressing by easy stages. We cannot afford to bore the people – we want to interest and amuse them (Gan Ainm, 1902: 1).

Uirlis earcaíochta do ghluaiseacht na teanga a bhí san amhránaíocht agus sna ceolchoirmeacha sna cathracha dar leis an tuairisceoir seo agus níor mhór an pobal éisteachta nua sin a shásamh agus leadrán a sheachaint san earra a chuirfí ar fáil dóibh. Bheadh tionchar ag fórsaí an mhargaidh agus éileamh an phobail éisteachta nua ar an bhforbairt a dhéanfaí ar an sean-nós feasta.

Ach ar cheart 'forbairt' a dhéanamh ar an stíl thraidisiúnta amhránaíochta nó iarracht a dhéanamh í a chaomhnú díreach mar a bhí sí á cleachtadh sna ceantair Ghaeltachta? Bhí an cheist seo ina cnámh spairne go luath san Athbheochan agus pléadh an traidisiúnachas ar leathanaigh *An Claidheamh Soluis* agus *The Leader*. Bhíothas ann a shéan go raibh a leithéid de rud ann agus stíl shainiúil Ghaelach amhránaíochta i measc na cosmhuintire agus a chreid gur faoi cheoltóirí oilte a bhí sé an cóiriúchán 'ceart' a dhéanamh ar na seanfhoinn. Bhí an mianach traidisiúnta sna foinn féin, agus ní sa chur i láthair dar le Patrick O'Shea, mar shampla, amhránaí gairmiúil a chaith seal leis an Carl Rosa Opera Company.

> Traditionalism is then, if anything, bound up with the song or melody itself and allied to it. In plain language, you must first have your traditional song in black and white, and by traditional song I mean a melody that when played or sung the average musical ear can discriminate and say, 'That is an old Irish air – that is an old Irish song.' I then refuse to admit that ignorant delusion that makes traditionalism a kind of hop goblin or Jack o' Lantern that needs a charm to lay hold of. Secondly, that traditionalism that gives to a few individuals, and only a few, a certain mystic peculiar ability, that the majority of poor Irish vocalists need never hope to attain to, and thirdly and fourthly, singing without an instrument or without due regard to even the most elementary rules of music which is no less than barbarous. This is the kind of ignorance that tries to set up the unlettered peasant as the only true model to follow in traditional songs. Get the airs by all means from the peasant, and it is only among the Irish peasantry we can hope to find them, but have them down in black and white, governed by the ordinary rules of music – and here I may remark that the number of Irish songs which I have sung, and striven to popularise, have come from the peasantry (1902a: 26).

Bhí an Piarsach féin den tuairim gur cheart d'ealaíontóirí a linne an sean-nós a úsáid mar dhúshraith le stíl Ghaelach nua-aimseartha a fhorbairt. Níor cheart dóibh, áfach, aithris a dhéanamh ar choinbhinsiúin ná ar stíl na n-amhránaithe traid-isiúnta, dar leis. Tá an chomhairle seo ag teacht lena thuairimí i dtaobh na nua-litríochta chomh maith (Ó Laoire, 1993: 82).

> Our artists [...[must imbibe their Irishism from the peasants, since the peasants alone possess Irishism; but they need not, and must not, adopt any of the peasant conventions. Duly impregnated with an Irish spirit, duly in tune with the soul of Ireland, they need not be afraid of modern culture. They need not hesitate to learn voice-production; they need not boycott Mendelsson or Chopin (Mac Piarais, 1906: 7).

An choimhlint idir an traidisiún liteartha agus an traidisiún béil, idir traenáil fhoirmeálta agus oiliúint na béalaireachta atá thaobh thiar den aighneas seo. An easpa traenála 'sa mhodh ceart' a d'fhág tréithe ar leith ag amhránaithe traidisiúnta? 'Are those people wrong who hold the view that traditional singing is merely the result of the want of musical culture extending over a long period?' (Gan Ainm, 1905: 7) Nó an raibh 'rialacha' dá gcuid féin á leanúint ag amhránaithe traidisiúnta?

Rinneadh iarracht sainmhíniú a dhéanamh ar shain-tréithe an tsean-nóis agus bhí leithéidí de Henebry, Hardebeck agus Bewerunge ar thús cadhnaíochta sa phlé (Dowling, 2014: 241; Williams agus Ó Laoire, 2011: 29). Díol spéise sa chomhthéacs seo freagra Thomas Hayes ar Patrick O'Shea sa bhriatharchath a tiomsaíodh ar leathanaigh *The Leader* in 1902, áit a ndéanann sé cur síos ar chomharthaí sóirt an tsean-nóis, mar a chonaic sé féin iad. Traenáil de chineál eile a bhí i gceist, dar leis, agus tagraíonn sé do na cleasanna agus do na scileanna a tharraing an t-amhránaí maith chuige féin i láithriú amhráin:

> [...] though the peasant singer was unacquainted with the mannerisms of the modern artist, he had little devices of his own, handed down to him by his fathers, which he used with some effect (Hayes, 1902: 59).

Ar na saincháilíochtaí a luann sé tá go leor de na 'rialacha' a shamhlaítear leis an sean-nós sa lá atá inniu ann agus a tháinig i dtreis go mórmhór san fhichiú haois, faoi thionchar Uí Riada agus Uí Chanainn (Ó Riada, 1982; Ó Canainn, 1993; Williams agus Ó Laoire, 2011; Vallely, 2011: 626–62). Amhránaíocht aonair, gan tionlacan, agus cur i láthair neamhstáitsiúil a bhí ann, dar leis. Luann sé freisin an tábhacht a bhain le scéal nó 'anam' an amhráin a chur trasna ar na héisteoirí.

> The singers of those songs were generally untrammelled by a musical accompaniment of any kind. There was no attitudinising or any of the other mannerisms which are a part of the stock in trade of the modern vocalist. There was no straining after effect. In every Irish song there is something apart from the words and the melody which we might call its soul. The singer endeavoured, first of all, to find this and convey it to his hearers. He sang sweetly, naturally, and gracefully when gifted with a good voice (Hayes, 1902: 59).

Bhí saineolas ar fhilíocht agus ar mheadarachtaí na Gaeilge ag an amhránaí maith freisin agus bhí an tuiscint sin le haithint ar an láimhseáil a rinne sé ar na focail agus ar an bhfrásaíocht.

> In the first place he was saturated with the spirit of Irish poetry. He was often a poet himself. He understood the varied and complicated Irish metres, with their wealth of assonances and internal rhyming, which are music in themselves. He knew how to treat those so as to bring out their beautiful effects fully ... A knowledge of the sense is not sufficient; the force and meaning of every word must be known and understood; and the singer too must have a thorough appreciation of the metre and rhyming of his song, and be able to attend carefully to the phrasing (Hayes, 1902: 59).

Thagair sé freisin do roinnt teicnící ceoil a bhí tugtha faoi deara aige sa sean-nós: fadú nótaí ar leith, an ornáidíocht agus meacan an chaointe a bhí le sonrú i nglór an amhránaí i suantraithe.[3] D'admhaigh Hayes nach raibh aon saineolas aige ó thaobh na ceoleolaíochta de le hanailís chuimsitheach a dhéanamh ar na tréithe seo agus go raibh a thuairimí bunaithe ar a thaithí féin mar dhuine a tógadh i gceantar ina raibh an Ghaeilge á labhairt ag an ngnáthphobal. Iarracht thuisceanach cheannródaíoch a bhí ann sainchomharthaí sóirt an tsean-nóis a rianadh agus é scríofa ag duine a bhí báúil leis an amhránaíocht thraidisiúnta. Díol spéise sa chomhthéacs sin freagra Patrick O'Shea – an t-amhránaí gairmiúil – air agus an léargas a thugann sé dúinn ar an meon a bhí ag daoine áirithe i dtaobh an tsean-nóis. Ní cáilíochtaí ná teicnící stíle a bhí sna tréithe a bhí luaite ag Hayes, dar leis, ach lochtanna. 'Vulgarism' a bhí san fhadú a rinne amhránaithe ar nótaí ar leith. Chuir an iomarca ornáidíochta isteach ar an bhfonn féin, dar leis, agus b'fhearr í a sheachaint.

> Excessive use of grace notes has not the best effect on melody. It is a detrimental practice in Irish singing, and might easily change the character of the melody itself, which looks best dressed in its simplicity (O'Shea, 1902b: 89).

---

[3] 'The singer nearly always begins with a sustained note, as if to fix the attention of his audience. Ascending passages are rendered rather peculiarly, grace notes being freely used. There is an affectionate lingering on the top note, devices similar to what are known in modern music as the shake and the turn being frequently introduced. These sustained notes usually end rather abruptly. In minor mode songs, in lullabies, and other plaintive pieces, there is a skillful playing on some notes which produces a pretty tremulous sobbing effect, which I believe no system of musical notation can even convey correctly, and which must be learned from the "unlettered peasant" alone' (Hayes, 1902: 59).

Léiriú eile atá sa bhriatharchath seo ar an gcoimhlint idir cineálacha éagsúla éisteoirí i mblianta tosaigh na hAthbheochana. Feictear meon traidisiúnta caomhnaitheach ar thaobh amháin agus daoine a d'fhéach le 'forbairt' agus cóiriú nua-aoiseach a dhéanamh ar na hamhráin Ghaelacha ar an lámh eile. Thaobhaigh an Conradh leis an gcéad dream de réir mar a d'fhás na comórtais Oireachtais ach is spéisiúil na heasaontais agus na hábhair aighnis a tháinig chun cinn agus an sean-nós á láithriú ar stáitse nua ar dtús (Williams agus Ó Laoire, 2011: 39).

Mar fhocal scoir, fillfimid ar chuntas Henry Fegan ar Fheis na Gaillimhe 1903. Thagair sé ina thuairisc don dá lucht éisteachta a bhí ag éisteacht le ceolchoirm na feise an oíche úd: na daoine a bhí taobh istigh den halla, agus páistí an Chladaigh, a bhí taobh amuigh den halla, agus súil ghéar acu ar na himeachtaí.

> One word I must not omit. There were two audiences. One inside, the other outside the house. Clambering round the windows, hanging on, no one knew how, the children outside followed each item. And many a remark in Irish uttered by a small voice outside filled the house with merry laughter (466).

Chuaigh an íomhá áirithe sin i bhfeidhm orm, agus braithim gur meafar éifeachtach é le cur síos a dhéanamh ar an athrú a tharla i láithriú na n-amhrán sa tréimhse seo. Bhí dhá phobal éisteachta anois ag na hamhráin. Bítear ag caint i ndioscúrsa na heitneacheoleolaíochta ar pheirspictíocht *etic* agus *emic*, is é sin an cuntas a fhaighimid ó fhaisnéiseoir atá taobh istigh den traidisiún nó taobh amuigh. 'One may look at culture, at music, at music-as-culture from the perspective of a member of the society being studied or from the viewpoint of the analyst' (Nettl, 1983: 251). An íoróin a bhaineann leis na tuairiscí ar an sean-nós ón tréimhse seo ná go dtagann siad chugainn ó fhaisnéiseoirí a bhí taobh amuigh den traidisiún, ach taobh istigh den halla, ag feidhmiú mar mholtóirí, léirmheastóirí agus riarthóirí ar na healaíona dúchasacha. Bhí an pobal ar leo (agus a chleacht) na healaíona seo go traidisiúnta, imeallaithe agus díláithrithe sa phróiseas seo den chuid is mó, agus na tuiscintí a bhí acu féin ar aeistéitic na hamhránaíochta traidisiúnta fágtha gan bheith istigh, gan éisteacht.

Tréimhse ríspéisiúil i stair an tsean-nóis a bhí i mblianta tosaigh na hAthbheochana agus na hamhráin thraidisiúnta á láithriú ag feiseanna ar fud na tíre agus ar ardáin an Oireachtais. Tréimhse chorraitheach a bhí inti, lán de choimhlintí agus de chontrárthachtaí – idir sean agus nua, idir tuath agus cathair, idir an traidisiún agus an dul chun cinn, idir an bhéalaireacht agus an litearthacht, idir a bheith taobh istigh nó taobh amuigh – anois agus ré na gcomórtas tagtha ar an bhfód.

Foinsí

Carmichael, E. C. 1901. 'Feis Chonnacht', *Am Bàrd – Ar tir agus ar Teanga*, An T-ochd Mhíos, 53–4.

'Deoraidhe'. 1902. 'Traditional Irish Singing', *The Leader*, 10 Bealtaine,.

Dowling, M. 2014. *Traditional Irish Music and Society: Historical Perspectives*. Surrey: Ashgate Publishing Ltd.

Fegan, H. 1903. 'A Feis', *The Irish Monthly* 31 (362) Lúnasa, 466.

Gan Ainm. 1902. 'All Ireland', *The United Irishman*, 13 Nollaig.

Gan Ainm 1903. 'All Ireland', *The United Irishman*, 15 Lúnasa.

Gan Ainm. 1905. 'Traditional Singing', *An Claidheamh Soluis*, 2 Meán Fómhair.

Gregory, L. A. 1974. 'On the Edge of the World', *Poets and Dreamers*. Gerrards Cross: Colin Smythe.

Hayes, T. 1902. 'Traditional Irish Singing: What it is', *The Leader*, 22 Márta.

MacLeod, A. 2000. *Island: Collected Stories*. London: Jonathan Cape.

Mac Piarais, P. 1906. 'Traditionalism'. *An Claidheamh Soluis*, 9 Meitheamh.

Mac Piarais, P. (C. Ó Háinle eag.). 1979. *Gearrscéalta an Phiarsaigh*. Baile Átha Cliath: Cló Thalbóid.

McCarthy, M. 1999. *Passing it On: the Transmission of Music in Irish Culture*. Cork: Cork University Press.

Moore, G. 1976. *Hail and Farewell: Ave, Salve, Vale*. Gerards Cross: Colin Smythe Ltd.

Moran, D. P. 1907. 'The Gaelic League in English-Speaking Districts', *The Leader*, 30 Samhain.

Nettl, B. 1983. *The Study of Ethnomusicology: Thirty-one Issues and Concepts*. University of Illinois Press: Urbana agus Chicago.

Nic Dhonncha, R. 2004. 'An tOireachtas agus an Amhránaíocht ar an Sean-Nós: Cruthú agus Sealbhú Traidisiúin', *Bliainiris 2004*, 28–83.

Ó Canainn, T. 1993. *Traditional Music in Ireland*. Cork: Ossian.

Ó Laoire, L. 1993. ' "Sean-Nós ar a bhonnaí faoi dheireadh": Tionchar an Oireachtais ar chaomhnú na nAmhrán', *Comhar* 52 (8), 80–85.

Ó Laoire, L. 2000. ' "Up Scraitheachaí": an tAitheantas Áitiúil agus

Náisiúnta i gcomórtais amhránaíochta an tSean-Nóis ag an Oireachtas', in M. Ó Cearúil (eag.), *Aimsir Óg 2000: Cuid a Dó*. Baile Atha Cliath: Coiscéim, 66–78.
Ó Riada, S. 1982. *Our Musical Heritage*. Baile Átha Cliath: Dolmen Press Collection.
Ó Súilleabháin, D. 1984. *Scéal an Oireachtais 1897–1924*. Baile Átha Cliath: An Clóchomhar.
O'Shea, P. 1902a. 'Traditional Irish Singing – What it is Not', *The Leader*, 8 Márta.
O'Shea, P. 1902b. 'Traditional Irish Singing', *The Leader*, 5 Aibreán.
Vallely, F. (eag.). 2011. *Companion to Irish Traditional Music*. Cork: Cork University Press.
Williams, S. agus Ó Laoire, L. 2011. *Bright Star of the West: Joe Heaney, Irish Song Man*. Oxford: Oxford University Press.

Cá bhfuil an sean-nós? An miotas, an réaltacht agus an spás idir eatarthu

Lillis Ó Laoire

Glactar leis an sean-nós go coitianta mar chuid lárnach d'oidhreacht na Gaeilge (Ó hUiginn, 1999: 5). Mar sin féin, tá go leor daoine ann a labhraíonn Gaeilge nach dtaitníonn an amhránaíocht aonair gan tionlacan a luaitear go mór leis an Ghaeltacht leo beag ná mór. Tá daoine eile ann agus bíonn siad an-dúthrachtach i leith na hamhránaíochta ar an sean-nós, idir an stíl cheoil a shamhlaítear leis agus an fhilíocht. Filíocht bhéil atá i gceist, agus is minic a bhíonn an ceol mar fheithicil ag an chineál seo filíochta, feiniméan atá an-bhunúsach agus a fhaightear i mórán cultúr, diomaite de chultúr na Gaeilge ar chor ar bith. Is ó aimsir na hAthbheochana i leith a tháinig an meas mór seo ar an stíl amhránaíochta. Léirigh mé in áiteanna eile cuid den bhealach ar tharla sé seo (Ó Laoire, 1998, 2000, 2000a) agus tá scagadh déanta ag Róisín Nic Dhonncha (2004) agus ag Éamonn Costello (2017) ar an scéal seo chomh maith.

Is féidir an meas a bhí ar an amhránaíocht agus ar an

cheol a fheiceáil i bhFéile na gCruitirí i mBéal Feirste i mí Iúil 1792 agus sna báil damhsa a tionóladh i nGránard le tacaíocht ón fhear ghnó Seán Ó Donnagáin blianta beaga roimhe sin i 1784, 1785 agus 1786 (Ó Catháin, 2007: 106–14). Sa mhéid is go raibh béim ar an amhránaíocht, b'amhránaíocht a raibh tionlacan na cláirsí léi a rabhthas sa tóir uirthi ag na himeachtaí úd, agus is don sórt sin amhránaíochta a tugadh an chraobh maidir le barántúlacht agus le haitheantas na féiniúlachta. Is fiú a lua chomh maith go raibh buntáiste na nua-aimsearthachta ag Séarlas Ó Fainnín, an ceoltóir a bhuaigh an chéad duais faoi thrí i nGránard. Sheinn seisean an fonn 'an Chúileann' agus chuir sé breachnuithe nua-aimseartha ann a bhí go mór san fhaisean ag an am. Bhí an lá leis de bharr na seifte sin d'ainneoin, shílfeá, spéis na linne sna téarmaí 'ancient' agus 'original' (Ó Catháin, 2007: 132). Níorbh é an sean-nós, mar a thuigtear dúinne inniu é, ba chás leis na breithiúna ag na comórtais sin.

Sa dara hathbheochan, a tháinig chun tosaigh ó 1850 i leith, b'ar na gnáthdhaoine a cuireadh an bhéim ba troime, dream a raibh níos mó ná a ndíol féin fulangtha acu de bharr sciúirse an Ghorta Mhóir. De réir mar a aithníodh an saibhreas ceoil a bhí acu, cuireadh spéis sna stíleanna amhránaíochta a bhí acu chomh maith. Thug George Petrie an chraobh d'amhránaithe thar cheoltóirí uirlise, cuirim i gcás, agus é ag áitiú gur acu a bhí na leaganacha ab fhearr de na foinn agus é ag leagan béime ar 'purity' agus ar 'authenticity' (1855: xiv). Tháinig borradh ar an dearcadh sin agus tá sé linn go fóill. Ina shraith thábhachtach raidió *Our Musical Heritage* (1962, 1982), nocht an Seán Ó Riada an cumas a bhí in amhránaithe áirithe foinn a mhúnlú agus a fhorbairt ionas go mbainfí amach caighdeán a bhí níos ceolmhaire go mór ná na cnámha loma as ar fáisceadh iad. Rinne sé anailís faoi leith ar an leagan de 'Úna Bhán' a bhí ag Seán Jeaic Mac Donncha sa tsraith sin mar léiriú eiseamláireach ar an phróiseas chruthaitheach a bhí i gceist. Is cuid de dhioscúrsa na n-amhrán iad na tuiscintí seo anois agus baineann siad le miotaseolaíocht an tsean-nóis. Ní le haon drochmheas a bhainim leas as an téarma úd anseo, ach a mhalairt.

Nuair a phléitear an téarma 'miotas' nó 'myth,' i mBéarla, is minic a dhéantar díspeagadh ar an fhocal. Ceaptar gur bréag é an miotas ó bhun agus nach mbaineann aon ghráinne den fhírinne leis. Is barúil í sin a cheisteofar agus a dtabharfar a dúshlán san aiste seo. Dá réir sin, is fearr liom amharc ar choincheap an mhiotais mar chineál de scéal bunúis – scéal a insíonn daoine dá chéile faoina mbunús féin. D'fhéadfaí amharc ar sheanscéalaíocht na Gaeilge ar an dóigh sin, ar an Rúraíocht agus ar an Fhiannaíocht, cuirim i gcás. Miotas atá lárnach inár saol go fóill, mar shampla, d'ainneoin an laghdaithe atá ar chleachtas an chreidimh in Éirinn, é miotas na Críostaíochta. Míníonn na scéalta a insítear sa Chríostaíocht leagan amach agus idé-eolaíocht an tsaoil dúinn. Deir William Bascom go gcreidtear go nglactar le miotais ina gcuid sochaithe féin mar insint fhírinneach ar eachtraí a tharla sa chianaimsir fadó. Dar leis go bhfuil tuiscintí dobhréagnaithe i gceist leo agus go mbaintear leas astu le haon amhras a cheansú agus a chur ina thost. Deir sé go mbíonn iarracht den 'dogma' ag roinnt leo, go mbíonn baint acu le deasghnátha agus, go deimhin, le diagacht. Scéalta beannaithe iad go minic (Bascom, 1965: 4). Tá tuairimí tábhachtacha eile ann faoi choincheap an mhiotais a réitíonn le dearcadh Bascom. Seo dearcadh an fhealsaimh, Mary Midgely, mar shampla: 'Myths are not lies. Nor are they detached stories. They are imaginative patterns, networks of powerful symbols that suggest particular ways of interpreting the world. They shape its meaning' (2004: 1). Sainmhíniú úsáideach é ráiteas Midgely ar choincheap an mhiotais ar chúpla cúis. Cinntíonn an ráiteas tábhacht agus cumhacht an mhiotais mar chineál áirithe fírinne. Ní leis an aimsir chaite amháin a bhaineann an fhírinne seo. Féachtar ar an mhiotas mar phatrún de chuid na samhlaíochta, patrún a chuireann a chló féin ar mhúnlú an tsaoil agus a thugann míniú áirithe ar an insint sin. Is tuiscintí iad sin a réitíonn go han-mhaith le coincheap an tsean-nóis. Dá réir sin, cuidíonn siad linn tuiscint a fháil ar na scéalta a insítear faoi. Tá tábhacht ar leith leis na scéalta céanna sin agus sinn ag féachaint le léargas fuarchúiseach a fháil ar na bríonna mogallaithe ar dlúthchuid den tsean-nós iad.

Is in oidhreacht na hamhránaíochta sa Ghaeilge a chreidtear atá bunús an mhiotais faoin stíl agus an stór a dtugtar an sean-nós air le fáil. Tháinig an dúchas seo chugainn aniar ón tseanaimsir ar bhéala na nglúnta de chainteoirí agus, go deimhin, de scríobhaithe Gaeilge. Is amhráin iad seo a bhfuil go leor acu i mbéal an phobail i gcónaí ach nach raibh úr ná nua nuair a céadbhailíodh iad ag deireadh an ochtú haois déag agus ag tús an naoú haois déag ach oiread.

Smaoiním láithreach anseo ar 'an Draighneán Donn' a chuir Charlotte Brooke i gcló den chéad uair i 1789 (Ní Mhunghaile, 2000). Bhailigh Theophilus O'Flanagan an t-amhrán ó bhean óg i gContae Mhaigh Eo agus thug do Bhrooke é. Nuair a d'fhoilsigh Brooke an téacs chinntigh sé sin go ndéanfaí cuid den chanóin den amhrán ina dhiaidh sin. Is beag cnuasach tábhachtach amhrán a cuireadh i gcló ó shin nach raibh leagan de 'an Draighneán Donn' ann (uí Ógáin, 1999: 71–4). Tugadh 'rí na n-amhrán' air go deimhin (Ó Catháin, 2000). Tá an t-amhrán ar cheann díobh siúd a shamhlaítear i gcónaí le canóin an tsean-nóis, ceann de na píosaí is féidir a ghabháil idir stíl, fhonn is fhocail le léiriú eiseamláireach a dhéanamh ar an traidisiún.

Cé gur mar litríocht amháin agus nach mar amhrán a d'fhoilsigh Brooke an téacs, meastar go réitíonn dul an fhoinn leis na breachnuithe agus na maisiúcháin a leagtar béim orthu inniu mar chuid de dhlúth agus d'inneach na stíle ceoil agus amhránaíochta a dtugtar an sean-nós air. Amhrán grá é a chuirtear go minic i mbéal an chailín ach uaireanta a mbíonn véarsaí ag an fhear ann fosta. Dá bhrí sin, meastar in amanta gur comhrá é, cineál agallaimh. Samhlaím féin an leagan breá a bhí ag Sorcha Ní Ghuairim de le ceann de na léirithe is fearr ar an amhránaíocht ar an sean-nós (uí Ógáin agus Ní Ghuairim, 2004). Taifeadadh beo é sin a rinneadh ag Oireachtas na bliana 1941. (Is féidir an taifeadadh a chluinstin ar You Tube ag an nasc seo a leanas: https://www.youtube.com/watch?v=SJgTQ7Q8kNg.) Beagnach seasca bliain ina dhiaidh sin, rinne Antaine Ó Faracháin sraith clár dar teideal *Bláth na Sú Craobh* do TG4 a craoladh i bhfómhar na bliana 2000, faoi leaganacha d'amhráin ar fud na nGaeltachtaí blianta ó shin agus bhí 'an Draighneán Donn' ar cheann de na hamhráin a roghnaigh sé. Fuair sé leaganacha de sna Gaeltachtaí ar fad nach mór (Ó Faracháin, 2000).[1] Is

[1] Seo liosta na n-amhránaithe a láithrigh leaganacha de 'an Droighneán Donn' sa chéad chlár den tsraith *Bláth na Sú Craobh*, a láithrigh Antaine Ó Faracháin agus a craoladh 30 Meán Fómhair 2000: Áine Bn Uí Mhaitiú, Ros an Mhíl agus Cill Dara; Nollaig Ní Laoire, an Tulach Ard, Co. na Mí; Tomás Mac

cinnte nach bhfuil aon trá ar an dúil atá ag amhránaithe san amhrán. Tuigtear dúinn gur amhrán é a mhairfeas buan in aigne amhránaithe a fhad agus a bheas amhránaithe Gaeilge ann agus daoine le bheith ag éisteacht leo.

Tuigeann na hamhránaithe agus na héisteoirí sin go bhfuil teanga speisialta i gceist leo. Tá uaim agus aicill na meadarachta i gceist agus an chaint mheafarach a chuireann síos ar chúrsaí suirí, rud a thugann blas faoi leith don amhrán (Ó Tuama, 1960; Nic Eoin, 2000). Tá an teanga ornáideach, mheafarach seo ar cheann de na tréithe is mó a mbaineann siad siúd atá eolach ar an traidisiún sásamh as. Is ionann é agus 'cumhacht na bhfocal', an *word power* ar dlúth-thréith í de mhórán cineálacha den fhilíocht bhéil ar fud an domhain (Foley 1995, 2002). Neartaíonn an ceol an patrún ornáideach, dar ndóigh, ionas gur féidir a rá go cinnte gur líonra de shiombailí lán de chumhacht atá i gceist sna hamhráin. Tá, nó bhí go dtí le gairid, 'an Draighneán Donn' mar shampla, ar chúrsaí Gaeilge na meánscoile ach ní hionann an tuiscint a gheobhadh an té a dhéanfadh staidéar ar théacs an dáin, agus a scríobhfadh cuntas stuama ciallmhar air, fiú má thuigeann sé nó sí gach uile fhocal, agus an léargas a gheobhadh an té nach dtuigfeadh leath an téacs agus é ag éisteacht leis an amhrán. Is é atá i gceist ansin an rud a ndeir Foley faoi (1995: 28):

Eoin, an Cheathrú Rua, Co. na Gaillimhe; Padraig Ó Maolruaidh, an Chloch Bhreac, Co. na Gaillimhe; Caitlín Ní Dhomhnaill, Carraig Uí Bhaoill, Co. Dhún na nGall; Tom Pheaidí Mac Diarmada, na hAille, Co. na Gaillimhe; Treasa Ní Mhiolláin, Inis Mór, Co. na Gaillimhe; Michéal Ó Seighin, Ceathrú Thaidhg, Co. Mhaigh Eo; Eilís Ní Chinnéide, an Daingean, Co. Chiarraí; Eddie Bheartla Ó Conghaile, an Aird Thoir, Co. na Gaillimhe; Séamus Mac Craith, an Rinn, Co. Phort Láirge; Teresa Nic Claifeartaigh, Toraigh agus an Fál Carrach, Co. Dhún na nGall.

> Empowerment of the communicative act results from the keying of performance – whether in the first instance by an actual experienced event, or in the textual instance by its rhetorical vestige and from the shared immersion in traditional context that is the performer's and audience's experiential heritage.

Tá an frása sin 'experiential heritage' tábhachtach, measaim. Cuireann sé an corp i lár an ghoirt mar láthair chinnte ina múnlaítear ciall agus céadfaí i leith an cheoil agus na bhfocal a iompraíonn sé. Déantar feoil den bhriathar sa mhéid agus gur i gcolainn an duine ar dtús agus ina chuimhne ina dhiaidh sin a neadaítear an ní is amhrán ann. Cuireann sé in iúl gur gné bhuan í seo agus gur gné chomhroinnte de chleachtadh grúpa í, gné a gcruthaítear pobal as. Tarraingíonn ráiteas Foley ceisteanna eile anuas. Sa tagairt atá déanta aige, is ag glacadh leis go bhfuil bonn seasmhach faoin chultúr atá i gceist atá an ráiteas. Ní chuirtear in iúl go mbeadh suíomh an láithrithe nó an taibhléirithe corrach. Ní smaoinítear ann go mbeadh daoine ag éisteacht nach dtuigfeadh an teanga ná mórán di, ní smaoinítear go mbeadh foghlaimeoirí i láthair ná daoine nach bhfuil mórán cur amach acu ar fhoinn thraidisiúnta na n-amhrán.

Tuigimid gur mar sin a bhíonn comhthéacs an Oireachtais agus go leor comhthéacsanna ina gcluintear amhráin eile sa lá inniu. Sa bhliain 1989, mar shampla, cuireadh tús le ceolchoirm bhliantúil in Oideas Gael i nGleann Cholm Cille mar chuid de sheachtain ceardlainne san amhránaíocht dhúchasach. Bíonn an ócáid ann go bliantúil ó shin. Formhór na rannpháirtithe sa lucht éisteachta ag an cheolchoirm sin, is foghlaimeoirí iad agus ní Éireannaigh sciar díobh ach oiread. Ach bíonn siad i láthair agus iad chomh gonta ar a bheith ag éisteacht le hamhráin Ghaeilge á rá ar an sean-nós agus a bheadh aon duine a tógadh leis an dúchas sin agus a chuirfeadh suim ann. Is cuid de chomhthéacs na n-amhrán é sin sa lá inniu agus is féidir a fhiafraí cé acu a chuireann a leithéid de shuíomh an traidisiún as a riocht – gur do thurasóirí a ritear na hócáidí sin feasta cuid mhaith. Ina dhiaidh sin, bíonn féilte áitiúla ann agus cé go mbíonn turasóirí ag freastal orthu ní do thurasóirí a ritear iad go príomha. Cuimhním ar leithéidí Éigse Dhiarmuidín i Múscraí (Ó Duinnshléibhe, 2002: 17–30) agus ar Fhéile Joe Éinniú i gCarna agus go deimhin ar Fhéile Shéamuis Uí Dhubhgáin i dToraigh, féile a mbíonn baint agam féin léi. Is féilte iad seo a chabhraíonn le daoine aird a dhíriú ar na hamhráin agus a thugann ardú meanman do phobal na háite.

Mar shampla eile, bhí mé féin i láthair i mí Feabhra 2015 ag oíche amhrán a eagraíodh in ionad cultúrtha na Seanbheairice ar an Fhál Charrach i dTír Chonaill. Tugadh cuireadh don amhránaí Máire Ní Choilm a bheith ina bean an tí ar oíche amhránaíochta. Tharla gur Oíche Fhéil' Vailintín a bhí ann an oíche úd agus rinneadh poiblíocht uirthi mar oíche a bheadh dírithe ar amhráin ghrá – rud nach deacair a shamhlú le hamhráin sean-nóis. Áit bheag go leor í an tSeanbheairic ach bhí an seomra lán agus daoine ar bís le hamhráin a rá. Tháinig slua maith amhránaithe agus daoine eile nach dtagann amach rómhinic. Tá scéim mhúinteoireachta ar bun ag an ionad le hamhráin a theagasc do pháistí na háite agus ba chuid den chlár an oíche seo. Dúradh go leor amhrán ar an sean-nós agus dúirt duine amháin amhrán i nGaeilge na hAlban, duine eile nó dhó amhráin i mBéarla –

nach amhráin thraidisiúnta a bhí iontu. Léirigh an ócáid comhthéacs ilteangach trasnáisiúnta. Bhí suim ag an dream a bhí cruinn sa dúchas áitiúil agus iontu sin a raibh an dúchas sin acu. Thug siadsan gnéithe dá ndúchas féin leo chuig an oíche agus mheasc na snáithí éagsúla le chéile ar bhealach taitneamhach, tairbheach. An rud ba mhó a thaitin liom féin go raibh beirt dhéagóirí áitiúla ann agus iad ann dá ndeoin féin agus amhrán breá ag gach duine acu. Oíche bhreá a bhí inti a spreag mé féin agus a chuir in iúl dom gur oíche an-traidisiúnta a bhí i gceist – leanúnachas leis an seandúchas á chur in iúl ar bhealach nua, mura mbeadh ann ach an cáca dearg veilbhite a rinneadh go speisialta don ócáid.

Chuir sé iontas orm bean a bhíodh ar Scoil Chaiseal na gCorr liom tráth a fheiceáil ann agus bhí níos mó iontais arís orm go raibh a fear céile léi. Bhí tuairim mhaith agam nár fhear é a raibh mórán suime aige sna hamhráin. Labhair mé léi faoi ina dhiaidh sin agus le teann fiosrachta, luaigh mé go raibh súil agam gur bhain a fear taitneamh as. Dúirt sí cinnte go raibh uirthi brú a chur air freastal ach gur thaitin an oíche leis nuair a fuair sé píosa den cháca milis agus gur éirigh leis dul go dtí an teach tábhairne ina dhiaidh sin. Léiríonn a leithéid de chur síos réaltacht chomhaimseartha an tsuímh ina mbíonn an amhránaíocht ag titim amach.

Murab ionann agus an tuiscint gur gnás í an amhránaíocht a bhíodh á cleachtadh go nádúrtha fadó cois tine gan stad, thóg an oíche sin cuid mhór eagrúcháin agus b'éigean í a chur siar ó mhí Eanáir de bharr drochaimsire. Is caitheamh aimsire í an amhránaíocht a éilíonn am a bheith ag daoine le teacht le chéile. San am a caitheadh ba chaitheamh aimsire ag comharsana a bhí ann – ag ócáidí foirmiúla agus neamhfhoirmiúla ba é an comhrá, an scéalaíocht agus an amhránaíocht aonair an príomhrud (Freeman, 1920–22; Delargy, 1945; Glassie, 1982, 2006). Tá an áirithe sin de ar siúl i gcónaí i measc mhuintir na hÉireann ag a gcuid ócáidí sóisialta ach is minice ná a mhalairt gur amhráin nua-aimseartha i mBéarla a bhíonn i gceist. Mar sin, tá spreagadh le baint as daoine óga a fheiceáil ag glacadh páirt san ócáid as a stuaim féin. Dar liom féin gur léirigh an oíche go raibh borradh faoin traidisiún i gcónaí. D'ainneoin gur snáithe caol é, tá daoine óga go fóill ag iarraidh an traidisiún a shealbhú agus a láithriú. Ní beag é sin. Diomaite d'oícheanta den chineál sin, ina dhiaidh sin is uile, tá lámh in uachtar ag comórtais ar chuid mhaith de shaol sóisialta na n-amhrán anois, gné eile atá ceangailte leis an Athbheochan agus a théann siar go dtí na báil i nGránard ag deireadh an ochtú haois déag.

'Brighid na nAmhrán'

Tá an tOireachtas ar cheann de na comhthéacsanna is tábhachtaí dá bhfuil ag na hamhráin inniu. Cé maith olc linn é, múnlaíonn an tOireachtas an traidisiún agus leagtar síos caighdeáin agus treochtaí d'amhránaithe óga atá ag teacht chun cinn (Ó Ceannabháin, 1998; Nic Dhonncha, 2004; Ó Coistealbha, 2017; Ó Laoire, 2014). Féile í atá, dar ndóigh, bunaithe ar imeachtaí a mbíonn comórtais i gceist leo agus is oidhreacht í sin atá ag imirt tionchair ar an traidisiún le breis agus céad bliain. Má smaoinímíd chomh maith go raibh comórtais don cheol Gaelach i gceist sna 1780í (Ó Catháin,

2007), tuigfear a dhoimhne is atá ceist an chomórtais agus ceist an aitheantais snadhmtha ina chéile sa ghné chultúrtha seo. Is deacair ceist an chomórtais a phlé mar gur deacair tagairt a dhéanamh d'imeachtaí áirithe gan a bheith ag éirí pearsanta agus imeachtaí áirithe a lua. Ní gá dúinn ach smaoineamh go raibh an cantal i gceist go mór sna comórtais luatha sin i nGránard. Deir an cláirseoir Art Ó Néill linn gur chuir an tUasal Burrowes, duine de mhaoir an chéad bháil, agus fear amháin a bhí míshásta leis an toradh, a mhaide siúil trí fhuinneog Theach an Mhargaidh, láthair an chomórtais, le tréan feirge faoi. (Milligan Fox, 1911: 174–5). Pléann Peadar Ó Ceannabháin an chorraí seo a bhaineann le comórtais, á mhaíomh gur dochar a dhéanann sé ar an iomlán agus is deacair gan aontú leis (1998: 15–21).

Mar bhealach le patrúin a fheictear ag an Oireachtas i gcónaí a spíonadh, pléifidh mé anois saothar liteartha a bhfuil dlúthbhaint aige, dar liom, le miotas agus le réaltacht na hamhránaíochta. Sin é an scéal 'Brighid na nAmhrán' le Pádraic Mac Piarais. Dáta de 1900 atá leis an leagan digitithe den scéal atá ar fáil in Corpus CELT ó Choláiste na hOllscoile, Corcaigh, agus caithfidh sé gur sa scéal seo atá fáil ar cheann de na samplaí is luaithe d'úsáid an téarma 'sean-nós' le hamhránaíocht aonair gan tionlacan a chur in iúl ar an bhealach chéanna a dtuigimid an téarma sin inniu.

Tá an coincheap de mhiotas na n-amhrán go láidir i gceist sa scéal seo. Trí charachtar Bhrighde, agus a seasamh mar amhránaí ina pobal féin, Ros na gCaorach, tuigtear an tábhacht agus an luach cultúrtha a bhí ar na hamhráin sa phobal sin:

1. Dob í Brighid na nAmhrán an t-amhránaí ba mhó clú dá raibh i Ros na gCaorach ní hamháin le mo linn-se ach le linn m'athar. Deirtí go meallfadh sí an chéirseach den chraoibh le binneas an cheoil do gheall Dia dhi.

2. Agus do chreidfinn féin go meallfadh, mar is minic a mheall sí mise agus malraigh nach mé ónár ndinnéar nó ónár suipéar. Do bheinn i mo fhear shaibhir inniu dá mbeadh scilling agam in aghaidh gach uaire do sheasas taobh amuigh dá doras, ar mo bhealach abhaile ón scoil dom, ag éisteacht lena cuid amhrán, agus dúirt m'athair liom gur mion minic do rinne sé féin an cleas céanna nuair a bhí seisean ina stócach ag dul ar scoil.

3. Do bhí sé mar bhéaloideas i measc na ndaoine gurb ón Reachtúrach féin d'fhoghlaim Brighid *Contae Mhuigheo*. Agus nach le *Contae Mhuigheo* do bhain sí na deora móra as súilibh Sheáin Mhic Éil tráth a raibh sé ar cuairt anseo, bliain go díreach sul má rugadh mise?

Mar a deirim, leagtar síos miotas agus cumhacht na hamhránaíochta go láidir san oscailt seo. Is duine óg fireannach (malrach) de phobal Ros na gCaorach é an reacaire, a bhfuil meas aige ar a oidhreacht agus a bhfuil an oidhreacht sin go paiteanta aige. Níl aon tóir ag an duine seo ar chultúr an Bhéarla. Is duine é atá socair lena fhéiniúlacht féin agus duine a bhfuil meas dá réir aige ar an dúchas áitiúil, oidhreacht na Gaeilge agus na n-amhrán sa chás áirithe seo. Tá deis a labhartha agus misneach aige lena ghuth agus lena thuairim a chur in iúl. Ní fheictear go bhfuil aon rud aisteach ag baint lena leithéid seo de thuiscint. Is mar sin a thráchtann sé ar Bhrighid agus ar a hainmniúlacht i measc mhuintir na háite. Sa chur síos a dhéantar uirthi déantar ceangal idir Brighid agus laochra móra cultúrtha eile: Raiftearaí agus

Seán Mac Éil. Dar ndóigh, is é Raiftearaí (1789–1835) an file is mó a bhain cáil amach sa naoú haois déag i gceantar na Gaillimhe (de hÍde agus Ó Muraíle, 2018; Ó Coigligh, 1987) agus ba é Seán Mac Éil (1791–1881), Leon an Iarthair, mar a thugtaí air (Breathnach agus Ní Mhurchú, 2019; Ní Cheanainn, 1983), an fear nach gceadódh na Scoileanna Náisiúnta i ndeoise Thuama lena linn, cosantóir agus crann taca na Gaeilge fad a mhair sé. Is d'aon ghnó a luaitear na laochra cultúrtha seo le Brighid agus feictear dom gur cuid den chumadóireacht mhiotasach atá i gceist leis an nasc sin. Ainneoin go bhfuil Brighid beo ar an chúlráid sa Ghaeltacht, tá nasc aici leis an náisiún Gaelach trí Raiftearaí an file, agus tríd an ghníomhaí cultúrtha agus an náisiúnaí Seán Mac Éil. Tá aitheantas aici ina pobal féin le dhá ghlúin ar bhinneas a cuid ceoil agus go deimhin ar fhírinne na gabhála atá sí ábalta a dhéanamh. Is fiú a lua gur dócha gurb é an 'Contae Mhuigheo' a ndéantar tagairt dó sa sliocht thuas an t-amhrán a thosaíonn 'Anois teacht an Earraigh,' ó tharla amhrán eile den teideal ann a luaitear go mór le cúrsaí an tsean-nóis (Ó Conghaile *et al.*, 2013: 341).

Mar a tharlaíonn in aon ghearrscéal tugtar isteach gné na coimhlinte ansin le gluaiseacht a chur faoin scéal agus is as cultúr na feise a eascraíonn an choimhlint. Tá an scéal thar a bheith cliste sa dóigh a leagann sé síos dintiúirí áitiúla Bhrighde agus an bhéim a chuirtear ar an stádas sin. Dearbhaítear fírinne na cáile sin trí na naisc le carachtair mhóra le rá taobh amuigh den cheantar. Ach is carachtair ón aimsir chaite iad seo, agus tá an ghné nua chultúrtha, an Fheis, agus an comórtas is dlúthchuid di, ag teacht chun cinn anois.

Nuair a thagann iomrá na feise go Ros na gCaorach, dearbhaítear stádas Bhrighde arís go neamhbhalbh. Léirítear gaisce áitiúil agus mórtas an dúchais de bharr an bhróid atá ar mhuintir na háite as bua Bhrighde mar amhránaí:

> Ní raibh aon duine eile, d'amhránaí fir ná d'amhránaí mná, leath chomh maith léi siúd sna seacht bparáistibh. Níorbh fhéidir go mbuailfí í, dá mbeadh ceart le fáil. Chuirfeadh sí ionadh ar mhuintir Mhuighe Chaorthainn agus ar na daoinibh uaisle a bheadh ann as Gaillimh agus as Tuaim. Thuillfeadh sí clú agus cáil do Ros na gCaorach. Bhéarfadh sí an duais go réidh agus cuirfí go Baile Átha Cliath í le amhrán do ghabháil ag an Oireachtas.

Léiriú an-ghrinn é seo ar thábhacht agus ar lárnacht na háite, agus ar an tuiscint logánta ar fheabhas na hamhránaíochta. Léirítear gur feabhas é a raibh gné an chomórtais ann agus gné an bhróid – go dtuillfí dea-chlú agus cáil don cheantar trí bhua an duine aonair. Is aitheantas idirshuibiachtúil (*intersubjective*) é seo, go seasann clú duine amháin go meatanoimeach ar son chlú mhuintir an bhaile nó an cheantair go léir. Dar ndóigh, is seift í seo a chuirtear roimh an léitheoir chun leide a thabhairt go mbainfear a mhíthapadh as bród seo na muintire.

Agus sin mar a tharlaíonn. Ainneoin go gcuireann sí cuma umhal fhaiteach uirthi féin, mar is dual do na hamhránaithe is fearr, ina dhiaidh sin féin, bíonn fonn uirthi a dhul ann, agus téann Brighid chuig an fheis. Canann sí sa chomórtas agus déantar cur síos an-ghrinn ar an taibhléiriú:

> Chuaigh a lán daoine suas ag rá amhrán. Chuaigh Brighid suas. Bhíomar-ne ar chúl an tí ag éisteacht léi. Thosnaigh sí uirthi. Bhí beagán cúthalachta uirthi ar dtús, agus bhí an guth

> ró-íseal aici. Ach tháinig sí chuici féin i leaba a chéile de réir mar do bhí sí ag bogadh amach san amhrán, agus bhain sí deora as súilibh an chomhluadair leis an gceathrúin deiridh. Chuireadar go léir na gártha asta nuair a bí críochnaithe aici agus í ag teacht anuas.

Cé gur thosaigh sí lag go leor, bhailigh an ghabháil brí agus neart agus fuinneamh, 'i leaba a chéile', mar a deir an scéal. Faoi dheireadh bhí deora le súile na n-éisteoirí.

An cailín óg a théann i ndiaidh Bhrighde, Nóra Ní Chaiside, is amhránaí breá í fosta, ach más ea féin, ní chorraíonn sí muintir Ros na gCaorach mar a chorraigh Brighid iad. Nuair a thagann an toradh is ag Nóra Ní Chaiside a bhíonn an bua agus duais speisialta molta do Bhrighid as feabhas a cuid ceoil. Mar sin féin, is í Nóra a rachas go Baile Átha Cliath chuig an Oireachtas agus ní hí Brighid. Dar ndóigh ní mó ná sásta a bhíonn muintir Ros na gCaorach leis an toradh agus baintear crathadh an-mhór as Brighid nuair a thuigeann sí nach uirthi a bhronnfar príomhdhuais na feise.

Cé gur ficsean é an chuid seo den scéal, tá sé ar cheann de na léirithe is cumasaí atá againn ó ré na hAthbheochana ar na castachtaí agus ar na contrárthachtaí a bhaineann le comórtais amhránaíochta. Maireann na castachtaí céanna sin go dtí an lá inniu. Leagann an cur síos seo a mhéar go paiteanta ar íogaireachtaí agus ar theannais na gcomórtas san Oireachtas a gcuireann amhránaithe isteach orthu. Anuas air sin, díríonn sé ar an deacracht atá ann breithiúnas a thabhairt ar ghné chultúrtha atá chomh pearsanta leis an amhránaíocht. Tugann an reacaire breith an-ionraice ar amhránaíocht Bhrighde, bean de chuid a phobail féin. Admhaíonn sé na laigí a bhí ar an láithriú ach, go deimhin, cloiseann sé féin agus lucht tacaíochta Bhrighde toise éigin breise i gcuid fonnadóireachta na seanmhná, uaigneas agus binneas nach raibh ag an amhránaí eile, dá fheabhas í.

Ní bhíonn na moltóirí ar aon intinn leis an bhreith seo. Is fearr leo an guth úr óg a bhí ag Nóra agus is uirthise a bhronnann siad an príomhghradam dá réir.

Sa chuid eile den scéal cuirtear síos ar thuras Bhrighde go Baile Átha Cliath de shiúl na gcos agus mar a fhaigheann sí a ceart ar ardán an Oireachtais i mBaile Átha Cliath, ainneoin go n-íocann sí go daor as an cheart sin lena beatha. Tugann an t-anró agus an cruatan a d'fhulaing sí ar a bealach go Baile Átha Cliath a bás. Cuirtear in iúl go raibh oiread measa aici ar an traidisiún agus oiread diongbháilteachta ina croí dá ról féin mar iompróir, mar ghabhálaí agus mar sheachadóir de chuid an traidisiúin gur chuma léi a beatha féin a chur sa mheá agus a chur i mbaol mar gheall air.

Táimid i bhfearann an mhiotais anseo. Faightear locht go minic ar an idéalú seo ar mhuintir na Gaeltachta i scéalta an Phiarsaigh. Dar ndóigh bhí an t-idéalú sin coitianta i measc lucht na hAthbheochana. Ach tá níos mó i gceist anseo ná idéalú, dar le Philip O'Leary. Deir seisean gur 'fully conscious aesthetic strategy' a bhí i gceist ag an Phiarsach (1994: 124). Tá léiriú ar mhisneach agus ar mhuinín i gceist, taispeánadh ar charachtar duine atá diongbháilte faoin oidhreacht atá aici agus atá sásta seasamh láidir a thógáil mar gheall ar an oidhreacht sin. San íobairt a dhéanann Brighid, leagtar béim de bharr a cuid amhránaíochta ar luachanna intleachtúla agus spioradálta: 'truth, self-sacrifice and pride in the devotion to the Irish language and its traditions' (1994: 124). Is luachanna iad seo atá ag cur leis na luachanna atá ag reacaire óg an scéil chomh maith.

Cé nach ndeirtear amach díreach é, léiríonn an scéal teagasc i leith chultúr na Gaeilge gur fearr agus gur uaisle é ná cuid an Bhéarla. D'amharc an Piarsach ar oidhreacht na n-amhrán mar chuid d'oidhreacht intleachtúil agus spioradálta na hÉireann, agus ina thuairimsean, bhain uaisleacht leo siúd a raibh an dúchas seo acu. Mar atá léirithe ag Colm Ó Gaora, agus pléite ag Tim Robinson, chuireadh muintir Dudley caitheamh aimsire ar fáil do mhuintir Ros Muc agus chuir an Piarsach fleá ar siúl le cur ina choinne sin (Ó Gaora, 1943; Robinson, 2011: 30–31). Mar sin de, tá teachtaireacht sa scéal gur duibheagánaí agus gur fírinní cultúr amhránaíochta na Gaeilge ná aon chaitheamh aimsire baoth de chuid an Bhéarla. Dá dhearbhú sin, faigheann an t-amhránaí dúthrachtach bás de bharr na drochíde atá fulaingte aici ar son a cuid ealaíne.

Is cur síos meafarach é seo dar ndóigh, ina seasann carachtar Bhrighde, don tSean-Éirinn inar fhulaing lucht labhartha na Gaeilge sciúirse agus piolóid. Is tagairt mheafarach, mhiotasach í don ampla agus don anás a d'fhulaing na Gaeil in imeacht na n-aoiseanna, fulaingt ar cuireadh an dlaoi mhullaigh uirthi aimsir an Ghorta Mhóir. Tá deireadh ag teacht leis an saol sin le bás Bhrighde. Seasann Nóra Ní Chasaide don todhchaí, agus don rud atá i ndán don Ghaeilge amach anseo. Is leis an óige agus leis an éadroime an saol feasta sa scéal. Ní hé nach bhfuil meas ar an tseanoidhreacht ach ní hí atá faoi réim i gcultúr nua na bhfeiseanna. Tá baint idir an dá rud, ach níl aon cheist ann ach gur ag dul chun tosaigh atá an cultúr, isteach i ré nua. Murar féidir gach gné den seansaol agus den sean-nós amhránaíochta a bhain leis a thabhairt slán féin, níl neart air. Gluaiseann an saol ar aghaidh agus sin léargas amháin a thugann an scéal dúinn. Is fíor go mbíonn taise nó samhail Bhrighde linn i gcónaí, mar sin féin, ar mhéid is a léiríonn an scéal ómós di. Cuirtear in iúl go bhfuil fírinne bhunúsach éigin ag baint léi agus go bhfuil sin i gcontúirt a chaillte de bharr fuadair agus froigisí an tsaoil nua.

Níl aon cheist ann ach gur bhunaigh an Piarsach carachtar Bhrighid na nAmhrán ar mhná mar Mháire Nic Fhlannchadha Bean Uí Chéide as Droim an Mhúcháin, sna cnoic siar ó shráidbhaile Mhaigh Cuilinn. Tá gráinne maith den fhírinne sa mhiotas. Tá dhá chuntas ag an Phiarsach ar thréithe Mháire Nic Fhlannchadha agus is fiú codanna díobh a thabhairt anseo (Mac Piarais, 1911, 46–7):

> Ó mhnaoi as Maigh Cuilinn i nIar-Chonnachtaibh do chualas Caoineadh Mhuire. Máire Nic Fhlannchadha dob' ainm agus sloinneadh di, agus fear de mhuinntir Chéidigh do bhí mar fhear pósta aici. Ba greann leat bheith ag éisteacht léithi agus í ag canadh an chaointe go cumhach ceolmhar. Bhí de mhéid a truaighe do Mhuire agus dá Mac gur shil sí na frasa deor agus í rádh na rann gurbh fhliuch gruadha agus brollach di. Ná déantar iongantas de sin, óir is minic Páis Chríost dá chaoineadh go deorach ag Gaedhealaibh. Do chuireas an Caoineadh i gcló san gClaidheamh Soluis, M. Foghmhair 24, 1904. Tá cuid de ag an gCraoibhín Aoibhinn i gCaoineadh na dTrí Muire i measg Amhrán Diadha Cúige Chonnacht. Is dóigh liom go bhfuil dhá amhrán measgtha le n-a chéile san gCaoineadh úd an Chraoibhín, .i. Caoineadh Mhuire agus amhrán eile ar a dtugtar Páis Mhuire. Tá Páis Mhuire i n-a hiomlán ag Máire Nic Fhlannchadha.

Sa leagan comhthreomhar Béarla den alt seo tugann an Piarsach a thuilleadh mionsonraí tábhachtacha:

> I have heard nothing more exquisite than her low sobbing recitative, instinct with a profoundly felt emotion. There was great horror in her voice at ''S an é sin an casúr,' etc. and with the next stanza the chant rose into a wail. She cried pitifully and struck her breast several tiems during the recitation.

Is léir go ndeachaigh an ghabháil áirithe seo ag Feis Mhaigh Cuilinn i bhfeidhm go mór ar an Phiarsach. Nuair a chuir sé an t-amhrán i gcló ar *An Claidheamh Soluis* (Mac Piarais: 1904: 8) dar leis go raibh sé ar an rud ab fhearr a chonacthas nó a chualathas ag an ócáid. Bhain an Piarsach le sochaí a bhí leagtha amach ina shraitheanna d'aicmí éagsúla. Bhí an t-uasal in ard réime agus gan mórán measa san am ar chultúr na n-íochtarán, d'ainneoin go raibh athruithe ag teacht air sin. Rinne an Piarsach iarracht ina chuid scéalta an meas a bhí, dar leis, dlite do chultúr na cosmhuintire a bhaint amach dóibh. Thuig sé ón aithne a chuir sé ar leithéidí Mháire Nic Fhlannchadha go raibh oidhreacht bhéil shaibhir acu, oidhreacht a bhí gaolmhar do chultúr na lámhscríbhinní.

Faightear blas maith láidir ar an seansaol as ar fáisceadh leithéid Mháire Nic Fhlannchadha sa saothar *An tOileánach* le Tomás Ó Criomhthain (1929). Tá cáil i bhfad agus i ngearr ar an amhrán 'Caisleán Uí Néill' sa saothar sin agus cur agus cúiteamh go leor ag baint leis an bhrí atá leis an eipeasóid sin sa leabhar. Ba mhian leis an Phiarsach i gcónaí sa straitéis chomhfhiosach aéistéitiúil a bhí aige meas agus urraim a léiriú do chultúr na ngnáthdhaoine. Dar leis (1911: 44): 'Is ion-churtha cuid den fhilidheacht sin le filidheacht na righ-fhile, óir is minic féith na filidheachta i bhfear an bhréidín.' Ba de 'lucht an bhréidín' nó na 'peasant[s]' (Mac Piarais, 1911:45) an carachtar Brighid na nAmhrán agus tá an chosúlacht air gur chuir daoine ar nós Mháire Nic Fhlann-chadha múnla ar fáil dó agus é ag cur na pearsa úd i láthair ina scéal. Fiú má bhí laigí na seanaoise le tabhairt faoi deara ar chuid amhránaíochta Bhrighde, bhí an ceangal mothálach, beo sin aici don dúchas. Dá fheabhas í an bhean óg, Nóra Ní Chasaide, agus níl aon cheist ann ach go raibh sí go maith, dar leat nach raibh an meas céanna uirthi sa scéal. Tugann an reacaire in 'Brighid na nAmhrán' léargas cruinn ar bhuanna Bhrighde agus ar a cuid laigí. Is geal le tuairisc ó mholtóir é an méid a deirtear. Ní thig liom a rá cé acu a bhí an Piarsach ag moltóireacht ag an fheis i Maigh Cuilinn nó nach raibh, ach chaithfeadh sé gur fheidhmigh sé mar mholtóir go minic. Is ar lucht an Chonartha a thiteadh dualgais den chineál sin de ghnáth. Mar sin, trí mheán na cruthaitheachta feicimid breithiúnas meáite moltóra an Phiarsaigh á chur i mbéal duine nach bhféadfadh a bheith iomlán cothrom i dtaobh an toraidh de, duine de chuid Ros na gCaorach, a raibh a dhílseacht do Bhrighid le tabhairt faoi deara go soiléir.

Sa lá atá inniu ann is beag é an bréidín baile a chaitear ag an Oireachtas agus ní hé an bríste ceanneasna a bhíonn i gceist ná an seál ach oiread leis. Is comhthéacs nua-aoiseach amach is amach é an stáitse agus daoine atá i bhfostú i saol laethúil comhaimseartha iad na rannpháirtithe. Baineann ardteicneolaíocht le láithriú na gcomórtas ar an teilifís agus ar an raidió. Cuirtear íomhánna soilseacha, lonracha os comhair an lucht éisteachta, rud a dhearbhaíonn an taibhseacht a leanann don ócáid. Cineál miotais ann féin atá i gceist leis an léiriú fisiúil go háirithe. Dá ainneoin sin, d'fhéadfá a rá go maireann cuid de na tosca a bhí i gceist i nGránard do lucht na gcomórtas i gcónaí. Bíonn teannas i gceist leis na comórtais agus is é an teannas is measa a bhíonn i gceist ná an ceann a bhaineann le príomhchomórtais an tsean-nóis, iad siúd a chraoltar beo ar an raidió agus ar an teilifís chomh maith.

Tá cleachtadh ar na trí ghné den ardán agam féin – suíochán an éisteora, an seomra glas ar chúl stáitse agus bord an mholtóra. Go deimhin, d'fhéadfainn an ceathrú láthair – suíomh an éisteora sa bhaile ag coinneáil cluaise leis an raidió agus ag féachaint ar an scáileán a chur leis sin. Méadú eile air sin iad na meáin shóisialta nua dar ndóigh. Bíonn an mhíshástacht i gceist i gcónaí leis na torthaí. Agus bíonn rian den scoilt sin a d'aithin an Piarsach in 'Brighid na nAmhrán' le feiceáil ann chomh maith: an óige, an fuinneamh, agus an spleodar i gcomórtas le cleachtadh, le heolas agus le haibíocht na haoise. Mar a deir Peadar Ó Ceannabháin i dtaobh chúram an bhreithiúnais (1998: 18).

> Dá fheabhas é an moltóir níl aige ach tuiscint theoranta ar an sean-nós. Tuiscint phearsanta chlaonta, shuibiachtiúil theoranta atá againn uilig ar an amhránaíocht thraidisiúnta. An gcuireann an comórtas lenár dtuiscint ar shean-nós na gceantar éagsúil? An gcuireann na moltóirí comhairle ar amhránaithe nó an dtugann siad treoir d'fhonnadóirí óga ag na comórtais chéanna? An éisteann iomaitheoirí le chéile nó an roinneann siad amhráin le chéile? Deirtear liom go ndéanann ach tá aimhreas orm gur fíorbheagán é.

Seachas atmaisféar báúil, dar leis an tuairim sin gur láthair mhíchompordach aisteach atá i gceist leis an chomórtas. Baineann sin go pointe áirithe leis an ghradam atá ag an amhránaíocht ag an Oireachtas.

Sa bhliain 2017, tugadh cuireadh dom moltóireacht a dhéanamh ar chomórtais éagsúla amhránaíochta ag Fleadh

Cheoil na hÉireann, in Inis i gContae an Chláir. Ghlac mé leis an chuireadh. Beirt againn a bhí ag moltóireacht ar gach ceann de thrí chomórtas, cé nárbh é an duine céanna a bhí liom i ngach babhta. Bhí an halla measartha beag agus ní raibh na meáin i láthair. Mar mholtóirí rinne muid cur agus cúiteamh ar na hiomaitheoirí eadrainn féin mar chuid den mholtóireacht i ndiaidh an chomórtais. Mheas mé féin, d'ainneoin strus an chomórtáis (nach féidir éalú uaidh go hiomlán) go raibh an t-atmaisféar i bhfad níos báúla don amhránaí agus don amhrán. Bhí seans ag an mholtóir moltaí a dhéanamh i ndiaidh an chomórtais agus rinne mé féin amhlaidh ar mo sheal. Ba deis é moladh a thabhairt do gach iomaitheoir, comhairle a chur orthu, iad a spreagadh, eolas a chur ar fáil dóibh i gcásanna áirithe, agus ceisteanna a fhreagairt uathu féin chomh maith.

Murab ionann agus an tOireachtas, ní ar na comórtais amhránaíochta is mó a dhírítear aird ag an Fhleadh Cheoil. Is iad comórtais na n-uirlisí agus na mbannaí céilí a mheallann na sluaite agus tromlach na n-iomaitheoirí chomh maith. Is sna comórtais sin is géire a mhothaítear an teannas mór atá inchomparáide leis an Oireachtas. B'fhéidir gurb é sin is cúis leis an atmaisféar a bheith níos báúla don amhránaíocht, cé go measaim go bhfuil baint ag méid an chomórtais agus easláithreacht na meán craolta leis chomh maith.

Tá brú mór ama le príomhchomórtais shean-nóis an Oireachtais. Tosaíonn na comórtais ag 7.00 p.m. agus bíonn an fhoireann ar a ndícheall ag iarraidh go mbeidh deireadh leo thart faoi 10.30 p.m., sprioc inmholta agus intuigthe. Bíonn dhá bhabhta i gceist, amhrán mall ar dtús agus amhrán tapaidh nó mear nó scafánta nó sciobtha ina dhiaidh. Ní rachaidh gach iomaitheoir ar aghaidh go dtí an dara babhta. Cinntíonn an córas marcála atá i réim nach mbeidh aon chur agus cúiteamh idir moltóirí i dtaobh torthaí ná i dtaobh cé hiad na hiomaitheoirí a nglaofar ar ais orthu. Bailíonn cuntóir na marcanna ó na moltóirí, agus bíonn gach duine den triúr ag feidhmiú go neamhspleách gan aon chaidreamh eatarthu. Suimíonn na háiritheoirí na marcanna agus tugtar do riarthóir an chomórtais ansin iad. I gCorn Uí Riada, go háirithe, ní ghlaofar ar ais ar líon níos mó ná seachtar i bhformhór na mblianta agus uaireanta d'fhéadfadh an líon sin a bheith chomh teoranta le cúigear. Ní hiad na moltóirí a dhéanann an cinneadh cé air a nglaofar don dara babhta, ach na riarthóirí. Leis an chóras sin, éiríonn leis an chomórtas a bheith críochnaithe taobh istigh den spriocam. Is le coimhlint agus le sáraíocht ar mholtóirí a sheachaint a rinneadh forbairt ar an chóras sin, agus le hargóintí fada a sheachaint, rud a chuir moill ar na himeachtaí blianta eile.

Is córas éifeachtach é agus ní mór a rá go n-oibríonn sé ó thaobh an ama agus an riaracháin. Mar dhuine a d'fheidhmigh mar mholtóir taobh istigh den chóras sin, caithfidh mé a rá gur minic ina dhiaidh a fágadh fuar go maith mé. Má dhéanaim comparáid idir mo thaithí ag Fleadh Cheoil na hÉireann agus ag an Oireachtas, b'fhearr liom an modh oibre a bhí agam mar mholtóir ag an Fhleadh. Níl a fhios agam cé acu atá gá leis an scéal a réiteach nó nach bhfuil, ach tá a fhios agam nach bhfuil mé féin róshásta leis an chóras, dá éifeachtaí é ó thaobh an riaracháin agus bhainistíocht an ama. Is cuid den réaltacht é nach mian liom géilleadh dó agus tá sé féin agus miotas taibhseach draíochtúil an tsean-nóis i ngreim go daingean ina chéile.

Ealaín atá i gceist leis an amhránaíocht, ach is deacair d'amhránaithe ardchaighdeán ealaíne a bhaint amach leis an strus a bhaineann le príomhchomórtais an Oireachtais. Bíonn oiread iarrthóirí anois ag cur isteach ar chomórtais i gcomparáid le laethanta luatha na féile, gur ar an chomórtas a leagtar béim agus cead ag an ealaín go minic déanamh as di féin. Tá cúrsa fada casta ann a gcaithfear dul tríd sula bhfaightear cead isteach sna comórtais shinsearacha d'fhir agus do mhná. Tarlaíonn an t-iomlán taobh istigh d'achar trí lá. Is deacair réiteach a fháil ar na dúshláin a bhaineann leis na comórtais. Ach ó tharla borradh a bheith faoin amhránaíocht, maidir le líon iomaitheoirí i gcomórtais ar a laghad, is cinnte gurbh fhiú díospóireacht a bheith ann maidir le forbairtí a dhéanamh ar an fhéile agus ar na nósmhaireachtaí a bhaineann léi. B'fhéidir ansin go bhféadfaí druidim níos gaire i dtreo na healaíne, i dtreo na bpatrún shamhlaitheach, na líonraí cumhachtacha a thugann modhanna dúinn le léirmhíniú a dhéanamh ar an saol máguaird, i bhfocail Midgely. Sin iad na líonraí a shamhlaigh an Piarsach nuair a chruthaigh sé carachtar Bhrighid na nAmhrán agus é, seans maith, á bunú ar an aithne a bhí aige ar Mháire Nic Fhlannchadha Bean Uí Chéide, agus ar dhaoine anaithnide eile nach í.

Foinsí

Bascom, W. 1965. 'The Forms of Folklore: Prose Narratives', *The Journal of American Folklore* 78 (307) (Eanáir–Márta), 3–20.

Breathnach, D. agus Ní Mhurchú, M.. 2019. 'Mac Héil, Seán (1791–1881)', https://www.ainm.ie/Bio.aspx?ID=1115 (léite 9 Bealtaine 2019).

Cooper, D. (eag.). 2002. *The Petrie Collection of The Ancient Music of Ireland.* Cork: Cork University Press.

Costello, É. 2017. 'Sean-nós Song in the Oireachtas na Gaeilge Festival: The Aesthetics of Sean-nós song through the Gaze of Adjudicators', *Ethnomusicology Ireland* 5, 31–47.

De hÍde, D. agus Ó Muraíle, N. 2018. *Amhráin agus Dánta Raiftearaí.* An Spidéal: Futa Fata.

Delargy, J. H. 1945. 'The Gaelic Storyteller', *Proceedings of the British Academy* 31, 177–221.

Freeman, A. M. 1920–22. 'Irish Songs from Ballyvourney', *Journal of the Folksong Society* 6, VII–XXVII, 95–342.

Foley, J. M. 1995. *The Singer of Tales in Performance.* Bloomington: Indiana University Press.

Foley, J. M. 2002. *How To Read an Oral Poem.* Urbana: University of Illinois Press.

Mac Piarais, P. 1904. 'Guth na mBard', *An Claidheamh Soluis*, 29 Méan Fómhair, 5.

Mac Piarais P. 1911. 'Sliocht Duanaire Gaedhilge/ Specimens from an Irish Anthology', *The Irish Review* 1 (Márta), 44–7.

Midgely, M. 2003. *Myths We Live By.* London: Routledge.

Milligan Fox, C. 1911. *Annals of the Irish Harpers.* London: J Murray.

Ní Cheanainn, Á. 1984. *Leon an Iarthair: Aistí ar Sheán Mac Éil.* Baile Átha Cliath: An Clóchomhar.

Nic Dhonncha, R. 2004. 'An tOireachtas agus an Amhránaíocht ar an Sean-nós: Cruthú agus Sealbhú Traidisiúin', *Bliainiris 4*, 28–84.

Nic Eoin, M. 2000. ' "Scéal ar an ngrá:' na hAmhráin Ghrá agus an Smacht Sóisialta' in P. Riggs, S. Ó Coileáin, B. Ó Conchúir (eag.), *Saoi na hÉigse: Aistí in Ómós do Sheán Ó Tuama.* Baile Átha Cliath: An Clóchomhar, 233–59.

Ní Mhunghaile, L. 2009. *Charlotte Brooke's Reliques of Irish Poetry*. Dublin: Irish Manuscripts Commission.
Ó Catháin, D. 2007. 'Féilte Cláirseoireachta Ghránaird, John Dungan, Cóbanhávan, agus an Rómansachas Luath', *Eighteenth Century Ireland*, 106–132.
Ó Catháin, E. 2000. 'An Draighneán Donn: Rí na nAmhrán', Tráchtas neamhfhoilsithe MA, Maigh Nuad.
Ó Ceannabháin, P. 1998. 'An Sean-nós: Caithréim Chráite nó Íocshláinte Anama', *Deile: Iris Mhuintir Chonamara i mBaile Átha Cliath*, 15–21.
Ó Coigligh, C. 1987. *Raiftearaí: Amhráin agus Dánta*. Baile Átha Cliath: An Clóchomhar.
Ó Conghaile, M. *et al.* (eag.). 2013. *Leabhar Mór na nAmhrán*. Indreabhán: Cló Iar-Chonnachta.
Ó Criomhthain, T. (S. Ó Coileáin eag.). [1929] 2002. *An tOileánach*. Baile Átha Cliath: Cló Talbóid.
Ó Duinnshléibhe, S. 2002. 'Éigse Dhiarmuidín: Cloch ar Charn Dhiarmuidín', *Béascna* 1, 17–29.
Ó Faracháin, A. *Bláth na Sú Craobh* (sraith teilifíse), TG4, 2000.
Ó Gaora, C. 1943. *Mise*. Baile Átha Cliath: Oifig an tSoláthair.
Ó hUiginn, R. 1999. 'Réamhrá', *Léachtaí Cholm Cille 29*.
Ó Laoire, L. 1998. 'Irish Traditional Singing: Living Fossil or Dynamic Resource?', *The Phenomenon of Singing*. St. John's: Memorial University of Newfoundland, 161–71.
Ó Laoire, L. 2000. 'National Identity and Local Ethnicity: the Case of the Gaelic League's Sean-nós Competitions', *The Phenomenon of Singing 2*. St. Johns: Memorial University of Newfoundland, 160–69.
Ó Laoire, L. 2000(a). 'Up Scraitheachaí: an tAitheantas Áitiúil agus Náisiúnta i gcomórtais amhránaíochta an tsean-nóis ag an Oireachtas', in M. Ó Cearúil (eag.), *Aimsir Óg 2000: Cuid a Dó*. Baile Átha Cliath: Coiscéim, 66–78.
Ó Laoire, L. 2014. 'An Comhrá Síoraí: Cothú agus Athnuachan na hAmhránaíochta i Maigh Eo', *Mayo, History and Society*. Dublin: Geography Publications, 523–40.
O'Leary, P. 1994. *The Prose Literature of the Gaelic Revival: Ideology and Innovation*. University Park: Pennsylvania University Press.
Ó Riada, S. 1982. *Our Musical Heritage*. Portlaoise: Dolmen.

Ó Tuama, S. 1960. *An Grá in Amhráin na nDaoine*. Baile Átha Cliath: An Clóchomhar.

Petrie, G. 1855. *The Petrie Collection of the Ancient Music of Ireland, arranged for the Piano forte*. Dublin: M. H. Gill.

Robinson, T. 2011. *Connemara: A Little Gaelic Kingdom*. Dublin: Penguin Ireland.

uí Ógáin, R. (eag.). 1999. *Faoi Rothaí na Gréine: Amhráin as Conamara a thaifead Máirtín Ó Cadhain*. Baile Átha Cliath: Coiscéim.

uí Ógáin R. agus Ní Ghuairim, S. 2002. *Sorcha: Amhráin Shorcha Ní Ghuairim: Traditional Songs from Conamara*. Baile Átha Cliath: Gael Linn.

Sean-nós, réigiúnachas, agus Oireachtas na Gaeilge: tionchar an réigiúnachais ar na comórtais amhránaíochta

Éamonn Costello

Réamhrá

Creideann a lán eitneacheoleolaithe, mé féin san áireamh, nach féidir seánra ar bith ceoil a thuiscint go hiomlán go dtí go dtuigtear idé-eolaíocht an ghrúpa as a dtagann an ceol atá faoi thaighde agat (Feld 1984). Ceann de chroíphrionsabail na heitneacheoleolaíochta é an teoiric gur féidir le ceol mion-léirmheas a thabhairt ar idé-eolaíocht na sochaí nó an ghrúpa as a dtagann an ceol. Is í an chiall Mharxach den fhocal 'idé-eolaíocht' atá i gceist agam anseo: sa gcomhthéacs Marxach, ciallaíonn idé-eolaíocht na bunghnásanna, dearcadh saoil, meon aigne agus córas luachanna a bhíonn ag duine, grúpa nó pobal. Idé-eolaíocht í seo a fheidhmíonn ar leibhéal neamh-chomhfhiosach. Anseo beidh mé ag plé na gcomórtas fonnadóireachta atá mar chuid lárnach d'fhéile náisiúnta na Gaeilge, Oireachtas na Gaeilge. Cé nach féidir a rá gur macasamhail dhíreach é pobal an Oireachtais ar phobal na hÉireann, ag an am céanna áitím go bhfuil cosúlachtaí eatarthu, go mór mór ó thaobh na féiniúlachta cultúrtha de.

Go bunúsach, tá mé ag áitiú anseo go bhfuil idé-eolaíocht an Oireachtais bunaithe ar mheascán casta, paradacsúil den náisiúnachas cultúrtha agus den réigiúnachas cultúrtha araon. Is í an áit logánta (nó an *local* sa mBéarla) croílár an réigiúnachais, agus an réigiúnacht, agus cé gur féidir le háit/áiteanna logánta feidhmiú chun an náisiún a dhlisteanú (Tuan 1977:117), dar liom go bhfuil na cineálacha réigiúnachais chultúrtha agus náisiúnachais chultúrtha a fheictear san Oireachtas comheisiach óna chéile. Ina theannta sin, áitím go samhlaíonn rannpháirtithe an Oireachtais, ar leibhéal idé-eolaíoch gur cultúr uasal atá sa gcultúr Gaelach agus ag an am céanna gur cultúr coiteann (*vernacular*) atá ann. Is paradacsa eile é sin. Cé gur féidir ardealaín/ardchultúr a dhéanamh d'aon chultúr coiteann, nuair a tharlaíonn sé seo, go hiondúil ní bhíonn an nasc céanna ag an gcultúr nua-chruthaithe leis an réigiún áitiúil agus a bhí ag an gcultúr coiteann roimhe. Chun é a chur ar bhealach eile, nuair a dhéantar ardealaín de chultúr coiteann, déantar náisiúnú nó idirnáisiúnú air dhá bharr.

Oireachtas na Gaeilge

Is féile ealaíne é an tOireachtas atá dírithe ar chultúr coiteann/traidisiúnta, agus is féile í a bhaineann le hathbheochan chultúrtha. Le gluaiseachtaí athbheochana mar seo, breathnaítear go minic ar an ngnáthphobal mar eiseamláir don náisiún ar fad. Tá fadhb idé-eolaíochta ag baint leis an dearcadh seo mar ní grúpa aonchineálach é an gnáthphobal go hiondúil (féach Bendix 1997; Boyes 2010; McCann agus Ó Laoire 2003; Ó Laoire 2000; Ó Laoire 1998; Williams agus Ó Laoire 2011; Whisnant 2009). Mar sin is minic a tharlaíonn ceann de dhá rud i ngluaiseachtaí athbheochana. I gcásanna áirithe roghnaítear eilimintí áirithe, mar shampla cultúr a bhaineann le réigiún faoi leith, agus feidhmíonn an cultúr seo mar eiseamláir ar son an chultúir náisiúnta. I gcásanna eile, roghnaítear eilimintí a bhaineann leis na cultúir réigiúnacha ar fad, mórán, agus cruthaítear cultúr nua náisiúnta ó na heilimintí seo, agus go minic nuair a tharlaíonn sé seo tugtar eilimintí iasachta isteach sa mheascán freisin (féach Whisnant 2009).

Le linn stair an Oireachtais, tharla an dá rud seo ag amanna difriúla, ach tharla rud eile neamhchoitianta freisin: sna comórtais amhránaíochta ag an Oireachtas déantar iarracht na stíleanna réigiúnacha ar fad a chaomhnú agus a choinneáil neamhspleách óna cheile nach mór (féach Ó Laoire 2014) ach, ag an am céanna maireann an dearcadh fós gur ard-ealaín náisiúnta í an fhonnadóireacht thraidisiúnta i measc an phobail seo. Ciallaíonn sé seo ar fad go bhfuil easpa uilechuimsitheachta ag baint le hidé-eolaíocht an Oireachtais, rud a léiríonn gur cineál de dhíshondas cognaíoch (nó *cognitive dissonance*) atá i gceist anseo (Festinger, 1962).

An náisiúnú, an Gaelachas agus Athbheochan na Gaeilge

In 1897 tionóladh den chéad uair Oireachtas na Gaeilge (OnaG feasta) sa Seomra Cruinn, an seomra ba mhó sa chathair ag an am, atá sa gCruinnteach i mBaile Átha Cliath (Mac Aonghusa 1997). Blianta beaga roimhe sin tháinig roinnt ball de Chonradh na Gaeilge le chéile, agus d'eagraigh siad coiste chun féile náisiúnta a bhunú a d'fheidhmeodh mar chroílár d'fheachtas cultúrtha an Chonartha. Fuair coiste na féile nuabhunaithe seo inspioráid ó fhéilte náisiúnta na hAlban agus na Breataine Bige, an Mòd agus an Eisteddfod faoi seach (Mac Aonghusa 1997). Bunaíodh an Conradh chun athbheochan a dhéanamh ar an nGaelachas agus chreid muintir an Chonartha gurbh í an Ghaeilge an uirlis chun an sprioc seo a bhaint amach. Go minic samhlaítear gurb ionann an Gaelachas agus an tÉireannachas, agus gurb í 'tréithe tipiciúla Éireannacha' an bhrí a ghabhann leis an bhfocal 'Éireannachas' (Doyle 2015). Ach is léir nach mbíodh an chiall céanna ag an dá théarma tráth.

Ar ndóigh, tagann an focal 'Éireannachas' ón bhfocal 'Éireannach'. Cumadh an téarma seo sa tríú haois déag chun cur síos a dhéanamh ar Ghaeil na hÉireann ach, dar le Bartlett, faoin gcéad chuid den seachtú haois déag, ba é an chaill a bhí le 'Éireannach' ná duinc de shliocht Chaitliceach na hÉireann, idir Ghaeil agus Sean-Ghaill (2010: 142). Tá dearcadh beagán difriúil ag Leerssen air seo: dar leis féin, faoin seú haois déag, bhí úsáid á baint as an téarma 'Éireannach' chun cur síos a dhéanamh ar dhuine ar bith de bhunadh na hÉireann idir Ghaeil, Sean-Ghaill, agus Ghaill (1996: 169). Is téis í seo a mhaíonn gur coincheap náisiúnta agus cuimsitheach é 'an tÉireannachas'.

Léiríonn Benedict Anderson an chastacht agus an doiléireacht a bhaineann le coincheap an náisiúin (1991). Cé gurb iomaí cineál ann, dar leis, thar aon rud eile tá an náisiún bunaithe ar dhá thréith faoi leith. I dtosach, tagraíonn an 'náisiún' do phobal a bhíonn, nó a bhíodh, ina gcónaí taobh istigh de limistéar faoi leith ar a dtugtar an tír nó an stát. Ar an dara dul síos, caithfidh cineál éigin de chumann nó de bhráithreachas a bheith ann idir baill an náisiúin, ionas go bhfeidhmeodh an náisiúnstát go héifeachtach. Is féidir leis an gceangal seo a bheith bunaithe ar bhunreacht, ar reiligiún, ar eitneacht, ar chultúr, nó ar mheascán de na coincheapa seo. Mura bhfuil comhthuiscint éigin idir na daoine ar fad atá ina gcónaí i dtír ar leith, bíonn sé an-deacair a rá go dearfach gurbh ionann iad agus náisiún.

Tá a fhios againn go mbaintí úsáid, ón séú haois déag ar aghaidh ar a laghad, as téarmaí cosúil le Gaeil, Gaill, agus Sean-Ghaill, chun cur síos a dhéanamh ar ghrúpaí de bhunadh na hÉireann a raibh cúlra, ginealach, cultúr agus creideamh éagsúil óna chéile acu (Doyle 2015). Is féidir an argóint a dhéanamh gur grúpaí fo-náisiúnta iad seo, nó is féidir breathnú orthu mar shibhialtachtaí, nó mar náisiúin dhifriúla a bhíodh ag roinnt na tíre céanna, agus a bhíodh i gcoimhlint lena chéile uaireanta chun smacht a fháil ar an tír. Tá go leor scríofa faoin téis gur coimhlint idir dhá shibhialtacht a bhí ar bun in Éirinn, idir na Gaeil agus na Sean-Ghaill ar thaobh amháin, agus na Gaill nua ar an taobh eile (Bartlett 2010). Ceann d'iarmhairtí na coimhlinte seo ná go raibh an tÉireannachas nasctha leis an gcreideamh Caitliceach, agus an Protastúnachas nasctha le Sasanachas dá bharr – rud a d'fhág éiginnteacht maidir le féiniúlacht chultúrtha na bProtastúnach in Éirinn.

Is léir go raibh go leor Protastúnach páirteach in Athbheochan na Gaeilge, agus is dócha go raibh dúil ag go leor acu sa ngluaiseacht mar gheall gur thairg an Athbheochan bunús nua féiniúlacht chultúrtha do mhuintir na hÉireann ar fad, idir Phrotastúnaigh agus Chaitlicigh, féiniúlacht a bhí bunaithe ar theanga agus ar chultúr seachas ar reiligiún (Costello 2015). Bhí an coincheap 'an Gael' an-tábhachtach do lucht na hAthbheochana. Taispeánann Ó Torna gur úsáid na hathbheochanóirí an téarma seo ar dhá bhealach faoi leith (2005: 26). I dtosach d'úsáid siad é chun tagairt a dhéanamh do chainteoirí dúchais sna ceantair a raibh an Ghaeilge ina teanga pobail. Bhain athbheochanóirí úsáid as 'Gael' freisin chun tagairt a dhéanamh do dhíograiseoirí a d'oibrigh uaireanta go fanaiceach ar son na Gaeilge (2005: 26). Dar leis na hathbheochanóirí, má rugadh taobh amuigh den Ghaeltacht thú, ní raibh tú i do Ghael go dtí gur oibrigh tú go cróga ar son na hAthbheochana, fiú má bhí Gaeilge líofa agat. Bhí ort obair bhreise a dhéanamh ar son na cúise, dar leo, chun an stádas sin a bhaint amach.

Ceann de na rudaí a léiríonn sé seo ná gur chreid na hathbheochanóirí go raibh difríocht bhunúsach idir Éireannaigh a labhair an Ghaeilge agus Éireannaigh a labhair an Béarla. Chreid lucht na hAthbheochana go raibh sé de dhualgas ar athbheochanóirí Gaeil a dhéanamh de na hÉireannaigh, agus d'fhéach siad ar an nGaeltacht agus ar mhuintir na Gaeltachta mar acmhainn chun an sprioc seo a bhaint amach. Tá dearcadh coitianta ann i measc scoláirí éagsúla gurb ionann 'Gael' agus 'fíor-Éireannach' agus gurb ionann 'an Ghaeltacht' agus sórt 'Éire Dhomhain' (nó *Deep Ireland*) (féach Ó Giolláin, 2000). Ina theannta sin ceapann go leor scoláirí a bhíonn ag plé le hAthbheochan na Gaeilge gur sórt tóraíochta i ndiaidh an fhíor-Éireannachais a bhí ar bun ag lucht na hAthbheochana (Graham, 1997a;1997b; Hutchinson, 1987). Cé go n-aontaím leis an téis seo den chuid is mó, d'fhiafróinn, ar leibhéal níos caolchúisí, arbh é an rud a bhí ar siúl ag na hathbheochanóirí ná iarracht náisiúnú a dhéanamh ar choincheap an Ghaelachais.

Má ghlacann muid leis go raibh úsáid á baint as an téarma 'Éireannach' chun tagairt a dhéanamh do mhuintir na hÉireann, idir Chaitlicigh agus Phrotastúnaigh ón seachtú haois déag ar aghaidh, agus go mbaintí úsáid as na téarmaí 'Gael' agus 'Gaelach' chun tagairt a dhéanamh do shliocht áititheoirí bundúchasacha na tíre (Doyle 2015; Leerssen, 1996), is féidir an argóint a dhéanamh nach ionann go díreach 'Gael' agus 'Éireannach'. Gan amhras, is sórt Éireannaigh é an Gael, ach ón seasamh seo ní gá gur Gael é an tÉireannach (féach ar Leerssen 1996). Is dóigh liom go bhfuil sé níos fearr breathnú ar an nGaelachas mar thréithe a bhaineann le cultúr fo-náisiúnta (féach Gallagher, 1995; Whelan, 1993; Whelan, 1992).

Má dhéanann muid é sin is féidir a áitiú gurbh í an fheidhm a bhí ag lucht na hAthbheochana ná cultúr a bhain le grúpa fo-náisiúnta, an Ghaeltacht, a thógáil agus a athmhúnlú ina chultúr nua náisiúnta. Go luath tar éis bhunú na féile rinne an eagraíocht iarracht stíl amhránaíochta náisiúnta Ghaelach a chruthú. Léiríonn an díospóireacht a bhris amach ag an am i measc athbheochanóirí, maidir le nádúr an cheoil Ghaelaigh, an éiginnteacht a bhain le hidé-eolaíocht na heagraíochta.

Stíl ealaíne an iarthair i gcoinne na stíle traidisiúnta

Ó bhunú an Oireachtais suas go dtí tús na 1970í ba chuid lárnach den fhéile comórtais amhránaíochta i stíl ealaíne an iarthair, nó an stíl chlasaiceach mar a thugtar uirthi freisin. Reáchtáladh coiste na féile comórtais do chóir agus comórtais aonair, le tionlacan agus gan tionlacan, sa stíl chlasaiceach (Bradshaw, 2010; Ní Mhaolchallann, 2009). Ba iad comórtais na gcór buaicphointe na féile go dtí tús na 1970í (Costello 2015). Chasadh na cóir seo a ghlac páirt i gcomórtais na féile meascán de cheol traidisiúnta agus ceol nuachumtha, cóirithe sa stíl chlasaiceach. Chuir an tOireachtas an stíl seo chun cinn mar cheol náisiúnta Gaelach mar gheall gur chreid siad gurbh í an tseanré Ghaelach buaicphointe an tsaoil Ghaelaigh, agus gur ard-ealaín a bhí i gceol na seanré seo; chreid go leor san Oireachtas gur iarsma imeallach den tseanré Ghaelach a mhair sna Gaeltachtaí, ach chreid siad freisin go raibh an cultúr seo éirithe paróisteach agus íseal mar gheall go raibh sé rófhada i seilbh na cosmhuintire (O'Leary, 1994: 46), pobal nár thuig, dar leo, fíorluach an tsean-chultúir Ghaelaigh. Cheap go leor de mhuintir na hAthbheochana go bhfeilfeadh an stíl chlasaiceach níos fearr, mar stíl náisiúnta, ná an stíl thraidisiúnta, mar gheall gur ardchultúr a bhí sa stíl chlasaiceach freisin, agus nach raibh sa stíl thraidisiúnta ach cultúr a bhain leis an gcosmhuintir. Is léir ón sliocht seo a leanas gur chreid an Piarsach go mba sórt amhábhair a bhí sa gcultúr coiteann agus go raibh sé de dhualgas ar athbheochanóirí cultúr náisiúnta a thógáil leis an amhábhar seo.

> The traditional style is not the Irish way of singing or of declaiming but the peasant way; it is not, and has never been, the possession of the nation at large, but only of a class of the nation […] And those who would build up a great national art – an art capable of expressing the soul of the whole nation peasant and non-peasant – must do even as we propose to do with regard to the language: they must take what the peasants have to give and develop it (Pearse, 1906: 6).

Cé nach ndéanann an Piarsach aon tagairt don stíl chlasaiceach sa sliocht seo thuas, is léir nár chreid sé go raibh an stíl/na stíleanna) t(h)raidisiúnta feiliúnach mar cheol náisiúnta. Is féidir a rá, mar sin, gur ghlac an Piarsach leis gur cultúr fo-náisiúnta a bhí i gcultúr na Gaeltachta agus theastaigh uaidh náisiúnú a dhéanamh ar an gcultúr (nó ar na cultúir) fo-náisiúnta seo. Taispeánann an sliocht seo a leanas, ó óráid a thug an t-ollamh le ceol Arthur Darley ag imeacht de chuid Chonradh na Gaeilge, gur chreid seisean go mb'fhearr ceol traidisiúnta na hÉireann a chasadh sa stíl chlasaiceach seachas s(n)a stíl(eanna) traidisiúnta.

> Our country musicians are possessed of the talent of music and have in their minds the idea of the beautiful in it, but they cannot reproduce them, for they lack the technical means of doing so (applause). Were they reasonably educated they would produce a race of musicians worthy of our history. Again, we had those who believed that Irish music should be rendered in scales of unusual construction. Many scales existed in ancient times but, alas, those who could teach us have gone. Because a singer or player, through lack of technical means, sang or played with a total disregard of any correctness of intonation, that did not qualify them to claim that they were using a scale of unusual construction. The majority of them did not adhere to the accepted musical scale,

> not that they used any other form of scale, but that their ear being totally untrained, they involuntarily produced a music not in any one scale, but in an infinity of scales of impossible construction (laughter and applause). Mr. Darley then gave his violin recital of Irish airs (*Freeman's Journal*, 21 Deireadh Fómhair 1908, luaite ag Brennan, 2004: 38).

Bhí Darley (1873–1929) ina ollamh sinsearach leis an Royal Irish Academy of Music ó 1900 go dtí 1903, áit a raibh staidéar déanta aige roimhe sin ar an veidhlín (White agus Boydell 2013: 281). Ba é an chéad stiúrthóir ar an Dublin Municipal School of Music é nuair a ceapadh sa bpost sin é i 1928. Bhailigh sé ceol traidisiúnta, leis, agus i 1914 d'fhoilsigh sé féin agus P. J McCall bailiúchán d'fhoinn mhalla thraidisiúnta. Chomh maith leis sin bhunaigh sé an cheolfhoireann Ceol Cumann, a bhí ar Radio Éireann go rialta idir 1926 agus 1969 (White agus Boydell 2013: 281). Is léir mar sin go raibh taithí ag Darley ar an stíl thraidisiúnta, ach má bhí, is féidir a rá gan mórán amhrais go dtagraíonn 'untrained' sa sliocht thuas don stíl thraidisiúnta go ginearálta, rud a léiríonn gur chreid Darley mura raibh traenáil agat sa stíl chlasaiceach nár cheoltóir ceart thú.

Tá sé le feiceáil sa dá thagairt thuas gur chreid athbheochanóirí áirithe go raibh stíleanna traidisiúnta mífheiliúnach don Oireachtas mar nach rabhadar sofaisticiúil a ndóthain, agus go rabhadar réigiúnach seachas a bheith náisiúnta. Mar a luaigh mé cheana, bhí athbheochanóirí in ann an dearcadh seo a dhlisteanú dóibh féin mar gur chreid siad gur iarsma imeallach den seanré Ghaelach a bhí i gceol traidisiúnta na cosmhuintire, nó ar laghad cuid di. Cheap siad freisin go raibh sé de dhualgas ar lucht na hAthbheochana an rud a bhí ag an gcosmhuintir a thógáil agus a cheartú ionas go bhféadfaí ardcheol nua Gaelach a chruthú. Bíodh sin mar a bhí, ag an am ceannann céanna bhí athbheochanóirí ann a chreid go mba cheart áit faoi leith a thabhairt don stíl thraidisiúnta ag an Oireachtas, mar go raibh amhránaíocht an ghnáthphobail ní b'arsa agus ní ba shofaisticiúla ná filíocht na mbard, mar go bhfuil níos mó cruthaitheachta agus neamhspleáchais anois ag baint le amhránaíocht na ndaoine, mar a léiríonn an sliocht seo a leanas ó pheann an Chraoibhín Aoibhinn.

> It has always been the bane of Irish song that the bards lavished upon the form that attention which ought to have been bestowed upon the matter; and while the structure of their verse in melody and smoothness, as well as variety of rhythmic measure, exceeds anything of which an Englishman could form a conception, surpassing by far what we meet in modern literature, the poverty of the matter is unhappily often such as to render pitiable any attempt at translation, which, if at all literal, must only produce a smile of contempt. [...] But with the Arcadian verses that live among the peasantry, verses generated from the locality and the issue of direct emotions and natural spontaneous feeling, it is quite otherwise. They are melodious, it is true, and rhythmical enough, but still there is a directness and force about them which we miss in the more educated productions of the last century. Some of them are love-songs, some drinking songs, some *caoines*, some dialogues, but the most notable feature about them is the entire absence of that narrative, orderly, faculty which so greatly distinguishes the poetry of Teutonic nations. The Celtic poetic genius is an essentially lyrical one, and has never subjected itself willing to the methodic [sic] and deliberate ballad style (Dubhghlas de hÍde luaite ag Ó Torna 2005: 114).

Cé gur mhol an Craoibhín sofaisticiúlacht amhránaíocht na ndaoine anseo, in áiteanna eile bhreathnaigh sé go díspeagúil de bheagán ar an amhránaíocht chéanna. Nuair a foilsíodh bailiúchán amhráin an fhile Chonamaraigh Colm de Bhailís, mhol an Craoibhín Gaelachas a chuid filíochta, ach scríobh sé nár cheart breathnú ar de Bhailís mar fhile sofaisticiúil ach mar fhile pobail (Denvir, 1996). Is cosúil go raibh an Craoibhín ag iarraidh a chur in iúl do lucht léitheoireachta de Bhailís – athbheochanóirí go príomha – gan a bheith ródhian ar a chuid cumadóireachta, dearcadh atá sách drochmheasúil. Is sampla iontach é meon aigne an Chraoibhín anseo den díshondas cognaíoch a bhí le fáil i measc athbheochanóirí: molann sé sofaisticiúlacht chultúr na ndaoine in áit amháin, ach in áit eile cuireann sé in iúl go bhfuil easpa sofaisticiúlachta ag baint leis an gcultúr céanna. Is dócha freisin go léiríonn dearcadh an Chraoibhín gur rud coimhthíoch, ar bhealach, a bhí i gcultúr na Gaeltachta do chuid mhaith athbheochanóirí.

Dar le Nic Dhonncha, ón tús, go raibh cuid mhaith de lucht an Oireachtais nach raibh sé de chumas iontu an fhonnadóireacht thraidisiúnta a mheas, mar gheall gur cultúr coimhthíoch agus aisteach a bhí sa stíl sin dóibh (2012: 160). Sa sliocht seo a leanas, as litir a seoladh chuig *an Claidheamh Soluis* i 1905, feiceann muid sampla den dearcadh seo:

> There is a large body of the public who do not for a moment wish to sneer at traditional singing though it be unpleasant to their ears. To these people some kind of authoritative statement from those who know would be a godsend (Eagarfhocal, 1905: 7).

Ach cé gurbh aisteach leo an amhránaíocht thraidisiúnta, fós féin rinne an tOireachtas iarracht, mórán ón tús, áit a chruthú d'fhonnadóirí traidisiúnta ag an bhféile. Tharla sé seo mar nach raibh comhaontas idé-eolaíochta i measc an phobail seo, dar liom, maidir le brí an choincheapa 'Gaelachas'.

Amhránaíocht ar an sean-nós agus Oireachtas na Gaeilge

Is i 1903, sé bliana tar éis bhunú na féile, a fhaigheann muid an chéad tagairt don téarma 'sean-nós' á úsáid chun tagairt a dhéanamh do stíl éigin amhránaíochta ag lucht an Oireachtais. Beartaíodh ag an gcruinniú cinn bliana iarracht a dhéanamh an stíl shean-nósach a chur chun cinn (Ó Súilleabháin 1984: 111). Is cosúil gur baineadh úsáid as an téarma 'sean-nós' chun dealú a dhéanamh idir an stíl chlasaiceach, a bhí mar chuid lárnach d'imeachtaí na féile ó thús, agus an stíl thraidisiúnta, ach is léir freisin nach raibh comhaontú ann ar céard go díreach a bhí i gceist le 'sean-nós'.

I 1905 chuir an tOireachtas comórtas aonghutha, comórtas cór, ar an sean-nós isteach i gclár imeachtaí na féile. Bhris díospóireacht fhuinniúil amach in *an Claidheamh Soluis* faoi seo, agus foilsíodh go leor litreacha chuig an eagarthóir ag rá nach raibh sé ceart go mbeadh a leithéid de chomórtas ann, mar nár chreid siad gur chuid den traidisiún fonnadóireachta an comhcheol (Ní Mhaolchallann 2009: 17). Chun iarracht a dhéanamh an cheist seo a réiteach, d'eagraigh Alice Milligan agus daoine eile comhdháil i 1910 chun sainmhíniú a dhéanamh ar an sean-nós mar sheánra. Ach is cosúil nár thángthas ar réiteach ceart maidir leis an éiginnteacht seo go ceann i bhfad.

Cé go mbíodh comórtais ann d'fhonnadóirí traidisiúnta ag an Oireachtas sa tréimhse ó 1903 go dtí 1915, ba chuid imeallach den fhéile iad na himeachtaí seo, rud a léiríonn, b'fhéidir, go raibh an dearcadh go raibh bunús uasaicmeach an Ghaelachais chun treise le linn na tréimhse seo (Costello 2015). Mar gheall ar an achrann a bhris amach sa tír, ó Éirí Amach na Cásca suas go dtí deireadh Chogadh na gCarad, cuireadh an tOireachtas ar ceal sna 1920í agus níor cuireadh ar siúl arís é go dtí 1939. Tá sé deacair a rá go cinnte, ach is cosúil gur tugadh beagán níos mó airde ar an bhfonnadóireacht thraidisiúnta tar éis an athbhunaithe. I 1943 d'eagraigh baill an Oireachtais siompóisiam chun brí agus ainm an tseánra 'sean-nós' a phlé. Labhair Sorcha Ní Ghuairim ag an siompóisiam seo agus dúirt sí an méid seo a leanas:

> An ó dhream a tógadh le Béarla nó le Gaedhilge a ghlacfas muid treoir? Tá ceol na ndaoine i n-íochtar faoi láthair ach dá dtugadh duine de na h-uaisle Gallda amáireach, a tosóchadh a' cur spéis sa rud duthchasach, b'fhéidir go mbeadh dúil mhór againn ann. Sa lá atá indiu ann ní chleachtann ceol na ndaoine ach muinntir na Gaedhealtachta, agus níl *lord* ná *lady* orthu siúd, cé go m'fhéidir go bhfuil an fhuil mhór ó dhuthchas iontu (Nic Dhonncha, 2004: 66–71).[1]

Is léir ón sliocht thuas gur bhreathnaigh Ní Ghuairim ar an stíl chlasaiceach, a bhí mar chuid lárnach d'imeachtaí na féile, mar shiombail den mheon uasaicmeach a bhí chun treise i measc athbheochanóirí ag an am, meon aigne a bhreathnaigh ar cheol na ndaoine mar chultúr bocht, neamhshofaisticiúil. Rangaíonn Ní Ghuairim an stíl chlasaiceach mar shiombail

[1] Symposium ar Amhránaidheacht na Gaedhealtachta [Roinn na Lámhscríbhinní, Leabharlann Náisiúnta na hÉireann, LS 13.158]

den Bhreatain, sean-namhaid na nGael. Tá sé seo tábhachtach mar is bealach cliste atá ann chun beag is fiú a dhéanamh d'amhránaíocht Ghaeilge ar bith sa stíl chlasaiceach. Má ba shiombail é an ceol clasaiceach don Bhreatain, ciallaíonn sé, ní amháin gur seánra iasachta é, ach gur shiombail é freisin den choilíniú a rinne an Bhreatain ar phobal na hÉireann (féach Ó Laoire 2000). Bhí Ní Ghuairim ag iarraidh stádas na hamhránaíochta traidisiúnta ag an Oireachtas a ardú, mar sin d'ionsaigh sí an stíl a bhí chun treise ag an bhféile, ardchultúr seachas cultúr coiteann. Ach ag an am céanna mhaígh sí go raibh ginealach uasal ag muintir na Gaeltachta, dearcadh a shonraigh amhránaíocht na ndaoine mar ard-chultúr. Sampla eile atá anseo a léiríonn an díshondas cognaíoch a bhí le fáil i measc na n-athbheochanóirí. Go bunúsach, bhreathnaigh lucht an Oireachtais ar an sean-nós mar sheánra a raibh bunús coiteann aige, agus mar sheánra a raibh bunús uasaicmeach aige ag an am céanna: ceol na ndaoine agus ceol na n-uaisle.

Oireachtas na nGael agus Oireachtas na Gaeilge

Tháinig an t-athrú is mó ar leagan amach an Oireachtais ó 1974 ar aghaidh. Ó athbhunú an Oireachtais i 1939 suas go 1973, ba iad na comórtais amhránaíochta sa stíl chlasaiceach, na comórtais chór go mór mór, buaicphointe na féile; ach ó 1974 go dtí an lá atá inniu ann is iad na comórtais sean-nóis príomhimeachtaí na féile. Idir 1897 agus 1915 reáchtáiltí an fhéile in ionaid éagsúla ar fud na tíre, ach tar éis an ath-bhunaithe níor bhog an fhéile amach as an bpríomhchathair go dtí 1974, nuair a reáchtáladh í i gCois Fharraige i gConamara an bhliain sin. Is mar gheall ar fheachtas a rith Gluaiseacht Chearta Sibhialta na Gaeltachta a tháinig an fhéile go Conamara, agus bhí tionchar nach beag ag an ngluaiseacht seo ar leagan amach imeachtaí na féile chomh maith.

Bhí na Gaeltachtaí ar chuid de na réigiúin ba bhoichte in Éirinn san 1960í. Bunaíodh Cearta Sibhialta na Gaeltachta i gConamara i 1969 mar gur chreid baill na ghluaiseachta – daoine de bhunús na Gaeltachta den chuid is mó – go raibh an stát ag tabhairt neamhaird ar an drochstaid a bhí ar na ceantair Ghaeltachta ó thaobh cúrsaí geilleagracha agus seirbhísí bunúsacha de (Quinn, 2000). Ba ghluaiseacht chultúrtha í chomh maith le gluaiseacht pholaitiúil agus cheap lucht na heagraíochta seo go mba chuid d'Éirinn oifigiúil é Oireachtas na Gaeilge. Bhíodh ionadaí ón rialtas mar aoi oinigh ag an Oireachtas gach uile bhliain, agus níor cheart, dar leis na baill, go mbeadh baint ar bith ag gluaiseacht na Gaeilge le rialtas a bhí ag tabhairt neamhaird ar an teanga agus ar an nGaeltacht (Quinn, 2000). Ní raibh coiste Oireachtas na Gaeilge sásta ach oiread an fhéile a reáchtáil taobh amuigh den phríomhchathair, agus bhreathnaigh lucht na gluaiseachta air seo mar chomh-artha ar an easpa ceangail a bhí ag Oireachtas na Gaeilge le gnáthphobal na Gaeltachta.

Rinne baill de Ghluaiseacht Chearta Sibhialta agóidíocht ag Oireachtas na Gaeilge in 1972, agus idir 1970 agus 1972 reáchtáladar féile agóide, Oireachtas na nGael, go bliantúil mar chuid den fheachtas a bhí ar bun acu. Reáchtáladh an chéad Oireachtas na nGael i Ros Muc agus i dTír an Fhia i gConamara i 1970, reáchtáladh an dara ceann i nDún Chaoin i gCiarraí i 1971, agus bhí an ceann deiridh i gCill Chiaráin i gConamara i 1972 (Quinn, 2014). Tugann an sliocht seo a leanas ó chlár an chéad Oireachtas na nGael leid dúinn ar cé chomh míshásta is a bhí baill na gluaiseachta le *modus operandi* Oireachtas na Gaeilge:

> Le blianta bhí príomhfhéile na nGael i mBaile Atha Cliath. Ach is in áit a labhartar an teanga go dúchasach is dual dó a bheith. As seo amach beidh an tOireachtas i gceantar Gaeltachta (Clár Oireachtas na nGael 1970).

Chuir feachtas na gluaiseachta brú ar Oireachtas na Gaeilge athrú cuimsitheach a dhéanamh ar leagan amach na féile s'acusan (Ó Maolaodha, 2014). Ní amháin gur bogadh an fhéile amach as Baile Átha Cliath; in achar cúpla bliain tháinig deireadh leis na comórtais chlasaiceacha ar fad, ó 1974 ar aghaidh bhí páirt lárnacha ag pobal na Gaeltachta sa bhféile freisin, agus ba iad na comórtais amhránaíochta ar an sean-nós anois a bhí ina mbuaicphointe don fhéile.

Mar gheall gurbh í Gaeltacht Chonamara croílár fheachtas Chearta Sibhialta na Gaeltachta, bhí tionchar láidir ag an bpobal seo ar an Oireachtas sna 1970í agus sna 1980í (Costello 2015). Chuir níos mó iomaitheoirí ón nGaeltacht seo isteach ar na comórtais sean-nóis sa tréimhse seo ná mar a chuir ó na réigiúin eile ar fad. Mar thoradh air seo, cheapadh duine ag breathnú ar an Oireachtas sna 1980í nach raibh ach stíl amháin sean-nóis ann, stíl Chonamara (Ó Laoire, 1998). Go bunúsach bhí stíl réigiúnach amháin á cur ós comhair an phobail mar stíl náisiúnta. Ach níor ghlac pobal an tsean-nóis leis seo, agus ó dheireadh na 1980í tá stádas ceannasach stíl Chonamara ceistithe ag lucht léinn (Ó Laoire, 1998) agus ag pobal an tsean-nóis féin. Cé gurb as Conamara formhór na n-iomaitheoirí fós, ó dheireadh na 1980í tá méadú tagtha ar líon na n-iomaitheoirí agus na mbuaiteoirí a thagann ó na ceantair Ghaeltachta eile.

Ar bhealach, neartaigh rathúlacht fhonnadóirí Chonamara an dearcadh go raibh stíleanna difriúla sean-nóis ann; coimhlint idir-réigiúnach a bhíonn i gceist sna comórtais sean-nóis, ina mbíonn iomaitheoirí ina n-ionadaithe do na ceantair Ghaeltachta as a dtagann siad, nó an stíl ina gcasann siad, más ó thaobh amuigh den Ghaeltacht iad. Seans nach mbeadh an t-idir-réigiúnachas seo le feiceáil murach an dearcadh gurb ionann an Gaelachas agus an tÉireannachas? Má bhíonn an bua ag iomaitheoir ó réigiún faoi leith, is sórt aitheantais é seo ar bhealach, ó na moltóirí, gur den fhíor-Ghaeltacht an réigiún sin, nó an Ghaeltacht is Gaelaí. Tá sórt molta intuigthe á dhéanamh leis seo, is é sin, go mba cheart an Gaelachas a bheith bunaithe ar chultúr an réigiúin a raibh an bua aige – iarracht náisiúnú a dhéanamh ar chultúr réigiúin faoi leith arís. Nó, is féidir an t-iomaíochas idir-réigiúnach a léamh mar chineál frithbheartaíochta in aghaidh an náisiúnachais chultúrtha, mar go dtreisíonn na comórtais sean-nóis meon réigiúnach i measc an phobail. Nó, seans go bhfuil an dá rud ag tarlú ag an am céanna, sampla eile den díshondas cognaíoch b'fhéidir?

Ní ceisteanna iad seo atá éasca a fhiosrú, agus ní mór taighde a dhéanamh ar smaointe phobal an Oireachtais féin chun léargas níos fearr a fháil ar idé-eolaíocht chasta an phobail seo. Mar a dúirt mé ag an tús, is iondúil go mbaineann eitneacheoleolaithe úsáid as modh taighde eitneagrafaíoch chun ceol i bpobal a fhiosrú. Bheartaigh mé, mar chuid de thaighde eitneagrafaíoch a rinne mé ar an bpobal seo, breathnú ar conas a dhéantar moltóireacht ar na comórtais sean-nóis ag an Oireachtas. Is cuid lárnach de na comórtais an mholtóireacht agus is féidir breathnú ar mholtóirí mar phearsana lárnacha i bpobal ceoil an Oireachtais.

Tuairiscí moltóireachta

I gcartlann pháipéir an Oireachtais, atá roinnte idir oifigí an Oireachtais i gCasla i gConamara agus an Leabharlann Náisiúnta i mBaile Átha Cliath, tá bailiúchán de thuairiscí moltóireachta a bhaineann le comórtais sean-nóis na féile ó 1940 go dtí an lá inniu; níl aon tuairisc mholtóireachta le fáil sa gcartlann a bhaineann leis an tréimhse roimh 1940. Dar liom is féidir breathnú ar na tuairiscí seo mar fhianaise eitneagrafaíoch, mar go léiríonn siad smaointe pearsana údarásacha ón bpobal seo maidir le conas ba cheart an sean-nós a mheas. Cinnte, níl siad saor ó locht ar an ábhar gur faoi bhrú a scríobhadh iad. Chomh maith leis sin, seans maith gur thuig na moltóirí go mbeadh deis ag na hiarrthóirí na tuairiscí a fheiceáil. Mar sin féin, rinne mé staidéar ar na cáipéisí seo ó 1940 go 2011. Cé gur tréimhse 71 bliain atá anseo, 55 bliain atá i gceist i ndáiríre, mar go bhfuil tuairiscí ó bhlianta áirithe in easnamh (Costello 2017).

Sa tréimhse seo rinne 54 duine ar leith moltóireacht. Ar an meán, idir gach duine díobh, rinneadh moltóireacht 2.6 uair, agus de ghnáth, uair amháin in aghaidh na bliana a rinneadh an mholtóireacht. Tá eisceachtaí ann, agus tá daoine ann a bhí ag moltóireacht níos mó ná an meán; mar shampla, rinne an múinteoir agus an saineolaí ceoil Seán Óg Ó Tuama, moltóireacht deich n-uaire le linn na 1960í agus 1970í

(Costello 2017). Sa tréimhse a scrúdaigh mise, bhí daoine ag moltóireacht a tháinig ó na ceantair Ghaeltachta ar fad agus ó thaobh amuigh den Ghaeltacht. Bhí idir fhir agus mhná ag moltóireacht, agus go ginearálta is fonnadóirí agus iar-iomaitheoirí sna comórtais sean-nóis, chomh maith le lucht léinn na Gaeilge nó an cheoil, a bhí ag déanamh na moltóireachta (2017).

Tugann na cáipéisí seo go leor eolais dúinn faoin sean-nós, ach anseo beidh mé ag díriú ar an méid atá le rá ag na moltóirí faoin nGaelachas, an Ghaeltacht, agus an Ghaeilge. Airím go dtagraíonn 'Gaeilge' agus 'Gaelach' sna tuairiscí seo don Ghaeltacht mórán i gcónaí. I mo thuairimse, léiríonn tagairtí don Ghaeltacht sna cáipéisí go ndéantar an réigiún, seachas an náisiún, a chur chun cinn sna comórtais. Léiríonn tagairtí don Ghaeltacht, chomh maith, gur amhránaíocht na ndaoine atá sa sean-nós, ach léiríonn na tuairiscí go bhfrámaítear an sean-nós mar ard-ealaín. Mar a luaigh mé cheana, is coincheap náisiúnta, nó idirnáisiúnta, í an ard-ealaín go rí-mhinic. Áitím go gciallaíonn sé seo gur díshondas cognaíoch é idé-eolaíocht an phobail seo, mar go léiríonn sé go dtagraíonn an Gaelachas do mheon aigne agus d'fhéiniúlacht chultúrtha atá réigiúnach agus náisiúnta ag an am céanna.

Mar a dúirt mé cheana, is féidir le náisiúnaithe réigiúin fonáisiúnta a úsáid chun údarás agus dlisteanacht an náisiúin a neartú, ach ní mar seo atá an scéal san Oireachtas. Áitím gur sórt *communitarianism* an réigiúnacht atá le feiceáil sa bpobal seo. Is féidir a rá gurb ionann *communitarianism* agus dílseacht do phobal réigiúnach seachas don phobal náisiúnta. Is togra é an *communitarianism* atá i gcoimhlint, ó thaobh na hidé-eolaíochta de, leis an náisiúnachas mar, ar bhealach, is éard atá i gceist le togra ar bith náisiúnach ná dílseacht don náisiún a chur os cionn na dílseachta don réigiún; chun é seo a dhéanamh cruthaítear féiniúlacht náisiúnta uileghabhálach do shaoránaigh an náisiúnstáit ar fad (Abizadeh 2002: 497). Tugann tábhacht an réigiúnachais do phobal an Oireachtais le fios nach féidir a rá go héasca go bhfuil an tOireachtas ag cur na féiniúlachta náisiúnta chun cinn, cé gur féile náisiúnta atá san Oireachtas – rud a léiríonn cé chomh casta is atá idé-eolaíocht an phobail seo.

An Ghaeilge

Feiceann muid sa sampla seo a leanas ó 1946 gur scríobh an moltóir seo: 'Caighdeán Cainte', 'Guth agus Mothú agus Ceol' agus ar deireadh 'Rogha Amhrán' mar fho-cheannteidil ar an mbileog. Tá sé suimiúil gur ar bharr na bileoige a cuireadh Caighdeán Cainte; seans go léiríonn sé an tábhacht a bhain agus a bhaineann le cúrsaí fuaimnithe agus urlabhra sa bhféile. Ag bun na bileoige tá 'Guth soiléir: Géar ach tarraingteach? Dul na Gaeilge ar a cuid ceoil, agus sean-nós go maith aici.'

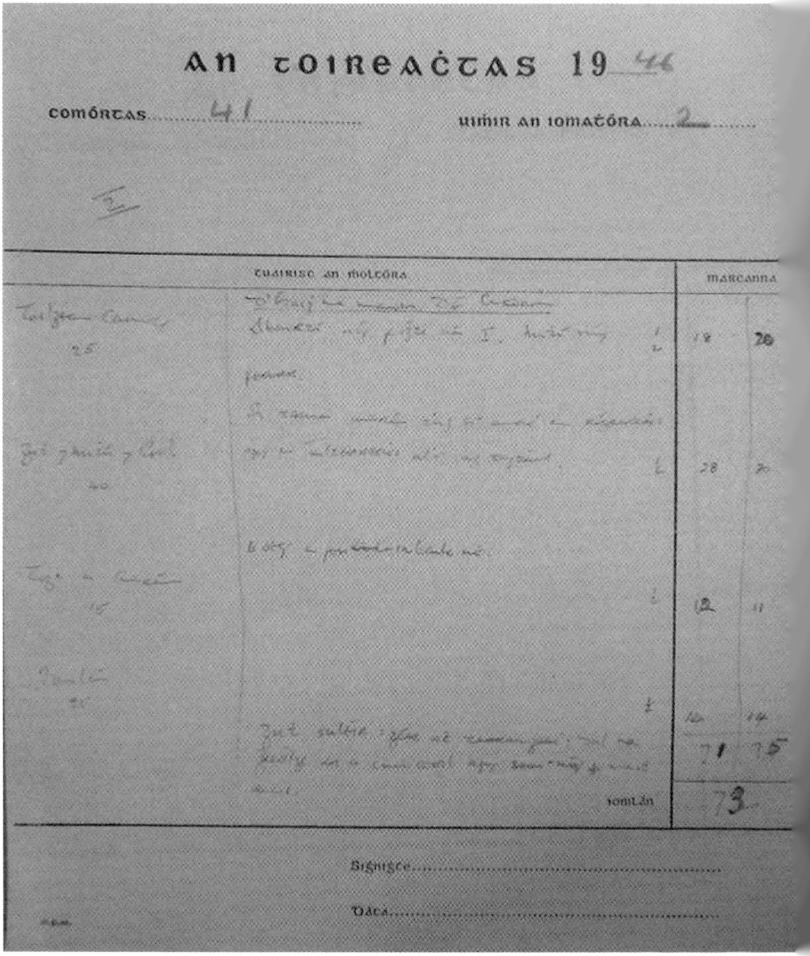

AN TOIREAĊTAS 19 46

COMÓRTAS 41 UIMHIR AN IOMAĊÓRA 2

	TUAIRISC AN MOLTÓRA	MARCANNA	
		18	20
		28	20
		12	11
		14	14
		71	75
	IOMLÁN	73	

SIGNITHE....................

DÁTA....................

Bhí Sorcha Ní Ghuairim ag moltóireacht i 1945, agus cosúil leis an gcéad bhileog, roinn sí a cuid marcanna bunaithe ar na fo-cheannteidil seo a leanas: 'binneas ceoil, mothú, teilgean cainnte agus foghraíocht, an t-amhrán in a iomlán' (Ní Ghuairim 1945, Com. 40).

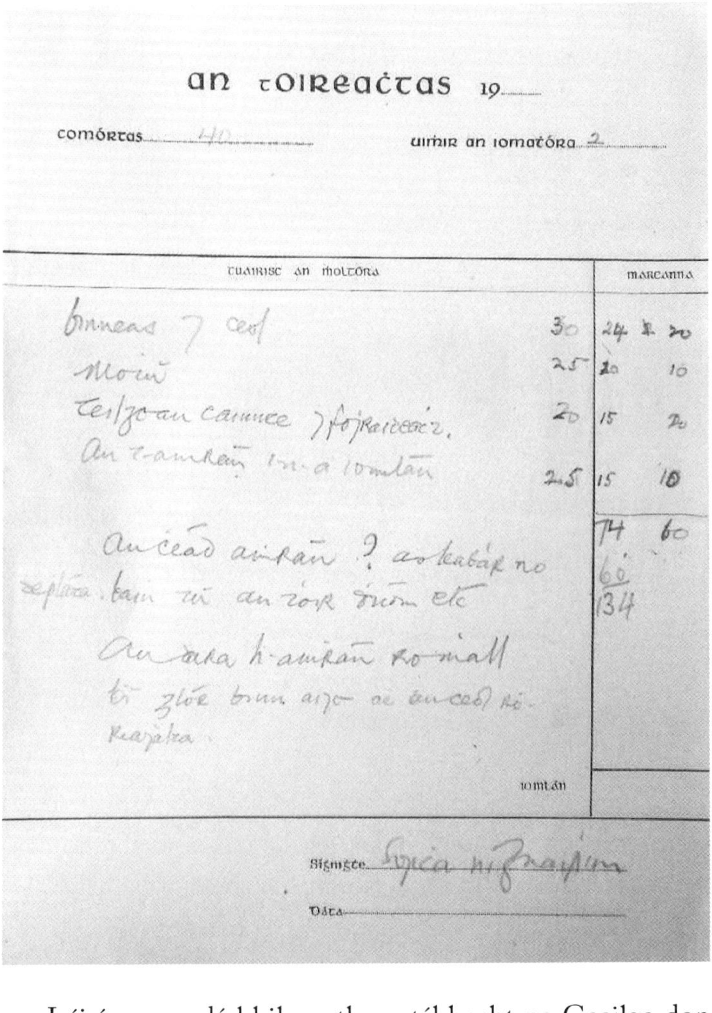

an tOireachtas 19......

comórtas 40 uimhir an iomaitóra 2

tuairisc an mholtóra		marcanna	
binneas 7 ceol	30	24	20
Modh	25	20	10
Teilgean cainnte 7 foghraíocht.	20	15	20
An t-amhrán ina iomlán	25	15	10
		74	60
		60	
		134	
iomlán			

Sighnithe

Dáta

Léiríonn an dá bhileog thuas tábhacht na Gaeilge don phobal seo, mar a léiríonn na samplaí eile seo a leanas ó thréimhsí éagsúla.

I 1973 scríobh an moltóir, Seamús de Brún: 'Gaeilge shoiléir' ar bhileog amháin; bhí de Brún ag moltóireacht arís in 1985 agus scríobh sé: 'Gaeilge shár-mhaith, soiléir in iomlán aige [sic]' (de Brún 1985, com. 43). Bhí sé ag moltóireacht arís i 1988 agus 1990 agus rinne sé tagairt an geábh seo do 'urlabhraíocht, go maith soiléir' (de Brún 1988, com 49). Scríobh moltóir, nár shínigh a ainm/hainm, ag comórtas i 1995: 'Tá dúchas ceoil na Gaeilge agus [an] tsean-nóis go smior san bhfear seo. Molaim é.' (OnaG 1995, com. 71). Freisin i 1995 tá breis tagartha déanta do thábhacht na Gaeilge: 'Gaeilge bhreá san amhrán', 'Gaeilge dheas shoiléir', 'Gaeilge bhinn bhlasta' [(OnaG 1995, com. 71). Ní haon iontas é ar bhealach go raibh agus go bhfuil an Ghaeilge tábhachtach sna comórtais nuair a thuigeann tú gur féile náisiúnta teanga é an tOireachtas go bunúsach; ach tá fianaise sna tuairiscí a léiríonn go bhfuil súil ag na moltóirí go mbeadh blas agus canúint as ceann de na réigiúin Ghaeltachta ar Ghaeilge an fhonnadóra, is cuma cé as an fonnadóir ó dhúchas.

Gaeilge agus stíl na Gaeltachta

I dtuairisc ó 1975 scríobh Seán Óg Ó Tuama: 'Sean-nós i bhfad níos fearr anseo – gluaiseacht na seiseanna go deas ceolta. Dúchas na cainte ann seachas dúchas na leabhar. Caint go breá soiléir aici.' (1975, Com 58). Is cinnte go gciallaíonn 'dúchas na cainte' blas na Gaeltachta, agus go dtagraíonn 'dúchas na leabhar' do Ghaeilge na scoile, nó Gaeilge oifigiúil an stáit. Is léir freisin gur sórt eiseamláire a bhí sa nGaeltacht d'fhíorfhonnadóireacht, mar a léiríonn an sampla seo ó 1967: 'stíl ceart traidisiúnta [sic], ní fheadfadh a nós seo theacht as áit a bith ach as an nGaeltacht' (OnaG 1967, Com.53). Go bunúsach tá an moltóir seo ag rá gur amhránaíocht Gaeltachta atá sa sean-nós, dearcadh réigiúnach i bhfianaise anseo seachas dearcadh náisiúnta. Baineann moltóirí úsáid as na téarmaí 'Gaelach' agus 'Gaeltacht' go minic chun cur síos a dhéanamh ar shárfhonnadóir; mar shampla bhí Ó Tuama ag moltóireacht arís i 1978 agus scríobh sé an méid seo a leanas i dtuairiscí éagsúla ón mbliain sin: 'nós breá Gaelach' 'glór breá Gaelach' (Ó Tuama 1978, Com. 54) agus arís: 'nós breá Gaeltachta aige air', 'nós breá Gaelach', 'glór breá Gaelach' (1978, Com. 54). Is cinnte go tagraíonn an focal 'Gaelach' anseo do cheantair Ghaeltachta agus do chultúr na réigiún, seachas do chultúr náisiúnta.

Ornáidíocht, teicnicí agus nádúr

Baintear úsáid as na téarmaí 'sean-nósach' agus 'Gaelach' sna cáipéisí chun tagairt a dhéanamh don ornáidíocht nó do na teicnicí amhránaíochta a cheaptar atá feiliúnach nó nach bhfuil feiliúnach. Mar shampla: 'Stíl maith dúchasach [sic], ach creathán ann – iarrachtín de chaolú ins na notaí árda. Gan an órnáidaíocht sean-nósach aici' (OnaG 1963, Com.53). '*Vibrato* – ní bhaineann sé leis an sean-nós measaim'; (OnaG 1995, Com. 71). 'Critheán (*vibrato*) láidir ina glór. Bun ós cionn ar fad le teicníc sean-nós'. (Ó Madagáin 2004, Com.28). Léiríonn Ó Laoire (1998), go mbreathnaítear ar *vibrato* san Oireachtas mar shiombail den stíl ealaíne iartharach, stíl a shamhlaítear leis an mBreatain, le neamh-Ghaelachas/Éireannachas agus leis an gcoilíneachas. Ar an lámh eile, is siombail é an *vibrato* freisin den amhránaíocht chlasaiceach a bhí mar chuid den Oireachtas ón tús, seánra a cruthaíodh mar sheánra náisiúnta Gaelach, agus stíl a bhfuil struchtúr agus modh foghlama a raibh saintreoir agus eagar foirmiúil ag baint léi. Is léir go gcreideann na moltóirí in údarás an tseachadta bhéil chun an sean-nós a shealbhú. Sa gcomhthéacs seo frámaítear an fhoghlaim fhoirmiúil mar mhodh clasaiceach agus frámaítear an sealbhú béil leis an nGaeltacht agus leis an gcultúr coiteann.

Go minic baineann moltóirí úsáid as an téarma 'nádúrtha' chun an t-idirdhealú seo a dhéanamh; tagraíonn 'nádúr' agus 'nádúrtha' don sean-nós sna tuairiscí sa gcaoi chéanna a dtagraíonn *vibrato* don stíl chlasaiceach, mar a léiríonn na samplaí seo a leanas ó thréimhsí éagsúla: 'Sean-nós deamanta, lán nádúrithe, *timbre* etc. Analú ró-ghearr. Glór breá sean-nóis, a chroí ann' (Ó Madagáin 2008, Com.32). 'Amhrán nar cloisiú anseo cheana, fíor sean-nós nádúrach, gan stró ar bith air [...]' (Nic Dhonnchadha 1973, Com.64). 'Glór an-mhaith sean-nóis, a croí go maith ann, análú an-mhaith, togha óráidíochta go lán-nadúrtha'. (Ó Madagáin 2004, Com.28). Airím go léiríonn an coincheap 'nádúrtha' go mbreathnaítear ar an sean-nós mar chultúr béil agus mar sheánra Gaeltachta. Tá fianaise ann freisin go mbreathnaítear ar an nGaeltacht mar an fhoinse bhunúil don stór amhrán sean-nósach.

Stór amhrán

Léiríonn na tagairtí moltóireachta go mba cheart go gcloífeadh gach fonnadóir leis an stór amhrán a shamhlaítear a bheith ón réigiún céanna a chuirtear in iúl lena gcanúint, rud a léiríonn, arís, go mba cheart blas Gaeltachta a bheith ar Ghaeilge an iomaitheora. Mar shampla, i 1983 scríobh Ó

Cíobháin: 'Amhrán le Tomás Ruadh, file Uíbh Ráthaigh. Ana-nós ar fad aici. Guth breá, focail soiléir. Amhrán óna háit dúchais, é ráite go maith, an sean-nós go hana-mhaith' (Ó Ciobháin 1982, Com.37). Moltar freisin gan amhráin ó thaobh amuigh den Ghaeltacht a rá mar a léiríonn an sliocht seo ó 1965: 'Jimmy Mo Mhíle Stór – Ní maith an rogha, an bhfuair tú an t-amhrán seo san nGaeltacht' (Ó Casaide 1965, Com.55), agus má bhreathnaíonn muid arís ar bhileog Uí Ghuairim thuas, feiceann muid tagairt á déanamh do cheirnín, agus is dócha dar léi nár cheart amhrán a fhoghlaim ó cheirnín: 'An chéad amhrán? As leabhar nó de phláta' (Ní Ghuairim 1945, Com. 40). Agus tá sé an-soiléir ón sliocht seo a leanas, ó fhéile na bliana 1967, go gcreideann an moltóir go mba cheart go gcloífeadh an fonnadóir le stór amhrán ón nGaeltacht chéanna leis an gcanúint a labhraíonn sé nó sí: 'Nós maith aici arís, ach ní thagann an t-amhrán seo ó dhúiche' (OnaG 1967, Com.53). Léiríonn na tagairtí seo thuas dhá rud shuntasacha faoin bpobal seo: dar leis na moltóirí, tá an seánra roinnte ina stíleanna réigiúnacha, agus tá canúint réigiúnach agus stór amhrán uathúil ag gach réigiún. Ar an dara dul síos, creideann an pobal seo, pobal an Oireachtais, gur cheart d'amhránaithe iad féin a theorannú do stór agus stíl ceann amháin nó eile de na ceantair Ghaeltachta (Ó Laoire, 2014). Léiriú eile atá anseo ar an dearcadh réigiúnach atá mar chuid d'idé-eolaíocht an phobail seo, ach go paradacsúil baineann moltóirí úsáid as stór amhrán freisin chun ard-ealaín a dhéanamh den sean-nós.

Cultúr uasal

Molann moltóirí iad siúd a chasann amhráin chasta dheacra agus ársa, agus tugtar 'amhráin mhóra' ar an gcineál seo amhráin sna tuairiscí, mar shampla, 'Caisleán Uí Néill – Amhrán mór na Gaeilge', 'Dónall Óg – amhrán mór' (de Brún 1990, Com.91). Moltar amhráin le réimse leathan freisin, mar shampla: 'léirigh sé réim a ghutha in san amhrán seo' (OnaG 1963, Com. 48). Agus arís: 'Saibhreas na nótaí sa scála ceoil ón aoirde go bun an dréimire'; 'Réim an-leathan san amhrán seo [...] amhrán deacair le casadh, ach níor dheacair léi é' (Ó Tuama 1981, Com. 26).

Níl an oiread tóir ar amhráin nuachumtha agus déantar díspeagadh ar amhráin a shamhlaítear atá róshimplí nó róchoitianta, mar a léiríonn na sleachta seo ó thriúr moltóirí atá ag tagairt don chur i láthair céanna: 'amhrán maith – eadromacht [sic] ann, ach é cosúil le amhrán scoile. Níorbh rogha mhaith a bhí ann' (de Brún 1973, Com.64). Scríobh moltóir eile: 'amhrán deas éadrom, ach níl an fonn dúchasach. Ró-bhuailte amach, cosúil le amhrán scoile' (Nic Dhonnchadha 1973, Com.64). Agus an moltóir deiridh: 'níor mhaith an rogha do chomórtas mar seo' (Ó Domhaill 1973, Com. 64). Go bunúsach tá na moltóirí ag déanamh bainistiú agus múnlú anseo ar céard is brí le sean-nós.

Cé go mbreathnaíonn na moltóirí ar shean-nós mar sheánra réigiúnach – ó na ceantair Ghaeltachta – tá siad ag múnlú an tseánra ina ard-ealaín ag an am céanna. Cuireann siad comhairle ar iomaitheoirí gan amhráin shimplí nó róchoiteann a rá sna comórtais mar, dar leo, níl an cineál seo amhráin sách maith ná sách sofaisticiúil don chomórtas. Is féidir a áitiú go seasann tagairtí don chastacht agus don tsofaisticiúlacht sna tagairtí don ard-ealaín. Léiríonn sé seo castacht idé-eolaíochta an phobail seo arís, idé-eolaíocht a fhrámaíonn sean-nós mar amhránaíocht choiteann agus amhránaíocht ealaíne, agus mar amhránaíocht náisiúnta agus amhránaíocht logánta, ag an am ceannann céanna. Tá sé suimiúil nach bhfuil mórán cur síos sna tagairtí d'amhráin mífheiliúnacha ó na 1980í ar aghaidh, rud a léiríonn gur dócha gur fhoghlaim iomaitheoirí ar feadh na mblianta – agus óna cheile is dócha – cén sórt amhrán go díreach a bhí, agus atá, feiliúnach do na comórtais.

Conclúid

Is é an fheidhm a bhí ag an alt seo ná fiosrú a dhéanamh ar idé-eolaíocht phobal Oireachtas na Gaeilge. D'úsáid mé comórtais na hamhránaíochta ar an sean-nós, atá mar chuid lárnach den Oireachtas ó 1974 ar aghaidh, chun léargas a fháil ar thionchar na heagraíochta seo ar an sean-nós. Bhain mé úsáid freisin as an amhránaíocht chun sainmhíniú a fháil ar idé-eolaíocht phobal an Oireachtais. Tá go leor bealaí gur féidir breathnú ar an idé-eolaíocht seo: is féidir a rá go bhfuil coimhlint fhealsúnachta i measc an phobail seo idir an náisiúntacht agus an réigiúnachas, agus go leanann an choimhlint seo go fóill. Tá nós ag gluaiseachtaí náisiúnacha cultúrtha caighdeánú a dhéanamh ar chultúr traidisiúnta, agus is léir go ndearna an tOireachtas iarracht é seo a dhéanamh níos mó ná uair amháin (Ó Laoire, 2014).

Ó thús an Oireachtais suas go dtí na 1970í rinne pobal

na féile iarracht seánra nua d'amhránaíocht náisiúnta Ghaelach a chur os comhair mhuintir na hÉireann, seánra a bhí cruthaithe ó stór amhrán na nGaeltachtaí ar fad agus a bhí á chur i láthair sa stíl chlasaiceach iartharach. Seasann an stíl chlasaiceach seo mar shiombail den teoiric gur cultúr náisiúnta agus uasal atá sa nGaelachas. Cé gurbh í an stíl chlasaiceach ba threise ag an bhféile tráth, mar gheall ar easpa aontachta nó éagsúlacht tuairimíochta maidir le sainmhíniú an choincheapa 'Gaelachas', bhí fáil freisin ar amhránaíocht thraidisiúnta ag an bhféile mórán ón tús. Réadaíonn an stíl thraidisiúnta anseo an dearcadh gur cultúr fo-náisiúnta nó réigiúnach agus coiteann atá sa nGaelachas. Mar gheall go raibh an stíl thraidisiúnta le cloisteáil ag an bhféile, bhain sé seo ó stádas na stíle clasaicí, mar léirigh an stíl thraidisiúnta an t-easaontas idé-eolaíoch a bhí sa bpobal seo maidir le nádúr an Ghaelachais.

Ghlac muintir na Gaeltachta seilbh ar an Oireachtas sna 1970í de bharr fheachtas Ghluaiseacht Chearta Sibhialta na Gaeltachta. Ón tréimhse seo ar aghaidh laghdaigh tábhacht na gcomórtas amhránaíochta sa stíl chlasaiceach le himeacht ama. Ach má laghdaigh is léir nár tháinig deireadh leis an idé-eolaíocht náisiúnach. Mar gheall ar láidreacht rannpháirtíocht phobal Chonamara ag an Oireachtas sna 1970í agus sna 1980í, ba bheag nach raibh caighdeánú déanta ar an sean-nós. Bhí tréimhse ann, go mór mór sna 1980í, nuair nach raibh ag buachan ag an bhféile ach fonnadóirí a chas sa stíl Chonamarach. Ar bhealach bhí rathúlacht stíl Chonamara ag cur in iúl gurbh í stíl Chonamara an fhíor-stíl sean-nóis amháin a bhí ann. Chiallaigh sé seo gur múnlaíodh an stíl náisiúnta ar stíl Chonamara beagnach, ach níor lig pobal an Oireachtais dó seo tarlú. D'fhéadfaí a áitiú go léiríonn sé sin dearcadh *communitarian*: dílseacht don chultúr agus don fhéiniúlacht áitiúil seachas don fhéiniúlacht náisiúnta.

Ach fós maireann an dearcadh gur ard-ealaín náisiúnta é an sean-nós freisin i measc an phobail seo. Cuirtear béim ar amhráin fhada chasta a mbíonn raon leathan nótaí ina gcuid fonn, mar go samhlaítear gurb ionann an chastacht agus an tsofaisticiúlacht. De réir na réasúnaíochta sin, is comhartha é an tsofaisticiúlacht gur ard-ealaín atá sa sean-nós agus dearbhaíonn sé sin bailíocht an náisiúin agus a cheart chun aitheantais. Mar sin, mar a dúirt mé thuas, is dearcadh náisiúnta nó fiú idirnáisiúnta é seo, seachas dearcadh logánta coiteann. Ach fós, ó tharla go bhfuil an traidisiún ceangailte chomh mór sin de cheantair fho-náisiúnta, maireann an teoiric gur ceol coiteann é an sean-nós chomh maith sa bpobal seo. Léiríonn sé seo go bhfuil idé-eolaíocht phobal an Oireachtais neamhfhorbartha ar bhealach, mar gheall gur meascán casta paradacsúil atá ann. Go hiondúil ní maith leis an duine an díshondas cognaíoch; is fearr linn i bhfad réiteach a fháil ar cheist, ach má tá cosúlacht ar bith idir pobal an Oireachtais agus pobal na hÉireann, b'fhéidir go léiríonn idé-eolaíocht chasta an Oireachtais go bhfuil na hÉireannaigh compordach le castacht agus le paradacsaí.

Foinsí

Abizadeh, A. 2002. 'Does Liberal Democracy Presuppose a Cultural Nation?', *American Political Science Review* 36 (3), 495–509.

Anderson, B. 1991 [1983]. *Imagined Communities: Reflections on the Origins and Spread of Nationalism*. London: Verso.

Bartlett, T. 2010. *Ireland: a History*. Cambridge: Cambridge University Press.

Bendix, R. 1997. *In Search of Authenticity: the Formation of Folklore Studies*. Madison, Wisconsin: The University of Wisconsin Press.

Boyes, G. 2010. *The Imagined Village: Culture, Ideology and the English Folk Revival*. Leeds, R.A.: No Masters Co-operative Limited.

Bradshaw, O. 2010. 'Oireachtas na Gaeilge – Tír agus Teanga: Mealltacht agus Seasmhacht Oireachtas na Samhna', tráchtas neamhfhoilsithe, Ollscoil na hÉireann, Gaillimh.

Brennan, H. 2004. *The Story of Irish Dance*. Éire: Brandon.

Costello, É. 2015. 'Sean-Nós Singing and Oireachtas na Gaeilge: Identity, Romantic Nationalism, and the Agency of the Gaeltacht Community Nexus', tráchtas neamhfhoilsithe, Ollscoil Luimnigh.

Costello, É. 2017. 'Sean-Nós Song in the Oireachtas na Gaeilge Festival: The Aesthetics of Sean-Nós Song through the Gaze of the Oireachtas na Gaeilge Adjudicators'; *Ethnomusicology Ireland* 5, 31–47.

Denvir, G. (eag.). 1996. *Amhráin Choilm de Bhailís*. Indreabhán: Cló Iar Chonnachta.

Doyle, A. 2015. *A History of the Irish Language: From the Norman Invasion to Independence*. Oxford: Oxford University Press.

Eagarfhocal, 1905. 'Traditional Singing', *An Claidheamh Soluis*, 2 Meán Fómhair, 7.

Feld, S. 1984. 'Sound Structure as Social Structure', *Ethnomusicology* 28 (3), 383–409.

Festinger, L. 1962. 'Cognitive Dissonance', *Scientific America* 207 (4), 93–107.

Gallagher, M. 1995. 'How Many Nations are there in Ireland?', *Ethnic and Racial Studies* 18 (4), 715–39.

Graham, B. 1997a. 'The Imagining of Place: Representations and

Identity in Contemporary Ireland,' in B. Graham (eag.), *In Search of Ireland: a Cultural Geography*. London: Routledge, 192–212.
Graham, B. 1997b. 'Ireland and Irishness: Place, Culture and Identity', in B. Graham (eag.), *In Search of Ireland: a Cultural Geography*. London: Routledge, 1–16.
Hutchinson, J. 1987. *The Dynamics of Irish Cultural Nationalism: the Gaelic Revival and the Creation of the Irish Nation State*. London: Allen and Unwin.
Leerssen, J. 1996. *Mere Irish and Fíor-Ghael: Studies in the Idea of Irish Nationality, its Development and Literary Expression Prior to the Nineteenth Century*. Cork: Cork University Press.
Mac Aonghusa, P. (eag.). 1997. *Oireachtas na Gaeilge 1897–1997*. Baile Átha Cliath: Cló Choill Eoin.
Mac Con Iomaire, L. 2007. *Seosamh Ó hÉanaí: Nár Fhágha Mé Bás Chóiche*. Indreabhán: Cló Iar-Chonnachta.
Mac Giolla Chríost, D. 2012. 'A Question of National Identity or Minority Rights? The Changing Status of the Irish Language in Ireland since 1922', *Nations and Nationalism* 18 (3), 398–416.
Mac Mathúna, S. (eag.). 1997. *Cuimhní Cinn ar an Oireachtas*. Baile Átha Cliath: Conradh na Gaeilge.
Ní Mhaolchallann, R. 2009. 'Fás, Forbairt agus Forás Oireachtas na Gaeilge', tráchtas neamhfhoilsithe, Coláiste na Tríonóide.
Nic Dhonncha, R. 2004. 'An tOireachtas agus an Amhránaíocht ar an Sean-nós: Cruthú agus Sealbhú Traidisiún', *Blianiniris 2004*, 28–84.
Nic Dhonncha, R. 2012. 'Sean-nós singing: Ideological Perspectives on Native Art', in T. Smith (eag.), *Ancestral Imprints: Histories of Irish Traditional Music and Dance*. Cork: Cork University Press.
Ó Laoire, L. 1998. 'Traditional Song in Ireland: Living Fossil or Dynamic Resource?', *The Phenomenon of Singing. Proceedings of the International Symposium*. St. John's: Memorial University of Newfoundland Press, 161–70.
Ó Laoire, L. 2000. 'National Identity and Local Ethnicity: The Case of the Gaelic League's Oireachtas Sean-Nós Singing Competitions', in B. A. Roberts agus A, Rose (eag.), *Sharing the Voices: The Phenomenon of Singing 2. Proceedings of the International Symposium*. St. Johns: Memorial University of Newfoundland Press, 160–169.
Ó Laoire, L. 2014. 'An Comhrá Síoraí: Cothú agus Athnuachan na

hAmhránaíochta i Maigh Eo', in G. Moran agus N. Ó Muraíle (eag.), *Mayo: History and Society*. Dublin: Geography Publications.
Ó Maolaodha, L. 2011. Agallamh le L. Ó Maolaodha, Oifigí Oireachtas na Gaeilge, Meitheamh.
Ó Maolaodha, L. 2014. Agallamh le L. Ó Maolaodha, L, Oifigí Oireachtas na Gaeilge, Meitheamh.
Ó Súilleabháin, D. 1984. *Scéal an Oireachtais 1897–1924*. Baile Átha Cliath: Cois Life Teoranta.
Ó Torna, C. 2005. *Cruthú na Gaeltachta 1893–1922*. Baile Átha Cliath: Cois Life Teoranta.
O'Leary, P. 1994. *The Prose Literature of the Gaelic Revival 1881–1921: Ideology and Innovation*. Pennsylvania: the Pennsylvania State University Press.
Oireachtas na Gaeilge. 1945. Senior Sean-nós Adjudicator Oireachtas na Gaeilge Papers. Baile Átha Cliath: Leabharlann Náisiúnta na hÉireann.
Oireachtas na Gaeilge. 1946. Senior Sean-nós Adjudicator Oireachtas na Gaeilge Papers. Baile Átha Cliath: Leabharlann Náisiúnta na hÉireann.
Oireachtas na Gaeilge. 1962. Senior Sean-nós Adjudicator Oireachtas na Gaeilge Papers. Baile Átha Cliath: Leabharlann Náisiúnta na hÉireann
Oireachtas na nGael. 1970. Oireachtas na Gaeilge i Ros Muc Conamara: 13–16 Samhain 1970. Casla, Conamara: Cartlann Oireachtas na Gaeilge.
Pearse, P. H. 1906. 'Traditionalism', *An Claidheamh Soluis*. 9 Meitheamh, 6.
Quinn, B. 2000. *Splanc Dheireadh na Gaeltachta* [scannán], Conamara: Gael-Media.
Quinn, T. 2014. 'A Gaeltacht Moment', http://tonerquinn.com/2014/09/12/a-gaeltacht-moment/ (léite 28 Mean Fómhair 2015).
Tuan, Y. F. 2006 [1977]. *Space and Place: the Perspective of Experience*. Minneapolis agus London: University of Minnesota Press.
Whelan, K. 1992. 'The Power of Place', *Irish Review* 12, 13–20.
Whelan, K. 1993. 'The Bases of Regionalism', in P. Ó Drisceoil (eag.),

Culture in Ireland: Regions, Identity and Power. Belfast: Institute of Irish Studies: Queens University Belfast, 5–63.
Whisnant, D. E. 1983. *All that is Native and Fine: the Politics of Culture in an American Region*. Chapel Hill: University of North Carolina Press.
White, H. agus Boydell, B. 2013. *The Encyclopaedia of Music in Ireland*. Dublin: UCD Press.
Williams, S. agus Ó Laoire, L. 2011. *Bright Star of the West: Joe Heaney, Irish Song Man*. Oxford, Oxford University Press.

Raidió na Gaeltachta
Slánaitheoir an tsean-nóis?

ODÍ NÍ CHÉILLEACHAIR

An t-ardán a thugann RTÉ Raidió na Gaeltachta don amhránaíocht dhúchasach is ábhar don alt seo. Déantar cur síos gonta ar léiriú an tsean-nóis ar Raidió na Gaeltachta ó uair a bhunaithe i 1972, tugtar forléargas achomair ar thuairimí grúpa samplach amhránaithe faoi chleachtais chraoltóireachta na seirbhíse, agus déantar anailís ar mhinicíocht chraolta an tsean-nóis féin thar thréimhse míosa (Bealtaine na bliana 2015).

Joe Heaney: Traditional Songs in Gaelic and English an t-aon cheirnín atá le feiscint go soiléir, é leagtha os cionn na mugaí tae agus na bpiontaí pórtair i stiúideo sealadach Shaor-Raidió Chonamara. Léiriú atá sa phictiúr cáiliúil seo, a glacadh le linn Oireachtas na nGael i Ros Muc i Samhain na bliana 1971, ar thosaíochtaí ceoil Ghluaiseacht Chearta Sibhialta na Gaeltachta, eagraíocht a chreid go raibh dochar mór á dhéanamh ag an raidió agus an teilifís do chultúr dúchasach Iar-Chonnacht, an sean-nós san áireamh (Ó Glaisne, 1982: 24). Bliain go leith ina dhiaidh sin chraol Raidió na Gaeltachta den gcéad uair ar Dhomhnach Cásca 1972 agus cé go raibh stíleanna éagsúla ceoil le clos ar an tseirbhís nua, tógadh ar an mbunchloch a bhí leagtha ag Saor-Raidió Chonamara agus tugadh tús áite don gceol agus don amhránaíocht dhúchasach (Ó Glaisne, 1982: 120).

Tá ardán leanúnach tugtha ag Raidió na Gaeltachta don amhránaíocht ó shin, agus cáil an tsean-nóis dá réir air. Go deimhin, chomh fada agus a bhaineann le craoladh an tsean-nóis, is cadhan aonair é. In alt a foilsíodh in *The Journal of Music in Ireland* in 2001, d'áitigh an bailitheoir amhrán Tom Munnelly (1944–2007) gurbh é Raidió na Gaeltachta an t-aon stáisiún raidió ar a mbíodh an amhránaíocht dhúchasach le clos ar bhonn rialta: 'In the popular media traditional singing hardly exists. The most striking exception is Raidió na Gaeltachta, which features traditional singers frequently and are to be complimented for doing so' (Munnelly, 2001). Seachas correisceacht, tá an scéal fós amhlaidh cé gur chóir a lua go mbíonn an sean-nós le clos ó thráth go chéile ar chláir a chraoltar ar TG4.

Dhá uair an chloig in aghaidh an lae a bhíodh Raidió na Gaeltachta ag craoladh i dtús ama agus de réir a chéile mhéadaigh an fhoireann agus na huaireanta craolta go dtí go raibh Raidió na Gaeltachta le clos 24 uair an chloig in aghaidh an lae in 2001 (RTE, 2015). Is fiú forbairt Raidió na Gaeltachta a mheas, agus an tionchar a bhí aici seo ar chraoladh an tsean-nóis, de réir na dtréimhsí 1972–1986; 1986–2005; 2005–faoi láthair.

1972–1986: slánú

Bunaíodh Raidió na Gaeltachta ag am cinniúnach, tráth a raibh claochlú ag teacht ar shaol na Gaeltachta ar bhonn sóisialta agus eacnamaíochta. Chuaigh na forbairtí sin i bhfeidhm ar chleachtadh na nósanna traidisiúnta i measc an phobail, an sean-nós agus an ceol dúchasach san áireamh. Den gcuid is mó, ní raibh an ealaín fós á múineadh ar bhonn eagraithe agus ní raibh na hamhráin iad féin á seachadadh ar an seanmhodh traidisiúnta, sin anuas ar bhéal na ndaoine (Ó Ceannabháin, 1998: 78). Bhí sé intuigthe nuair a bunaíodh Raidió na Gaeltachta go dtabharfaí tús áite don gceol agus don amhránaíocht a bhí fréamhaithe go domhain sa phobal a bhí á sheirbhísiú aige. Ba iad ba mhó a bhíodh le clos ar *Lán a' Mhála*, *Sí do Mhaimeo Í*, *Deannach Ceoil ón gCroisín* agus ar na cláir iarratais (Ó Fátharta, 2015) a bhíodh á gcur i láthair ag clár-reachtairí a fáisceadh as saol traidisiúnta na Gaeltachta.

Bhí an rogha taifeadtaí tráchtála a bhí ar fáil réasúnta teoranta. De cheal ábhair, chuaigh na clár-reachtairí amach i measc an phobail ag lorg nuachta, seanchais agus ábhar siamsaíochta eile agus maireann an nós seo, ar bhonn laghdaithe (Ní Choisdealbha, 2015), go dtí an lá atá inniu ann. Dar ndóigh, bhí cáil náisiúnta ar leithéidí Sheosaimh Uí Éanaí, Nioclái Tóibín agus Aoidh Uí Dhuibheannaigh ach deineadh taifeadadh ar réimse leathan amhránaithe ná raibh aon aithne orthu lasmuigh dá bpobal féin, leithéidí Nan Ghriallais, Máire an Ghabha, Cóilín Cliseam, Peadar Tommy Mac Donncha agus Antoine Pheaitín Terry Mac Donncha (Ó Fátharta, 2015). Is ag ócáidí siamsúla, ar leac an teallaigh féin nó uaireanta sa stiúideo a thóg Meaití Jó Shéamuis, Mike P. Ó Conaola,

Seán Bán Breathnach, Breandán Feiritéar, Máirtín Davy Ó Coisdealbha agus Micheál Ó hEidhin ábhar uathu agus tugadh spás ar mheán an raidió dóibh.

Níor leag sciar maith de na hamhránaithe sin cos riamh i stiúideo taifeadta agus is a bhuíochas le Raidió na Gaeltachta go bhfuil na céadta uair an chloig d'amhráin caomhnaithe i gcartlann chuimsitheach an stáisiúin (Ní Choisdealbha, 2015). Ní hamháin sin ach deineadh taifeadadh orthu ag cur síos ar na hamhráin agus ag roinnt seanchais fúthu, rud a chuireann comhthéacs ar fáil don ealaín áirithe seo.

Glactar leis go forleathan gur bheag cumarsáid a bhí ann idir na ceantair Ghaeltachta tráth a bunaíodh Raidió na Gaeltachta agus dá réir sin, ní mór an cur amach a bhí ag an bpobal ar chúrsaí amhránaíochta na gceantar Gaeltachta (Ó Glaisne, 1982: 163). Cuireadh stíleanna éagsúla na réigiún faoi bhráid na n-éisteoirí agus chuir siad aithne ar Áine agus Cití Ní Ghallchóir as Gaoth Dobhair, muintir Uí Shúilleabháin ó Chúil Aodha, Darach Ó Catháin ó Ráth Chairn agus Seán de hÓra Chorca Dhuibhne. Thaistil na clár-reachtairí freisin chuig ceantair a raibh iarsma den nGaeltacht iontu, agus orthusan ar deineadh taifeadadh orthu bhí Micho Russell agus na deirfiúracha Sara agus Rita Keane (Ó Fátharta, 2015).

Bhí an tOireachtas féin in ísle brí i dtús na seachtóidí agus laghdú leanúnach ag teacht ar líon na n-iomaitheoirí agus na n-éisteoirí sna comórtais sean-nóis. Faoin am a bhog an tOireachtas amach ó Bhaile Átha Cliath i 1974, bhí spéis curtha san athuair ag an bpobal san fhéile, a bhuíochas le Raidió na Gaeltachta (Ó Fátharta, 2015). Bhí aithne curtha acu ar charachtair, ar chomórtais agus ar amhránaithe na féile. Bhronn an raidió stádas ar na hiomaitheoirí agus bhíodh na himeachtaí seo ina n-ábhair chainte ar na cláir éagsúla (Ó Fátharta, 2015).

Ní ar na hamhráin ar an sean-nós amháin a bhíodh an bhéim, ar ndóigh, agus ba mhinic a bhíodh Albert Fry, Dermot O'Brien, Seán Ó Sé, muintir Uí Bheaglaoich, Clannad, Skara Brae, Planxty agus carn amhránaithe eile a chan le tionlacan le clos. Meán a bhí ann do chumadóirí amhrán freisin agus is cinnte gur áisigh Raidió na Gaeltachta an borradh a tháinig faoin nGaelcheol tíre[2] (Ó hÉallaithe, 1994) i gConamara, seánra nua amhránaíochta a 'thóg ar an seandéantús chun beatha nua a chruthú don amhránaíocht, a fheileann don phobal nua-aimseartha' (Denvir, 2008: 15). Bhíodh an-tóir chomh maith ar chláir Sheáin Bháin Bhreathnaigh a mbíodh 'ceol ar an sean-nós, bailéid, ceol nua-aimseartha agus ceol avant-garde in aon mheascán mire amháin' (Ó Glaisne, 1982: 122). Fós féin bhíothas ann a cheap ná raibh mórán éagsúlachta ar an sceideal: 'Tá muid tinn tuirseach ag éisteacht le S. Ó hÉanaigh agus S. Mac Donncha,' dúirt M. S. Ó Curraoin ón Spidéal in *Inniu,* 11 Bealtaine 1973 (Ó Glaisne, 1982: 157).

1986–2005: caomhnú

Leathnaigh scóip agus aschur na seirbhíse i 1986 nuair a d'fhéach Raidió na Gaeltachta, faoi cheannas Bhreandáin Fheiritéir, le freastal ní ba chuimsithí a dhéanamh ar phobal na Gaeilge. Cuireadh tús le craoladh moch maidine (Mac Con Iomaire, 2007) leis an gclár *Adhmhaidin* agus cuireadh fad leis

2 Ba í sin an chéad uair riamh a tugadh an teideal sin ar an seánra áirithe seo.

an sceideal. Faoin am seo bhí réimse ní b'fhairsinge d'ábhar tráchtála ar fáil agus mhéadaigh an soláthar amhránaíochta dá réir. Is i 1985 a bunaíodh Cló Iar-Chonnachta, comhlacht foilsitheoireachta a chuir roimhe 'freastal a dhéanamh ar éileamh an phobail agus lena chinntiú go mbeadh an líon ab fhéidir de ghuthanna éagsúla sean-nóis ó na Gaeltachtaí éagsúla ar fáil' (Ó Conghaile, 2013: 24) agus chuir sé seo leis an soláthar. D'áisigh Raidió na Gaeltachta an comhlacht trí stiúideonna a chur ar fáil agus roinn cuid den bhfoireann – Seán Ó Héalaí, Máirtín Tom Sheáinín Mac Donncha agus Pat Ó Rabhartaigh – a saineolas leis an gcomhlacht agus albaim á dtaifeadadh acu. (Ó Conghaile, 2013: 25).

Faoi lár na n-ochtóidí bhí an Gaelcheol tíre i mbarr a réime (Denvir, 2008: 10) agus bhí a shliocht ar sceideal fhormhór na gclár a tháinig ó Chasla. Bhí sé le brath ar an aschur go raibh níos mó éagsúlachta sa soláthar amhrán, rud a bhí le tabhairt faoi deara ar chláir Rónáin Mhic Aodha Bhuí agus Sheáin Uí Éanaigh, beirt a chasadh ceol domhanda, ceol na hAlban agus ceol Cajun go rialta. Bhíodh comórtais éagsúla á reáchtáil ag Gael-Linn, Bord na Gaeilge, an Fhéile Phan-Cheilteach agus bhí an-rath ar an gcomórtas Réalta a tionóladh le linn na nóchaidí, agus mhéadaigh seánraí na n-amhrán Gaeilge (Ó hÉanaigh, 2005).

Fós féin bhí na clár-reachtairí ag siúl na tíre ag taifeadadh agus ag bailiú amhrán. Is trí Raidió na Gaeltachta, mar shampla, a cuireadh Dara Bán Mac Donnchadha, amhránaí nár chualathas mórán faoi lasmuigh dá cheantar féin, i láthair an phobail náisiúnta (Ó Fátharta, 2015). Ní ón nGaeltacht amháin a bhí an soláthar sean-nóis ag teacht faoin am seo, agus bhíodh Antaine Ó Faracháin, Mairéad Ní Oistín,

Pádraig Ó Cearbhaill, Éamon Mac Donnchadha agus a thuilleadh nach de bhunadh na Gaeltachta iad le clos go rialta ar na cláir éagsúla.

Bhí an sean-nós ag sní trí na cláir, cé gur amhráin bhríomhaire ba mhó a chastaí ar na cláir irise mar shampla (Ní Choisdealbha, 2015). Bhí sainchláir cheoil ann chomh maith, leithéidí *Lán a' Mhála* ar a mbíodh na hamhráin fhada amach sa tráthnóna. Craoladh roinnt sraitheanna ar ar deineadh plé agus cíoradh ar nádúr agus ar chleachtadh na hamhránaíochta dúchasaí, mar shampla: *Ceolta Uladh*, sraith agallamh le hamhránaithe aitheanta; *Amhráin na Mumhan,* a dhein scrúdú ar na seánraí amhrán; agus roinnt clár faisnéise agus ócáideacha ar nós *Amhrán na Trá Báine* a léirigh Máirtín Mac Donnchadha. Lean an stáisiún den tacaíocht institiúideach i bhfoirm eisiúintí dlúthdhioscaí, urraíocht ar fhéilte agus ar imeachtaí, agus craoladh beo na bhféilte agus na n-ócáidí cultúrtha.

Níor mhiste a lua chomh maith gur bhuaigh beirt chlárreachtairí le Raidió na Gaeltachta buaic-chomórtas an Oireachtais, Corn Uí Riada, le linn na tréimhse seo, sin iad Máirtín Tom Sheáinín Mac Donncha i 1988 (den dara huair) agus Meaití Jó Shéamuis Ó Fátharta in 2001. Go deimhin féin, is liosta le háireamh na hamhránaithe sean-nóis ar fad a bhí agus atá fós ar an bhfoireann: Diarmuidín Ó Súilleabháin, Seosaimhín Ní Bheaglaoich, Eilín Ní Chearna, Áine Uí Laoithe, Padraig Ó Sé, Sorcha Ní Chéilleachair, Caitlín Ní Chualáin[3] agus go leor eile.

[3] Bhuaigh sí Corn Uí Riada in 2016.

2005 i leith: claochlú

Rinneadh athbhrandáil ar Raidió na Gaeltachta faoi cheannas Thomáis Mhic Con Iomaire in 2005 faoi mar a athraíodh ainm an stáisiúin go RTÉ Raidió na Gaeltachta. Tharla cor cinniúnach nuair a cuireadh tús leis an tseirbhís *Anocht FM* faoi mar a ceadaíodh amhráin le liricí Béarla a chraoladh idir 9 p.m. agus 12 a.m. Iarracht a bhí anseo an ghlúin óg a mhealladh trí sheánraí difriúla ceoil – ceol ailtéarnach, ceol *indie* agus ceol tuaithe – a chur faoina mbráid agus is i dtuilleamaí an ábhair Bhéarla a chuathas chun an aidhm seo a bhaint amach (RTÉ, 2015). Tharraing an cheist roinnt mhaith díospóireachta i measc an phobail éisteachta, go háirithe an dream arbh fhearr leo ábhar Gaeilge, agus léirigh cuid acu a n-imní faoin éifeacht a bheadh aige seo ar sholáthar an ábhair sin (Ó Fátharta, 2015).

Dar ndóigh, tá na slite a n-éisteann daoine leis an raidió athraithe as cuimse agus tá teacht anois ag éisteoirí ar fud an domhain mhóir ar Raidió na Gaeltachta. Tá rogha níos fairsinge, dá réir, anois ann don éisteoir. Tá an stáisiún in iomaíocht le meáin chraolta áitiúla, náisiúnta agus idirnáisiúnta, ag freastal ar cheantair bheaga Ghaeltachta agus ag craoladh ar bhonn idirnáisiúnta. Cén tionchar atá aige seo ar fad ar sholáthar na hamhránaíochta ar an sean-nós?

Ba bhuille mór do sheirbhís RTÉ Raidió na Gaeltachta na ciorruithe ar fad a cuireadh i bhfeidhm le linn na géarchéime eacnamaíochta agus d'fhág siad seo agus na hathruithe foirne a rian ar an sceideal. Cuireadh fad le cuid de na cláir stiúideo-lonnaithe, rud a chiallaigh go raibh i bhfad ní ba mhó uaireanta craolta le líonadh ag na clár-reachtairí agus ní raibh an dara rogha ann ach dul i dtuilleamaí an ábhair thráchtála (Ní Choisdealbha, 2015). Ina dhiaidh sin féin, bhí an sean-nós fós le clos go tráthrialta ar na cláir chomhaimseartha agus ar na cláir chartlainne, *Cartlann Bhóthar na Léinsí* agus *Bóithrín na Smaointe*, mar shampla. In ainneoin na sceanairte, d'eisigh Raidió na Gaeltachta cúpla dlúthdhiosca: *Corn Uí Riada – Buaiteoirí* (i gcomhar le Cló Iar-Chonnachta) agus *Scoil Samhraidh Willie Clancy – Ceol agus Foinn* in 2008, agus an bailiúchan amhrán *Dúthaigh Dhuibhneach* in 2014. Bíonn an raidió fós i lár an aonaigh ag an Oireachtas agus tá an soláthar clár ón bhféile méadaithe go mór. Is iad na clár-reachtairí a chuireann na comórtais mhóra i láthair agus tá an ceangal idir an raidió agus na príomhchomórtais sean-nóis daingnithe go láidir in intinn an phobail, agus bíonn éisteacht mhór acu (Ó hÉanaigh, 2015).

Léargas ar thuairimí na n-amhránaithe

Déanann an pobal éisteachta agus bainistíocht an stáisiúin talamh slán de go dtugann Raidió na Gaeltachta ardán leanúnach don amhránaíocht ar an sean-nós, ach cén dearcadh atá ag iompróirí an traidisiúin, na hamhránaithe féin, ar an scéal? D'fhonn iniúchadh a dhéanamh ar an gceist seo, reáchtáladh trí ghrúpa fócais agus scaipeadh ceistneoirí ar réimse samplach de 35 amhránaí sean-nóis. Idir 18 agus 70+ bliain a bhí an cohórt agus mhaígh a bhformhór mór gur éist siad le Raidió na Gaeltachta ar bhonn rialta. Bhí naonúr as Cúige Mumhan, cúigear as Cúige Uladh, seisear as Cúige Laighean agus cúig dhuine dhéag as Cúige Chonnacht páirteach sa taighde. Ba dhíol suntais na tuairimí a tháinig chun cinn a thug, ar thaobh amháin, bunús don tuairimíocht choitianta gurb é Raidió na Gaeltachta atá ag slánú an tsean-nóis ach a cheistigh an glacadh ginearálta atá ann faoin sean-nós ar Raidió na Gaeltachta agus a d'fhiosraigh na cleachtais agus na cuir chuige atá ag an stáisiún i dtaca leis an ardán a thugann sé don sean-nós.

Ní foláir comhdhéanamh an chohóirt seo a chur san áireamh agus na torthaí á meas. Is leor a rá nach bhfuil dearcadh iomlán phobal éisteachta Raidió na Gaeltachta á chur i láthair anseo ach léargas na n-amhránaithe, an dream a chleachtann an sean-nós, a bhfuil dúil acu ann agus luí nádúrtha acu leis, agus bheifí ag súil go mbeadh paisean agus fabhar i leith an tseánra le brath sna freagraí. Os a choinne sin, tá meáchan ag baint leis an eolas atá bunaithe ar thuairimí a bhfuil téagar agus feasacht ag baint leo ó sciar beag samplach a bhfuil fios a gcúraimí agus saineolas dá réir acu. Anuas air sin, tá sé tábhachtach riachtanais an mheáin féin a chur san áireamh agus ceist an tsean-nóis á plé. Gnáthamh coitianta raidió é gur thart ar thrí nóiméad go leith a bhíonn sna míreanna ceoil a chraoltar, go háirithe le linn an phríomhama sceidil agus ní haon eisceacht é Raidió na Gaeltachta. Éascaíonn na comhlachtaí taifeadta an cleachtas seo chomh maith trí rianta ceoil a bhfuil fad ama idir trí agus ceithre nóiméad iontu a sholáthar don earnáil. Tátal nádúrtha atá mar sin ann, oiriúnacht an tsean-nóis don raidió a cheistiú i bhfianaise fhad agus nádúr na n-amhrán dúchasach agus an tionchar a bhíonn ag a gcraoladh ar rithim agus ar éagsúlacht na gclár.

I dtús báire, éilíodh eolas pearsanta ar na freagróirí nuair a fiafraíodh díobh ar chabhraigh Raidió na Gaeltachta leo iad féin a chur i láthair an phobail. Ba dhearfach an t-aiseolas a tháinig óna bhformhór mór: scaip Raidió na Gaeltachta a gcáil agus is tríd an meán sin a chuir na héisteoirí aithne orthu féin agus ar a gcuid amhrán; thug sé poiblíocht don dream a dhein dlúthdhioscaí; mheall na clár-reachtairí daoine áirithe chun taifeadadh a dhéanamh agus spreag siad iad lena n-ealaín a chur os comhair an tsaoil mhóir. Ní ar chraoladh na n-amhránaithe amháin a bunaíodh na freagraí, áfach; thagair cuid de na freagróirí don aithne a chuir siad ar amhránaithe eile, don phlé a bhíonn ar an raidió faoi chúrsaí amhrán agus don tslí a múnlaíonn an raidió roghanna an lucht éisteachta. Ní raibh na freagróirí ar fad ar aon bhuille faoi thacaíocht an raidió, áfach, agus mhaígh sciar áirithe (14%) gur beag an clúdach a fhaigheann siad féin ar Raidió na Gaeltachta mar go dtugtar tús áite dóibhsean a bhuann comórtais ar bhonn rialta agus d'amhránaithe a bhfuil taifeadtaí tráchtála déanta acu.

Iarradh ar na rannpháirtithe meas a dhéanamh ar an ardán a thugann Raidió na Gaeltachta don amhránaíocht trí leas a bhaint as córas marcála simplí 1–10. Bhí roinnt mhaith éagsúlachta sa scóráil seo agus ba é 6.8 as 10 an meánmharc a bronnadh. Tá forfhéachaint thíos ar réimsí na marcanna agus na dtuairimí:

- 10 as 10. 'Chuir Raidió na Gaeltachta amhránaíocht ar an sean-nós in aithne do phobal na Gaeilge ar fud an domhain. Tá go leor den aos óg agus pobal na Gaeilge ag cur suim sa sean-nós ag an tráth ama seo a bhuíochas do Raidió na Gaeltachta.'

- ‘Tá amhráin ar an sean-nós le cloisteáil ag daoine nach gcloisfeadh in aon áit eile iad. Ní raibh a fhios ag cairde liomsa mórán faoin stíl seo amhránaíochta go dtí gur chas siad liomsa agus anois bíonn siad in ann éisteacht leis. Bíonn sé tábhachtach freisin do dhaoine atá ag iarraidh a bheith ag foghlaim amhrán a bheith ag éisteacht leis na máistrí ag casadh an amhráin i gceart. Sílim go dtugann Raidió na Gaeltachta an deis do dhaoine teacht ar na hamhráin seo.’
- 9 as 10. ‘Tá freastal iontach déanta acu ar amhránaithe áitiúla, ar fhéilte Gaeltachta agus ar an Oireachtas.’
- 8 as 10. ‘Cloistear amhráin thraidisiúnta gan tionlacan ar bhonn rialta ar Raidió na Gaeltachta, go mór mór ar chláir cheoil. Is iontach an rud é go gcraoltar comórtais an Oireachtais.’
- ‘Craoltar an amhránaíocht dhúchasach i nGaeilge go rialta ar Raidió na Gaeltachta. Tá ganntanas mór de sin (AGUS GO DEIMHIN den amhránaíocht dhúchasach i mBéarla) ar na stáisiúin eile. Maidir leis an amhránaíocht i mBéarla cén uair dheireanach a chualathas Paddy Berry/Róisín White/Paddy Tunney /Geordie Hannah/Len Graham srl. ar na meáin chumarsáide náisiúnta? Ar a laghad cloistear an amhránaíocht dhúchasach i nGaeilge ar Raidió na Gaeltachta!’
- 7 as 10. ‘D’fhéadfaí ceann níos mó a thógaint de cheantracha éagsúla, seachas Conamara a bhíonn go mór chun tosaigh.’
- ‘Is dóigh liom go bhfuil cláir áirithe ann a dhéanann an-iarracht agus tá siad le moladh go hard, *Ceol Binn*

ó na Beanna, cuirim i gcás, agus cláir eile mar sin atá tiomanta don cheol traidisiúnta go speisialta.'

- 6 as 10. 'Ní bhíonn aon cheo foirfe.'
- 5 as 10. 'Tá ról lárnach ag an raidió i gcothú na hamhránaíochta. Is cinnte gur ualach é nach mbeadh ar ghnáthstáisiún raidió ach is dualgas é mar a bhíonn ar scoileanna Gaeltachta an teanga a chothú sa bpobal. Is é an t-ardán a thugann nó nach dtugann an raidió don amhránaíocht ar an sean-nós a thaispeánann cén luach agus meas atá ag lucht an raidió fhéin air. Ceapaim gur thug Raidió na Gaeltachta ardán iontach don amhránaíocht ar an sean-nós le blianta fada le scoth na gclár. Ach idir freastal ar líon na n-éisteoirí, ar phobal nach suim leo an sean-nós atá mór le hais *niche* lucht na n-amhrán agus le fonn nó brú a bheith úr, nua agus faiseanta go gcailleann an sean-nós an t-ardán a d'fhéadfaí a thabhairt dó.'
- 4 as 10. 'Bhí am ann agus déarfainn 10 – ach anois ní thabharfainn níos mó ná 4. Mothaím (seachas i gcás clár nó dhó m.sh. cláir Neansaí Ní Choisdealbha agus Pheadair Uí Riada) gur beag machnamh a bhíonn déanta ar an rogha ceoil a chuirtear i láthair – ní léir dom aon pholasaí ceoil a bheith ag an stáisiún.'
- 3 as 10. 'Tá mé go mór idir dhá chomhairle fán cheist seo. Ainneoin mo dhúile agus mo mheasa ar an sean-nós, sílim go bhfuil sé in am ag Raidió na Gaeltachta bogadh ó chraoladh sean-nóis agus ceol traidisiúnta mar rogha ceoil socraithe (*default*) an stáisiúin agus ina áit sin cláir shainiúla sean-nóis a chraoladh mar chuid dá sceideal.'

Ba liosta le háireamh an méid a bhí le moladh agus le cáineadh faoi seach. Ar chuid de na gnéithe ba mhó a mhol na hamhránaithe bhí rialtacht na n-amhrán sa sceideal agus an tslí a mbíonn siad fite fuaite ann; an t-oideachas a chuir Raidió na Gaeltachta orthu agus mar a d'fhoghlaim siad amhráin agus eolas fúthu agus mar a chuir siad aithne ar amhránaithe eile; an phoiblíocht a thugann an raidió do dhaoine a dhéanann dlúthdhioscaí agus a eagraíonn ócáidí sóisialta; díospóireachtaí faoin amhránaíocht agus an t-ábhar a bhíonn le clos ón gcartlann. Luadh na sainchláir cheoil agus teacht i láthair na gclár-reachtairí[4] go háirithe. Tagraíodh don saineolas atá ag cuid acu agus don éagsúlacht a bhíonn i rogha ceoil roinnt láithreoirí. Os a choinne sin, léiríodh imní faoin easpa eolais agus suime a bhí ag clár-reachtairí éagsúla (dar leo féin) agus go raibh seo le brath san ábhar.

- 'Tá tuiscint ag cuid mhaith de na craoltóirí ar Raidió na Gaeltachta ar cad atá ann agus an saibhreas a bhaineann leis.'
- 'An rud is mó a thaitníonn liom an bealach a meascann craoltóirí áirithe an sean-nós isteach le ceol nua-aimseartha agus ceol i mBéarla, cuirim i gcás "An Ghealach Ghorm" le hÁine Hensey. Is cuimhin liom amhrán le Josie Sheáin Jeaic a chloisteáil taobh le ceol nua-aimseartha i mBéarla tráth agus chuir an comhthéacs sin draíocht orm mar gur dóigh liom gur oibrigh sé go hiontach. Bhain sé an sean-nós amach as an ngeiteó agus chuir sé ar ardán é le ceol cáiliúil an domhain agus

[4] Luadh Neansaí Ní Choisdealbha, Máirtín Tom Sheáinín agus Peadar Ó Riada go minic.

is fís faoi leith é sin a dtacóinn féin go mór leis. Ach braitheann sin ar an chraoltóir. Is breá liom na cláir phopcheoil Gaeilge atá ag craoltóirí faoi leith ach chuirfí iontas orm dá gcloisfinn amhrán ar an sean-nós á fhí isteach sa sceideal mar athrú. Braitheann sé ar spéis agus ar fhís an chraoltóra cuid mhaith.'

- 'Tá an meascán seánraí ceoil a bhíos ag leithéidí Dhónaill Mhic Ruairí, Rónán Mac Aodha Bhuí agus Sinéad Ní Uallacháin – nach séanann siad an sean-nós ach go gcuireann siad i láthair é ar dhóigh thaitneamhach a léiríonn éagsúlacht agus samhlaíocht – le moladh.'
- 'Tá cuid de na láithreoirí leisciúil agus casann siad na hamhránaithe agus na hamhráin chéanna arís agus arís eile.'
- 'Bheinn imníoch faoin nglúin óg atá tosaithe leis an raidió. Léiríonn cuid acu aineolas faoin sean-nós. Níl cuid acu in ann ainmneacha na n-amhrán a rá i gceart agus tá sé de nós ag cuid acu na hamhráin a ghearradh.'
- 'Ba chóir go gcuirfí oiliúint ar na craoltóirí chun go dtuigfidís gur gné thábhachtach de shaol an phobail atá san amhránaíocht, agus gur gné shainiúil de shaol na Gaeilge iad na hamhráin agus an amhránaíocht gan tionlacan.'

Tugadh moladh faoi leith don chraoltóireacht bheo a dhéanann Raidió na Gaeltachta ó fhéilte éagsúla agus deineadh tagairt d'Éigse Dhiarmuidín, don Fhleadh Cheoil agus do Scoil Samhraidh Willie Clancy. Luadh an tOireachtas go mion minic agus an t-ardán leanúnach a thugann an Raidió dó. Léiriú maith na ráitis thíos ar thiomantas an Raidió don fhéile agus ar nádúr agus ar ghairmiúlacht clár-reachtairí áirithe:

- ‘Bíonn uaireanta pléisiúrtha d’amhránaíocht le cloisteáil le linn an Oireachtais. Bíonn deis ag na daoine nach féidir leo freastal ar an Oireachtas éisteacht leis an raidió sa bhaile.’
- ‘Caithfear Raidió na Gaeltachta a mholadh as an gclúdach cuimsitheach agus leanúnach a dhéanann siad ar an Oireachtas chuile bhliain. Feictear dom nach raibh TG4 i bhfad ag caitheamh Chorn Uí Riada i dtraipisí tar éis dóibh *splash* mór a dhéanamh roinnt blianta ó shin nuair a d’fhógair siad go mbeadh sé le craoladh beo acu. Tugadh tús áite don rugbaí an bhliain dár gcionn!’
- ‘Cuireann Máirtín Tom Sheáinín na fonnadóirí ar a suaimhneas ag Corn Uí Riada. Is fonnadóir é agus tuigeann sé an sean-nós.’
- ‘Thaitin craoltóir amháin go mór liom mar go raibh ar a chumas scéalta pearsanta a fhí isteach leis an láithriú. Is cuimhin liom uair dá rabhas ag canadh agus d’fhiafraigh an craoltóir áirithe seo díom cá bhfuair mé an t-amhrán agus d’inis mé dó cé háit agus cé uaidh a bhfuarthas é. Nuair a bhí sé do mo chur i láthair, luaigh sé an duine agus chuir sé beannachtaí chuig an bpobal ar de é amach beo ón halla.’

Bhí roinnt nithe ann a dhein tinneas do na freagróirí: an bhéim a chuirtear ar chomórtais agus ar lucht a mbuaite; amhránaithe a bhfuil dlúthdhioscaí déanta acu is mó a bhíonn le clos; a laghad daoine óga a bhíonn le clos ag gabháil an tsean-nóis; a laghad de na seanfhondúirí a bhíonn le clos; tá rogha na n-amhrán róchúng; amhránaithe ó Chonamara is mó a chloistear ar aerthonnta Raidió na Gaeltachta; béim ar an tsiamsaíocht agus ar an spraoi agus neamhshuim á déanamh de na hamhráin mhóra dá dheasca; níl mórán ábhair ón gcartlann á sheinm agus tá teipthe ar Raidió na Gaeltachta freastal ar shainspéiseanna ceoil an lucht éisteachta agus is é an sean-nós atá thíos leis. Tarraingíodh anuas ceist na hamhránaíochta dúchasaí trí mheán an Bhéarla, seánra amhránaíochta atá i bhfad níos gaire don dúchas ná cuid den ábhar eile a bhíonn ar sheinnliostaí an stáisiúin, agus dúradh gur mhór an trua ná raibh spás di ar Raidió na Gaeltachta.

Chuaigh cuid de na gearáin an-ghar do chroí an taighde seo agus ceistíodh nósmhaireachtaí craoltóireachta an stáisiúin agus an tslí a bhfuil siad ag dul i bhfeidhm ar an amhránaíocht dhúchasach. Fianaise iad ar an tionchar claochlaithe atá ag Raidió na Gaeltachta ar sheachadadh an tsean-nóis. Léiríonn siad freisin nach i bhfolús atá Raidió na Gaeltachta ag feidhmiú agus go bhfuil soláthar na seirbhíse múnlaithe ag treochtaí nua ceoil agus craoltóireachta, ag éilimh an phobail agus ag an tionscal taifeadta. Ní foláir go bhfuil laincisí airgid ag cruthú breis dúshlán agus nach bhfuil na deiseanna ann acmhainní a chur ar fáil a chuirfeadh cuid de na deacrachtaí ina gceart. Cé nár luaigh na freagróirí é, chaithfí tiomantas na máthaireagraíochta i dtaca leis an gcraoltóireacht Ghaeilge a cheistiú freisin, óir is uirthise atá an cúram deiridh soláthar sásúil a chur ar fáil, soláthar a chuimsíonn acmhainní sásúla foirne, oiliúint chuí agus ardleibhéal gairmiúlachta.

- 'Ar bhealach, d'athraigh Raidió na Gaeltachta an sean-nós. Tá amhránaithe ann atá tar éis amhráin ar an sean-nós a chur le ceol agus rinne siad fíor dhroch-jab díobh. Tá na hamhráin ar nós "Amhrán Mhaínse" agus "Púcán Mhicil Pháidín" truaillithe acu agus tá rithim *waltz time* curtha leo agus bíonn siad ar an raidió go minic.'
- 'Ní maith leis na comhlachtaí ceirníní na hamhráin fhada mar ní chastar ar an raidió iad. Ní chasann an raidió amhráin atá níos faide ná trí nó ceithre nóiméad. Tá sé seo ag athrú na n-amhrán mar tá na véarsaí fágtha amach– níl an scéal iomlán iontu.'
- 'Bheadh an-imní orm leis an nósmhaireacht seo atá sa treis i gcúrsaí craoltóireachta sa lá atá inniu ann, go gcaithfidh gach rud bheith "spéisiúil" nó "spraíúil" agus go ndéanfaí dearmad ar na hamhráin mhóra i bhfabhar na n-amhrán nach gcuirfeadh leadrán ar an bpobal éisteachta.'
- 'Ba chóir go gcuirfí oiliúint ar na craoltóirí chun go dtuigfidís gur gné thábhachtach de shaol an phobail atá san amhránaíocht, agus gur gné shainiúil de shaol na Gaeilge iad na hamhráin agus an amhránaíocht gan tionlacan. Ní féidir a bheith cinnte go mbeidh suim phearsanta ag gach craoltóir sa chuid seo den chultúr ach níor cheart go nglacfaí leis nach féidir le gach craoltóir feidhmiú ar ardleibhéal gairmiúlachta.

Ba chóir go gcinnteodh Raidió na Gaeltachta go dtarlaíonn sé seo, seachas a bheith ag brath ar shuim phearsanta craoltóirí faoi leith sa ghnó.'

- 'Ní dóigh liom go dtuigeann siad [Raidió na Gaeltachta] go bhfuil gá le tacaíocht níos bríomhaire ón sean-nós, i bhfianaise chúlú na teanga. Tá an sean-nós ag brath ar phobal labhartha na Gaeilge.'

Tháinig trí mhórthéama chun cinn in aighneachtaí na bhfreagróirí. Tharraing na hamhránaithe óga anuas a n-aoisghrúpa féin agus a thábhachtaí is atá seachadadh an tsean-nóis trí mheán an raidió. Bhraith cuid de na freagróirí ná raibh cúram á dhéanamh ag an raidió de na hamhránaithe óga agus bhí moltaí éagsúla acu:

- 'Is mór an trua gur cinneadh deireadh a chur leis an gcraoladh a dhéantaí ar an gcomórtas d'fhonnadóirí faoi 35 ag an Oireachtas gan míniú ar bith a thabhairt dóibh siúd a bhíonn páirteach ann.'
- 'Chabhródh sé dá mbeadh siad sásta amhránaithe (go háirithe amhránaithe nua /óga) a thabhairt isteach sa stiúideo ó am go chéile chun amhráin nua atá acu a thaifeadadh agus iad a bheith ar fáil le craoladh. Bhíodh roinnt de seo ag tarlú siar sna blianta ach ní heol dom go ndéantar anois é.'
- 'Mholfainn dóibh ardán níos mó a thabhairt don dream óg, rud a mheallfadh níos mó daoine óga chun an tsean-nóis.'
- 'Sílim go bhfuil go leor de na cláir a bhaineann le hamhránaíocht ar an sean-nós dírithe ar an tsean-

ghlúin. Bheinnse sásta dá mbeadh na hamhráin seo nasctha isteach le hamhráin nua-aimseartha i gclár a bheadh dírithe ar dhaoine óga.'

An dara téama ná éileamh ó na hamhránaithe faoin ngá atá le plé agus dioscúrsa. Cé gur thaitin sé leo go raibh an sean-nós á chasadh ar na cláir éagsúla agus é á chíoradh ar bhonn ócáideach, cheap siad go raibh leibhéal eile de dhíth. D'éiligh a bhformhór réimse clár a mbeadh gné oideachasúil nó taighde ag baint leo. Luadh agallaimh le fonnadóirí, plé ar sheanchas na n-amhrán, leaganacha éagsúla, anailís ar na stíleanna áitiúla, samplaí ón gcartlann, srl.

- 'Ba mhaith liom go ndéanfaí cláir ar na hamhráin, go ndéanfaí scagadh agus plé ar na hamhráin agus go dtabharfaí amhráin nach bhfuil i mbéal an phobail chun cinn. Ní leor na hamhráin a chasadh. Is clár oideachais/taighde a theastódh a d'éileodh taighde agus eolas, am agus airgead.'
- 'Ba bhreá liom dá mbeadh sraith clár gach bliain faoi ghné éigin den sean-nós.'
- 'Tá neart spáis le haghaidh tuilleadh clár [...] ag fiosrú faoi shean-nós sa lá atá inniu ann, nó amach anseo. Ní chloisim aon chlár iomlán faoin gceird ealaíonta seo.'

Is faoin stór amhrán atá i gcoimeád ag an Raidió a tháinig an t-éileamh ba láidre agus ba phaiseanta. Léiríodh roinnt mhaith míshástachta faoin easpa rochtana atá ar an ábhar seo agus a dheacra is atá sé teacht air. Is beag rannpháirtí a bhí ar an eolas go bhfuil digitiú á dhéanamh ag Ollscoil na hÉireann,

Gaillimh, ar chartlann Raidió na Gaeltachta agus á cóiriú don bpobal. Dúradh gur mhór an feall nach raibh Raidió na Gaeltachta ag roinnt a stóir ar an idirlíon agus ceapadh go raibh an stáisiún ar gcúl maidir le forbairtí idirlín, agus ná raibh leas á bhaint as na féidearthachtaí a sholáthraíonn an t-idirlíon. Cé gur thuig na rannpháirtithe go maith gur meán difriúil ar fad an teilifís, thug siad ardmholadh don tsárobair atá déanta ag TG4 as an méid ábhair, idir fhís agus fhocail, atá crochta ar an suíomh idirlín acu.

- 'Tá an chartlann ag dul amú – níl fáil ag an phobal uirthi go furast. Cén deireadh a bheidh ag an ábhar seo ar fad?'
- 'Cé gurb iad is dílse do Chorn Uí Riada, is ar shuíomh TG4 atá bailiúcháin de na hamháin ar fad a casadh ag Corn Uí Riada le cúig bliana nó mar sin le teacht ar na focail don té ar mian leo an t-amhrán sin a fhoghlaim. Tá stór i bhfad níos saibhre ag RTÉ Raidió na Gaeltachta agus is cinnte go mbeadh an-tóir ar a leithéid.'
- 'Ba cheart don stáisiún a thuilleadh úsáide a bhaint as an gcartlann fuaime atá acu.'
- 'Sílim gur cheart daofa cainéal nó sruth digiteach a chur ar fáil do cheol sean-nóis agus leas a bhaint as sin leis an taisce iontach luachmhar sean-nóis atá ina gcartlann a chur ar fáil don phobal éisteachta ar mian leo an rogha ceoil sin fháil ar a raidió digiteach nó ar a nguthán nó gléas póca. Tá an chartlann ag dul amú – níl fáil ag an phobal uirthi go furasta agus mura gcuirtear ar fáil gan mhoill í fhad is atá pobal éist-

eachta ann atá ag iarraidh amhráin/leaganacha eile a fhoghlaim, sílim nach fada uainn an lá nach mbeidh suim ag duine ar bith san ábhar atá i dtaisce acu.'

An fhianaise

Bhí gá le fianaise chrua chun meas eolaíoch a dhéanamh ar sholáthar an tsean-nóis agus gach a mbaineann leis ar Raidió na Gaeltachta. Mar sin, chinn an taighdeoir iniúchadh a dhéanamh ar bhunús na dtuairimí atá san alt seo. I mBealtaine na bliana 2015, éisteadh le gach aon chlár a craoladh idir a seacht ar maidin agus a naoi tráthnóna. Tá cúpla pointe nár mhór a chur san áireamh agus torthaí an taighde á léamh. Níor éisteadh le cláir Anocht FM, mar cé go mbíonn an sean-nós le clos air ó am go chéile ar chláir áirithe, is sainréimsí ceoil is mó a bhíonn ar sheinnliostaí leithéidí *An Taobh Tuathail*, *Tequila Tíre* agus *Rí Rá ar RnaG*. 29 lá san iomlán a bhí ann agus níor cuireadh an dá lá dheireanacha san áireamh toisc go raibh bloc mór den sceideal dírithe ar chraoladh beo ó Chomórtas Peile na Gaeltachta. Is leis an seinnteoir is mó a d'éist an taighdeoir agus dheimhnigh bainistíocht an raidió go mbíonn formhór mór an ábhair crochta air seachas corrphíosa anonn is anall nach gceadaíonn na comhlachtaí móra trádála agus nach gcuimsíonn ábhar sean-nóis (Ó hÉanaigh, 2015). Bhí dhá chlár in easnamh ar an seinnteoir: *Nead na Fuiseoige*, 8 Bealtaine, agus *Rogha Eilín*, 23 Bealtaine, agus roghnaíodh dhá eagrán randamacha nár bhain leis an tréimhse taighde le cur ina n-ionad. Ar ndóigh, níor mhór a rá thar aon ní eile gur díol míosa d'amhráin atá san ábhar seo *ach* is scáthán nó léargas atá ann ar nósanna imeachta an raidió faoi mar a bhaineann leis an sean-nós.

Bhí cóimheas difriúil idir an ceol agus amhránaíocht ar na sainchláir cheoil ar fad agus léirigh na torthaí gur cheol, seachas amhráin, ba mhó a bhí le clos orthu. Ba é an clár *Sinéad ar Maidin* an t-aon eisceacht: bhí beagáinín níos mó amhrán le clos ar an gclár seo. Luadh líon na gceoltóirí / na n-amhránaithe atá ag obair le Raidió na Gaeltachta agus láithríonn an-chuid acu na sainchláir cheoil: Neansaí Ní Choisdealbha, Peadar Ó Riada, Pádraig Ó Sé, Eilín Ní Chearna, Máirtín Tom Sheáinín agus Dónall Mac Ruairí. Anuas air sin, tá roinnt mhaith de láithreoirí na gclár gníomhach i réimsí difriúla an cheoil, leithéidí Áine Hensey agus Rónán Mac Aodha Bhuí, mar shampla.

Maidir leis na hamhráin, chomhair an taighdeoir 686 ar fad in imeacht míosa, meánfhigiúr de 29 amhrán gach lá. Bhí an-éagsúlacht sa réimse amhrán agus deineadh rangú orthu. Próiseas dúshlánach agus suibiachtúil a bhí ann, bunaithe ar bhreithiúnas pearsanta an taighdeora, agus deineadh seacht gcatagóir díobh (féach fíor 1).

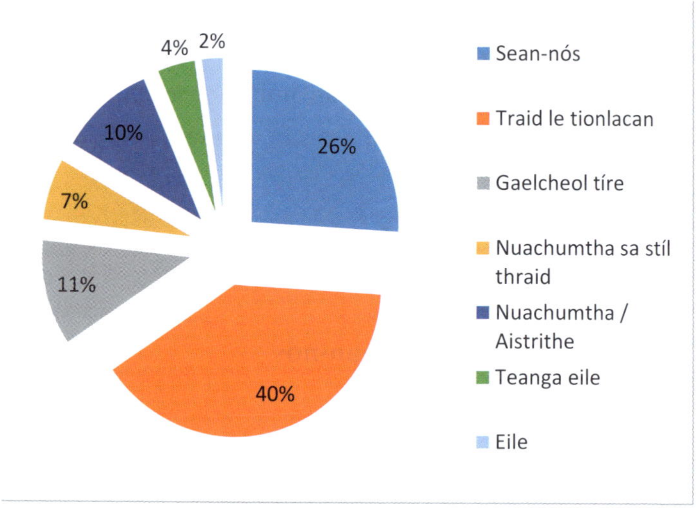

Fíor 1: Rangú na n-amhrán

Rannóg 1: na hamhráin ar an sean-nós

Is ceist chigilteach í sainmhíniú an tsean-nóis agus bhíothas flaithiúlach le catagóiriú an ábhair. Faoi mar a bheifí ag súil leis, bhí dornán samplaí ann a thit 'idir dhá stól' ach bhí an líon róbheag le cur i gcatagóir dá gcuid féin. Cuireadh an cúpla amhrán a casadh ó thraidisiún na hAlban san áireamh anseo maille le roinnt amhrán eile gan tionlacan.[5] Áiríodh freisin na giotaí d'amhráin a seinneadh ar chláir chartlainne, mar shampla. Fágann sin gur 174 amhrán ar an sean-nós a chualathas, sin 26% den iomlán. Ba é 6.1 amhrán in aghaidh an lae an meán a bhí ann (féach fíor 2). Craoladh an líon ba

[5] Roinnt páistí agus cúpla foghlaimeoir Gaeilge. Thart ar chúig amhrán ar fad a bhí i gceist.

mhó amhrán ar an sean-nós ar an Luan, 4 Bealtaine, lá saoire bainc, agus arís ar an gCéadaoin, 27 Bealtaine, mar a chualathas dhá amhrán déag sean-nóis faoi seach ar Raidió na Gaeltachta. Bhí lá amháin ann, Dé Máirt, 26 Bealtaine, nár seinneadh oiread is amhrán amháin sean-nóis gan tionlacan.

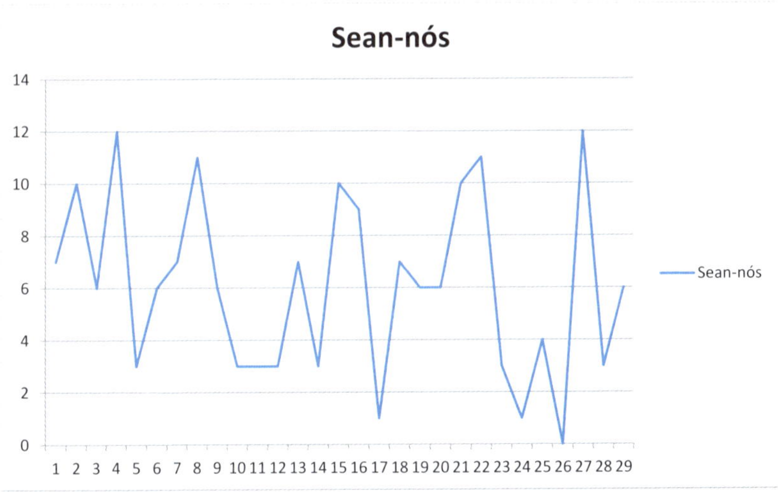

Fíor 2: Minicíocht an tsean-nóis ar bhonn laethúil

Rannóg 2: amhrán ón traidisiún Gaelach le tionlacan

275 amhrán le tionlacan a comhaireadh, sin 40% den iomlán.

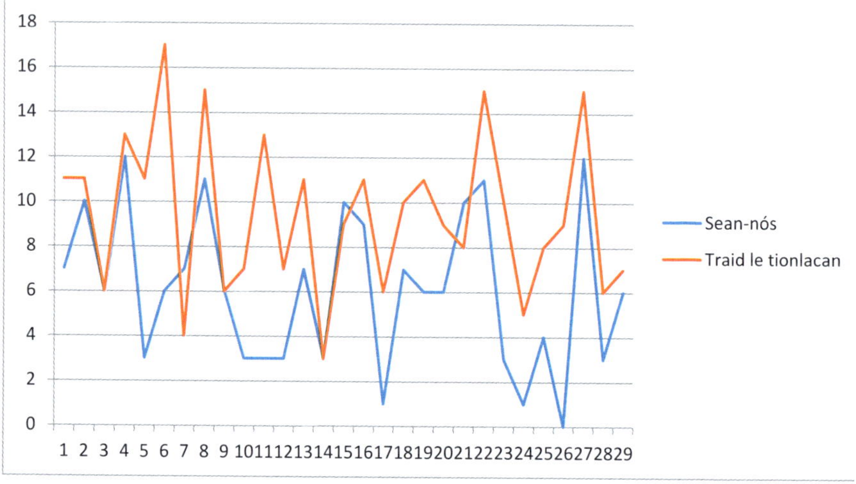

Fíor 3: An sean-nós vis-à-vis na hamhráin thraidisiúnta le tionlacan

Rannóg 3: an Gaelcheol tíre

Seinneadh 77 amhrán i stíl an Ghaelcheoil tíre, sin 11% agus is ar iarratais ón bpobal a seinneadh céatadán suntasach de na hamhráin sa stíl seo.

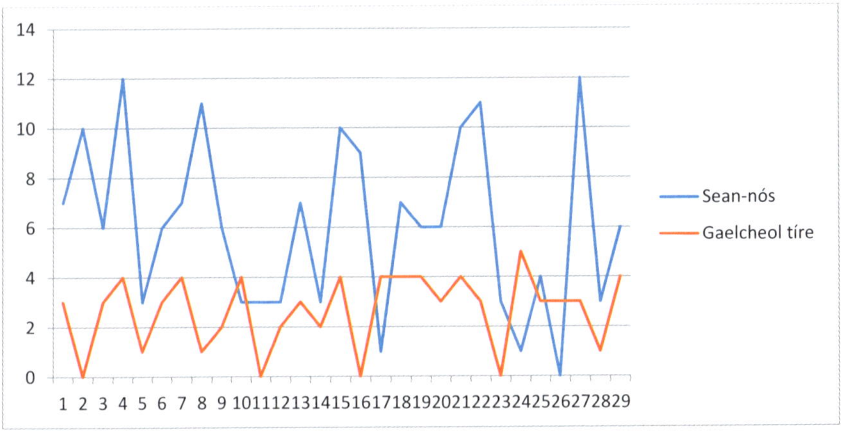

Fíor 4: An sean-nós vis-à-vis an Gaelcheol tíre

Rannóg 4: amhráin nuachumtha sa stíl thraidisiúnta

Amhráin nuachumtha a bhí sa rannóg seo, roinnt gan tionlacan, ach bhí cóiriú déanta ar a bhformhór m.sh. 'Suaitheadh Farraige' a chum Joe Steve Ó Neachtain nó '*Up* na Bróga Tairní' a chum Tomás Mac Eoin. Áiríodh 45 de na hamhráin seo, sin céatadán de 7%.

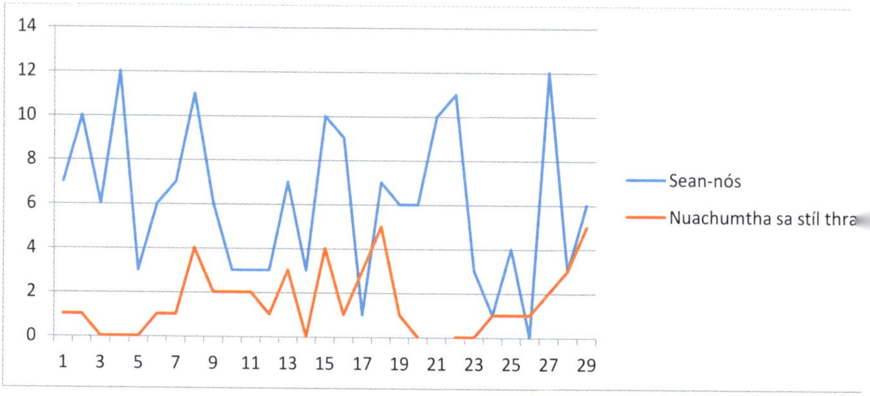

Fíor 5: Sean-nós vis-à-vis na hamhráin nuachumtha sa stíl thraidisiúnta

Rannóg 5: amhráin nuachumtha nua-aimseartha agus saothair aistrithe

Cuimsíonn siad seo leithéidí 'an Dreoilín' nó na popamhráin atá aistrithe ag foireann Choláiste Lurgan. Chualathas 71 amhrán nuachumtha sa stíl nua-aimseartha / aistriúcháin, sin 10% den iomlán.

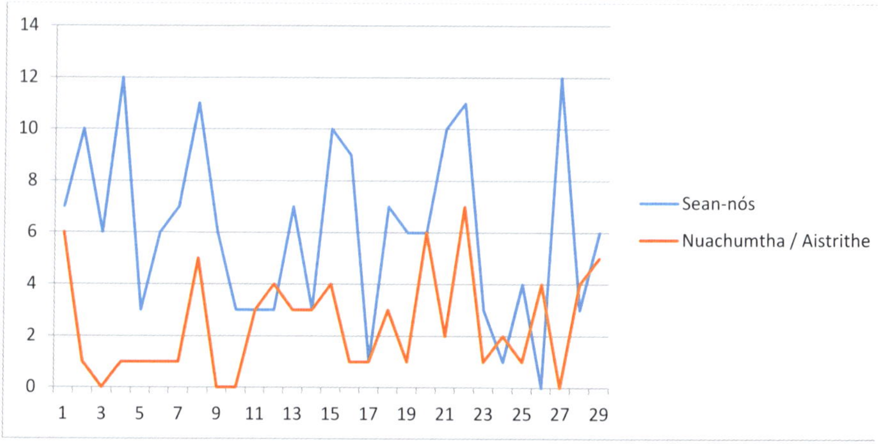

Fíor 6: An sean-nós vis-à-vis na hamhráin nuachumtha nua-aimseartha /aistrithe

Rannóg 6: amhráin i dteangacha iasachta

Casadh 28 amhrán i dteanga eile, sin 4% den iomlán.

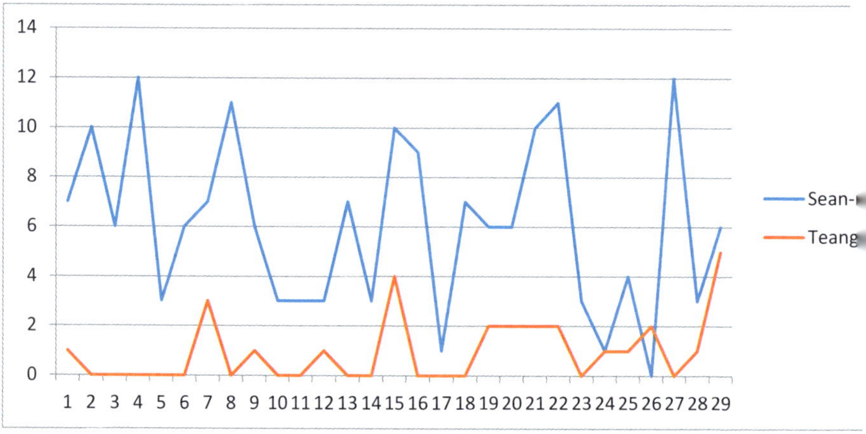

Fíor 7: An sean-nós vis-à-vis na hamhráin i dteangacha eile

Rannóg 7: eile

Cóir, lúibíní, portaireacht srl. 15 amhrán a bhain leis an gcatagóir seo agus is céatadán de *c*.2% a bhí ann.

Maidir leis na réigiúin, b'amhránaithe ón nGaeltacht ba mhó a chualathas ag casadh an tsean-nóis. Go deimhin, ní raibh aon chomhghaol ann idir an líon amhránaithe nach ón nGaeltacht iad ach a bhfuil aithne orthu mar scoth-amhránaithe sean-nóis agus an méid ábhar uathu a casadh in imeacht na míosa. Amhránaithe ó Chonamara agus atá luaite le Conamara (52%) ba mhó a bhí le clos (féach fíor 8), fíric a thugann bunús don ráiteas a bhí ag roinnt freagróirí gur amhránaithe Chonamara is mó a sheinntear ar Raidió na Gaeltachta. Dar ndóigh is é Conamara an ceantar Gaeltachta is fairsinge agus is mó daonra, agus tá gréasán an tsean-nóis réasúnta bisiúil ann, agus bheifí ag súil le céatadán suntasach dá réir. Is ann freisin atá ceanncheathrú an stáisiúin agus an líon is mó foirne. Nócha sampla ar fad a bhí i gceist agus clúdaíodh fud fad Chonamara, bíodh is gur Iorras Aithneach ba mhó a bhí chun cinn ag 32 amhrán. Bhí sé le tabhairt faoi deara go raibh amhránaithe óga ar na seinnliostaí: triúr déagóirí agus bean óg amháin atá sna fichidí luatha. Is ó dhlúthdhioscaí ba mhó a tháinig an t-ábhar ach bhí taifeadtaí ann a deineadh ag ceolchoirmeacha áitiúla, míreanna ón Oireachtas agus seanábhar cartlainne. Ar chuid acu sin bhí ábhar a thóg Sidney Robertson Cowell ó Sheán Choilm Mac Donnchadha agus a chlann san Aird Thoir i 1955/1956. Bhí an-tóir ag na héisteoirí ar amhránaithe áirithe agus ba é Antoine Pheaitín Terry Mac Donncha ó Ros an Mhíl an té ba mó a d'iarr an pobal. Níor mhinic leis an amhránaí seo páirt a ghlacadh i gcomórtais agus níor dhein sé aon taifeadadh tráchtála do chomhlacht Éireannach agus is a bhuíochas le Raidió na Gaeltachta go bhfuil a ainm fós in airde agus an-mheas ag an bpobal éisteachta air.

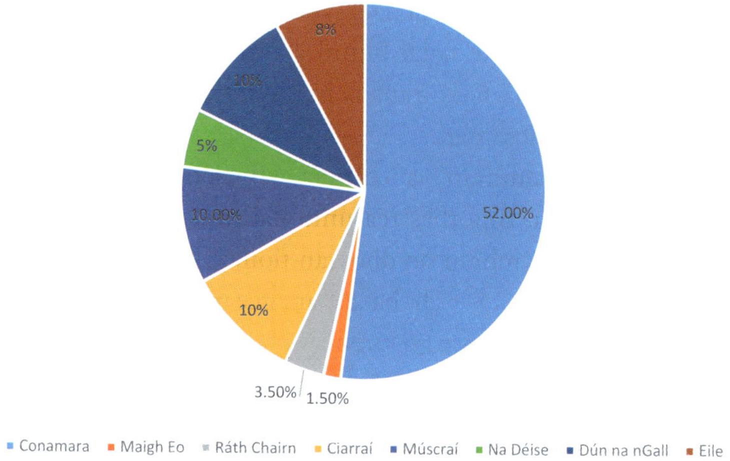

Fíor 8: Na réigiúin

Dhá amhrán ó Mhaigh Eo – leagan de 'Máire Ní Eidhin' le Donncha Ó Gallchóir as Acaill agus 'Donncha Bán' le Mary Staunton as Tuar Mhic Éadaigh – a chuala an taighdeoir. B'fhéidir gur scáthán é seo ar a laghad amhránaithe atá ag cleachtadh cheird an tsean-nóis i Maigh Eo le roinnt blianta anuas, an ganntan ábhar tráchtála atá ar fáil do chlár-reachtairí na Gaeltachta nó an folús atá fágtha i seirbhísiú an cheantair ó dúnadh stiúideo Chaisleán an Bharraigh tamall de bhlianta ó shin. B'fhiú scrúdú a dhéanamh ar thréimhse ama níos faide agus a thuilleadh staidéir a dhéanamh ar an gceist.

Sé mhír ar fad a chualathas ó amhránaithe Ráth Chairn agus astu sin bhí cúig iarratas ann d'amhráin le Darach Ó Catháin. Ba é Colm Ó Méalóid an t-aon duine eile ó Ráth Chairn ar craoladh amhrán uaidh agus is mír chartlainne a bhí ann a craoladh ar *Ardtráthnóna* mar a chas sé leagan de

'Máire Mhór' i dteannta Mhichael Mháire an Ghabha Uí Cheannabháin. Is cinnte nach bhfuil an líon íseal seo ag teacht le bisiúlacht na hamhránaíochta i Ráth Chairn, go háirithe i measc an aosa óig.

Seinneadh 17 amhrán as ceantar Mhúscraí, réigiún Gaeltachta Chorcaí. Bhíothas réasúnta flaithiúlach leis an rangú mar go raibh amhrán nó dhó gan tionlacan ann nach raibh 'fíor-shean-nósach' ach ba as an gceantar sin don amhránaí. Ní ábhar iontais é go raibh an t-amhránaí óg agus buaiteoir Chorn Uí Riada 2014, Nell Ní Chróinín, go mór i gceist agus seinneadh sé amhrán ar fad uaithi i gcaitheamh an ama. As na stiúideonna aneas, Bóthar na Léinsí agus stiúideo Pheadair Uí Riada, a tháinig 15 den 17 amhrán agus craoladh dhá cheann ó stiúideo Chasla.

18 píosa le hamhránaithe de bhunadh Chiarraí a craoladh i gcaitheamh na tréimhse: ceithre cinn as Uíbh Ráthach agus 14 ó Chorca Dhuibhne. Ó na stiúideonna aneas a tháinig formhór mór an ábhair seachas traic amháin ó Mhaidhc Dainnín Ó Sé a tháinig ó stiúideo Chasla. Bhí sé le tabhairt faoi deara gur ábhar cartlainne a bhí i roinnt mhaith de na hamhráin seo agus nach amhránaithe an-aitheanta a bhí á rá, go háirithe ar an gclár *Togha agus Rogha an Deiscirt*. Bhí amhráin freisin ann ón dlúthdhiosca *Dúthaigh Dhuibhneach*, cnuasach d'amhránaithe áitiúla a raibh taifeadadh déanta ag an Raidió orthu. Mar a tharlaíonn sé, ba cheann de na héilimh ba mhó a bhí ag amhránaithe Chorca Dhuibhne go gcoimeádfaí na hamhráin agus an stíl áitiúil beo trína gcraoladh ar an aer le go gcloisfeadh an 'cleas' óg iad.

Naoi n-amhrán ó chúigear amhránaithe a bhí sa sampla Déiseach. Ní thagann aon chlár rialta ón taobh seo den tír agus is ó ionaid éagsúla a craoladh na hamhráin: Baile Átha Cliath, Casla, Bóthar na Léinsí agus Múscraí. Is léir go maireann cáil Nioclái Tóibín ach tá borradh tagtha faoin sean-nós sa cheantar seo le roinnt blianta anuas, go háirithe i measc na bhfear óg agus iad ag scuabadh leo duaiseanna Oireachtais. Bhí siad ar fad le clos agus is taifeadtaí beo den gcuid ba mhó a bhí san ábhar áirithe seo. Bean amháin ó cheantar na Rinne a bhí le clos.

Ba shuimiúil an pictiúr a tháinig chun cinn i dtaca le sean-nós Dhún na nGall, mar ar comhaireadh 18 amhrán. Faoi mar atá luaite cheana, bhíothas an-fhlaithiúlach leis an rangú agus tá cúig shampla anseo a cuireadh san áireamh d'fhonn éascaíochta. D'fhéadfaí a rá nach bhfuil sa rannóg seo ach 13 amhrán, agus as an méid sin bhí an raon amhránaithe an-teoranta ar fad mar gur seinneadh seacht n-amhrán dhifriúla le Lillis Ó Laoire agus trí cinn le Máire Ní Choilm. Fágann sin nár seinneadh ach amhráin ó thriúr eile, dhá thaifeadadh ón Oireachtas agus ceann ó dhlúthdhiosca. Astu sin, is ó stiúideo na nDoirí Beaga a tháinig cúig cinn de na traiceanna agus craoladh an chuid eile ó na stiúideonna eile. San iomlán craoladh 2.8% de na hamhráin sean-nóis ar fad ó stiúideo na nDoirí Beaga i mí na Bealtaine 2015, figiúr atá fíoríseal i gcomparáid leis an aschur a tháinig ó na réigiúin eile. Is cinnte gur ceist í seo a éilíonn breis staidéir thar thréimhse ama níos faide agus ba cheart sainchúraimí agus leagan amach na gclár agus tosca ábhartha eile a chur san áireamh sula bhféadfaí breithiúnas a dhéanamh ar an soláthar sean-nóis a thagann ó na Doirí Beaga.

Ní trí chraoladh na n-amhrán amháin a thugann Raidió na Gaeltachta ardán don sean-nós. Is iondúil leo meas agus ómós a léiriú do phearsana aitheanta a théann ar shlí na fírinne faoi mar a tharla nuair a cailleadh an ceoltóir agus an t-amhránaí Pádraic Tom Photch Ó Ceannabháin ó Chill Chiaráin. Chraol *Iris Aniar* clár ómóis faoi agus bhí míreanna ar *Ardtráthnóna* agus ar chúpla clár eile freisin. Bhí sé amhlaidh chomh maith i gcás an amhránaí as Albain Flora MacNeil nuair a thug Peadar Ó Riada ómós di ar an gclár *Cuireadh Chun Ceoil*. Le linn an staidéir tarraingíodh anuas ceist na cartlainne agus an leas a bhaineann na clár-reachtairí aisti. Tá sé le tabhairt faoi deara go mbíonn ábhar cartlainne á chraoladh ag roinnt clár-reachtairí; bíonn mír chartlainne ar an gclár *Ardtráthnóna* mar shampla. Díol suntais a bhí san agallamh a cuireadh ar an amhránaí Muireann Nic Amhlaoibh ar *An Saol ó Dheas* nuair a chan sí amhrán a fuair sí ó chartlann Raidió na Gaeltachta, 'Pósadh dob fhearr liom ná bacfainn é'. Ó thaobh na poiblíochta de, craoladh agallamh faoi dhlúthdhiosca nua le Nóra Ghriallais agus craoladh agallaimh chomh maith le Síle Denvir, Noeleen Ní Cholla, Gráinne Holland agus le Colm Mac Con Iomaire inar labhair siad faoin sean-nós agus traidisiún na hamhránaíochta. Bhí na hamhránaithe féin faoi chaibidil freisin: dhein *An Saol ó Dheas* clár faoi Sheán Ó Síocháin, agus bhí comhrá faoi Dharach Ó Catháin ar *Ardtráthnóna* lá eile. Craoladh roinnt ceolchoirmeacha agus bhí ceann acu seo le clos ar *Iris Aniar* mar ar deineadh comóradh ar amhráin a bhain go sonrach le Ros an Mhíl. Bhí na hamhránaithe chun cinn freisin sa taifeadadh de cheolchoirm a reáchtáladh in Áras Shorcha Ní Ghuairim, Carna, mar chuid d'fheachtas bailithe airgid.

Cé nach staidéar cuimsitheach é seo, tá tátail áirithe le baint as:

Tá an sean-nós le clos ar Raidió na Gaeltachta. Is teachtaireacht láidir í seo do lucht a chleachtaidh, na hamhránaithe iad féin, a dhearbhaíonn dóibh gur fiú a gceird a shaothrú. Tá normalú déanta ag Raidió na Gaeltachta ar an ealaín agus tá an fhianaise ann go bhfuil sé ar comhstádas le seánraí eile. Tá an sean-nós curtha os comhair an tsaoil mhóir ag Raidió na Gaeltachta agus é tagtha chun cinn in áiteanna taobh amuigh den nGaeltacht agus ar fud an domhain, rud a bhí le tabhairt faoi deara i gcuid d'ábhair na gclár.

Tá éileamh ag pobal éisteachta Raidió na Gaeltachta ar an sean-nós. Bíonn iarratais rialta ann d'amhráin ar an sean-nós ar nach mór gach clár. Mar sin féin, is iad na hamhráin agus na hamhránaithe céanna a iarrtar go minic.

Tá bá ag roinnt mhaith clár-reachtairí leis an sean-nós agus luí acu leis cé go bhfuil sé le tabhairt faoi deara ná fuil an tuiscint chéanna ag clár-reachtairí áirithe ar an ealaín seo, rud a luaigh na freagróirí. Thar aon chlár-reachtaire eile, is é Máirtín Tom Sheáinín is mó a thugann ardán don sean-nós, agus cé nach i gcónaí a chasann sé na hamhráin, is beag lá nach dtarraingíonn sé anuas cúrsaí amhránaíochta.

I gcás na hóige, chualathas dornán amhránaithe óga, de bhunadh Chonamara den gcuid is mó. Tá sé thar a bheith soiléir, áfach, go bhfuil óige na Gaeltachta ag dul leis an gceol uirlise agus le seánraí difriúla amhránaíochta. Tá an dealramh air go bhfuil an-obair ar bun i dTír Chonaill ag an gCrann Óg agus is iontach an caighdeán ceoil agus amhránaíochta atá ag an dream óg seo atá ag cumadh saothair nua agus iad á gcraoladh go rialta ag Raidió na Gaeltachta. Tá an 'Coláiste Lurganú' le tabhairt faoi deara chomh maith agus amhráin aistrithe le clos go rialta, go háirithe ag na láithreoirí óga. Ina theannta sin, tá glúin óg Chonamara ag leanúint le traidisiún an Ghaelcheoil tíre agus tugadh roinnt mhaith poiblíochta do ghrúpa ceoil atá nuabhunaithe ag scata fear óg ó Cheantar na nOileán. Tá an sean-nós ag roinnt an ardáin leis na seánraí seo ar fad agus tá brú dá réir air.

Dar ndóigh, is í an Ghaeilge croí an tsean-nóis agus is í a mhúnlóidh todhchaí an tseánra. Má mhaireann an Ghaeilge mar theanga pobail, beidh an sean-nós slán. Is scáthán é Raidió na Gaeltachta ar phobal atá athraithe as cuimse in imeacht an dá scór bliain ó bunaíodh an tseirbhís. Is meán cumarsáide é Raidió na Gaeltachta a bhfuil sé d'aidhm aige eolas agus siamsaíocht a chur ar fáil don phobal, rud a fhágann nach bhfuil ach ról teoranta aige, ná aon fhreagracht institiúideach leagtha air, maidir le caomhnú nó seachadadh an tsean-nóis. Is cinnte, áfach, go bhfuil próifíl sheasmhach ag an amhránaíocht ar an sean-nós in aschur na seirbhíse agus níl dabht faoi go bhfuil sé neadaithe sa sceideal agus go bhfuil sé á dhearbhú ar bhonn laethúil ag seirbhís raidió na nGael.

Foinsí

Denvir, S. (eag.). 2008. *Ciarán Ó Fátharta: Amhráin*. Indreabhán: Cló Iar-Chonnachta.

Mac Con Iomaire, T. 2007. 'Craoladh Raidió trí Ghaeilge san 20ú agus 21ú hAois', *GA 130: Annála na Gaeilge*, 14 Feabhra, OÉG, neamhfhoilsithe.

Munnelly, T. 2001. 'After the Fianna: Reality and Perceptions of Traditional Singing in Ireland', *The Journal of Music* 1 (2), Eanáir–Feabhra. http://journal ofmusic.com/focus/after-fianna-reality-and-perceptions-traditional-singing-ireland (léite 8 Aibreán 2015).

Ní Choisdealbha, N. 2015. Agallamh le Neansaí Ní Choisdealbha, 11 Bealtaine.

Ó Ceannabháin, P. 1998. 'An Sean-nós: Caithréim chráite nó íocshláinte anama?', *Deile: Irisleabhar Mhuintir Chonamara i mBaile Átha Cliath*, 15–21.

Ó Conghaile, M. *et al.* (eag.). 2013. *Leabhar Mór na nAmhrán*. Indreabhán: Cló Iar-Chonnachta.

Ó Fátharta, M. J. 2015. Agallamh le Meaití Jó Shéamuis Ó Fátharta, 10 Bealtaine.

Ó Glaisne, R. 1982. *Raidió na Gaeltachta*. Indreabhán: Cló Chois Fharraige.

Ó hÉallaithe, D. 1994. Nóta clúdaigh. *Gaelcheol Tíre Chonamara – Ceoltóirí Éagsúla* [Dlúthdhiosca]. Indreabhán: Cló Iar-Chonnachta.

Ó hÉanaigh, Seán. 2015. Agallamh le Seán Ó hÉanaigh, 18 Bealtaine.

RTÉ. 2015. 'Raidió na Gaeltachta – Eolas Fúinn', RTÉ, Domhnach Broc, Baile Átha Cliath. https://www.rte.ie/rnag/articles/eolas /2013/0418/382239-eolas-fuinn (léite 15 Aibreán 2015).

RTÉ, 2015. 'RTÉ Press Centre: Anocht fm – New Radio Service For Young People On RTÉ Raidió na Gaeltachta' [ar-líne]. https://presspack. rte.ie/2005/05/23/anocht-fm-new-radio-service-for-young-people-on-rte-raidio-na-gaeltachta (léite 10 Aibreán 2015).

Eile

Ceistneoirí a scaipeadh ar 35 amhránaí.
Grúpa Fócais, 2015. Carna, 4 Meitheamh.
Grúpa Fócais, 2015. Cois Fharraige, 9 Meitheamh.
Grúpa Fócais, 2015. An Rinn, 10 Meitheamh.
RTÉ Raidió na Gaeltachta, 2015. 'RTÉ Raidió na Gaeltachta', RTÉ Raidió na Gaeltachta, Casla, Co. na Gaillimhe. https://www.rte.ie/rnag/ (léite 1–29 Bealtaine).

Innéacs

N

Dhá Leagan Déag: an Sean-Nós san Aonú hAois is Fiche 24–5 Meitheamh 2015, Ollscoil na hÉireann, Gaillimh

Na Rannpháirtithe

Antaine Ó Faracháin
Bríd Uí Choisdealbha
Éadaoin Ní Mhuircheartaigh
Griogair Labhruidh
Josie Sheáin Jeaic Mac Donncha
Liam Ó Maoladha
Lillis Ó Laoire
Máire Breathnach
Máire Pheter Uí Dhroighneáin
Mairéad Ní Oistín
Máirín Mhic Lochlainn
Micheál Ó Gionnáin
Odí Ní Chéilleachair
Pádraig Ó Cearbhaill
Rob Dunbar
Róisín Nic Dhonncha
Seán Mac Corraidh
Seosaimhín Ní Bheaglaoich
Seosamh Mac Donnacha
Seumas Watson
Síle Denvir
Sinéad Ní Ráinne
Tiber Falzett
Tríona Ní Shíocháin
Virginia Blankenhorn
Aíonna speisialta: Amhránaithe Óga an Ghaelacadaimh